权威·前沿·原创

皮书系列为
"十二五""十三五"国家重点图书出版规划项目

中国社会科学院创新工程学术出版资助项目

社会组织蓝皮书

BLUE BOOK OF SOCIAL ORGANIZATIONS

中国社会组织报告
（2018）

REPORT ON SOCIAL ORGANIZATIONS IN CHINA
(2018)

主　编／黄晓勇
执行主编／蔡礼强
副主编／何　辉　徐彤武

社会科学文献出版社
SOCIAL SCIENCES ACADEMIC PRESS (CHINA)

图书在版编目(CIP)数据

中国社会组织报告.2018/黄晓勇主编.--北京：社会科学文献出版社，2018.5
（社会组织蓝皮书）
ISBN 978-7-5201-2623-6

Ⅰ.①中… Ⅱ.①黄… Ⅲ.①社会组织-研究报告-中国-2018 Ⅳ.①C232

中国版本图书馆CIP数据核字（2018）第077538号

社会组织蓝皮书
中国社会组织报告（2018）

主　　编／黄晓勇
执行主编／蔡礼强
副　主　编／何　辉　徐彤武

出　版　人／谢寿光
项目统筹／陈　颖
责任编辑／陈　颖　薛铭洁

出　　版／社会科学文献出版社·皮书出版分社（010）59367127
　　　　　地址：北京市北三环中路甲29号院华龙大厦　邮编：100029
　　　　　网址：www.ssap.com.cn
发　　行／市场营销中心（010）59367081　59367018
印　　装／三河市龙林印务有限公司

规　　格／开　本：787mm×1092mm　1/16
　　　　　印　张：22.75　字　数：345千字
版　　次／2018年5月第1版　2018年5月第1次印刷
书　　号／ISBN 978-7-5201-2623-6
定　　价／89.00元

皮书序列号／PSN B-2008-118-1/2

本书如有印装质量问题，请与读者服务中心（010-59367028）联系

▲ 版权所有 翻印必究

编委会

主　　　编　黄晓勇

执 行 主 编　蔡礼强

副 　主　 编　徐彤武　何　辉

编委会成员　（以姓氏笔画为序）

　　　　　　　王　兵　王延中　李培林　杨　团
　　　　　　　吴玉章　何　辉　陈承新　郑秉文
　　　　　　　胡　澎　高　翔　徐彤武　唐　钧
　　　　　　　黄　平　黄晓勇　谢寿光　蔡礼强
　　　　　　　潘晨光

本期执行编委　何　辉　陈承新　胡　澎　徐彤武
　　　　　　　蔡礼强

主要编撰者简介

黄晓勇 中国社会科学院研究生院院长，教授、博士生导师。兼任中国社会科学研究生院社会组织与公共治理研究中心主任、国际能源与安全研究中心主任、全国日本经济学会副会长等。自20世纪80年代起，主要研究日本企业经营战略与日本的产业政策，后重点研究日美经济贸易及中日经济比较与合作等问题。先后在日本明治大学、东京大学、爱知大学经营（经济）学部从事客座研究和讲学。主要著译（含主编）有：《中国社会组织蓝皮书》（系列）、《世界能源蓝皮书》（系列）、《公共政策与社会保障案例分析》、《再论日本名列第一》、《日本的产业政策》、《日本概览》、《简明日本百科全书》、《中日流通业比较》、《日本的经验与中国的改革》等。在中国社会科学院办公厅任《要报》主编期间，组织撰写了大批重大国际问题研究的专题报告，上报中央办公厅和国务院办公厅，受到中央领导的批示和高度重视。现主要研究领域为社会组织、世界经济、国际能源安全等。

蔡礼强 中国社会科学院研究生院公共政策与管理学院常务副院长，社会组织与公共治理研究中心执行主任、MPA教育中心主任，教授。兼任中国社会科学院青年人文社会科学研究中心副理事长。目前主要致力于社会组织、公共政策、公共治理、领导力等领域的研究。承担主持多项国家社会科学基金项目、中国社会科学院重点课题、部级委托课题、地方政府委托横向课题。

何 辉 中国社会科学院研究生院副教授，博士，中国社会科学院研究生院工商学院副院长，兼任中国社会科学院研究生院社会组织与公共治理研究中心秘书长。主要研究领域为政府规制、社会组织、经济社会学。主要著作有：《中国高等教育的筛选机制和文凭竞争》、《政府规制：理论、政策与案例》（副主编）、《诺贝尔奖之问》（副主编）；发表论文多篇。

徐彤武 北京大学国际战略研究院《中国国际战略评论》（中英文版）编辑、特约研究员，北京大学全球卫生学系兼职教授，中国社会科学院研究生院教授、公共治理与社会组织研究中心特约研究员。主要致力于国际战略、全球卫生和中外民间社会组织等领域的研究。

摘 要

我国社会组织近两年快速发展,在国家治理体系中的地位和作用进一步巩固和提升,开始迈入发展的新时代。进入新时代,社会组织被赋予了新定位。党的十九大报告将社会组织纳入中国特色社会主义事业"五位一体"总体布局,社会组织成为新时代全方位参与国家建设的重要力量。2017年实施的《民法总则》将三大类型社会组织与事业单位一起归入非营利法人类别,对于中国社会组织来说具有里程碑性质的意义,社会组织由此从法律层面被纳入治理体系,法律身份和治理主体地位得到法治保障。党的十九届三中全会把社会组织作为党和国家机构改革的一部分,社会组织第一次被纳入国家最高层面的机构进行改革设计,成为党和国家机构改革统筹谋划的一部分,社会组织成为党总揽全局、协调各方中的一支重要力量主体。与此同时,我国社会组织法律政策体系正在加速健全和完善,社会组织的政治地位、法律保障和政策体系日益提升和完善。我国社会组织领域取得了十项重大发展成就,迎来了全新机遇。社会组织应进一步明确发展定位,更好地展现新作为。

本书是第八本社会组织研究报告,参与撰写的专家来自中国社会科学院、知名高校、政府部门和社会组织。整个研究报告共30余万字,除总报告外,专题研究篇重点关注慈善组织募捐资格、社会组织孵化器、基层枢纽型社会组织建设、社会组织能力提升培训、行业协会商会与行政机关脱钩,以及民间智库发展等问题,对这些社会组织的热点和新现象给出了深度和前沿的剖析。域外镜鉴篇一篇文章通过研究日本"多元协作"的构建,对当下中国"三社联动"和社会治理创新具有一定的借鉴意义。案例研究篇,则通过北京市协作者社会工作发展中心的"三社联动"试点探索、友成企业家扶贫基金会的社会创新以及中国扶贫基金会"走出去"的成功经验,进行典型案例总结和深度实践思考。理论思考篇两篇文章则分别讨论了民间社会组织相关概念以及政府对社会组织的行政管理在实行公民结社权利中的推动作用。

关键词： 社会组织　治理体系　政策体系

目 录

Ⅰ 总报告

B.1 迈入新时代的社会组织：新发展、新定位、新机遇、
新作为　　中国社会科学院"社会组织与公共治理研究"课题组
……………………… 黄晓勇　蔡礼强　执笔 / 001
　一　新发展：当前我国社会组织数量增长情况与发展
　　　特征 …………………………………………………… / 002
　二　新定位：社会组织在国家治理体系中的主体地位
　　　和重要作用进一步彰显和提升 ……………………… / 006
　三　新机遇：当前社会组织领域发展中的十项重大成就
　　　和突出热点 …………………………………………… / 012
　四　新作为：政府与社会组织双向发力共促发展的
　　　政策建议 ……………………………………………… / 041

Ⅱ 专题研究篇

B.2 慈善组织公开募捐资格的要素与展望 ……………… 栗燕杰 / 053
B.3 行业协会商会与行政机关脱钩改革的回顾
与展望 ………………………………………… 袁金辉　汤蕤蔓 / 079

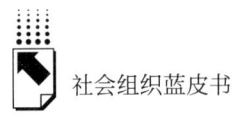

B.4 我国社会组织孵化器发展现状及运营管理研究 …………… 王世强 / 097
B.5 中国智库体系建设与民间智库发展 ……………………… 唐 磊 / 126
B.6 基层枢纽型社会组织的现状检视与未来发展 ……………… 卢 磊 / 141
B.7 社会组织参与教育培训活动的效果分析 ……… 何 辉 高妍春 / 161

Ⅲ 案例研究篇

B.8 三社联动：社会组织与社区、社会工作互动机制
　　建设 …………………………………………………………… 李 涛 / 191
B.9 友成企业家扶贫基金会的社会创新：以志愿者驿站为例
　　………………………………………………………………… 何 辉 / 241
B.10 中国社会组织走出去：使命、探索与挑战 …… 徐彤武 蔡礼强 / 270

Ⅳ 域外镜鉴篇

B.11 日本"多元协作"的构建与展开 ………………………… 胡 澎 / 288

Ⅴ 理论思考篇

B.12 公民结社的四十年 ……………………………………… 吴玉章 / 307
B.13 "民间社会组织"概念辨析 ……………………………… 徐彤武 / 322

Abstract ……………………………………………………………………… / 337
Contents …………………………………………………………………… / 339

总 报 告
General Report

B.1
迈入新时代的社会组织：新发展、新定位、新机遇、新作为[*]

中国社会科学院"社会组织与公共治理研究"课题组

黄晓勇 蔡礼强 执笔[**]

摘　要： 我国社会组织最近两年增速加快，但从社会组织总量和万人占比来看，发展仍很不充分；据大数据统计，社会组织发展在地区之间和城乡之间又呈现鲜明的不平衡，我国社会组织领域同样存在着发展不平衡不充分的矛盾。进入新时代，我

---

[*] 本研究报告在撰写过程中，中国社会科学院研究生院 MPA 教育中心的高妍春老师、翁琨老师、刘胜男老师参与了大量的课题调研、资料整理、图表制作等工作，付出了大量辛劳。中国社会科学院研究生院外事处的李阳老师精心翻译核校了全书英文摘要。在此向她（他）们一并致谢。

[**] 黄晓勇，中国社会科学院研究生院社会组织与公共治理研究中心主任、教授，研究领域为社会组织、世界经济、国际能源安全；蔡礼强，中国社会科学院研究生院社会组织与公共治理研究中心执行主任、教授，研究领域为社会组织、公共政策与公共治理、领导力。

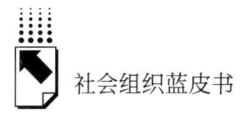

国社会组织有了明确的新定位,社会组织被纳入五位一体总体布局,纳入治理体系得到法律层面的保障,被纳入党和国家机构改革的整体规划,成为新时代的重要建设力量。再加上法律体系的完善、信息监管体系和信用奖惩体系等方面的建立,社会组织迎来了发展的新机遇,在参与、服务和基层治理等方面都发挥着无可替代的重要作用。今后政府还可从加强顶层设计、构建政策体系、加大政策协同、丰富政策措施等方面完善政策支持,社会组织群体也应进一步明确发展定位,更好地展现新作为。

关键词: 社会组织 信息监管 信用体系 治理体系

一 新发展:当前我国社会组织数量增长情况与发展特征

(一)我国社会组织数量呈现快速增长态势

根据民政部发布的相关统计数据以及中国社会组织网大数据公布的数据分析,截至 2017 年底,全国共有社会组织 80.3 万个,比上年增长 14.3%,增速创十年来最高。与 2016 年度的 70.2 万个相比,数量增长了 10.1 万个,增长数量同样创十年来最多。而此前自 2014 年到 2016 年,社会组织增速还在持续走低(见图 1)。①

2016 年社会组织增速和增长数量继续走低,而 2017 年强势反弹,增长率和增长数量双双创下最近数年来的新高。这样的变化可能来自三个方面的

---

① 中华人民共和国民政部:《2016 年社会服务发展统计公报》,民政部门户网站 2017 年 8 月 3 日发布,http://www.mca.gov.cn/article/sj/tjgb/201708/20170800005382.shtml,2018 年 2 月 10 日访问;中国社会组织网大数据,http://data.chinanpo.gov.cn,2018 年 2 月 10 日访问。本文有关中国社会组织的数量统计与分析,如无特殊注明,则全部来自以上信息源。

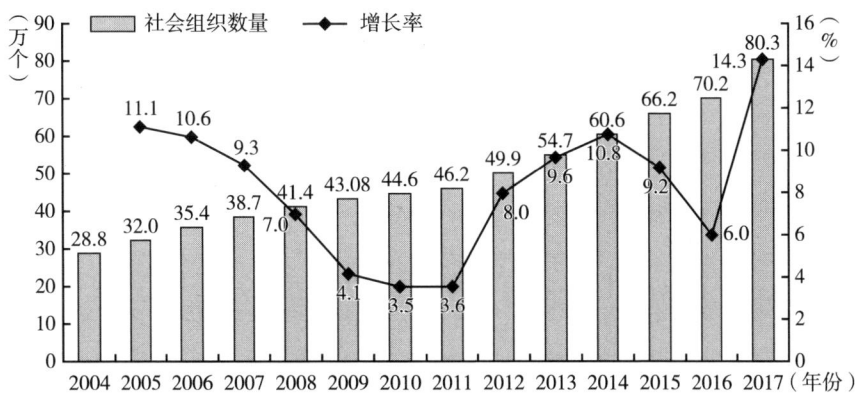

图 1　2004～2017 年我国社会组织数量的增长情况

资料来源：2004～2009 年《民政事业发展统计报告》、2010～2016 年《社会服务发展统计公报》、中国社会组织网大数据。

原因：一是社会组织直接登记的政策实施有一定的层层传导和观望时期，2017 年这项政策得到更广范围和更大程度的实施和执行；二是社会组织领域的"放管服"改革正在持续深入，简政放权、放管结合、优化服务一定程度上改善和优化了社会组织的发展环境；三是整个社会对社会组织的认可度、接受度和需求程度都在持续提升。

从社会组织三大类型来看，2017 年全国社会团体增加了 1.6 万个，增长率为 4.7%；2017 年民办非企业（社会服务机构）比上年增加了 3.6 万个，增长率为 10%；2017 年基金会数量增加了 764 个，增长 13.7%，基金会同比增速为近十年来最低，但仍然是增速最高的社会组织类型。

（二）我国社会组织呈现鲜明的地区发展不平衡特征

根据中国社会组织网大数据发布的全国登记社会组织数据资料统计分析，截至 2017 年底，全国社会组织总量位居前十的省份分别是江苏、广东、浙江、山东、四川、湖北、湖南、河南、河北、安徽（见图 2）。

从图 3 可以看出，江苏一省社会组织数量超过全国 1/10。排名前十的省份占全国份额接近 2/3（见图 3）。

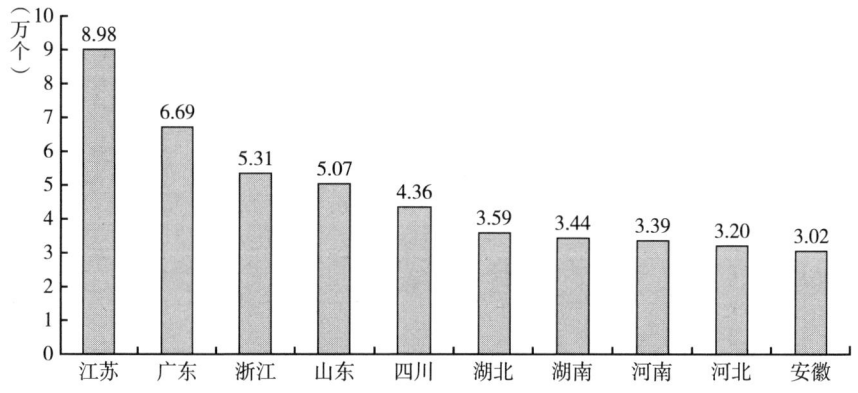

图 2　社会组织数量 top10 的省份（2017 年）

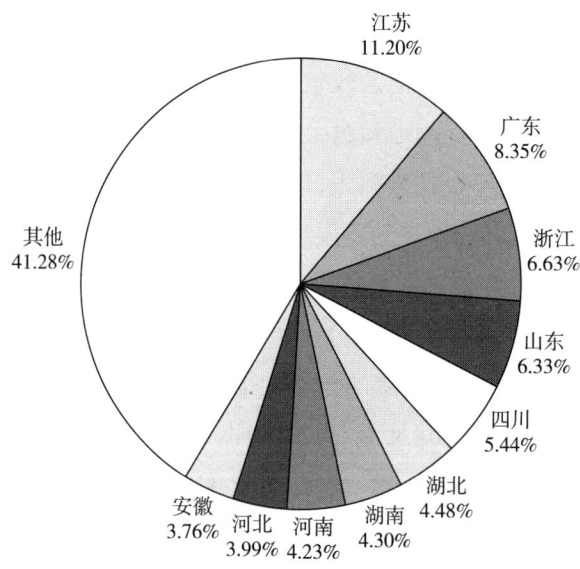

图 3　社会组织数量 top10 省份占全国总数的比重（2017 年）

从全国七大区域来看，社会组织在我国所有区域都呈现稳步增长态势，但华东地区无论是增长数量还是增长速度都远远超过其他区域。特别需要关注的是，西南地区增速远超华北和西北，与华南和华中不相上下。东北地区社会组织无论是数量还是增速，在全国都处于垫底位置（见图4）。

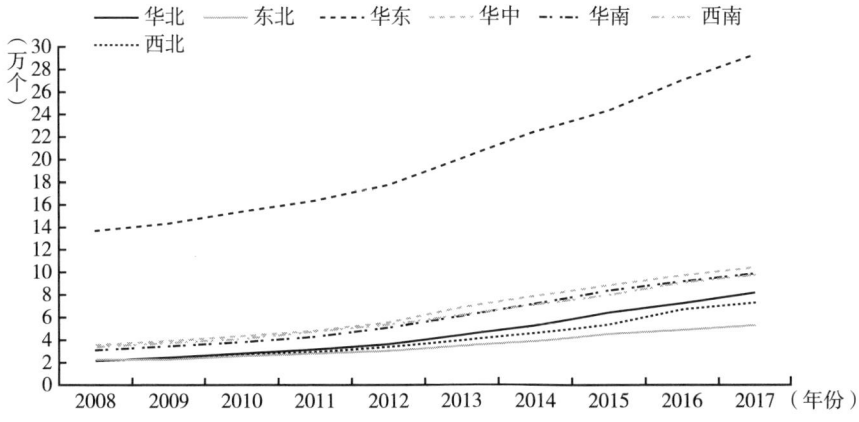

图 4　七大地区 2008~2017 年社会组织数量增长情况

从全国七大区域占社会组织份额来看，华东地区占比最大，达到 36.54%。西北、东北和华北三个地区加在一起也远低于华东，东北地区所占份额甚至只有华东地区的零头（见图 5）。由此可见，社会组织在全国地区之间发展的不平衡甚为突出。

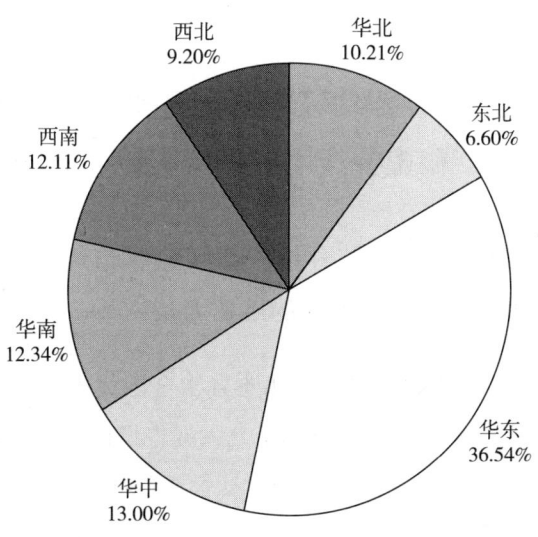

图 5　七大地区社会组织数量占全国数量的比重（2017 年）

社会组织发展既有鲜明的地区不平衡特征,也有突出的城乡不平衡特征。各个区域之间存在发展不平衡,每个区域内城乡之间发展也不平衡。各个区域的城市社会组织发展都远远超过本区域农村社会组织发展。从全国社会组织数量位居前十的城市来看,城市间社会组织发展情况竞争加剧,社会组织发展的明星城市深圳已被挤出全国前五名,仅仅位居第七。重庆和南京则分列全国第二、三位(见图6)。

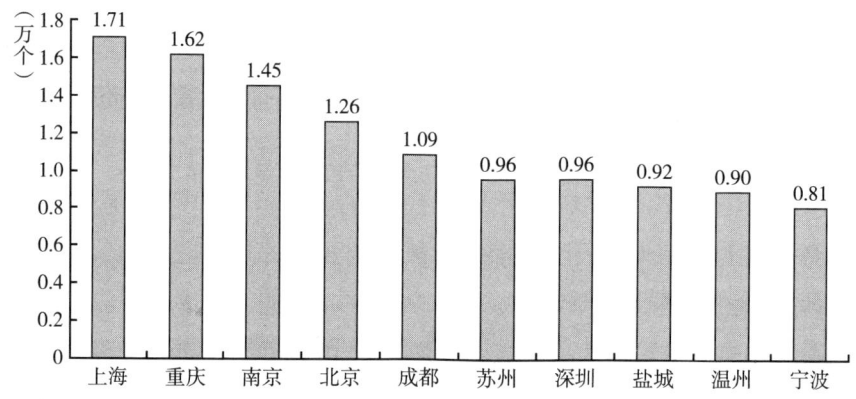

图6 全国社会组织数量位居前十的城市(2017年)

二 新定位:社会组织在国家治理体系中的主体地位和重要作用进一步彰显和提升

(一)社会组织被纳入"五位一体"总体布局,被视为新时代治理体系重要主体和各项建设事业的重要力量

2017年10月召开的中国共产党第十九次全国代表大会,对中国社会组织来说意味着巨大的发展机遇。党的十九大报告将社会组织纳入中国特色社会主义事业"五位一体"的总体布局,社会组织被视为全方位参与新时代国家建设和发展的重要力量。

社会组织在新时代的发展机遇,主要体现为新时代各方面建设都需要社会组织全方位参与，新时代社会主要矛盾破解需要社会组织发挥更大作用，社会组织能提供更多优质服务来满足人民日益增长的美好生活需要。概括而言，全方位参与和服务将是今后我国社会组织发展的两条主线，城乡基层社区将是社会组织参与治理和提供服务的主战场，参与"一带一路"国际合作和提供民生服务项目，将是今后我国社会组织迈向海外的新增着力点。

社会组织成为人民有序政治参与的七大协商主体之一，"推动协商民主广泛、多层、制度化发展，统筹推进政党协商、人大协商、政府协商、政协协商、人民团体协商、基层协商以及社会组织协商。……保证人民在日常政治生活中有广泛持续深入参与的权利"①。社会组织被明确列为民主政治建设的协商主体，并全方位广泛参与到新时代的经济、文化、社会、生态文明等各领域的建设之中。建设现代化经济体系，离不开行业协会商会等各类经济中介组织。在文化建设中，"推进诚信建设和志愿服务制度化，强化社会责任意识、规则意识、奉献意识"②。社会组织对提高全社会文明程度发挥着积极作用。在社会建设中要"打造共建共治共享的社会治理格局"，更加离不开社会组织的参与。社会组织成为政府社会治理创新的主要依靠力量，"推动社会治理重心向基层下移，发挥社会组织作用，实现政府治理和社会调节、居民自治良性互动"③。在美丽中国建设中，社会组织同样不可或缺，"构建政府为主导、企业为主体、社会组织和公众共同参与的环境治理体系"④。

从十九大报告的直接强调和间接表述来看，国家越来越重视包括社会组织在内的社会各类主体的参与，越来越重视社会组织的协同共治，越来越重

---

① 习近平：《决胜全面建成小康社会夺取新时代中国特色社会主义伟大胜利》，载《党的十九大报告辅导读本》，人民出版社，2017，第37页。
② 习近平：《决胜全面建成小康社会夺取新时代中国特色社会主义伟大胜利》，载《党的十九大报告辅导读本》，人民出版社，2017，第42页。
③ 习近平：《决胜全面建成小康社会夺取新时代中国特色社会主义伟大胜利》，载《党的十九大报告辅导读本》，人民出版社，2017，第48页。
④ 习近平：《决胜全面建成小康社会夺取新时代中国特色社会主义伟大胜利》，载《党的十九大报告辅导读本》，人民出版社，2017，第51页。

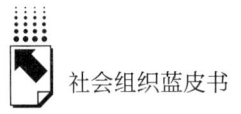

视社会组织参与提供各类服务。概括而言,社会组织已经被视为新时代治理体系的重要主体和各项建设事业的重要力量。

(二)社会组织从法律层面被纳入治理体系,法律地位和治理主体身份得到法治保障

《中华人民共和国民法总则》(简称《民法总则》)由第十二届全国人大第五次会议表决通过,自2017年10月1日起施行。《民法总则》将社会团体、基金会、社会服务机构这三大类型社会组织与事业单位一起被纳入非营利法人类别,对于来自民间的社会组织来说具有里程碑性质的意义。

以前设立机关法人、事业单位法人、社会团体法人类型,属于传统的政府管理思维,不但区分和强化了事业单位和社会组织的身份差异,还没有包含基金会等法人,已经远远滞后于社会发展,属于法人类型制度供给的严重不足。《民法总则》对法人分类的完善,既能涵盖事业单位法人、社会团体法人等传统法人形式,也能容纳基金会和社会服务机构等新法人形式,确保了法人制度供给的法治需求。

《民法总则》将民办非企业单位明确更名为社会服务机构,回归了该类型组织的本来面目,淡化了与事业单位的身份差异。三大类社会组织与事业单位一起同时明确为非营利法人地位,有利于社会组织的生存发展,有利于社会组织与事业单位在服务提供时进行公平竞争,有助于社会组织依法自治和健全法人治理结构。

《民法总则》赋予基层群众自治组织特别法人地位,解决了长期存在的基层群众性自治组织缺乏法人资格的问题,适应了社会组织形态发展变化的需要。此外,还新增民事主体"非法人组织",没有正式登记注册不具有法人资格的备案社会组织,以及各类以各种名义开展社会活动"人的集合"的组织,既非自然人,也没有法人资格,成为"非法人组织",同样被纳入法律规范范围之内,能够依法以自己的名义从事民事活动。这些都极大地拓展和扩大了社会的自治空间。

《民法总则》采用营利法人和非营利法人的分类方法,同时专设特别法人，规范了多种类型的社会组织，回应了当今社会的现实需求，确认和保护了民事主体的自治空间，全面深入地落实了公民的结社权，尤其是依法组建各种非营利法人的权利，有助于充分发挥个人和社会组织在社会治理中的重要作用，有利于激发社会活力，推进国家治理体系和治理能力现代化。可以预见，《民法总则》的实施，对提升社会治理法治化水平将会发挥极大的推动作用。①

《民法总则》在规范公权、保障私权的同时，还确认了多元化社会规则体系。社会组织的乡规民约、团体规则和行业章程等被确认了可以作为法律渊源的效力，丰富了法治的内涵。② 国家颁布的法律是硬法，要求所有人遵守；社会组织的团体规则、行业章程是软法，对所有组织成员和组织开展的活动同样具有法律效力。这样，社会组织就从法律层面被全面纳入治理体系，这有利于对社会组织的依法管理，也有利于社会组织的依法自治，同时还有助于国家治理和社会治理的衔接，有助于政府治理和行业自治的良性互动。

《民法总则》为治理体系中的多元化主体赋予了明确的法人身份和法律地位，适应了社会组织多元化多样化的发展需求，也顺应了治理体系多元化和多层次的主体需求。从法律上确认了主体，可以说是治理体系主体身份的法治化，社会组织由此获得了巨大的自由生存空间和发展活力。

《民法总则》按照法人设立目的和功能等方面的不同，将法人分为营利法人、非营利法人和特别法人三类，这种分类不只是法律意义上的重大变革，对于社会组织管理制度来说也是一次重大变革。创设非营利性法人类别，适应了改革社会组织管理制度、促进社会组织健康有序发展的要求，有利于加强对同属于非营利法人类别不同类型社会组织的引导和规范，有利于对社会组织的统一依法治理。

《民法总则》把事业单位和社会组织都列为非营利法人，有助于事业单位和社会服务机构的合作交流。目前事业单位主管机构编制部门和社会服

---

① 谢鸿飞：《〈民法总则〉法人制度的革新和影响》，《经济参考报》2017 年 4 月 11 日。
② 《专家解读：民法总则的重要意义》，新华社，2017 年 4 月 18 日。

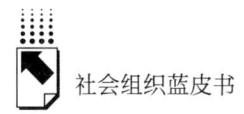

主管机构民政部门已经在登记管理中开始信息共享和业务协同,通过工作协同,积极推进登记管理信息统一归集、互联共享,依托全国信用信息共享平台,"实现事业单位和民办非企业单位基础信息、信用信息等数据无缝链接和高效共享"[①]。

事业单位和社会组织同属非营利法人,符合国际通行情况,有利于同国际接轨,也有利于社会组织和事业单位携手"走出去"。

(三)社会组织从党和国家机构改革层面被纳入治理体系,首次成为党和国家机构改革统筹谋划的一部分

十九届三中全会《中共中央关于深化党和国家机构改革的决定》,把社会组织作为党和国家机构改革的一项内容,作为"统筹党政军群机构改革"的一部分。由此我国社会组织第一次被纳入国家最高层面的机构改革设计,并与群团组织改革、事业单位改革列为同一层级的单独部分进行论述,充分体现了社会组织在国家治理体系建设中的重要地位。社会组织与人民团体、企事业单位一起被视为在党的统一领导下协调行动、增强合力的9大主体之一。成为党总揽全局、协调各方中被独立看待的一支重要力量。[②]

十三届全国人大增设社会建设委员会,主要是为了适应统筹推进"五位一体"总体布局需要,"加强社会建设,创新社会管理,更好保障和改善民生,推进社会领域法律制度建设",是在整合全国人大内务司法委员会等三个专门委员会相关职责的基础上组建的。社会建设委员会的主要职责是研究、拟定、审议民政事务、群团组织等方面的议案、法律草案,"开展有关调查研究,开展有关执法检察等"。这表明社会建设已通过机构调整被纳入国家最高权力机关进行系统考虑,社会建设领域的法治建设开始进入整体发

---

① 《中央编办民政部关于加强事业单位和民办非企业单位登记管理工作中信息共享与业务协同的通知》(中央编办发〔2017〕13号)。
② 《中共中央关于深化党和国家机构改革的决定》(二〇一八年二月二十八日中国共产党第十九届中央委员会第三次全体会议通过),《人民日报》2018年3月5日,第1版。

展的快车道。①

自第八届全国人民代表大会增设环境保护委员会、第九届全国人民代表大会增设农业与农村委员会以来,第十三届全国人民代表大会增设了社会建设委员会,这是全国人大连续15年历经三届之后的首次增设。国家最高权力机关组成机构的这一次调整,传递出的强烈信号就是社会建设得到更大的重视,社会建设领域今后将得到更高层面的法律保障。

全国人大设立社会建设委员会牵头进行社会建设领域的顶层设计和法律规划,既能够把原来分散的社会建设工作更好地统合起来,形成整体发展合力,也能够更好地推动今后社会建设领域的相关立法、监督工作。从十三届全国人大社会建设委员会的组成人员来看,考虑了相关政府机构、群团组织和研究领域的资深官员和学者,有利于碎片化力量的整合,这对社会建设领域制度的出台和完善,必将起到极大的促进作用。社会建设委员会已收到制定社会组织法等方面的相关议案。②

在本次党政军群统筹改革之前,社会组织改革与群团组织改革、事业单位改革已经相互交织,因此必须进行统筹考虑才能顺利推进。

群团组织改革的重要目标就是要保持和增强政治性、先进性、群众性这条主线,着力解决"机关化、行政化、贵族化、娱乐化"等问题,其中一项重要措施是要向社会组织等领域和群体延伸组织体系,"加强对有关社会组织的政治引领、示范带动、联系服务。群团组织要通过服务来引导和促进社会组织健康有序发展"③。

行业协会商会脱钩改革与政府机构改革和事业单位改革高度钩联。行业协会商会脱钩前管理着大量事业单位,脱钩改革必然涉及这些代管事业单位的改革问题。根据中编办文件意见,脱钩改革中同步核销行业协会商会使用

---

① 《中共中央印发〈深化党和国家机构改革方案〉》,《人民日报》2018年3月22日,第1版。
② 王亦君:《全国人大专门委员会有新变化 监督对象和职责扩容》,《中国青年报》2018年3月21日。
③ 《中共中央关于加强和改进党的群团工作的意见》,http://www.gov.cn/xinwen/2015-07/09/content_2894833.htm,2018年2月10日访问。

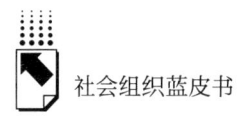

的事业编制，行业协会商会与事业单位合署办公的应将机构和职责分开，行业协会商会代管的事业单位应并入行业协会商会或划转相关部门管理。① 行业协会商会脱钩改革直接关联到政府、市场、社会关系的调整，直接影响和带动政府机构和事业单位等相关领域改革。

正是因为社会组织与政府改革、事业单位改革、群团改革等多领域改革的相互交织，促进社会组织发展首次成为党和国家机构统筹谋划的一部分。

三 新机遇：当前社会组织领域发展中的十项重大成就和突出热点

（一）社会组织法律法规体系加速健全和完善

2017年有多部重要法律都关系社会组织，社会组织法律体系正在加速健全和完善。

《中华人民共和国境外非政府组织境内活动管理法》于2017年1月1日起开始正式实施，该法主要用于规范、引导境外非政府组织在中国境内合法开展活动，填补了以往缺乏规范和监管境外非政府组织的法律空白。② 《中华人民共和国红十字会法》经重新修订后于2017年5月8日正式实施，加强了监管体制建设，强化了监督和法律责任。《中华人民共和国民法总则》自2017年10月1日起施行，明确了各类社会组织的法人地位。

自2016年9月1日开始实施《中华人民共和国慈善法》（以下简称《慈善法》）已一年多，对我国公益慈善组织产生了巨大的政策激励作用，对相关领域完善法律、信息公开、税收减免、创新监管等方面都产生了倒逼效应，对社会组织领域法律政策体系起到加速健全和完善作用。

---

① 《中央编办关于印发〈关于贯彻落实行业协会商会与行政机关脱钩总体方案涉及事业单位机构编制调整的意见〉（试行）的通知》（中央编办发〔2015〕38号）。
② 《中华人民共和国境外非政府组织境内活动管理法》（十二届全国人大常委会第二十次表决通过）。

《慈善法》实施大大加快了社会组织相关领域法律法规的完善进度,推动社会组织领域全方位改革持续深化。《慈善法》规定慈善组织都是以面向社会开展慈善活动为宗旨的非营利组织,可以采取基金会、社会团体、社会服务机构等组织形式。《慈善法》对基金会、社会团体、社会服务机构三大类慈善组织形式都是非营利组织的认定,对于《民法总则》中社会组织全部列入非营利组织法人类别、对于将社会组织三大条例整合成一个统一的《社会组织登记管理条例》进行修订具有重要的推动作用。

国务院2016年立法工作计划中把《基金会管理条例(修订)》《社会团体管理条例(修订)》《民办非企业单位管理条例(修订)》列为全面深化改革急需的项目,把《社会组织法》列为研究项目。① 国务院2017年立法计划同样将社会组织这三大条例的修订列为全面深化改革急需的项目。② 民政部在2017年法治政府建设情况报告中介绍,在履行社会治理职责中,配合国务院法制办修订"《社会团体登记管理条例》、《基金会管理条例》和《民办非企业单位登记管理条例》,完善社会组织管理登记制度"③。而国务院2018年立法工作计划则不再单独分别列出三大条例,而是把三大条例整合成一个《社会组织登记管理条例》进行修订。④

自2016年社会组织三大条例修订草案征求意见稿发布以来,三大条例如何修订引发社会广泛关注。而三大条例修订工作连续几年列入立法工作计划并被纳入全面深化改革急需的项目,一方面说明国家对此高度重视,另一方面也反映三大条例修订工作受《慈善法》和《民法总则》相关法律条文的影响,需要遵照相关法律规定对三大条例进行较大的修改和调整。从目前情况看,如无特殊意外,《社会组织登记管理条例》有望在近两年甚至在2018年出台。

2017年2月,《企业所得税法》(2017年修订版)将第九条修改为:

---

① 《国务院办公厅关于印发国务院2016年立法工作计划的通知》(国办发〔2016〕16号)。
② 《国务院办公厅关于印发国务院2017年立法工作计划的通知》(国办发〔2017〕23号)。
③ 《民政部关于2017年贯彻落实〈法治政府建设实施纲要(2015~2020年)〉情况的报告》,http://www.mca.gov.cn/article/zwgk/tzl/201803/20180300007958.shtml,2018年2月10日访问。
④ 《国务院办公厅关于印发国务院2018年立法工作计划的通知》(国办发〔2018〕14号)。

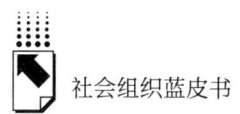

"企业发生的公益性捐赠支出,在年度利润总额12%以内的部分,准予在计算应纳税所得额时扣除;超过年度利润总额12%的部分,准予结转以后三年内在计算应纳税所得额时扣除。"①明确了企业的公益捐赠可以享受税收优惠,落实了《慈善法》关于捐赠免税的规定。

《慈善信托管理办法》由银监会、民政部联合于2017年7月26日印发,规范了慈善信托,基本建立了慈善信托规制体系。②

《志愿服务条例》由国务院于2017年8月22日发布,自2017年12月1日施行。该条例对保障志愿者和志愿服务组织、发展和规范志愿服务事业,起到巨大的推动作用,自此志愿服务工作被纳入法制轨道。志愿服务组织可以采用社会团体、社会服务机构、基金会等组织形式。③

以上法律法规的实施,不仅使社会组织相关法律法规加速健全和完善,还推动了一系列管理制度的创新和设立。譬如推动社会组织登记管理制度改革深化,推动社会组织年检制度的改革创新,推动社会组织信息公开监管体系的形成,推动社会组织信用奖惩体系的建立。

(二)"放管服"改革持续优化社会组织发展环境

简政放权、放管结合、优化服务上的持续纵深推进,不断改善和优化社会组织的发展环境,为我国社会组织发展释放了巨大的发展红利。

简政放权过程中全面清理了非行政许可审批事项,推动政府部门公布了行政权力和责任清单。社会组织主管部门民政部按照中央部署和要求,全面清理了涉及社会组织领域的非行政许可审批事项。取消社会团体筹备成立的审批,取消登记后社会团体及其设立分支机构、代表机构备案,取消了全国性社会团体会费标准备案要求;取消社会团体和基金会分支机构、代表机构的设立登记、变更登记和注销登记;外国商会的设立登记、变更登记和注销

---

① 《中华人民共和国企业所得税法》(2017年修订版)(2017年2月24日第十二届全国人民代表大会常务委员会第二十六次会议通过)。
② 《慈善信托管理办法》(银监发〔2017〕37号)。
③ 《志愿服务条例》(中华人民共和国国务院令第685号)。

登记不再由商务部进行前置审批，直接由民政部进行。在取消大量非行政许可审批事项的基础上，还公布了社会组织管理专项权力和责任清单，并对每项权力公布了详细的服务指南和流程图，这些改革都大大减轻了行政相对人的负担。

根据民政部公布的社会组织管理专项权力和责任清单，民政部在社会组织管理领域主要负责拟订和实施监督检查相关政策，依法对社会团体、基金会、民办非企业单位、外国商会进行登记管理和执法监察，对慈善组织进行认定、对慈善组织公开募捐资格进行审批、对慈善组织和慈善活动进行监督管理，以及指导和监督地方对社会组织的登记管理工作等。列出的权责事项表主要包括以下三大领域——社会组织登记和备案、社会组织日常监管和培育发展、对社会组织以及其他组织或个人违法行为处罚等，总共18项具体权责事项。对每项权责事项的子项详细列出了设定依据的法律法规条文和政策名称文号，对履责方式列出了前置条件、相关程序和要求、事中事后监管、部门间职责衔接等具体内容，详细列出了行政机关履职应承担的责任事项。[①]

通过行政审批事项改革和政务信息公开，应当说民政部对社会组织管理的权责事项明确、有相应设定依据、履责方式清楚、追责事项和承担责任具体。为了方便行政相对人，民政部社会组织管理局对每一个履责的行政子项目都列出了详细的服务指南和流程图。[②]

简政放权持续深化推动社会组织登记审批时限持续压缩和优化，"缩短社会组织登记审批时限，除社会组织成立登记、注销登记、名称变更登记和业务主管单位变更登记事项因情况复杂等特殊原因，仍需在法定审批时限内进行审批外，其他行政审批事项均已实现当场申请、当场办结、当场出证。对所登记的涉外社会组织，除社会组织成立、注销、名称变更和非内地居民

---

① 《民政部社会组织管理专项权力和责任清单（试行）》，民政部门户网站，2017年5月13日发布，http://www.mca.gov.cn/article/gk/qlqd/201705/20170500004663.shtml，2018年2月10日访问。
② 《民政部社会组织管理专项权力和责任清单服务指南和流程图》，民政部门户网站，http://www.mca.gov.cn/article/gk/qlqd/201712/20171200007011.shtml，2018年2月10日访问。

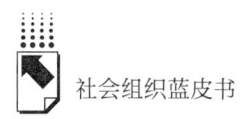

担任法定代表人变更登记外,住所、资金的功能变更登记时限由20个工作日缩短到10个工作日"①。

在简政放权的同时,加强监管和优化服务也同步推进。运用"互联网+"创新监管方式,构建了以信息公开为基础、以信息共享为平台、以信用监管为核心的新型监管制度,事中事后监管框架基本建立,社会组织相关信息已被纳入全国统一的信用信息共享交换平台。

在优化服务方面,社会组织主管部门也下了很大功夫。为方便办事,在门户网站公布了详细的办事服务信息,譬如办理相关业务的常见错误示例、服务指南名称、行政许可流程图、填报说明等。②

很多地方也把"放管服"改革作为社会组织管理体制改革的机遇,大幅度取消前置行政审批,下放管理权限,完善审批制度,优化审批流程和办事效率。譬如上海市民政局规定,社会组织直接登记审批时间不超过30个工作日,杨浦区则把社会组织直接登记审批时间下调到不超过20个工作日,取消分支机构设立等审批事项。同时降低注册资金门槛,把新成立的社区服务类、公益慈善类民办非企业单位注册资金大幅降低至5000元。③

社会组织领域的"放管服"改革同其他领域一样也是一个系统的整体,既有简政放权的"减法",也有加强监管的"加法"和优化服务的"乘法"。"放管服"改革的系统推进开启了我国社会组织发展的新篇章。

(三)打击非法社会组织和惩治合法社会组织违规违法行为力度进一步加大

民政部自2016年3月开始设立曝光台起,被曝光的涉嫌非法社会组

---

① 《民政部关于2017年贯彻落实〈法治政府建设实施纲要(2015~2020年)〉情况的报告》,民政部网站。
② 详见民政部网站服务栏目下各项办事指南,民政部门户网站,http://www.mca.gov.cn/article/fw/bszn/shtt/,2018年4月10日访问。
③ 《社会组织服务领域在"扩盘"》,2016年6月23日发布,中国上海,http://www.shanghai.gov.cn/nw2/nw2314/nw2315/nw5827/u21aw1141161.html,2018年2月10日访问。

织已有1200多家。2017年底连续公布三批涉嫌非法社会组织名单，2018年3月又公布第四批涉嫌非法社会组织名单。在公布名单的同时，登记主管部门持续开展打击整治活动，引起了社会的广泛关注和各方热议，成为一大社会热点。在已曝光的253个涉嫌非法社会组织中，目前已取缔4个。

曝光和取缔同步开展，对掌握事实和证据有限、不足以达到取缔标准的涉嫌非法社会组织，采用的曝光公布名单、动员全社会共同参与提供线索的方式，是一种创新工作方式、加大打击力度的有效措施。全国已查处取缔非法社会组织300多个的成效，充分证明曝光、取缔同步并举的方式是一种高度负责又实事求是的治理方式。[1]

公布名单既可以直接震慑非法社会组织，同时也可引起社会的警示，提高全社会对非法社会组织和非法活动的社会辨识度和警示度，直接大大压缩了非法社会组织的生存空间，同时也可动员公众参与监督提供线索，便于政府部门及时查处和取缔。[2]

登记主管部门对合法登记社会组织的违规违法查处和处罚力度同样明显加大。从民政部公布的违规处罚公告来看，2016年至2018年2月底，已经处罚了37家社会组织。2016年开出了16号罚单，2017年开出了22号罚单，2018年还不到3个月，就开出了4号罚单。从行政处罚决定公布的处罚事由来看，主要有未按规定年检或年检不合格、未按规定完成支出额度、未按规定履行信息公开义务、违规设立分支机构以及疏于管理、超出章程和宗旨开展活动、违规举行评审活动等事项。处罚结果有警告、警告并罚没所得、停止活动1~6个月不等，直到撤销登记等。2017年12月，对中国建筑装饰协会做出警告并处没收违法所得400多万元的"天价罚单"引起社会广泛关注，对一些行业协会商户违规举办评审活动起到极

---

[1] 《全国已查处取缔非法社会组织300多个》，中国社会组织网2018年3月1日发布，http://www.chinanpo.gov.cn/800101/109310/newsbgtindex.html，2018年2月10日访问。
[2] 《关于提供非法社会组织活动线索的公告（名单更新至3月30日）》，中国社会组织网，http://www.chinanpo.gov.cn/800102/109346/newsbgtindex.html。

强的警醒作用。①

对正式登记社会组织违规处罚的持续实施，以及活动异常名录和严重违法失信名单的设立，对规范社会组织活动、提升社会组织自身内部治理和规范化管理水平都会起到极大的促进作用。

主管部门对非法社会组织的打击，大大压缩了非法社会组织的生存空间。湖南、湖北、河北、天津等地纷纷发出依法打击非法社会组织活动公告，公布名单，鼓励各界提供非法活动线索。全国各地正致力于铲除非法社会组织的生存土壤，为合法社会组织营造更加优良的发展环境。在打击非法社会组织的同时，很多地方在本地范围内开展社会组织集中排查整治专项行动，对僵尸型、活动不规范、存在突出问题的社会组织进行整治处罚，视情节列入社会组织异常名录或严重违法失信名单，这些行动和措施都进一步优化和提升了社会组织发展环境。

（四）集监管、干预和激励为一体的社会组织全周期信息公开监管体系已经形成

社会组织信息公开包括两个方面，一是主管部门对所有社会组织相关政务信息和业务信息的公开；二是主管部门要求社会组织依法依规公开的自身信息和活动信息。

从民政部发布的主动公开基本目录来看，涉及社会组织的所有行政许可事项、全部材料目录及办理结果都需要公开。民政部本级登记的社会团体、基金会、社会服务机构、外国商会的设立、变更、注销登记信息和年度检查结论需要公开，民政部本级登记的慈善组织认定结果、纳入异常名录、具有公募资格以及被依法撤销公募资格的慈善组织，所有相关行政处罚结果、取缔结果都需要公开。

从民政部公开的连续多年来的政府信息公开年度报告情况来看，社会组

---

① 参阅中国社会组织网执法查处栏目，中国社会组织网 2018 年 3 月 30 日发布，http://www.chinanpo.gov.cn/xzcf/xzcfList.html#!/xh，2018 年 2 月 10 日访问。

织一直是信息公开的重要领域和工作重点。社会组织公开的制度进一步完善，公开的平台和载体更加多样和丰富，公开的清单和目录已经明确，公开的内容更加完善，公开的时效更加及时迅速。

民政部全面推进政务公开工作中着力推行包括社会组织在内的公开工作目录清单管理，加强社会组织公开平台建设。民政部社会组织管理局开通"中国社会组织动态"政务微信公众号，承担着发布相关社会组织权威信息的功能，成为社会了解和关注社会组织领域发展动态的重要窗口。目前全国社会组织登记主管部门都在参与"中国社会组织动态"的建设和宣传推广工作。

民政部2016年政务公开要点中明确提出，依法制定和实施社会组织等业务信息采集、整理、使用等，公开全国性社会组织违法行为实施的处罚信息，"加大社会组织信息公开力度，进一步完善中国社会组织网建设，依法公开社会组织成立、变更、注销、年检信息"。加大多平台联动公开力度，发挥社会组织微信公众号作用。[1] 2016年民政部共发布社会组织登记业务信息1908件，公布1477家社会组织年检报告，通报16件行政处罚结果，公布2310家全国性社会组织和近56万家地方社会组织基本信息，连续公布13批"离岸社团""山寨社团"1287家。此外，全国志愿服务信息系统建设也得到积极推进。从2016年民政部办理的政府信息公开申请事项来看，社会组织管理成为群众最为关注的民政工作信息，遥遥领先地排在申请公开事项第一位。[2]

2017年社会组织信息公开程度进一步提高，"公布民政部社会组织管理专项权力和责任清单、权责事项运行流程图和服务指南，根据权责事项取消、下放、承接情况进行动态调整"。此外，还推进社会组织法人库建设，提高了社会组织政务信息公开化水平。[3]

---

[1]《民政部2016年政务公开工作要点》，民政部门户网站，http://www.mca.gov.cn/article/gk/gzyd/201712/20171200007045.shtml，2018年2月10日访问。
[2]《2016年民政部政府信息公开工作年度报告》，民政部门户网站，http://www.mca.gov.cn/article/gk/xxgknb/201703/20170300003951.shtml，2018年2月10日访问。
[3]《民政部2017年政务公开工作要点》，民政部门户网站，http://www.mca.gov.cn/article/gk/gzyd/201705/20170500004394.shtml，2018年2月10日访问。

2017年，社会组织信息公开制度进一步完善，制定了《社会组织信用信息管理办法》，对规范社会组织信息公开进行规定。起草了《慈善组织信息公开办法》，进一步规范慈善组织信息公开行为。

社会组织信息公开平台建设得到强化，2017年中国社会组织网开通全国社会组织查询平台，实时动态归集全国正式登记社会组织有效数据。推动了社会组织信用信息平台建设，动态更新全国性社会组织活动异常名录和严重违法失信名单。全国社会组织信息查询平台建成后，民政部办公厅在全国民政系统发文要求推进查询平台广泛运用。① 由于《慈善法》对慈善类社会组织信息公开有更高的要求，民政部专门组织开发了全国慈善信息公开平台，并于2017年9月1日对外提供信息发布服务。② 民政部办理的相关社会组织业务信息公开更加及时，"动态发布部本级办理的1139件社会组织成立变更、注销登记、章程核准、慈善组织认定事项信息，2187件社会组织年检信息，21件行政处罚信息"③。

民政部政务信息公开水平的大幅提升直接推动了社会组织自身信息公开的程度。2017年初，民政部开展基金会2016年年度报告和年度检查工作时，直接要求各级登记管理机关组织基金会在"中国社会组织网"上填报年度工作报告，上传审计报告和专项信息审核报告的电子文档。并将接收到的相关报告及时在中国社会组织网或其他渠道公布，接受社会监督。登记主管部门对基金会的年度检查结论也会及时向社会公开。此外，对登记或认定为慈善组织的基金会，还会进行一定比例的抽查或专项检查，对包括信息公开、内部治理等方面进行检查。④

社会组织信息公开主要采取分级分类形式，对不同类型和不同层级社会组织要求公开的内容和程度都有一定的差别，但强化社会组织信息公开，通

---

① 《民政部办公厅关于推广使用全国社会组织信息查询平台的作用》，民办函〔2017〕309号。
② 《民政部办公厅关于全国慈善信息公开平台上线运行的通知》，民办函〔2017〕246号。
③ 《2017年民政部政府信息公开工作年度报告》，民政部门户网站，http://www.mca.gov.cn/article/gk/xxgknb/201803/20180300008168.shtml，2018年2月10日访问。
④ 《民政部关于开展基金会2016年度报告和年度检查工作的通知》，民函〔2017〕25号。

过信息公开推动社会组织治理更加公开透明则是主管部门的主要立场。

一般类型社会组织主要公开相关基础信息和年报信息,基础信息是指反映社会组织登记、核准和备案等事项的信息;年报信息是指社会组织依法履行年度工作报告义务并向社会公开的信息。①

社会组织信息公开类型中要求最高的是公益慈善类,从信息公开范围的广度到公开内容的深度都远超一般类型社会组织。对于认定为慈善组织类型的社会组织,不仅要公开组织内部治理信息,相关登记信息、募捐资格、公开募捐活动备案、慈善项目进展、慈善信托以及财务状况等信息都要根据《慈善法》对慈善组织信息公开的要求进行公开。② 为支持慈善组织在更大范围内依法开展互联网募捐信息发布,民政部先后分两批遴选慈善组织互联网公开募捐信息平台。③ 对于发布慈善组织互联网公开募捐信息的信息平台,民政部也专门发布了信息平台的基本技术规范和基本管理规范,这两项推荐性行业标准已自2017年8月1日起实施。④ 2017年8月,全国志愿服务信息系统上线运行,民政部办公厅发出关于推广使用全国志愿服务信息系统的通知。⑤ 2017年9月,民政部正式开通全国慈善信息公开平台,用于慈善参与主体向社会公开慈善信息。2017年12月,民政部就《慈善组织信息公开办法(征求意见稿)》向社会公开征求意见。⑥

公益慈善类社会组织因为属于信息公开要求的最高等级,凡是从事社会公益事业的社会组织相关信息今后都会要求公开,"及时公开从事社会公益的公共企事业单位、社会组织名录,设立、变更、注销登记等审批信息,以及年检年报、评估检查、奖励处罚等监管信息"⑦。《国办关于推进社会公益

---

① 《社会组织信用信息管理办法》(中华人民共和国民政部令,第60号)。
② 《民政部办公厅关于全国慈善信息公开平台上线运行的通知》(民办函〔2017〕246号)。
③ 《民政部办公厅关于遴选第二批慈善组织互联网公开募捐信息平台的通知》(民办函〔2018〕2号)。
④ 《民政部关于发布〈慈善组织互联网公开募捐信息平台基本技术规范〉等2项行业标准的公告》(民发〔2017〕第406号)。
⑤ 《民政部办公厅关于推广使用全国志愿服务信息系统的通知》(民办函〔2017〕252号)。
⑥ 《民政部关于〈慈善组织信息公开办法(征求意见稿)〉公开征求意见的通知》。
⑦ 《国务院办公厅关于推进社会公益事业建设领域政府信息公开的意见》(国办发〔2018〕10号)。

事业建设领域政府信息公开的意见》从顶层设计高度对公益领域信息公开做出了整体性安排和全面部署，有效解决了以前相关信息公开政策不衔接、不连贯、不系统和碎片化的问题。

不仅社会组织不同类型要求公开程度不同，不同层级登记的社会组织在信息公开要求上也有一定的差别。一般情况下登记部门层级越高，信息公开要求的规范就越严格。譬如，民政部提倡全国性行业协会商会和具有公开募捐资格的基金会于2016年底前普遍建立社会组织新闻发言人制度，提倡民政部登记的各类社会组织和省级登记的各类社会组织在2017年底前建立新闻发言人制度。[1]

加大信息公开力度，是创新事中事后监管的重要方式。民政部出台《社会组织抽查暂行办法》，明确登记管理机关可以采取定期抽查和不定期抽查两种方式，对社会组织依法开展活动的情况进行检查。抽查内容主要包括社会组织的年度报告、信息公开、内部治理等情况。抽查结果会向社会公开，并作为社会组织评估等工作的重要依据，也会作为政府购买服务、评优评先资格的参考因素。[2] 把信息公开和社会组织执法监察系统建设结合起来，社会组织案件处理过程信息化和执法监察信息共享化，提升了社会组织行政执法的信息化水平。[3]

从当前信息公开实施的情况来看，信息公开已经成为一个复合型的政策工具，对于要求社会组织强制公开信息而言，这是一种规制性政策工具；对于登记管理部门公布的所有社会组织业务信息而言，又是一种引导和规范性政策工具；对于把社会组织相关信息和奖励奖惩结合起来而言，又成为激励性政策工具。

信息公开是一种强制性政策工具，因为基本信息和年度报告信息公开已经是所有社会组织必须履行的一项基本义务，要求公开这部分信息可以说是

---

[1]《民政部关于推动在全国性和省级社会组织中建立新闻发言人制度的通知》（民发〔2016〕80号）。
[2]《民政部关于印发〈社会组织抽查暂行办法〉的通知》（民发〔2017〕45号）。
[3]《社会组织抽查暂行办法》（民发〔2017〕45号）。

带有强制性的,是登记管理机关监督检查的一项重要内容,是政府对社会组织进行规制,实施外部监督和促进其规范化发展的一项重要措施。

信息公开是一种干预工具,用来引导和规范社会组织发展。政府大幅度提升社会组织领域的信息公开,通过社会组织行为信息的披露和告知,既为社会提供了实施监督的有效途径和基本素材,也向社会广泛传递了政策内容和行为规范,从而影响公众和社会组织自身对公开的认知和行为习惯,对提升社会组织内部治理水平具有积极的促进作用。[①]

信息公开是一种激励性政策工具,是因为政府把社会组织信息公开程度和水平与对它们的评定等级、获取资源和社会地位等方面建立直接的关联关系。信息公开程度在某种程度上决定了社会组织的规范性、透明度,决定了社会组织的公信力。信息公开与奖励资源直接挂钩,可以说,信息公开就是一种激励性政策工具。

社会组织信息化制度的健全、信息化平台的运行、信息化内容的规范,不但提高了事中事后监管水平,还构建起了一个全覆盖、全方位、全生命周期的信息监管系统。

公益慈善组织的信息公开要求远远高于其他社会组织类型,具有公募资格的公益慈善组织又要高于不具有公募资格的公益慈善组织。但从目前发展情况来看,信息公开要求最高的公益慈善类社会组织整体信息公开的水平并不高。据中基透明指数FTI2018发布的基金会透明指数来看,中国基金会行业在透明度上是不及格的,有不少基金会处于信息完全缺失状态,只有友成企业家扶贫基金会、南都基金会等14家基金会连续六年保持满分。[②]

上述情况说明中国社会组织提升信息公开水平的任务依然十分艰巨,需要信息监管体系继续发挥提升促进和规范发展作用。

---

① 〔美〕莱斯特·M. 萨拉蒙:《政府工具——新治理指南》,肖娜等译,北京大学出版社,2016,第192~193页。
② 《中基透明指数FTI2018发布14家基金会成为公开透明表率》,央广网,2018年1月26日,http://gongyi.cnr.cn/news/20180126/t20180126_524113513.shtml,2018年2月10日访问。

（五）社会组织信用监管和基于信用的奖惩体系初步建立

信息公开是信用奖惩体系建立的基础和前提，没有社会组织信息公开制度的支撑，就没有办法建立有效的社会组织信用奖惩体系。信用奖惩体系不是一个单一的政策工具，需要多种政策工具的配套使用。[①]

社会组织信用体系的建立经历了一个过程，一是社会组织信息公开制度的逐步建立和完善；二是针对社会组织的奖励和惩罚与社会组织的信用表现紧密挂钩。

社会组织信用奖惩体系主要建立在社会组织的信息公开和信用信息系统的建设基础之上。民政系统通过持续深入的社会组织信息公开，通过全国社会组织法人单位信息资源库建设和信用信息化工程，收集整合了社会组织各类信用信息，并初步建立了社会组织信用档案。

在加强社会组织信息公开的同时，政府出台向社会组织购买服务等相关措施时已经开始关注并建立社会组织的信用记录机制，把社会组织的信用高低作为能否购买服务的重要条件，"对守信组织给予支持和激励，对失信组织予以限制和禁止"[②]。在购买服务蓬勃开展之初，民政部门就承担起建立完善社会组织信用体系，以及向社会公布社会组织信用记录的责任。因此在社会组织信用体系正式建立之前，民政系统就已经采取一系列措施把社会组织的信用情况与购买服务、等级评定等政策挂起钩来，并推动社会组织信用信息的建设工作。

2016年，民政部门就结合法人库和信用信息平台共享建设，加强社会组织承接政府购买服务信用信息记录、使用和管理。一方面在购买服务时会及时收录社会组织承接服务的相关信用信息，推进信用信息记录的公开和共享；另一方面也要求购买主体通过平台查询社会组织的信用信息，将社会组

---

① 关于信用和名声政策工具的介绍和讨论，参阅《社会组织发展的整体性变革：政策工具组合与生态系统构建》，载黄晓勇主编《中国社会组织报告（2016~2017）》，社会科学文献出版社，2017。
② 《关于支持和规范社会组织承接政府购买服务的通知》（财综〔2014〕87号）。

织信用状况作为确定承接主体的重要依据,并要依法追究失信社会组织责任。①

经过多年的持续努力,以《社会组织信用信息管理办法》的发布实施为标志,我国正式建立了社会组织的信用监管和奖励惩戒制度体系。社会组织信用信息是关于社会组织信用情况的相关信息,主要包括社会组织信用信息的采集发布以及依据信用信息对社会组织实施奖励惩戒的整体制度。②

《社会组织信用信息管理办法》构建起一个由民政部统一管理,由全国各级民政部门共同参与、分级负责、信息共享并动态更新的社会组织信用信息体系。这个信用信息体系内容非常全面,包括社会组织自成立之日起到接受检查、处罚和奖励等方面的所有信息,主要有基础信息、年报信息、行政检察信息、行政处罚信息和其他信息。③ 所有信用信息不仅向社会公开,还提供互联网查询和全国信息共享。在这些信用信息里,登记管理机关依据社会组织未依法履行义务或者存在违法违规行为的有关信用信息,所建立和发布社会组织异常活动名录和严重违法失信名单信息,是对违规社会组织的监管措施、惩罚手段和信用警告。

社会组织的信用信息对它们今后的生存和发展有巨大的影响。被列入异常活动名录,意味着社会组织的信用等级很低,其将会受到更加严厉的监管。而对被列入严重违法失信名单的社会组织,监管和惩罚措施都会进一步升级,将被列为重点监督管理对象,以及受到不给予资金资助、不购买服务、不授予相关荣誉、取消或者降低评估等级等一系列惩罚。

加大对信用不好社会组织惩罚的同时,对信用良好的社会组织也会有一系列相关激励措施,如优先承接政府授权和委托事项、优先获得政府购买服务项目、优先获得资金资助和政策扶持、优先推荐获得相关表彰和奖励等。④

---

① 《关于通过政府购买支持社会组织培育发展的指导意见》,财综〔2016〕54号。
② 《社会组织信用信息管理办法》,中华人民共和国民政部令,第60号。
③ 《社会组织信用信息管理办法》,中华人民共和国民政部令,第60号。
④ 《社会组织信用信息管理办法》,中华人民共和国民政部令,第60号。

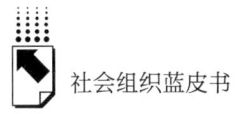

社会组织的信用信息不只是一个独立的信用系统,也不只影响社会组织在社会领域的生存发展。社会组织的信用信息已经被接入全国信用信息共享平台,纳入全国信用管理系统,并建立了一个多部门联动的守信联合激励、失信联合惩戒的具体制度和操作办法。

社会组织纳入全国信用管理系统的基础是社会组织拥有一个终身统一的社会组织信用代码。2017年11月,民政部、国家发改委、国家质检总局三部委联合发出通知,推进社会组织统一社会信用代码制度建设,统一代码为社会组织实现终身身份标识,把全国社会组织统一社会信用代码系统作为社会组织登记管理的信息化工具,同时与全国信用信息共享平台进行数据对接,做到社会组织信息"一网可查询",并通过"信用中国"网站公示社会组织信用信息。①

2018年2月,国家发展改革委、中国人民银行、民政部等40个部门和单位联合签署《关于对慈善捐赠领域相关主体实施守信联合激励和失信联合惩戒的合作备忘录》,多家部门共同建立守信联合激励、失信联合惩戒的具体制度和操作办法。备忘录明确了慈善捐赠领域的信用信息共享,提出针对2类激励对象的26条激励措施和针对5类惩戒对象的24条惩戒措施,对守信的慈善组织和捐赠人提供了丰富多样的优惠激励措施,给予各种优先和便利,是一种全方位激励和社会风向标性质的认可和尊重。②

2018年3月,民政部与最高人民法院签署信息共享备忘录,建立信息共享和业务协同机制。其中社会组织登记信息、失信被执行人(社会组织)名单信息等,被纳入最高人民法院"总对总"网络执行查控系统,完善了执行惩戒机制。③

---

① 《关于推进社会组织统一社会信用代码制度建设和信息共建共享有关事项的通知》,民办函〔2017〕324号。
② 《印发〈关于对慈善捐赠领域相关主体实施守信联合激励和失信联合惩戒的合作备忘录〉的通知》,发改财金〔2018〕331号。
③ 《最高人民法院与民政部签署信息共享备忘录案件当事人婚姻登记等信息被纳入查询范围》,http://www.court.gov.cn/zixun-xiangqing-86382.html,2018年2月10日访问。

《社会组织信用信息管理办法》出台以及多个合作备忘录签署,可以说,民政部构建了一个全新的社会组织信用监管和基于信用的奖惩体系。从信息监管到信用监管,一步步形成了一个从全面公开信息到异常活动名录,再到严重违法失信名单的梯级递进监管体系,强化了社会组织信息监管和信用监管的合力。

社会组织信用信息被纳入全国社会信用管理体系范畴,建立了守信联合激励和失信联合惩戒机制,规范守信社会组织得到多部门多样化的共同激励,而失信社会组织一处失信则会处处受限。[1] 社会组织信用监管和信用奖励惩戒体系的建立,使社会组织的信用成为它们生存发展和安身立命的根本,这将会极大地促进社会组织尤其是公益慈善组织的规范化、透明化和品牌化提升,提升社会组织自律的自觉性。

(六)脱钩改革初见成效,政府综合监管和行业协会商会依法自治的新型治理模式正逐步形成

2017年是行业协会商会与行政机关脱钩加速推进的一年,也是政社分开迈出关键一步、取得显著改革成效的一年。

在社会团体中行业协会商会数量最多、增速最快,每年增速远超社会组织平均增长速度。行业协会商会地位重要、作用特殊,直接连接政府、市场和社会,脱钩改革与政府机构改革、事业单位改革、经济体制改革和社会体制改革高度相关、联动影响。

自2015年中办国办印发《行业协会商会与行政机关脱钩总体方案》并开始第一批脱钩试点以来,两年时间内,已经连续实施三批试点,可见试点改革的力度之大、节奏之快。2017年,第一批行业协会商会脱钩试点已基本完成,被纳入第三批脱钩试点的146家全国性行业协会商会要在一年的时

---

[1] 《慈善信用联合激励惩戒合作备忘录座谈会在京召开》,中国社会组织网,http://www.chinanpo.gov.cn/1938/109386/index.html,2018年2月10日访问。

间内完成脱钩试点工作任务。① 在全国性脱钩改革影响带动和整体部署的推动下,全国上下大多已经开始第三批脱钩改革,目前正深入推进,已经迈出了脱钩改革的关键一步。推进行业协会商会脱钩试点工作,进一步厘清行业协会商会与行政机关的关系,推动了政社分开,促进了行业协会商会健康发展。②

脱钩改革前很多行业协会商会存在不少问题,突出的是能力上的三个不足和管理上的三个不规范,即行业促进和会员服务作用发挥不足,创新动力和能力不足,活跃度和影响力不足;角色定位与职责履行不规范,内部管理不规范,对外收费服务不规范。

脱钩改革通过厘清行业协会商会与政府的职能,分离原先边界不清、政社不分的机构、人员、资产财务和党建外事等,让行业协会商会真正面向市场、回归社会。不少行业协会商会经过脱钩改革建立起社会化的新型管理体制和运行机制,少了依附和束缚,多了动力和挑战。在脱钩改革和生存发展压力共同推动下,很多行业协会商会激发出自身的内在活力和发展动力,通过组织各类活动,满足政府、企业、行业和会员对服务的需求,扩大了自身的收费来源,锻炼了自身能力,促进了行业发展。

行业协会商会脱钩改革需要破解"脱钩不脱管"问题,以及有效应对改革带来的巨大监管压力,避免因为民政部门监管力量不足而可能出现的监管真空问题。在脱钩改革的同时,同步推进的还有行业协会商会综合监管体系的改革。《行业协会商会综合监管办法(试行)》提出要从治理机制、资产财务、服务及业务、纳税和收费、守法和信用、党建和执纪六个方面构筑起一个综合监管体制,推动行业协会商会加快成为自主办会、服务为本、治

---

① 《发改委:第一批行业协会商号脱钩试点已基本完成》,新华网,http://www.xinhuanet.com/politics/2017-01/19/c_129453710.htm,2018年2月10日访问;《关于做好第三批全国性行业协会商会与行政机关脱钩试点工作的通知》,民政部门户网站,http://www.mca.gov.cn/article/zwgk/tzl/201702/20170200003369.shtml,2018年2月10日访问。

② 《关于进一步做好行业协会商会与行政机关脱钩改革有关事项的通知》,发改经体〔2017〕1086号。

理规范、行为自律的现代社会组织。①

在脱钩改革之前就已开始并在脱钩改革中进一步加强行业协会商会自治自律和信用体系建设,夯实了综合监管体系的基石。

2014年,民政部联合七部委出台推进行业协会商会诚信自律建设,打造行业自律和行业信用体系建设。② 2015年,全国性行业协会商会公共信息平台建设开始启动,此后又开始信息共享长效机制建设。③ 2016年底,多部委联合发布,提出加强行业协会商会信用体系建设和社会监督,建立协会商会信用承诺、信用记录及失信联合惩戒、信息公开等制度,极大地加强了对行业协会商会的信息信用监管。④

2017年初,行业公共信用信息平台建设正式立项。经过广泛调研和反复论证后确定的核心功能包括综合监管、诚信建设、信息共享等,信息平台系统将自动采集行业协会商会动态信息。2017年5月,国家发展改革委和民政部联合召开重点行业协会商会信用体系建设示范工作推进会,既从多个方面加强行业协会商会自身的信用建设,也发挥行业协会商会作为自律自治性组织推进行业信用建设的重要作用。⑤

经过近几年持续深入的脱钩改革,加上行业协会商会综合监管体系的逐步建立,行业协会商会的职能边界进一步厘清,一个政府综合监管与行业协会商会依法自治的新型治理模式已经形成。

在这个新型治理模式形成过程中,2017年重点开展的行业协会商会的

---

① 《国家发改委、民政部组织召开全国性行业协会商会综合监管暨信息共享工作会议》,国家发展和改革委员会官网,http://tgs.ndrc.gov.cn/gzdt/201612/t20161229_833592.html,2018年2月10日访问。
② 《推进行业协会商会诚信自律建设 民政部联合七部委和单位出台意见》,国家发展和改革委员会官网,http://shs.ndrc.gov.cn/shfzdt/201411/t20141125_649331.html,2018年4月10日访问。
③ 《国家发展改革委关于印发〈全国性行业协会商会行业公共信息平台建设指导意见(试行)〉的通知》,发改经体〔2015〕2053号。
④ 《关于印发〈行业协会商会综合监管办法〉的通知》(发改经体〔2016〕2657号)。
⑤ 《国家发展改革委和民政部启动重点行业协会商会信用体系建设示范工作》,国家发展和改革委员会官网,http://cjs.ndrc.gov.cn/gzdt/201705/t20170505_846654.html,2018年2月10日访问。

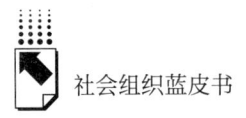

收费监管和规范收费行为,对深化脱钩改革和完善综合监管体系发挥着重要的配套和支撑作用。

行业协会商会收费直接关系企业的营商环境。2017年在清理和规范涉企收费、优化实体经济发展环境的整体工作部署中,规范行业协会商会收费行为和完善涉企收费目录清单与集中公示制度,成为加强市场调节类经营服务性收费监管的主要目标。①

2017年5月,民政部对已脱钩全国性行业协会商会涉企收费问题进行清理规范。② 此后,开始对全国所有行业协会商会收费信息进行采集公示并检查。2017年8月,国家发展改革委办公厅发出通知,组织开展行业协会商会收费情况集中公示,要求在民政部门登记的各级行业协会商会将自身基本信息、收费性质、收费项目、服务内容、收费标准、收费依据等信息,通过"信用中国"网站"行业协会商会收费情况公示系统"进行采集并公示。所有收费信息填报和公示要在2017年9月底前完成,填报的信息将会作为价格监督检查机构开展行业协会商会违规收费检查的重要参考依据。③

2017年11月,国家发展改革委、民政部等四部委联合印发《关于进一步规范行业协会商会收费管理的意见》,重点针对一些行业协会商会违规收费,重复、偏高和过度收费等问题进行治理,严格收费管理、规范收费活动,同时强化行业协会商会自律意识,推进信用体系建设。与此同时,还把治理收费问题与深化行业协会商会脱钩改革紧密结合,着力消除行业协会商会利用行政影响力收费现象。收费管理的规范,对于改善营商环境、促进行业协会商会健康发展具有重要的积极意义。④

行业协会商会收费管理和信用体系的建设,推动了综合监管体系的加速

---

① 《关于清理规范涉企经营服务性收费的通知》,发改价格〔2017〕790号。
② 《民政部关于清理规范已脱钩全国性行业协会商会涉企收费的通知》,http://www.mca.gov.cn/article/yw/shjzgl/fgwj/201705/20170500004543.shtml,2018年4月10日访问。
③ 《国家发展改革委办公厅关于组织开展行业协会商会收费信息集中公示的通知》,发改办经体〔2017〕1424号。
④ 《关于进一步规范行业协会商会收费管理的意见》,发改经体〔2017〕1999号。

完善,在新型治理模式形成过程中发挥着重要的促进作用。脱钩改革迈出了行业协会商会发展的关键一步,但脱钩改革还没有全部完成,综合监管体系和新型治理模式也只是初步构建和形成,针对行业协会商会的后续配套政策要同步跟进,行业协会商会自身发展还面临着艰巨的挑战。

根据财政部发布的文件,自2018年起取消全国性行业协会商会的财政直接拨款以来,通过转移职能和购买服务等方式支持行业协会商会发展将变得极为重要。对政府转移的职能和购买的服务,行业协会商会要能接得住、服务好,发挥好决策咨询、参谋助手等作用。

脱钩改革只是迈出了关键一步,行业协会商会需要转变观念、强化治理、增强活力,能力建设和品牌提升还有很长的路要走。脱钩改革中公职人员退出,市场化发展带来挑战,行业协会商会需要更多懂行业、懂管理的专业人才加入。

(七)社会组织全方位参与新时代各项建设事业

新时代中国的各项事业发展都需要社会组织的参与,社会组织参与的范围日益扩大、程度日益加深、作用日益凸显,以下择其典型领域简要介绍。

1. 参与扶贫

全面建成小康社会是两个"一百年"的第一个奋斗目标,也是中国共产党的庄严政治承诺,而精准脱贫攻坚战则是决定这个目标能否实现的底线任务。在这场脱贫攻坚战中,社会组织被寄予了前所未有的厚望。

国务院颁布的《"十三五"脱贫攻坚计划》专门论述了社会组织和志愿者帮扶,提出要"广泛动员社会力量帮扶。支持社会团体、基金会、社会服务机构等各类组织从事扶贫开发事业。建立健全社会组织参与扶贫开发的协调服务机制,构建社会扶贫信息服务网络"[①]。此后国务院扶贫开发领导小组更是专门发布《关于广泛引导和动员社会组织参与脱贫攻坚的通知》,列出社会组织参与脱贫攻坚的重点领域包括产业扶贫、教育扶贫、健康扶

---

① 《国务院关于印发"十三五"脱贫攻坚计划的通知》,国发〔2016〕64号。

贫、异地搬迁、志愿扶贫以及其他能发挥自身优势的扶贫行动,多部门一起创造条件广泛引导和动员社会组织参与扶贫攻坚工作。①

社会组织登记主管部门民政部积极配合建立社会组织参与脱贫攻坚工作的服务机制,全力支持社会组织在扶贫攻坚中发挥积极作用。2017年6月,民政部联合财政部和国务院扶贫办出台《关于支持社会工作专业力量参与脱贫攻坚的指导意见》,提出了一系列支持社会工作专业力量参与脱贫攻坚的政策措施。② 各级民政部门以脱贫攻坚规划为引导,鼓励社会组织扶贫重心下移,促进帮扶资源与贫困户精准对接帮扶。很多地方召开专题工作会议,动员社会组织参与精准扶贫的各项工作。调动和发挥社会组织广泛参与救灾工作。社会组织发挥自身专业优势、资源动员优势、联系广泛优势和灵活精准等优势,采用各种项目形式深度参与扶贫攻坚工作,打造了不少创新型、落地式精准扶贫项目,在专项扶贫、行业扶贫、社会扶贫等方面发挥着自身的独特作用。③

2. 参与社会治理

激发社会组织活力,多措并举推动社会组织参与社会治理创新是近年来各地的探索重点。中共中央国务院专门发布加强和完善城乡社区治理的文件,把统筹发挥社会力量协同作用作为健全完善城乡社区治理体系的重要内容,提出制定完善孵化培育、人才引进、资金支持等扶持政策和落实税费优惠政策,"大力发展在城乡社区开展纠纷调解、健康养老、教育培训、公益慈善、防灾减灾、文体娱乐、邻里互助、居民融入及农村生产技术服务等活动的社区社会组织和其他社会组织"④。

党的十九大报告也专门强调要完善党委领导、政府负责、社会协同、公众参与、法治保障的社会治理体制,"加强社区治理体系,推动社会治理重

---

① 《国务院扶贫开发领导小组关于广泛引导和动员社会组织参与脱贫攻坚的通知》(国开发〔2017〕12号)。
② 《民政部 财政部 国务院扶贫办关于支持社会工作专业力量参与脱贫攻坚的指导意见》(民发〔2017〕119号)。
③ 《社会组织在脱贫攻坚中编密筑牢儿童保障网》,《公益慈善报》2018年1月25日。
④ 《中共中央 国务院关于加强和完善城乡社区治理的意见》(中发〔2017〕13号)。

心向基层下移，发挥社会组织作用，实现政府治理和社会调节、居民自治良性互动"①。

正因为全国各地广泛推进社会治理创新，自2012年起，人民网与国家行政学院连续举办五届全国"创新社会治理典型案例"征集活动。2017年从3000多个案例中，评选出最佳案例10个，优秀案例20个。② 其中绝大多数的社会治理创新案例，都有社会组织的广泛参与。

上海市在社会治理创新方面走在了全国的前列，出台了"创新社会治理、加强基层建设""1+6"系列文件、《上海市社会治理"十三五"规划》，涌现了一大批优秀典型案例。2017年10月，多家单位联合发起了"2017中国（上海）社会治理创新实践案例"评选。③ 通过案例申报、网络投票及专家评审等环节，浦东新区"家门口"服务体系、闵行区上海康城平安小区协同治理模式等入选十佳案例。④

3. 参与法律法规修订和行业标准制定

社会组织发挥自身力量和影响力参与推动法律法规修订和行业标准制定的情况越来越多，尤其是一些全国性社会团体和基金会深切了解自身行业发展相关问题，能够代表行业利益和行业关切，具有很强的代表性和一定的影响力。

中国建筑业协会根据会员企业的反映，一些地方性审计条例和审计监督条例，导致企业在工程结算方面遇到困难和障碍，经过市场调研以及与法律专家认真研讨，认为相关规定的合法性和合理性存在一定的问题，在实践中影响了施工企业的合法权益。多家行业建设协会于2013年、2015年多次向全国人大常委会申请对规定"以审计结果作为工程竣工结算依据"的地方性法规进行立法审查，并建议予以撤销。2017年2月，全国人大常委会法

---

① 习近平：《决胜全面建成小康社会夺取新时代中国特色社会主义伟大胜利》，载《党的十九大报告辅导读本》，人民出版社，2017，第48页。
② 《2017全国创新社会治理最佳案例及优秀案例揭晓》，人民网，2017年12月4日，http://unn.people.com.cn/n1/2017/1204/c14717-29684879.html，2018年2月10日访问。
③ 《中国（上海）社会治理创新实践案例评选即将启动》，新华网2017年6月23日发布，http://www.shgbjy.gov.cn/html/xw/mtgz/111210.html，2018年2月10日访问。
④ 杨硕：《上海社会治理创新最佳案例揭晓》，《新民晚报》2018年3月27日。

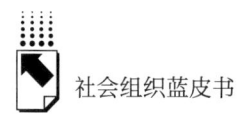

工委印发意见,要求省级常委会对相关法规展开自查,对有关条款进行清理纠正。2017年6月复函中国建筑业协会说明对上书建议的处理情况。全国人大常委会法工委的审查建议立竿见影,目前已有北京、上海等地对相关条例或办法进行了修改。①

中国扶贫基金会等17家社会组织共同发起制定《社会力量参与一线救灾行动指南》,该指南对规范社会力量有序参与救灾,更好发挥社会组织作用,明确社会组织在救灾中的角色,提高救灾的有序性、有效性、规范性等,都将发挥积极的推动作用。该指南得到民政部救灾司的指导和支持,由救灾救援经验丰富的社会组织共同参与自主制定,明确了社会组织参与救援的基本原则和行动中的工作流程。②

2017年1月中办国办印发的《关于深化职称制度改革的意见》,明确提出鼓励社会组织参与评价标准制定与职称评审,社会组织可组建社会化评审机构进行职称评审。③

此外,推动环保领域社会组织参与已经成为很多人的共识。在2018年全国两会上,九三学社中央建议加快环保社会组织多元参与的制度建设,建立政府和社会组织间的信息共享机制,加大对环保类社会组织的资金扶持力度。④ 也有人大代表提出议案,建议政府成立环保基金鼓励支持社会组织提起环保公益诉讼。⑤

(八)社会组织已逐步成为新增服务领域主力军

新时代一个重要特点就是主要矛盾发生变化,人民对美好生活的向往与

---

① 王亦君:《27家行业协会提出法规审查建议撬动最高权力机关》,《中国青年报》2018年1月30日。
② 张明敏:《〈社会力量参与一线救灾行动指南〉发布》,《公益时报》2018年1月9日。
③ 《中办国办关于深化职称制度改革的意见》,《人民日报》2017年1月9日。
④ 王琳琳:《九三学社中央建议:推进社会组织多元参与环境保护》,《中国环境报》2018年3月7日。
⑤ 许靖烯:《全国人大代表王筱虹:建议成立基金支持社会组织提起环保公益诉讼》,中国日报网2017年3月13日发布,http://cn.chinadaily.com.cn/2017-03/13/content_28540534.htm,2018年2月10日访问。

不平衡不充分发展之间的矛盾成为当前社会主要矛盾。要满足人民对美好生活的需要,关键是提供更多更好的优质服务。

我国社会矛盾变化为社会组织发展带来了巨大的发展机遇,社会组织正日益成为各类服务提供的重要力量,尤其是逐步成为新增服务领域的主力军。推动社会组织成为新增服务领域主力军的是连续多年推行的政府职能转变和政府购买服务。

基于政府职能转变和服务型政府建设,政府向社会组织购买服务已经成为政府创新服务提供的重要渠道和有效方式。目前全国各地已基本普遍建立向社会组织购买服务制度,购买服务资金规模、购买服务项目类型、受益人群都持续扩大。很多地方设立购买服务专项资金或社会建设专项资金,发布政府购买服务指导性目录,大力推动向社会组织购买服务。中央财政连续多年专项支持社会组织参与社会服务,主要以扶老助老服务、关爱儿童服务、扶残助残服务、社会工作服务等为主要资助重点。① 浙江省2017年政府购买服务指导性目录,共设置了三级目录、144个小项的服务项目,比2016年增加14项。② 北京市2010~2015年投入社会建设专项资金4亿多元,购买社会组织服务项目2700多个,参与社会组织5万多家。③ 上海市杨浦区用来购买社会组织服务的资金逐年增长,2013年到2016年已累计投入1.5亿元购买服务资金,内容涵盖养老、助残、亲子、矛盾调处、节能环保、社区营造等。④

社会组织参与服务提供主要包括基本公共服务和非基本公共服务领域,在教育、就业、医疗、社保、养老等基本公共服务领域,社会组织日益成为重要的服务提供者。而在新增公共服务领域,社会组织则发挥了主力军作

---

① 《民政部办公厅关于印发〈2016年中央财政支持社会组织参与社会服务项目实施方案〉的通知》,民办函〔2015〕455号。
② 《浙江省财政厅关于印发浙江省政府向社会力量购买服务指导性目录(2017年度)的通知》,浙财预〔2016〕55号。
③ 岳金柱:《政府购买社会组织服务实践探索与创新研究——以北京市社会建设专项资金购买社会组织服务为例》,《行政管理改革》2017年第2期。
④ 王烨捷:《上海杨浦:社会组织全面参与社会治理》,《中国青年报》2017年7月12日。

用。随着社会需求的不断增加,社会组织新增服务领域每年都在拓展和扩大,在帮教、助残、青少年、外来人口、环保、社会救助、法律援助、特殊人群服务、社会工作服务等多个领域,社会组织不断扩大提供服务的广度和深度,已经成为不可或缺的主体力量。

巨大的服务需求,为社会组织发展创造了广阔的发展空间。以提供各类服务为主的社会服务机构成为近年来增长数量最多的社会组织类型,已经占据我国社会组织数量的半壁江山。

从十九大描绘的发展蓝图和人民日益增长的美好生活需求来看,社会组织在新时代的各类服务提供还会有更大的发展空间。要参加各类社会保障服务,"完善社会救助、社会福利、慈善事业、优抚安置等制度、健全农村留守儿童和妇女、老年人关爱服务体系。发展残疾人事业,加强残疾康复服务"①。要参加特殊人群关爱服务体系、完善公共文化服务体系,"满足人民过上美好生活的新期待,必须提供丰富的精神食粮。……完善公共文化服务体系,深入实施文化惠民工程,丰富群众性文化活动"②。除此之外,还要参加公共安全和社会心理服务体系建设,所有这些都预示着社会组织在服务领域将发挥更加突出的重要作用。

(九)社会组织在基层社会治理中融治理与服务于一体,成为夯实基础的重要力量

城乡基层社区是社会组织参与治理和提供服务的最主要平台。十九大报告提出要"推动社会治理重心向基层下移,发挥社会组织作用,实现政府治理和社会调节、居民自治良性互动"③。如何发挥社会组织在基层社会治理中的积极作用,全国各地进行了多样化的探索尝试。北京市协作者社会工

---

① 习近平:《决胜全面建成小康社会夺取新时代中国特色社会主义伟大胜利》,载《党的十九大报告辅导读本》,人民出版社,2017,第46~48页。
② 习近平:《决胜全面建成小康社会夺取新时代中国特色社会主义伟大胜利》,载《党的十九大报告辅导读本》,人民出版社,2017,第43页。
③ 习近平:《决胜全面建成小康社会夺取新时代中国特色社会主义伟大胜利》,载《党的十九大报告辅导读本》,人民出版社,2017,第48页。

作发展中心 2013 年受北京市民政局委托在朝阳区东风乡启动的第一个"三社联动"东风试点项目，经过三年多的实践，初步探索了政府行政力量与社会组织专业力量有机结合、外部专业支持和社区内在资源有机整合的良性互动模式，形成了以社区为资源配置平台、以社会组织为组织载体、以社会工作专业人才队伍为专业支撑的"三社联动"机制。鉴于该试点的积极成效，北京市将"三社联动"在全市推广，并作为推动基层社会治理创新的长效机制。2017 年 6 月，推进社区、社会组织、社会工作"三社联动"写入中央加强和完善城乡社区治理的文件，"三社联动"由此成为国家层面加强社会组织参与治理和提供服务的顶层制度设计。①

"三社联动"在实践探索中成为新时期创新基层社会治理的一个重要突破口。"三社联动"有利于扩大社会参与，有利于提高服务水平，有利于夯实社区治理基础，有利于提升社会组织专业能力。"三社联动"把扩大参与、优化服务与夯实基层融为一体，在扩大参与、优化服务的同时夯实了基层基础工作，具有高度的整合性和应对各类问题的集成性，取得了很好的效果。

以"三社联动"为代表的社会组织参与基层治理创新，受到全国自上而下的普遍青睐，全国各地进行了形式多样的探索和实践。

上海市近年来大力推动社会组织参与社会治理，重点聚焦基层治理，专门出台了"创新社会治理、加强基层建设""1+6"文件，通过多元主体参与对接社区共治自治，通过枢纽式管理对接政社合作，通过政府购买服务对接社会需求，通过培育孵化对接社区营造等多样化措施，在社会组织参与基层治理方面取得了丰硕的成果。②

深圳把支持和培育社会组织，作为创新基层治理的新路径。深圳注重挖

---

① 《中共中央 国务院关于加强和完善城乡社区治理的意见》，中发〔2017〕13 号。
② 《上海出台配套政策引导社会组织参与社会治理》，2015 年 7 月 27 日发布，上海人民政府官网，http://www.shanghai.gov.cn/nw2/nw2314/nw32792/nw38901/nw38909/u21aw1050148.html，2018 年 4 月 10 日访问；孙甘霖等：《上海积极探索社会组织参与基层治理工作新机制》，载杨雄、周海旺主编《上海社会发展报告（2016）》，社会科学文献出版社，2016，第 51~55 页。

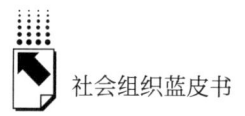

掘社会组织在社会治理和服务中的作用,通过培育发展社区基金会破解社会组织获取社会资源能力低等问题,通过民生微实事项目激发社区社会组织和居民参与社区治理的活力,通过社区、社会组织、社工、社区志愿者这"四社"联动创新社区服务。①

宁波市海曙区积极发展社会组织,引导社会组织参与基层治理,发挥社会组织为社会提供公共服务、参与社会治理、化解各种矛盾、整合社会资源、加强交流合作的重要作用。通过建立社会组织三级联动模式,初步形成横向到边、纵向到底的社会组织服务基层工作网络。通过三级网络提升社会组织服务,使社会组织、社会资源、社会需求实时对接,社会组织参与基层治理取得了良好的效果。②

社会组织参与基层治理,能够激发基层群众的智慧和活力。为了帮助社会组织发展壮大、提升能力,更好地参与到基层社区治理,很多地方采取了多种措施,找到社会组织的"痛点",为社会组织量身定制服务方案,加大扶持力度,帮助社会组织链接居民需求,引进专业力量为社会组织提供专业服务。③一些地方向社会组织购买服务已经突破了简单的服务层次,譬如上海杨浦区政府购买社会组织服务模式已经突破了"服务"范畴,逐步形成了"服务+治理"模式。④从多地的实践经验来看,政府如果在购买服务过程重视需求调查、公民需求表达和社会组织的需求整合,能发挥三方主体各自的独特作用,就会在购买服务中实现不只是提供服务的参与式治理模式。⑤

---

① 罗莉琼:《支持和培育社会组织 创新基层治理新路径》,《深圳特区报》2016年4月24日。
② 宁波市民政局、海曙区民政局:《海曙区积极推动社会组织参与基层社会治理》,2017年12月7日发布,http://www.nbmz.gov.cn/cat/cat130/con_130_43324.html,2018年2月10日访问。
③ 唐烨:《让社会组织真正参与社区治理,这个街道做了这样的'功课'》,上观新闻网,http://www.jfdaily.com/news/detail?id=54638,2018年2月10日访问。
④ 王烨捷:《上海杨浦:社会组织全面参与社会治理》,《中国青年报》2017年7月12日。
⑤ 蔡礼强:《政府向社会组织购买公共服务的需求表达》,《政治学研究》2018年第1期。

（十）社会组织正逐步成为"走出去"参与"一带一路"建设的重要力量

中国已经迈入新时代，这个新时代是中国日益走近世界舞台中央、不断为人类做出更大贡献的时代。这个新时代也为中国社会组织走向世界舞台提供了前所未有的机遇。中央明确提出"引导社会组织有序开展对外交流，参加非政府间国际组织，参与国际标准和规则制定，发挥社会组织在对外经济、文化、科技、体育、环保等交流中的辅助配合作用，在民间对外交往中的重要平台作用"[①]。在中央政策的引领和推动下，越来越多的社会组织开始迈入国际舞台，并成为参与和推动全球治理体系中的一支虽然弱小但具有强大生命力的新生力量。

一些中国社会组织积极参与国际交流，勇敢地踏出"走出去"的步伐，从参与救援项目，到设立驻外办公室，经历了从"不出国门的国际化"、"出差式的国际化"到"常驻式的国际化"的转变，开始了中国社会组织国际化的探索和实践。在社会组织"走出去"探索中，中国青少年发展基金会和中国扶贫基金会是其中的优秀代表。

中国青少年发展基金会发起实施"希望工程走进非洲"项目，扩大了中国社会组织在非洲的影响力，增进了中非的民间交往，配合了国家的"一带一路"发展倡议。截至2017年底，"希望工程走进非洲"项目累计筹集善款6000余万元人民币，在坦桑尼亚、肯尼亚、卢旺达、布隆迪和纳米比亚等非洲5国援建希望小学23所，援建希望工程图书室10个，累计投入援建资金3700余万元人民币。[②]

中国参与全球治理体系变革以"一带一路"建设为统领，而"一带一路"建设需要引导更多社会组织参与，"努力形成政府、市场、社会

---

① 中共中央办公厅、国务院办公厅印发《关于改革社会组织管理制度促进社会组织健康有序发展的意见》，中办发〔2016〕46号。
② 许志兵：《希望工程走出去经验总结及政策建议》，内部资料。

有机结合的合作模式，形成政府主导、企业参与、民间促进的立体格局"①。"一带一路"建设需要搭建多元合作平台，开辟更多合作渠道，创新合作模式，"要发挥智库作用，建设好智库联盟和合作网络"，加强民间组织往来，"密切妇女、青年、残疾人等群体交流，促进包容发展"。社会组织在科学、教育、文化、卫生、民间交往等各领域的广泛参与和多元合作，有助于为"一带一路"建设夯实民意基础，筑牢社会根基。②

习近平主席在2017年5月举办的"一带一路"国际合作高峰论坛上宣布，未来3年中国将向参与"一带一路"建设的发展中国家和国际组织提供600亿元人民币援助，建设更多民生项目。在沿线国家实施"幸福家园""爱心助困""康复助医"等项目，"建设丝绸之路沿线民间组织合作网络，打造新闻合作联盟、音乐教育联盟以及其他人文合作新平台"③。2017年11月21～22日，首届丝绸之路沿线民间组织合作网络论坛在北京举行，国家主席习近平致信祝贺，"民间组织是推动经济社会发展、参与国际合作和全球治理的重要力量。建设丝绸之路沿线民间组织合作网络是加强沿线各国民间交流合作、促进民心相通的重要举措"。希望民间组织为促进各国共同发展、推动人类命运共同体建设做出贡献。④

这些都预示着中国社会组织将会获得更多"走出去"的机会以及更大的资源支持。

---

① 习近平：《推进"一带一路"建设，努力拓展改革发展新空间》，载《习近平谈治国理政》（第二卷），外文出版社，2017，第502页。
② 习近平：《携手推进"一带一路"建设》，载《习近平谈治国理政》（第二卷），外文出版社，2017，第510、511、514页。
③ 习近平：《携手推进"一带一路"建设》，载《习近平谈治国理政》（第二卷），外文出版社，2017，第515、516页。
④ 《首届丝绸之路沿线民间组织合作网络论坛在北京开幕》，《人民日报》2017年11月22日。

四 新作为：政府与社会组织双向发力共促发展的政策建议

（一）政府如何为社会组织新作为创造条件的政策建议

1. 把社会组织纳入经济社会发展全局并对其发展进行顶层设计

社会组织发展与政府职能转变、服务型政府建设、现代经济体系、社会治理创新等几乎所有改革发展任务高度相关。只有从治理体系建设的高度把社会组织纳入经济社会发展全局，对其发展进行顶层设计和规划，才能促进社会组织的持续健康发展。

2016年中办国办印发的促进社会组织健康有序发展的文件可以说是一个关于社会组织发展的纲领性文件，是中央对社会组织发展的顶层设计。[①] 该文件印发后很多地方结合本地实际对社会组织进行顶层设计，极大地促进了社会组织的发展。但也有不少地方只是转发或照抄该文件，没有把社会组织纳入本地经济社会发展全局并结合本地发展实际规划社会组织发展。

上海在培育和发展社会组织方面一直走在全国的前列，一个重要的原因在于社会组织被纳入上海市经济社会发展的整体格局，并对其发展进行顶层设计和整体规划。上海市"十二五"规划有大量内容涉及社会组织，到"十三五"时期，上海市级层面的经济社会"十三五"规划和民政事业的"十三五"规划中大量规划内容涉及社会组织发展的目标和任务，明确在全市最高规划层面把社会组织发展纳入整体发展格局。随后，上海市民政局和社团局在2017年出台《上海社会组织发展"十三五"规划》，明确了社会组织发展主要目标、主要任务以及具体的规划发展指标，是一份上海社会组织发展的顶层设计和整体性发展规划。[②]

[①] 《关于改革社会组织管理制度促进社会组织健康有序发展的意见》（中办发〔2016〕46号）。
[②] 《上海市民政局上海市社会团体管理局关于印发〈上海社会组织发展"十三五"规划〉的通知》（沪民社综〔2017〕5号）。

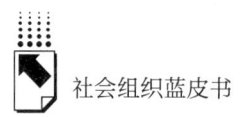

深圳在"十二五"规划中就有大量关于社会组织发展的规划,且已明确提出把社会建设摆在与经济建设同等重要的位置。到"十三五"规划时,深圳更是把社会组织的发展规划渗透到社会发展和深化改革的各个方面,鼓励和支持社会组织参与社会治理,融入"突出共建共享增进市民群众福祉"的战略路径,从多个层面和多个领域共同支持社会组织发展。①

此外,也有多地出台社会组织发展规划。2016年9月,安徽省民政厅会同多个部门共同发布《安徽省"十三五"社会组织发展规划》。② 山东省为推进社会组织健康有序发展,也制定了山东省"十三五"社会组织发展规划。③

2. 构建现代社会组织体系需要一整套完备的政策体系

要构建一个数量众多、覆盖广泛、结构合理、治理规范、作用突出的现代社会组织体系,需要一整套系统衔接、措施具体、配套完善、工具多样的社会组织政策体系。

社会组织政策体系要以综合性政策和整体性规划为引领、各类专项政策为重点、具体性政策为支撑,包括登记管理制度改革、综合监管、培育扶持等所有相关业务在内,涵盖宏观层面的发展定位和整体设计、中观层面各类政策的衔接配套、微观层面的专项政策与具体措施。

以社会组织政策体系较为完备的上海为例,上海市党委政府发布的文件对政策体系建设起到重要的引领和推动作用。党委政府联合发布的《关于进一步创新社会治理加强基层建设的意见》的"1+6"文件体系,以及市委办和政府办联合下发的《关于本市改革社会组织管理制度促进社会组织健康有序发展的实施意见》,带动本地各级政府和所有部门对社会组织工作

---

① 《深圳市国民经济和社会发展第十三个五年规划纲要》,2016年5月9日发布,深圳市人民政府政策研究室/发展研究中心官网 http://www.drc.sz.gov.cn/ztxx/sswgh/201605/t20160509_3619131.htm,2018年4月10日访问。
② 《安徽省发布社会组织"十三五"发展规划》,安徽社会组织信息网2016年9月27日发布,http://www.ahnpo.gov.cn/thread-17078-1.html,2018年4月10日访问。
③ 《山东省"十三五"社会组织发展规划》,山东社会组织网,http://www.sdnpo.gov.cn/nd.jsp?id=445,2018年4月10日访问。

的高度重视，都对政策体系形成发挥着决定性作用。

在综合性、整体性政策的引领推动下，上海市在登记改革、综合监管、购买服务等方面均形成了专项政策体系，每一类专项政策又包括多份具体的政策文件，构建起一套完备的政策体系。

正是因为有一套这样的政策体系，上海的社会组织不断取得新的发展，成为国内社会组织数量最多的城市。目前上海社会组织布局更加合理、结构不断优化、作用进一步发挥，影响力日益扩大和提升。

只有针对社会组织构建起一套完备的政策体系，对社会组织政策进行系统性、整体性、统揽性的政策规划，才能避免社会组织发展过程中的碎片化改革、应付式发展、被动式推动，才能真正保障社会组织的持续健康发展。

3. 夯实政策体系基石，健全完善各类社会组织专项政策体系

社会组织政策体系建设是否完备健全，可用两个标准来衡量：一是政策体系是否包含与社会组织发展相关的各类政策、各个环节、各个方面；二是各相关政策、各个环节和各个方面的政策内容是否丰富充实。从全国各地实践情况来看，当社会组织某项工作或某类业务形成一项专门的政策体系之后，该项工作或业务往往会获得快速的成长和发展。

譬如厦门市出台几十份社会工作相关文件，形成社会工作专项政策体系，推动了本地社会工作的快速发展。厦门市通过社会工作人才培养和引进、建立社会工作孵化基地夯实服务平台、注重三社联动、创设社会工作服务周营造发展环境等措施，把社会工作发展纳入全市经济社会发展规划、人才发展计划，连续出台各类推动社会工作发展的政策文件52份，建立了一个完备的政策体系。厦门市社会工作由此从无到有、由少到多，目前已走在福建全省乃至全国前列。[①]

深圳市的登记管理制度改革和综合监管体系探索取得了众所公认的成就，在登记管理方面已经构建了一个相对完备的政策体系。近年来深圳出台

---

① 《厦门坚持"五注重"推动社会工作发展》，厦门市民政局2018年1月8日发布，http://www.xm.gov.cn/zfxxgk/xxgkznml/zzywork/gysyxgdt/201801/t20180109_1839044.htm,，2018年2月10日访问。

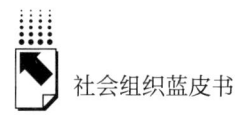

的相关政策有:《深圳市社会组织评估管理办法(试行)》《深圳市社会组织抽查监督办法》《关于构建社会组织综合监管体制的意见》《深圳市社会组织活动异常名录管理办法》《深圳市社会组织评估指南》等。[1] 深圳在综合监管方面所形成的政策体系,既对深圳社会组织的健康发展发挥了重要的保障促进作用,也为全国改革探索积累了经验贡献了智慧。

4. 增强社会组织各项政策之间的协同性、联动性、配套性

社会组织各项政策相互联系、相互贯通、相互影响,如果出台社会组织各类单项政策时不考虑政策之间的协同、联动和互相支撑配套的关系,将会极大地影响政策的效果。

在社会组织整体政策框架内不能孤立地考虑社会组织某一方面的政策,譬如单纯推动政府向社会组织购买服务而不同步考虑政府的职能转移和社会组织的培育扶持政策,购买服务的效果肯定不会好。单纯考虑城乡社区自治而没有推动城乡社区治理模式转变以及社区社会组织的培育发展,共建共治共享只能沦为空谈。

广州市把社会组织人才支持与社会工作发展、社会组织培育等多项工作结合起来,在社会组织人才培育方面针对社会组织领军人才、管理人才和专业人才分别进行培育,把社会组织人才纳入全市人才服务保障和培养资助体系,实施社会组织人才工程和人才培优计划。

重庆市把社会工作、三社联动等政策联动考虑,注意政策之间的协同配套。重庆市在西部地区率先出台了加强社会工作专业人才队伍建设的综合性意见、发展规划和加快推进社区社会工作服务的实施意见等。同时,多个区县出台推进"三社联动"的文件。目前已基本形成了综合政策引领、专项政策配套、区县政策支撑的较为完善的"三社联动"政策制度框架。[2]

北京市在社会组织发展中,既重视"三社联动"本身政策体系的形成,

---

[1] 相关政策文件参见深圳民政网中信息公开栏目所列出的政策法规,http://www.szmz.sz.gov.cn/cn/xxgk_mz/zcfg/shzz_mz/shtt/,2018年2月10日访问。

[2] 《重庆:实施"三社联动"创新社会治理》,《重庆日报》2017年5月22日。

也重视发挥"三社联动"在促进社会工作机构发展、基层社会治理创新中的互动配套作用。北京市民政局发布加快"三社联动"推动基层社会治理创新、加快推动民办社会服务机构发展、"三社联动"服务指引、社会工作参与精准救助、社会工作人才遴选等政策文件,逐步建立了"三社联动"的政策体系,以及与其他专项政策相互配套的联动体系。①

深圳市在培育扶持社会组织政策方面,充分发挥各项政策之间的协同联动效应。出台的培育扶持政策体系纵向包括市、区、街道、社区四个层级,横向包括各类孵化基地的平台支持,免税、购买服务、公益创投等多种资金支持,专业社工、社会组织领导者等人才支持。形成了一个纵横结合的培育扶持政策体系。

5. 提升社会组织相关政策内容的具体性、实在性、操作性

社会组织相关政策内容是否具体、实在、可操作,直接决定着政策的实施效果。各地都在贯彻落实中央促进社会组织发展的政策要求,但最终实施效果千差万别,一个重要的原因就在于政策具体内容的细化和明确差别很大。如果出台的政策有明确的目标、有具体的措施、有明确的项目、有切实的资源投入,可以判断这是一个比较"实"的政策,否则出台政策的目的只是为了应付上级要求,或者不得要领。

以浦东新区出台的促进社会组织发展的财政扶持意见为例,具体有发展补贴、房租补贴、规范化评估奖励、行业发展补贴、活动经费补贴、募款补贴、募款奖励、项目发展补贴、争先创优奖励等,共有六项具体补贴、三项具体奖励。②除补贴奖励的项目明确、标准清晰、内容具体之外,还有具体的实施细则,以及清楚规范的申请表格和操作流程。譬如房租补贴具体到每天每平方米金额,补贴面积限制等;行业发展专项补贴额度每个组织每年

---

① 《北京市民政局关于加快"三社联动"推动基层社会治理创新的意见》(京民社工发〔2015〕458号);《北京市民政局关于进一步加快推进民办社会工作服务机构发展的实施意见》(京民社工发〔2015〕334号);《北京市民政局北京市财政局〈关于社会工作参与精准救助的实施意见〉》(京民社工发〔2017〕23号)。
② 《浦东新区人民政府印发〈关于"十三五"期间促进浦东新区社会组织发展的财政扶持意见〉的通知》(浦府〔2016〕184号)。

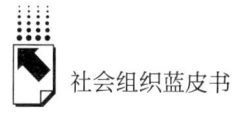

10万元,详细列出了补贴具体条件等。①

出台的社会组织相关政策有了具体细化的政策内容和实在可行的政策措施,才能从一般性的政策表态和政策号召走到实际的政策操作和实际行动。否则,没有实在的具体措施,政策效果一定不会好。

政策比较具体,才能避免笼统泛化的弊病;政策比较实在,才能克服"雷声大雨点小"、只表态不见行动的问题;政策能够操作,才能克服脱离实际的危害,提高政策的可行性和时效性。

6. 丰富完善政策措施,构建多元化的政策工具组合

社会组织各类专项政策体系以及所有单项政策,都应采取丰富多样的政策措施,形成一个多元化的政策工具组合。多元化的政策工具可以发挥政策工具多样性的优势,提高政策措施的针对性、有效性、高效性、操作性、可行性,产生强大的政策组合效应。

以社会组织当前面临的突出的资金问题为例,深圳市在资金扶持社会组织方面就有效构建了一个多元化的政策工具组合。深圳针对社会组织发展提供的资金,包括购买服务资金、培育孵化资金、社会建设专项资金、民生微实事项目资金、公益创投资金、品牌项目品牌组织和优秀人才奖励资金等。深圳多区都针对社会组织提供专项资金扶持,专项资金数额巨大、效果显著。"民生微实事"项目已经成为深圳的品牌项目,该项目为每个社区带来每年200万元的资金,这些项目绝大多数是由社会组织负责执行的,有效补充了社会组织发展资金不足的难题。

除多元化的资金来源和多样化的资金支持政策之外,深圳还构建了一个多元化的培育扶持政策工具组合。譬如,多元化的培育孵化基地,构建市、区、街道、社区多个层次上下联动、合作共享的社会组织培育孵化网络体系。此外,还包括公益创投机制、奖励机制、人才培育机制、支持型枢纽型社会组织建设等政策。多元化的培育政策工具组合,包含了多个层次、多种

---

① 《〈关于"十三五"期间促进浦东新区社会组织发展的财政扶持意见〉实施细则》(浦民〔2016〕214号)。

来源、多项措施在内的多元化的培育扶持政策，极大地提高了政策的综合效用和整体效果。

丰富多样的政策措施组成一个政策工具箱，多元化的政策工具形成一个政策工具矩阵，可以避免单一政策工具的局限性，发挥不同政策措施之间的优势互补、联动配合效应。

7. 建立高层领导牵头、多方参与的跨部门协调机构和协同工作机制

社会组织政策体系的构建和有效执行，单靠民政部门和近年设立的社工委是远远不够的。社会组织发展是一项复杂的系统工程，无论是纳入经济社会发展全局的顶层设计，构建一整套完备的政策体系，还是各类政策之间的协同、联动、配合，以及各项政策的落地执行，都需要本地层面的高层领导牵头，需要所有相关部门的共同参与、协调联动、联手推进。从全国各地社会组织发展经验来看，建立领导牵头、多方参与的跨部门协同工作机制是社会组织快速发展的成功经验。

以上海市为例，上海建立了高层领导牵头和相关部门多方参与的横向联席会议制度，建立了高层推动、部门协同、相关部门直接执行的组织保障和部门协同工作机制。上海市委、市政府领导主持召开上海市社会组织建设与管理工作联席会议，印发《上海市社会组织管理部门职责分工方案》，细化明确登记管理机关、业务主管单位、行业主管部门和相关职能部门的90项具体职责。

除建立高层协同工作机制外，上海还要求各级党委和政府都要完善对社会组织的领导体制。上海在促进社会组织健康发展的整体性政策文件中明确提出，"各级党委和政府要把加强和改进社会组织管理工作列入重要议事日程，列入党委和政府绩效考核内容和社会治安综合治理考评体系；建立完善研究决定社会组织工作重大事项制度，党委常委会应该定期听取社会组织工作汇报"。上海市建立的这个"两列入、一汇报"制度是个重要突破和鲜明信号，表明社会组织必须被纳入经济社会发展全局并由党委政府亲自领导推动。①

---

① 《中共上海市委办公厅上海市人民政府办公厅〈关于本市改革社会组织管理制度促进社会组织健康有序发展的实施意见〉》（沪委办发〔2017〕5号）。

上海不仅在各级政府系统建立高层领导牵头、多部门参与的协同工作机制，还在社区建立了包括社会组织在内的居民区联席会议平台。上海市自2015年开始建立健全以居民区党组织为领导核心，居委会为主导，居民为主体，业委会、物业公司、驻区单位、群众团体、社会组织、群众活动团队等共同参与的居民区治理架构。[1] 社会组织被明确纳入基层治理主体，成为联席会议平台参与成员。

建立跨部门协调机构和工作机制可以推动社会组织政策的制定和执行，有助于为社会组织的健康发展和有序运作创造一个良好、稳定的规则环境。

（二）对社会组织自身发展的建议

1. 社会组织要自觉定位为新时代的建设性力量并展现新作为

新时代"两个一百年"的奋斗目标极为艰巨，需要调动所有力量参与。从新时代发展谋划来看，社会组织已被纳入"五位一体"的总体布局，被视为新时代全方位参与国家建设的一支重要力量。

中国社会组织经过多年发展，当前正站在新的历史起点，已经具备在新时代更好发挥作用的实践基础和制度基础。[2] 但社会组织能否把握新机遇，在新时代彰显自身的主体地位和不断提升所发挥的重要作用，要看社会组织的定位和作为。

只有自觉定位为新时代的建设者、参与者、贡献者、推动者，社会组织才能更好地融入社会发展大潮，得到国家和社会更多资源支持，更好地发挥自身作用，并通过展现新作为来证明社会组织在中国特色社会主义建设事业中是一支不可或缺的重要力量，发挥着至关重要的作用。

新时代更加强调以人民为中心，党中央明确指出我国社会主要矛盾已经转化为人民日益增长的美好生活需要和不平衡、不充分的发展之间的矛盾。

---

[1] 《中共上海市委上海市人民政府关于进一步创新社会治理加强基层建设的意见》（沪委发〔2014〕14号）。

[2] 詹成付：《中国社会组织工作要自觉肩负起新时代的历史责任——学习党的十九大报告的初步体会》，《中国社会组织》2017年第20期。

社会组织来自人民、服务人民，主要致力于满足人民的各种美好生活需求，天生是解决我国新时代社会主要矛盾的有生力量。社会组织在明确自身定位的基础上，还要找准今后的聚焦点、落脚点和主攻点，要围绕各类不平衡不充分的发展问题聚焦发力、发挥作用。解决的矛盾问题越突出、越尖锐，社会组织自身发展成长就会越快。

2. 把党建工作作为提升地位、规范管理和拓展空间的契机和抓手

党政军民学、东西南北中，党是领导一切的。社会组织作为党总揽全局、协调各方的一支重要力量，要自觉接受、主动配合党的组织和党的工作在社会组织的两个全覆盖。

社会组织领域的党建工作，有助于社会组织融入国家经济社会发展大局，成为更加重要的治理主体和更加重要的参与力量。一些原来不太重视社会组织工作的地方，正是在推进社会组织党建工作过程中，建立起由组织、民政、财政等20余个部门共同组成的社会组织党建工作联席会议制度。这样的联席会议制度不仅推动了党建工作，而且发挥党建工作的引领作用，把社会组织发展融入本地经济社会发展全局来谋划推动，极大地加强了社会组织方方面面的工作。

社会组织应把成立党组织和开展各类活动的党建工作，当作提升和规范自身内部管理的有利契机。社会组织的基层党组要建设成为"宣传党的主张、贯彻党的决定、领导基层治理、团结动员群众、推动改革发展的坚强战斗堡垒"[①]。这就意味着通过党建工作，社会组织要全面提升自己管理的规范化、活动的有效化，全面提升自己的组织能力和服务能力。

社会组织在党建工作中应积极参与、主动作为，不要把党建工作当包袱，不能把党建工作看作开展业务的妨碍，而是要寻求党建工作和自身发展的契合点，利用党建工作提升组织能力和发展空间。通过党建工作更加坚定地跟党走，应成为社会组织的潜意识和自觉行动。在党建工作中，利用把握

---

① 习近平：《决胜全面建成小康社会夺取新时代中国特色社会主义伟大胜利》，载《党的十九大报告辅导读本》，人民出版社，2017，第64页。

好与党委政府以及各类主体密切联系和活动交往的契机,积极争取各类资源,改善发展条件,拓展更大的发展空间。

3. 社会组织要自觉提高"社会化、法治化、智能化和专业化水平"

十九大报告提出,要"提高社会治理社会化、法治化、智能化和专业化水平",这既是对政府的要求,也是对社会组织等各类社会主体的要求。

提高社会化从政府的角度来说,其实是要给社会组织提供更广阔的舞台。从社会组织角度来说,社会组织来自社会、立足社会,必须鲜明体现自己的社会属性,不能以行政性和营利性面目存在。本次党和国家机构改革将社会组织纳入改革全局,对社会组织改革的要求就是"加快实施政社分开,激发社会组织活力,克服社会组织行政化倾向"①。脱钩之前,很多行业协会商会因为政社不分导致"人格分裂",搞不清楚到底代表谁。② 社会组织去行政化提高社会化意味着会有更大的舞台,也能更好发挥自身的独特作用。

提高法治化对政府来说,是依法执政和依法行政,会对社会组织依法管理、保护和监督,意味着社会组织相关法律法规体系会更加健全和完善。对社会组织来说,今后必须规范自律、依法自治,把自身发展和所有活动全部纳入法律轨道之内,尊法、守法、信法,提高法治素养、培养法治信仰、养成守法习惯,让法治成为所有社会组织的思维方式和行为模式,把遵守法律作为自己的底线要求。

提高智能化对政府来说是运用互联网和大数据提高管理水平和服务效率,已经初步形成的信息监管平台和信用奖惩体系都是提升智能化的结果。对于社会组织来说,一方面要善于运用互联网技术和信息化手段开展工作,通过提升智能化水平为自己创造新机遇、激发新动能;另一方面,通过智能化提升自身信息公开化和管理规范化水平,提升社会公信力和社会认可度。

提高专业化对于政府来说是运用专业手段提升管理水平和服务效率,对

---

① 《中共中央关于深化党和国家机构改革的决定》(二〇一八年二月二十八日中国共产党第十九届中央委员会第三次全体会议通过),《人民日报》2018年3月5日,第1版。
② 徐永光:《公益向右 商业向右》,中信出版集团,2017,第76页。

于社会组织来说，就是要拥有专业人员、专业理念、专业技术、专业方法，发挥专业性的作用，提供专业化的服务。社会组织要结合社会需求和发展定位，激发自身活力，打造自身特点和专业优势，为社会提供专业化服务。

法治化是社会组织发展底线，智能化提供发展动力和发展机遇，社会化是其优势所在，专业化是其成长空间。社会组织自身最大优势在于其社会化和专业化，要整合社会资源满足社会需求，吸引专业人才提供专业服务。

4. 社会组织要致力于专业人才培育和创新能力提升

人才是第一资源。社会组织的健康发展同样需要人才发挥第一资源作用，由于社会组织领域行业薪酬普遍偏低，社会公众认知度不高，虽然社会组织专业价值和重要作用日益受到重视，但仍然普遍存在轻视社会组织现象，社会组织领域人才流失、队伍不稳定、高素质专业技能人才匮乏现象普遍存在。大多数社会组织难以吸引和留住高水平优秀人才。

目前社会组织发展的瓶颈之一是高素质专业人才缺乏，既缺乏高素质专业管理人才，也缺乏高素质专业技能人才。社会组织要抓好新机遇实现新作为，一方面要吸引更多优秀人才加入，另一方面要通过参加有针对性的教育培训活动、参加与优秀同行的交流、通过优秀项目的培育实施等方式，创造有利于人才发展成长的内部环境。

社会组织开展的优秀品牌项目可以帮助工作人员在实战中成长为优秀专业人才，而成长为优秀社会组织则需要开发出多个优秀品牌项目，并能为大批人员提供成长发展的机会。社会组织突破专业人才瓶颈的有效措施之一就是自己努力成长为品牌社会组织和打造出品牌项目。

开发品牌服务项目和成长为品牌社会组织最重要的途径是用创新的理念、创新的方法，找到有效解决社会问题的新途径和提供社会服务的新办法。

创新位列当前五大发展理念之首，创新不仅是政府和企业的事情，社会组织同样也应成为创新的主体，尤其是社会领域的创新主体和引领创新的重要载体。

创新成为不少社会组织快速发展的重要动力，友成企业家扶贫基金会就

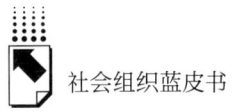

是一个优秀的典型案例。友成基金会以创新项目和创新能力成为我国社会组织领域一个佼佼者,不但自主研发实施了友成志愿者驿站、友成小鹰计划、公益路人甲等多个创新项目,还通过理念倡导等方式,成为国内社会创新领域的一支领导力量。不但推动自身的迭代创新和不断发展,还影响和带动了一批社会组织共同成长。

专题研究篇

Chapter for Thematic Researches

B.2
慈善组织公开募捐资格的要素与展望

栗燕杰*

摘　要： 慈善募捐资格的设置、标准及其运行，以及事中的监管和事后的责任机制等一系列制度，在《慈善法》制定过程中引发热烈讨论，也是配套立法和实施中的焦点问题。慈善组织理应享有募捐的权利，慈善募捐活动也无疑需要监管。设置适度、合理、科学的慈善公募准入门槛，形成有力、有序的运行监管机制，既发挥政府公权力的门槛准入与执法监督功能，也充分发挥捐赠人的私力救济功能，公共媒体舆论的社会监督功能，形成各方参与、多元共治格局，促成慈善募捐等慈善活动的合法、良性运行。

---

* 栗燕杰，法学博士，中国社会科学院法学研究所副研究员，研究领域为慈善法、行政法等。

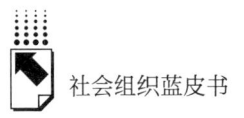

关键词： 慈善组织　公开募捐　资格监管

一　导言

慈善公开募捐资格许可的设置与条件，以及事中的监管和事后的责任机制，其运行的备案，贯彻全程的公开公示等，既是《慈善法》制定过程中热烈争议的问题之一，也是《慈善法》配套立法和实施中的焦点问题。

慈善公开募捐资格的取得，是慈善募捐准入管理的重要关口。如募捐资格的门槛设置和实施过低，则可能导致慈善公开募捐领域鱼龙混杂；如门槛设置和实施过高，则可能抑制慈善组织的发展和活力，不利于民众"行善"。显然，设置适度、合理、科学的慈善公募准入门槛，对于慈善组织吸纳社会资源进而满足社会慈善需求，有着前提性、基础性的功能。通过深入研究，以完善相关制度机制，既有利于形成良好的慈善募捐秩序，也有利于提升公众信任度并释放捐赠热情。

（一）《慈善法》之前

从发生学角度看，中国已有地方慈善立法，大多体现出"问题挑战－立法因应"的特点。在一些舆情事件发生后，为应对监管缺失、不到位的指责，出台相关立法。因此，这些立法具有强烈的实用主义导向，国家行政力量干涉的色彩较为浓厚。在已有的地方慈善立法中，《广州市募捐条例》《湖南省募捐条例》等明确了民间募捐应取得行政许可，规定了募捐许可的条件、期限、延期等规则；对于未取得许可募捐的，可依法责令停止违法行为，限期返还募捐所得，并给予罚款的行政处罚。

当时的地方立法引发了广泛争议。支持者认为募捐许可制有利于规范慈善募捐秩序，克服虚假募捐、诈捐等问题；反对者则认为募捐许可是对做善事设置较高门槛，甚至与《宪法》上公民获得物质帮助的权利相抵触；并进一步提出，在实践中一些地方立法设置的募捐许可应者寥寥，慈善组织不去申请导致相关条款陷入事实上的空置、无效状态。

(二)《慈善法》的制度选择

全国层面的慈善立法制定过程中,慈善募捐资格也成为焦点议题。慈善立法的历次草案,关于募捐资格许可证书的规范,也在各方影响下多次调整变动。最终,《慈善法》明确了定向募捐无须资格,公开募捐需要许可证书,开展公开募捐需事先备案,其他法律法规另有规定除外的模式。换言之,定向募捐面向特定对象展开,无须许可。①

因此,定向募捐是中国已登记慈善组织的法定权利,无须审批;慈善公开募捐,才需要事前审批和每次活动开展前的备案,以及相应的公开等要求。因此,本报告研究的重点是,慈善组织的公开募捐资格及其运行、管理的核心关键问题。

二 理论认识

从世界范围看,对慈善募捐及其准入的监管,构成该领域政府职责的重要组成部分。比如,法国对慈善机构的监管最初的依据是1901年的《社团法》和《募捐行政管理条例》。在德国,有关慈善募捐的立法则早在19世纪末已经出现,之后屡经修订。但是,慈善募捐资格及其运行是否完全依靠政府监管,抑或完全依靠社会市场机制自律,并非不言自明的话题。对此,本报告认为,纯粹政府监管的传统公法(行政法)模式,与纯粹意思自治的私法(民法)模式,均可能表现出光谱两级的色彩,未必能适应中国当下的需求。走向多元共治的慈善募捐资格运行管理模式,可能是最为妥当的时代选择。

(一)三种法律规制模式:私法、公法与社会法

对慈善公开募捐的法律规制,其"理想型"可分为三种:私法模式、公法模式和社会法模式。

---

① 《慈善法》第28条第1款规定:"慈善组织自登记之日起可以开展定向募捐。"

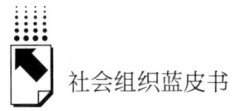

1. 私法之下的募捐自由模式

一种传统观点认为，慈善募捐、捐赠是民间之事，适用平等主体之间的民事法律即可。募捐的慈善组织与捐赠人之间，形成平等的民事法律关系。这种私法模式下，慈善募捐以"自由主义"为导向，捐赠人与慈善组织之间"意思自治"、捐赠者自主决定即可。公开募集资格、公募活动备案等，即便有必要的话，也仅作为例外、补充而存在。美国一度是这种模式的代表。比如，1976 年的 Hynes 案中，联邦最高法院将新泽西州的一项采取许可制的募捐法令判决违宪，布伦南大法官再次强调应将慈善募捐行为直接置于言论自由的庇护之下。[①] 但这种模式下，如捐赠人与慈善组织存在恶意串通损害公共利益的行为，则很难进行有效处置。

2. 公法之下的募捐牌照模式

募捐牌照模式的前提假定是，政府在包括慈善募捐活动在内的各项慈善活动中具有信息、能力的全方位优势，依靠公权力管制慈善活动，既有必要性，又有合法性，其运行效率也较高。其现实假定是：社会中慈善募捐鱼龙混杂，存在着大量的诈捐、欺骗等违法行为。这些违法行为无法通过社会自身的机制和事后的责任机制予以有效处置，而主要仰赖于行政机关的事前审查，将大量违法堵在门外；如有违法发生，则通过公权力的执法活动予以严加管制。本报告认为，主要依靠国家行政权力管制慈善活动的做法，存在着很大的"政府失灵"风险，其效率也是相当可疑的。

使用事先的募捐审批，加之事中、事后的严格监管，对于维护慈善秩序固然有一定积极作用，但也会发生一些消极后果。首先，将很多基于善心美意的慈善募捐轻率拦在审批大门之外，社会慈善供给受到严重压抑，慈善需求远未获满足。其次，在牌照模式下，实践中在未申请许可的情况下擅自募捐的活动并非少见。再次，监管机关能力有限且不堪重负。主管机关也往往缺乏足够的人力、物力予以监管、查处，法律权威遭受损害，甚至导致遵纪守法的慈善组织募捐活动步步受限、成本高昂，无视法律的慈善组织却逍遥

---

① Hynes V. Mayor & Council of Borough of Oradell, 425 U. S. 610 (1976).

法外、未受到应有责任追究的怪现象。

3. 社会法之下的多元共治模式

社会法下的多元共治模式，其前提是既承认慈善组织享有募捐的权利，社会有自治的空间和自洁的能力但有局限，也承认慈善活动需要进行监督、治理，还承认政府并非万能，存在其边界和失灵之时。因此，其慈善募捐的门槛设置与过程监管，需要在承认慈善组织募捐权利、公众捐赠自由的前提下，政府予以介入。与此同时，鉴于政府既非全知也非全能，并不过度依靠政府一家力量，充分发挥捐赠人的私人救济功能，强调公共媒体舆论的社会监督功能，在社会各界共同参与、多元共治之下，促成慈善募捐等慈善活动的合法性，并形成良性运行的格局。

（二）慈善公开募捐资格应与时俱进

中国慈善公开募捐资格法律规制的设定规范和实施政策，都不应一成不变。相反，应随着社会环境、民众观念，特别是慈善发展发育情况，有所调整和修订。当诈捐等行为较为泛滥时，慈善公开募捐的监管应当倾向于在立法上严法且实施中重罚；当社会慈善环境较为健康，慈善行业组织能够发挥自律监管作用时，公权力介入应适度收缩，慈善公募的准入门槛也可大幅降低。从国外看，慈善募捐法制也都有所变化。比如，法国1987年的《慈善发展法》，被2003年《慈善、社团和基金会法案》所替代。英国《慈善法》更是经过多次的修订、完善。

由此可见，慈善公开募捐资格的规则和实施均非"从一而终"，而应不断调整。那么如何调整？对此，对其制度规则和实施情况，应当借鉴《行政许可法》《行政强制法》等法律已经建立起的实施后评估制度，予以适时评估，并基于评估结果修订完善。

三 资格准入取得

本着对以往较高门槛的反思，法律制定过程中"宽进严管"的逻辑理念得到各方认可,经过法律制定过程中的充分讨论,《慈善法》最终将公开募捐资格的取得难度大幅下降,使得大部分慈善组织都有机会、有可能获得。相应的,配套细则的制定,不宜超出《慈善法》的规定,过大提高慈善公开募捐资格的门槛;而是应当充分体现立法的精神宗旨,设置适度合理的条件要求。慈善公开募捐资格的审查和发放,也理应体现《慈善法》的宗旨、原则和规则,而不应出于所谓各种考虑,人为提高门槛或法外设限。这也符合《行政许可法》的原则,并体现了行政审批制度改革的精神。

在具体实施层面,慈善公开募捐资格的取得,可从实体条件、实施程序等方面展开。

(一)实体条件

《慈善法》第22条对公开募捐资格的实体条件予以了较为原则性的规范。其要件经分解有三:依法登记满两年;内部治理结构健全;运作规范。另外,在《慈善法》之前的地方立法和《慈善法》之后的民政部配套规章,还引入了实体条件的分类管理。对于慈善组织评估等级较高的,直接推定其符合部分条件,其申请门槛与提交材料予以适度简化。①

一些社会组织,基于法律法规的明确规定,自登记之日起可以公开募捐。其规则,由专门法律、行政法规特别规定。典型如红十字会,《红十字会法》赋予其直接公开募捐的权利。②《基金会管理条例》也有类似规则。该条例第3条规定,基金会分为面向公众募捐的基金会(以下简称公募基

---

① 一个值得关注的现象是,配套规章与之前地方立法的做法存在一些差异。比如,《汕头经济特区募捐条例》中"经依法登记,以发展公益事业为宗旨,并且获得3A以上等级的公益性社会团体和公益性民办非企业单位",可依法开展面向社会的募捐活动。《慈善组织公开募捐管理办法》则要求"评估等级在4A及以上的慈善组织免于提交第一款第二项、第三项规定的材料"。对此应考虑,在中央立法政策文件密集出台的背景下,应对《慈善法》之前的地方立法予以尽快清理,确保法制统一实施。与此同时,今后的配套政策文件的进一步完善,也应将地方立法的已有探索创新考虑在内,为地方改革提供合法性空间。
② 旧《红十字会法》第22条表述为:"红十字会为开展救助工作,可以进行募捐活动。" 2017年修订后的《红十字会法》第19条则表述为:"红十字会可以依法进行募捐活动。募捐活动应当符合《中华人民共和国慈善法》的有关规定。"

金会）和不得面向公众募捐的基金会（以下简称非公募基金会）。公募基金会按照募捐的地域范围，分为全国性公募基金会和地方性公募基金会。

在此需注意的是，三大条例均处于修改过程中，其相关条文如何完善，仍需拭目以待。但可以肯定的是，其修改应当与《慈善法》保持必要的衔接。窃以为，公募基金会（包括《慈善法》之前的，以及今后仍可能存在的登记为公募基金会的）、红十字会，以及其他类型的社会组织，也应纳入统一的慈善公开募捐制度体系之下。进而，适用其"资格许可+行为备案"的统一机制。

具体考虑是，在资格许可上，鉴于法律、行政法规的规定，视为登记时已符合公开募捐资格证书的所要求条件，直接申领公开募捐资格证书即可（这也便于与《慈善法》第22条第2款衔接）。具体到其实施的开展每次公开募捐，则再转入适用《慈善法》关于公开募捐的行为备案的要求：制定募捐方案依法报其登记的民政部门备案，异地募捐的、互联网募捐的，则再适用《慈善法》及其配套法规的相关规则要求即可。这样，有利于避免制度的分割、分散，将各类慈善公开募捐统一到慈善法律制度体系之下，至少在形式上统一适用"公开募捐主体资格+行为备案"之下。

1. 依法登记满两年的慈善组织

这是申请公开募捐资格的前提条件。可分解如下：①起算点：慈善组织登记之日。②期限要求：满两年。③适用主体：限于慈善组织。

对应需要提供的材料是，慈善组织登记证书（正本或副本）的原件。通过核对日期，以及民政部门登记材料，核对无误后即可判断。鉴于申请公募资格与登记均为同一民政部门，随着慈善组织登记管理信息库的不断完善，该条件审查的实施可逐步在互联网上运行。因此，该条件审查并无太大困难，规定清楚并具操作性。但也存在一些值得探讨的问题。

一是公开募捐资格的主体，是否限于慈善组织？从《慈善法》出台之前的一些地方立法看，慈善募捐许可的申请取得主体，并非限于慈善组织。其典型如江苏。根据《江苏省慈善事业促进条例》和《江苏省慈善募捐许可办法》，江苏省随着条例出台已在文本层面明确了"慈善组织"的范畴，但有权进行慈善募捐的主体,并不限于慈善组织,还有"法律、行政法规规定可以开展慈善募捐活动的组织",以及"其他组织",诸如公益性社会团体、公益性非营利的事业单位等,均可申请取得慈善募捐许可。而《慈善法》的相关界定是,该法上的慈善募捐,已限于"慈善组织基于慈善宗旨募集财产的活动"①,而公开募捐作为慈善募捐的子类型,其主体也应当限定于慈善组织,这贯彻于《慈善法》第三章"慈善募捐"始终。一方面,这从《慈善法》的文本分析来看,应无异议;但另一方面,如其他法律、行政法规作为特别法,直接赋予特定主体以公开募捐资格,应并无不可。但是,特别法的规定,应做好与《慈善法》的衔接、关联。比如,公开募捐资格证的外观应当统一,证书编号应当连续,可在同一个网站平台上集中查询。

二是经认定为慈善组织的起算期限。在《慈善法》实施后,慈善组织除通过登记产生外,已经设立的基金会、社会团体、社会服务机构等非营利组织还可通过申请认定的方式,成为慈善组织。② 这里的问题在于,慈善组织认定行为,本身是否具有溯及力?一种观点认为,在《慈善法》出台前成立的非营利组织,通过认定机制成为慈善组织,同时也是对其之前从事行为系慈善活动的肯定、承认,因此认定行为应具有追溯力。另一种观点认为,认定行为本身,才确认了该非营利组织成为慈善组织,应仅向今后有效而不具有溯及力。对此,本报告认为后者较为合适。其结论是,对于认定为慈善组织的,应当自认定之日起满两年。

另外需注意,在申请公开募捐资格之前的两年期间,慈善组织不应有重大违法行为,不应因故意或重大过失而受过行政机关的处罚。该具体的标准要求,属于"运作"规范的要求,在此不再展开。

2. 内部治理结构健全

关于内部治理结构健全的判断,需要慈善监管部门(根据现行法律即

---

① 参见《慈善法》第21条。
② 参见《慈善法》第10条第2款。

慈善组织登记部门）根据《慈善法》及相关法律政策来确定。与此同时不容忽视的是，内部治理结构是否健全，还需要社会组织（或民间组织）的监管机构，根据社会组织管理的法律文件和政策要求，来进行审核确认。可选择的另一思路是：由社会组织监管机构提供相关数据、信息，通过信息共享，来协助慈善监管机构最终确定。

内部治理结构健全的要求，在定位上，主要应定位于相对内部性、静态性的要求。治理结构的考查，即内部治理结构、法人治理结构，可对照《慈善法》第 12 条第 1 款展开。其内容要求为：慈善组织应当根据法律法规以及章程的规定，建立健全内部治理结构，明确决策、执行、监督等方面的职责权限，依照组织性质和章程，产生权力机构、常设决策机构、执行机构和监事机构，实行民主选举、民主决策、民主管理和民主监督，开展慈善活动。

当然，作为慈善组织，在登记时，应已具备该条件。因此，其要求，一方面，似可考虑在登记、年度报告的基础上，再有所适度提高；另一方面，也不宜过高提高"内部治理结构健全"的门槛。必须在理论上明确，虽然公募资格为慈善监管机关所颁发的行政许可，但并不具有"赋予权利"的性质，而更多带有"确认权利"的属性。即，承认公开募捐为慈善组织的天然权利，但基于秩序和管理需要，在行使前由慈善监管机关确认后，再予以行使。其拿捏把握分寸的微妙之处，既是《慈善法》配套文件政策制定完善中所应注意的，也是慈善监管部门在资格审查和后续监督管理中所应谨慎从事的。

可类型化如下：

（1）规范的章程。章程应具备法律要求的必备内容。

（2）健全的组织框架。区分社会团体型、民办非企业型、基金会型，区分组织规模大小，而有所差别。比如，社会团体型，会员在特定人数以下（如不满 100 人的），组成会员大会；超过特定人数的，可再组成会员代表大会。

（3）完善的选举任免制度。包括法定代表人等主要负责人的资格、条

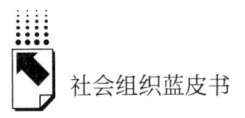

件、产生方式；以理事会、监事会为例，设定理事、监事的资格①，每届任期、换届制度、连任制度、罢免制度、增补制度、回避制度等。

在此需指出的是，民政部《慈善组织公开募捐管理办法》还要求"理事会成员中非内地居民不超过三分之一，法定代表人由内地居民担任"等条件。对此，从国家安全与实际操作角度考虑，毋庸置疑具有一定合理性，也为港澳台、域外国家友好人士参与中国慈善事业提供了空间。但从长远中国慈善事业"走出去、引进来"的大格局看，其规定并非应属于慈善公开募捐资格的实体条件要求，今后在合适时机宜开展评估，予以进一步改进。

（4）对照落实情况。特定慈善组织在建立上述制度的基础上，还需要考察近年来的实施、落实情况。

3. 运作规范的正面积极要求

慈善组织的运作规范，包括实体、程序等方方面面的要求。运行规范，应当将慈善组织涉及的各项慈善活动以及其他社会活动，均纳入守法、依规的轨道之内。

运作规范的实体标准要求，可分为正面积极要求和负面消极要求两方面。正面积极要求，即确定运作规范必备的要素，如有所缺失则不可认定为运作规范；负面消极要求，即确定运作规范不得发生的条件要素，如有发生任何一个，则不可认定为运作规范。②

（1）会议、会期和表决制度的实施规范。理事会的会议制度，包括召集、主持、票决等制度。

（2）财务制度及运行规范。《慈善法》第 12 条第 2 款已有明确要求：

---

① 对此，《慈善法》第 16 条，对慈善组织负责人，进行了担任条件的负面设定。即，凡是发生特定情形之一的，均不得担任慈善组织负责人。但对于担任负责人的正面条件，仅提到建立起信用记录制度（95 条），并没有更加具体的要求。对此，慈善组织的章程、慈善行业组织的行业规范，可对其负责人、理事等的条件，设置更加详尽、具体的条件资格要求。

② 需说明的是，运作规范的实体要求，应当具有一定的期限性。比如，慈善组织曾因违法受到过行政处罚，显然构成运作不规范。但如之后相当长时期表现良好、运作规范的，仍应可申请慈善公开募捐资格。那么，如何确定此处的期间，则值得深入研讨。在此，可从《行政许可法》，慈善已有法规文件，地方立法，域外做法等寻求可资移植、利用的制度规范资源。

慈善组织应当执行国家统一的会计制度，依法进行会计核算，建立健全会计监督制度，并接受政府有关部门的监督管理。具体而言，需符合《会计法》《民间非营利组织会计制度》《会计基础工作规范》《会计档案管理办法》等法律、法规和规章、文件要求的财务制度。编制年度收支计划，月度、季度财务报表，日常经费管理与报销，捐赠承诺的落实与催收，应收款、应付款和现金银行存款的管理等。

（3）健全规范的决策、执行、监督制度，并得到有效实施。其要求包括：

——决策制度实施规范。建立健全民主决策程序，确保成员的发言权、决定权。依据平等讨论、充分讨论原则，投票表决制度等。

——慈善项目运作规范。慈善项目实施情况符合《慈善法》及其配套法规的要求。

——慈善服务运作规范。慈善服务是慈善价值的核心体现。慈善服务规范与否，是慈善组织运作规范的重要标杆。其内容包括：慈善组织委托其他组织、个人实施慈善服务的，应建立起经费支付、服务质量标准、后续监督等机制。如慈善组织直接提供服务的，其实施流程应当规范化，并接受受益人、行业组织、媒体等监督；招募志愿者和志愿服务的提供应当规范化。

——慈善财产管理规范。符合《慈善法》第6章和配套法规、文件的各项要求。

——慈善信息公开规范。建立健全规范的信息公开制度，并得到有效实施。其要求包括：慈善组织的内部公开。如社会团体型的慈善组织，各项事务、决策向会员的公开；公开组织章程和决策、执行、监督机构成员信息，及其重大变更情况；每年向社会公开其年度工作报告和财务会计报告（《慈善法》第72条）；及时向捐赠人告知募捐情况、募得款物的管理使用情况（《慈善法》第74条）；向社会公开发起人、主要捐赠人以及管理人员与慈善组织发生交易行为的情况（《慈善法》第14条第2款）等。

（4）人员管理运行规范。包括专职人员和志愿者两大类。对于专职人员，应依据《劳动法》《劳动合同法》《社会保险法》等法律法规签订劳动合同，实施管理，按时足额发放工资，参加五险一金等制度。对于志愿者，应完善登记、培训制度，必要时购买人身意外伤害保险制度等。

（5）公益事业捐赠票据规范。慈善捐赠票据对慈善组织、捐赠人都具有重要意义。捐赠票据是会计核算的原始凭证。就捐赠人而言，捐赠票据是进行慈善捐赠的法定凭证；更进一步的，是根据国家法规政策申请慈善捐赠款项税前扣除的有效凭证，只有取得符合条件的捐赠票据，才可按照税法和政策规定进行税前扣除。就慈善组织而言，其申领、开具捐赠票据需要符合法定条件并依法进行。

（6）慈善组织的税务登记及依法纳税情况。慈善组织作为纳税人之一种，应当自登记之日起 30 日内，持有关证件材料，向税务机关申报办理税务登记。但实践中发现，一些社会组织、团体纳税意识较为单薄，或认为自身不属于企业不从事市场经营活动无须登记，或认为税务登记后容易成为管控对象会被征税而束手束脚，因此登记后未进行税务登记的公益慈善组织并非少见。无论是未进行税务登记，还是未依法纳税，均构成违反税收法律制度规范的行为，是运作不合法的表现形式之一。①

（7）分支机构管理规范。在此需注意的是，其他法律、行政法规对特定类型的慈善组织（如境外慈善组织）的分支机构设立有特殊规范的，应从其规定。但也不应忽视的是，从一般原理上，应鼓励慈善事业发展壮大而设立分支机构。

（8）合法性审查机制。慈善组织的各项重大活动，可借鉴法治政府的做法，建立合法性审查机制。包括做出前的合法性预审，以及做出后的合法性复查。发现与现行法律法规存在抵触冲突的，及时修正或撤销。由此，将极大提升慈善组织运行的规范性。

4. 运作规范的负面消极要求

负面消极要求，即确定运作规范不得发生的条件要素，如有发生任何一个，则不可认定为运作规范。

---

① 慈善组织应当习惯于在现代税制环境中生存发展，民政部门也应处理好与税务机关的关系。一方面，守法才能享受到法治的益处，税收登记是慈善组织享受税收优惠的前提；另一方面，慈善征信体系涉及面广，其中慈善组织的税务登记、纳税情况构成其重要内容。

（1）慈善组织较为严重的违法行为。慈善组织有重大违法行为，或多次反复的一般违法行为的，或存在重大故意或过失的违法行为。

（2）相关人员的较为严重违法行为。慈善组织的法定代表人、实际负责人因慈善活动涉嫌犯罪或追究刑事责任。

（3）严重不当行为。指定慈善组织管理人员的利害关系人作为受益人。利用关联关系损害慈善组织、受益人的利益和社会公共利益的。滥用慈善财产的。

（4）拒不配合监督检查。慈善组织在面临主管机关、税务机关、海关等行政机关的监督检查（包括日常检查、要求提供材料的书面检查、现场检查、抽查等多种形态）时，如无故拒不配合、拒不提供相关材料的，也应构成运作规范的消极条件。

（二）实施程序

慈善公开募捐资格的实施程序，包括前端申请获取的程序，后续的变更延续程序，以及相应的监督程序等。本部分以慈善组织及社会各界最为关注的申请-获取程序为核心来展开，兼及其他程序。

公募资格的申请取得程序，从《慈善法》第22条和行政许可的一般原理出发，可分解为以下步骤环节。

1. 申请

需慈善组织主动向其登记的民政部门提出申请。在申请时，慈善组织应提供证明其符合慈善公开募捐资格所要求条件的材料、文件和证据，按照要求填写相关表格。

慈善组织申请公开募捐资格的，一般应当有理事会关于该事项申请提出的会议纪要。一方面，由此证明是慈善组织的自身行为；另一方面，申请公募资格作为慈善组织的重大决定，经过理事会事前同意再提出申请，也是比较合适的。

慈善组织有业务主管单位的，还需提供经其业务主管单位同意的证明材料。根据《中共中央办公厅、国务院办公厅关于进一步加强民间组织管理工作的通知》（中办发〔1999〕34号）、民政部《关于重新确认社会团体业务主管单位的通知》等文件，业务主管单位应能够涵盖其主管的社会团体的业务范围，并进行业务指导，对所主管的社会团体负责。申请取得公开募捐资格这类重大行为，由业务主管单位审查同意，符合业务主管单位的功能定位。2013年《国务院机构改革和职能转变方案》中明确："重点培育、优先发展行业协会商会类、科技类、公益慈善类、城乡社区服务类社会组织。成立这些社会组织，直接向民政部门依法申请登记，不再需要业务主管单位审查同意。"从《慈善法》文本来看，完全回避了业务主管单位的提法，其内在考虑可能是交由今后的社会组织立法来予以统一处置。虽然《慈善法》中并未提及业务主管单位，但由于历史延续，以及相关法律、法规的规定，有业务主管单位的慈善组织并非罕见，一些社会团体、组织的业务主管单位还可能长期存续下去。①

应注意到的是，从行政许可（行政审批）制度的视角，构成慈善组织取得公开募捐资格的"前置审批"。②总体上，这种前置审批，可能与当下行政审批制度改革的走向存在一定的紧张关系。从业务主管单位角度看，其审查什么，审查的标准如何，如审查同意发生后果的是否承担以及如何承担责任，如审查后做出不同意决定的是否可诉，都是值得注意的细节问题。但从长远看，业务主管单位同意与否的存废，端赖于慈善组织作为社会组织的管理体制。

2. 受理

民政部门依法做出受理、不予受理的决定。对申请不予受理的，应当说

---

① 比如，2016年出台的《境外非政府组织境内活动管理法》就明确了境外非政府组织的登记管理机关和业务主管单位的双重管理体制。该法同时明确了业务主管单位在代表机构登记、变更登记事项、年度活动计划、人员管理等方面的监督管理职责。

② 当然，从当前正在进行的行政审批制度改革来看，前置审批处于严格审视、清理之列，除确有必要的，将逐步削减。而究其根源，这种前置同意的存在，与实际中社会团体仍存在的双重管理体制具有密切关系。仅拟通过行政审批制度改革有关"前置审批"清理，最多不过治标而已。虽然《慈善法》以慈善活动的规制为核心，一时还暂可回避慈善组织管理体制的双重管理体制走向问题，但从今后看，随着三大条例修订提上议事日程，社会组织立法进程的加速、双重管理体制的走向，是必须加以全面评估、深入研讨的。

明理由。就其原理而言,适用做出不予受理决定的情形并不多。比如:慈善组织已经取得公募资格无须申请(但这种情况实践中理应极少发生);慈善组织向错误的机关申请公募资格,比如向民政部门以外的其他政府机关提出申请,或者向登记机关以外的其他民政部门提出申请(这种情况实践中也不多见,一旦发生,接收申请的机关如能确定正确受理机关的,应主动告知);慈善组织在提出申请时存在隐瞒情况或提供虚假材料的;[1] 慈善组织显然不符合申请公募资格的形式要件的。在此,还应注意在实践中,民政部门可能出现的滥用不予受理的倾向。正确的处置方式是:只有不符合受理条件的,民政部门才可做出不予受理决定。对于实体条件的问题的,一般应经过审查在许可决定环节予以处置。换言之,民政部门不宜抬高受理的门槛,实体问题尽可能在审查、决定环节予以处置。

还需注意的是,从行政许可与行政诉讼的原理看,不予受理资格申请的决定,属于行政诉讼和行政复议的受案范围。换言之,对于决定不予受理的,慈善组织可依法申请复议、提起行政诉讼。

3. 审查

对慈善组织所提供的申请材料进行审查。包括形式上的审查,对内容的核实。有必要时,民政部门应当对材料的实质内容进行核实。在审查过程中,应听取利害关系人意见。[2] 事实上,这已在民政部的配套文件中有所体现。[3]

---

[1] 这种情形,在受理前被发现的,民政部门应当做出不予受理的决定;如民政部门受理后发现的,则应做出不发给公开募捐资格证书的决定,且可视情形予以行政处罚。

[2] 其背后原理参见《行政许可法》第36条:"行政机关对行政许可申请进行审查时,发现行政许可事项直接关系他人重大利益的,应当告知该利害关系人。申请人、利害关系人有权进行陈述和申辩。行政机关应当听取申请人、利害关系人的意见。"

[3] 《慈善组织公开募捐管理办法》第7条第2款:"情况复杂的,民政部门可以征求有关部门意见或者通过论证会、听证会等形式听取意见,也可以根据需要对该组织进行实地考察。"在此需注意的是,民政部在进行公开募捐资格的审查中,听取意见并不限于税务、海关以及其从事慈善活动的有关部门(如促进教育事业发展活动的慈善组织,应听取教育部门意见;从事科技事业发展活动的慈善组织,应听取科技部门意见等,诸如此类),还应包括各类利害关系人。本报告认为,至少其相关行业组织、其慈善活动的主要受益人群体,应当纳入征求意见的范畴。

4. 决定

经审查后，民政部门做出的决定包括发给公开募捐资格证书、不发给公开募捐资格证书两种。

如决定不发公募资格证书的，应当说明理由。其理由说明，应当明确、充分。换言之，慈善募捐资格的实施应完善说理机制。通过说明理由，既起到法制普及的效果，也促使慈善组织依法行善、规范活动。使得该慈善组织知道今后应如何完善内部治理结构，如何运作规范，如何从事慈善活动，方能获取公募资格证书。与此同时，明确、充分的理由说明，还将减少民政部门相关的复议、诉讼风险。

决定不发公募资格证书的，还应书面告知慈善组织救济权利。作为具体行政行为之一种，公开募捐资格的决定，应当根据《行政复议法》《行政诉讼法》告知当事人的复议权利、诉讼权利，行使期限、受理国家机关等要素。这里应注意的是，在实践中一些民政部门的救济权利告知，存在着要素不完整甚至严重缺失的问题。以北京市海淀区民政局做出的不予发放公开募捐资格为例，其救济权利告知可表述如下：如不服本不予发放公开募捐资格的决定，可以在收到本决定之日起，在60日内依法向海淀区政府或北京市民政局申请行政复议，或者在六个月内向海淀区人民法院提起行政诉讼。如此，方才包括了法律要求的救济权利告知基本要素。在告知形式上，应明确以书面形式告知。

5. 送达

在《慈善组织公开募捐管理办法》中，也未提及送达问题。本报告认为，基于公募资格作为行政许可的考虑，应当做出是否发给公开募捐资格证书的决定之日起十日内，向慈善组织送达证件。①

6. 变更与延续

鉴于《行政许可法》专节规定了"变更与延续"，慈善公开募捐资格的变

---

① 法律依据为《行政许可法》第44条："行政机关做出准予行政许可的决定，应当自做出决定之日起十日内向申请人颁发、送达行政许可证件，或者加贴标签、加盖检验、检测、检疫印章。"

更与延续，构成慈善募捐管理的内容之一，也相应成为需要关注的议题。

慈善组织取得公开募捐资格后，其登记证书载明事项发生变动的，应当及时办理公开募捐资格证书的变更。其变更程序，也应参照公开募捐资格的取得，遵循"申请→受理→审查→决定→送达"的一般步骤环节。

变更的适用范围：应包括以下情形：慈善组织自身登记事项发生变更的。比如，慈善组织的名称、住所、章程、法定代表人发生变动的，此时，既应办理慈善组织登记证书的变更手续；与此同时，还应办理公开募捐资格证书的变更程序。①

是否设置延续机制？取决于慈善公开募捐资格证书是否设定期限。如慈善公开募捐资格证书本身无期限限制，则一般无须延续机制；反之，如设定了特定期限，则需要配套以延续程序和相应机制保障。核心内容，可适用《行政许可法》第50条之规定。

（三）受理机关

即慈善组织的登记机关。如因区划变动、机构职能调整发生变化的，为继续行使该职能的行政机关。

在费用方面，根据《行政许可法》第58条："行政机关实施行政许可和对行政许可事项进行监督检查，不得收取任何费用。但是，法律、行政法规另有规定的，依照其规定。"《慈善法》并未提及慈善募捐资格许可的收费问题。因此，其实施和监督检查，应当免费。

四 募捐实施监管

在公开募捐资格的取得门槛有所下降的前提下，对公开募捐资格的运行

---

① 在此值得注意的是，慈善组织登记事项的变更，有可能导致其慈善公开募捐资格需要重新申请取得。比如，慈善组织的业务范围发生重大变动的，由于宗旨的变化，将导致原来已经取得公开募捐资格证书不适宜继续存在。本报告认为，这种情况下宜重新申请取得公开募捐资格。

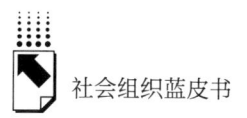

管理，其要求不宜过于放松，而应本着守土有责的理念，将执法监管重心，从传统的门槛审批，向事中、事后转移。应当加强事中、事后监管，实现自资格审批到活动备案、事后监督等各个流程监管的相对均衡。换言之，《慈善法》的出台实施，将使得慈善公开募捐的监管，在结构上予以优化，在调低准入门槛的同时强化事中事后监管。显然，运行管理也是必须重视的基本内容，其关键内容包括以下几个方面。

（一）慈善公开募捐资格的期限管理

虽然《慈善法》中并未涉及公开募捐资格的期限问题。但从一般法理出发，行政许可一般设置合理期限。因此，考虑设定合理期限，并无不妥。

1. 期限应合理

慈善公开募捐资格，应当设定一定期限，不宜长期的、无条件的存续。本报告建议的可选择思路是：直接设定三或五年的法定期限。为避免期限机制可能的弊病，可设置两个机制予以补充。一是在其间发生违法的，可依法予以吊销或注销；二是延续机制，期满之前可申请延续。

2. 延续机制

公募资格期限届满前，应可依法申请延续。其法律依据是《行政许可法》第 50 条第 1 款：被许可人需要延续依法取得行政许可有效期的，应当在该行政许可有效期届满三十日前向做出行政许可决定的行政机关提出申请。但是，法律、法规、规章另有规定的，依照其规定。对于延续申请的审查，与公募资格的申请审查，在程序上类似，实体条件基本相同。慈善组织在取得享有公募资格的期限内表现良好的，评估等级较高的，其申请材料可适度从简。

3. 暂停或终结

一个前提性的说明是，鉴于慈善公开募捐资格为行政许可之一种，在与《慈善法》无冲突的前提下，可适用行政法上关于暂停、终结，以及监督管理的规范。

一是暂停。就行政法原理而言，暂停在属性上分为两种情形。一种为行政处罚。可视为"暂扣许可证、执照"的一种特殊情形。如获得公募资格后长期未展开公募，或公募活动、慈善项目实施中发生违法行为达到一定限度的，可予以暂停或责令整改。① 另一种为行政强制措施，为对行为资格的暂时限制其行使。比如，慈善组织涉嫌违法但尚处于调查过程中，民政部门可对其公募资格予以暂停，待查处完毕后再做决定；如最终查明无违法行为的，恢复其公募资格的权利行使；如最终查明有违法需要吊销的，则给予吊销公募资格的行政处罚。

二是终止。民政部门在执法监管中，或者通过共享其他部门的执法监管信息，发现慈善组织、慈善活动中的违法行为，通过公开募捐资格的撤销、吊销等，将公开募集资格提前终结。②

就理论而言，慈善公开募捐资格的终止，有三种可能的情形：慈善公开募捐资格被吊销，慈善公开募捐资格被撤销，以及其他原因导致慈善公开募捐资格被注销。③ 对此，2016年出台的《慈善组织公开募捐管理办法》，仅提到公开募捐资格的撤销。④ 可能存在适用范围的不当，导致误用的发生。将由于缺乏"吊销"等机制，导致本应吊销公开募捐资格的情形，最终以

---

① 说明：这在现行法律中并无障碍。可依据《行政处罚法》第8条第5项，暂扣许可证、执照的方式，加以实施。
② 在这里需说明的是，鉴于慈善公开募捐资格作为行政许可之一种，其撤销、吊销措施在适应范围上，应当有明确区分。吊销许可证，根据《行政处罚法》第8条、第42条之规定，为一种较为严厉的行政处罚的方式。附相关法律条文如下：《行政许可法》第六十九条 有下列情形之一的，做出行政许可决定的行政机关或者其上级行政机关，根据利害关系人的请求或者依据职权，可以撤销行政许可：（一）行政机关工作人员滥用职权、玩忽职守做出准予行政许可决定的；（二）超越法定职权做出准予行政许可决定的；（三）违反法定程序做出准予行政许可决定的；（四）对不具备申请资格或者不符合法定条件的申请人准予行政许可的；（五）依法可以撤销行政许可的其他情形。被许可人以欺骗、贿赂等不正当手段取得行政许可的，应当予以撤销。依照前两款的规定撤销行政许可，可能对公共利益造成重大损害的，不予撤销。依照本条第一款的规定撤销行政许可，被许可人的合法权益受到损害的，行政机关应当依法给予赔偿。依照本条第二款的规定撤销行政许可的，被许可人基于行政许可取得的利益不受保护。
③ 在此，有必要提及的是，对于尚未取得公开募捐资格的慈善组织，如发生了应当吊销、撤销公开募捐资格的情形，也不应当给予其公募资格。
④ 《慈善组织公开募捐管理办法》第22条第1款：慈善组织被依法撤销公开募捐资格的，应当立即停止公开募捐活动并将相关情况向社会公开。

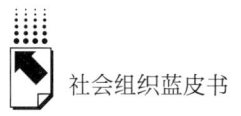

"撤销"而告终。虽然同样起到效果，但从行政法的原理而言，存在着不够严谨之处。①

4.因故终止的处理

对此，应实施分类管理。一则，慈善募捐资格期满自然终止后，慈善组织在符合条件时，有权重新申请。二则，期满未延续导致募捐资格终止被注销的，慈善组织应当随时可再次申请。② 三则，慈善公开募捐资格被撤销的，可设置合理期限不允许其申请公募资格，待期满后才可再次提出申请。③ 四则，一般违法行为，主管机关不宜随意吊销其许可证，而应从比例原则出发，给予最妥当的处罚。

（二）慈善公开募捐实施的备案管理

在中国政府监督管理体系中，备案已成为重要的举措。《慈善法》也在多处以备案为手段。公募资格的运行管理，事前备案更具有基础性地位。其直接依据是《慈善法》第24条第2款：募捐方案应当在开展募捐活动前报

---

① 一个相关案例是，2016年8月，慈孝特困老人救助基金会被查处发现存在超出章程规定的宗旨和公益活动的业务范围开展活动以及在编制财务会计报告中弄虚作假的违法行为，情节严重，被民政部决定对慈孝特困老人救助基金会做出撤销登记的行政处罚。事实上，如严格依据《行政许可法》《行政处罚法》的规定，慈善组织登记作为行政许可之一种，对其处理应区分"撤销"与"吊销"。《行政处罚法》上并无"撤销登记"的处罚类型，本处，应当适用"吊销"登记证书为宜。值得嘉许的是，2016年对外公开征求意见的《基金会管理条例（修订草案征求意见稿）》，已经对两者予以明确区分。对此，可参见《基金会管理条例（修订草案征求意见稿）》第70条、第71条的草案内容。
② 行政许可的注销，适用于因各种原因行政许可不复存在的情形，注销本身为形式、程序、中性的处理，本身并非行政处罚，也不具有惩戒的内涵。参见《行政许可法》第七十条。有下列情形之一的，行政机关应当依法办理有关行政许可的注销手续：（一）行政许可有效期届满未延续的；（二）赋予公民特定资格的行政许可，该公民死亡或者丧失行为能力的；（三）法人或者其他组织依法终止的；（四）行政许可依法被撤销、撤回，或者行政许可证件依法被吊销的；（五）因不可抗力导致行政许可事项无法实施的；（六）法律、法规规定的应当注销行政许可的其他情形。
③ 法律依据见《行政许可法》第七十九条：被许可人以欺骗、贿赂等不正当手段取得行政许可的，行政机关应当依法给予行政处罚；取得的行政许可属于直接关系公共安全、人身健康、生命财产安全事项的，申请人在三年内不得再次申请该行政许可；构成犯罪的，依法追究刑事责任。

慈善组织登记的民政部门备案。

事实上，一些地方对实施慈善募捐活动的备案制度，已有广泛探索。比如，2008年上海市就出台过救灾募捐备案的文件。① 2010年的《湖南省募捐条例》则明确开展募捐活动前，募捐方案应报当地民政部门备案。② 2012年的《上海市募捐条例》进一步规定，募捐组织开展募捐活动的募捐方案，应在募捐活动开始十个工作日前，向募捐活动所在地的区、县民政部门办理备案手续。宁波市民政局《关于进一步规范慈善募捐行为的意见》（甬民发〔2014〕126号）也明确慈善募捐实行备案制。依法成立的公益性社会团体或事业单位（以下简称其他募捐组织）单独开展慈善募捐活动的，实行备案制。其要求是，在开展募捐活动前5日内到募捐地县级民政部门办理募捐备案手续。在中央层面，2013年《民政部关于完善救灾捐赠导向机制的通知》试行非强制的募捐开展前备案制度，提出要"引导公益慈善组织按照相关规定在开展募捐活动前进行备案，民政部门要将已备案的公益慈善组织在网站上公开，供捐赠者选择"。

《慈善法》在已有民政部文件和地方规定基础上，建立起较为完整的慈善募捐备案制度。这里的备案，意指慈善组织在开展公开募捐活动前，在规定时间内，以募捐方案备案的方式向特定行政机关报告、经其确认的行为。经过备案确认之后，慈善组织应本着诚实守信的精神，依照经备案的募捐方案开展募捐活动。

其基本要求如下，填写《募捐备案申请表》，取得《募捐备案证》。《募捐备案证》上印有募捐组织法定代表人、组织性质、募捐目的、募捐财产数额目标、募捐区域、募捐方式和募捐期限、募捐成本、剩余财产处理、备案的民政部门等具体事项。募捐备案证应设有统一编码，以备查询。为适应

---

① 上海市民政局、上海市社会团体管理局《关于建立救灾捐赠和募捐活动备案制度的通知》（沪民救发〔2008〕58号）。其中至今看来依然较为先进的是，该文件明确救灾为宗旨的义演、义赛、义卖等捐赠和募捐活动的，其备案为活动结束后30日内，进行事后备案。这与《慈善法》上的事前备案相比，更体现了备案的本质，并避免备案沦为变相审批的可能。
② 《湖南省募捐条例》第12条。

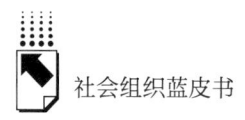

信息化发展，可考虑在备案证上加印二维码，公众扫描后即可了解特定募捐活动和募捐备案的基本信息。

在期限上，开展募捐活动前报民政部门备案。换言之，法条仅要求事先报备。在此，配套细则宜确定合理期限，而不宜过于仓促。① 鉴于此，可作分类管理。一般的慈善公开募捐，建议开始前5个（或10个）工作日；对于"救助自然灾害、事故灾难和公共卫生事件等突发事件造成的损害"的慈善募捐，则可活动开展当天申请备案。从已有地方立法看，上海还规定无法在活动开始前办理备案手续的，为应对突发自然灾害和事故灾难，需要紧急开展募捐活动的，可在募捐活动开始后5个工作日内补办备案手续。从内容角度看，其规定具有一定实质合理性。但是，由于《慈善法》明确"募捐方案应当在开展募捐活动前报慈善组织登记的民政部门备案"（第24条第2款），因此，募捐方案的备案，必须在募捐活动开展前实施，补办备案手续的合法性如何，值得论证。②

募捐方案必备内容包括：募捐目的、起止时间③和地域、活动负责人姓名和办公地址、接受捐赠方式、银行账户、受益人、募得款物用途、募捐成本、剩余财产的处理等。

备案的方式，应包括书面、传真、电子邮件、网络系统平台等。在信息化日渐深入普及的背景下，为高效便民起见，也为避免个别民政部门及其工作人员滥用权力，网络平台方式备案将是大势所趋。对此，民政部门可建立系统平台，慈善组织通过该平台申请报备。在备案同时，将备案结果、募捐方案等直接公开公示。在具体操作上，可结合《慈善法》第69条第2款的规定，"统一的信息平台"，既发挥公开慈善信息、提供慈善信息发布服务

---

① 比如，《汕头市民政局关于募捐活动备案实施办法》第3条：募捐活动开始十个工作日。《上海市募捐条例》也有类似规定，期限同为募捐活动开始十个工作日之前。
② 为此，鉴于在此方面的规范上，《上海市募捐条例》与《慈善法》存在冲突，应考虑在《慈善法》生效前，尽快修改《上海市募捐条例》有关规定，确保法律制度的统一性。
③ 值得注意的是，一些地方立法对特定募捐活动的期限也有所规范。比如，《上海市募捐条例》要求"募捐活动的期限一般不超过一年。募捐活动期限届满后，需要继续开展募捐活动的，应当在期限届满五个工作日前重新办理备案手续"。

等作用，同时，为避免平台重复建设而导致资源浪费，应考虑平台的统一建设和整合。该平台还可整合报备、公开备案结果，公开慈善募集资格，公开税前扣除、税收优惠资格等信息。

备案结果：

（1）准予备案。对符合法律、配套细则要求的，准予备案。

（2）附条件准予备案。提出修改意见。对存在问题的，提出修改、完善意见，督促修改。可考虑在备案的募捐方案上予以记录。

（3）不予备案。民政部门认为其慈善募捐方案或拟开展的公募活动，存在违反法律、法规，或违反本慈善组织的章程时，民政部门应不予备案。

（4）提出其他指导建议。比如，考虑到近期类似募捐活动已开展非常频繁，可提出带有行政指导色彩的建议、提示等。

在备案实施中，鉴于公募活动的备案为事前备案，应警惕备案审查"异化"为行政审批，而沦为变相审批，再次陷入"资格准入＋行为准入"的双重许可怪圈。

（三）跨区域公开募捐的备案管理

跨区域公开募捐的备案，在期限、备案方式、备案结果上，与一般备案并无差异。其共性部分不再展开。其直接依据是《慈善法》第23条第2款，要求报拟开展募捐活动地的民政部门备案。

需要特别规制的内容包括：

1. 跨区域公开募捐的前提条件

慈善组织的公开募捐，原则上应当在登记所在地的管辖区域内进行。其考虑因素包括：一是慈善组织的活动范围，首先应在登记所在地的管辖区域内进行。否则，就无必要在该地民政部门进行登记。① 二是监管能力的考虑。当地民政部门对当地慈善组织公开募捐活动的监管，具有地缘、信息、

---

① 当然，一方面，这并不排斥慈善组织跨出该区域，在其他地区，乃至全国开展慈善活动。与此同时不应忽视的另一方面是：对于慈善组织的跨区域慈善活动，民政部门可根据政策需要，酌情给予略有差异的监管措施。

距离等方面的多重优势，也有利于维护公募秩序。

《慈善法》第23条第2款表述为："慈善组织采取前款第一项、第二项规定的方式开展公开募捐的，应当在其登记的民政部门管辖区域内进行，确有必要在其登记的民政部门管辖区域外进行的，应当报其开展募捐活动所在地的县级以上人民政府民政部门备案。"因此，跨区域公开募捐，应作为例外而存在，一般情况下仍以登记民政部门辖区内公开募捐为原则。关于跨区域公开募捐的实体条件，法条表述为"确有必要"。

在备案时，是否对"确有必要"进行实质审查，存在两种对立的观点。一种观点认为，应当实质审查。否则，要求公开募捐应当在登记民政部门管辖区域内进行的条款，将丧失意义。使得公开募捐，事实上并无任何地域限制。另一种观点认为，从"备案"本身的属性出发，不宜进行过严的实质性审查。否则，将与"行政许可"的审批模式无异。本着正本清源考虑，"备案"的审查力度应当较低，定位于形式审查即可。

对此，跨区域公开募捐的备案审查力度，应当严于一般区域内公开募捐的备案机制，但相对以往的募捐许可制，其审查力度要弱得多。

在操作中，慈善组织跨区域募捐去备案时，应提供材料证明"确有必要"。可细化如下：一是，证明在登记的民政部门管辖区域内，进行募捐，并不足够，有必要跨区域。二是，证明有必要在所申请民政局管辖区域内进行募捐的必要性。二者均具备，民政部门审查认为起到说服效果的，即可认定"确有必要"。

2.备案机关

募捐活动所在地的民政部门。实施中应考虑民政部门的级别问题。具体应视情况而定。如需要在特定全省开展募捐的，则向省级民政部门备案；如在异地特定的设区的市、州开展募捐的，则应向市、州民政部门备案。值得评议的是，民政部《慈善组织公开募捐管理办法》第13条明确跨区域公开募捐的，"向其开展募捐活动所在地的县级人民政府民政部门备案"。其深层次含义是：跨区域公开募捐的，限于县级范围之内。在此，今后制度完善时，需考虑募捐需求与监管秩序的平衡。跨区域募捐本来就给慈善募捐秩序及其管理带来难度，严格限制其区域范围，有利于监管目标之达成，但不利于慈善募捐需求的满足；反之亦然。对此，两者的平衡，应当随着经济社会发展、民政部门监管能力提升、信息化技术应用程度等，予以动态把握，不断调整完善。

3. 执法协作、管辖权争议与信息共享

跨区域的公开募捐，鉴于募捐地民政部门对慈善组织的监管能力相对不足，需要登记地民政部门与募捐地民政部门加强信息共享、执法合作。

慈善组织异地募捐存在违法行为的，存在着相关民政部门之间的管辖权争议可能。对此，应加强合作，必要时由共同上一级民政部门指定其中一个民政局为主处理，其他民政局配合。

异地公开募捐的备案信息，与当地公开募捐的备案信息，各地民政部门之间应当加强相互之间的信息共享。针对募捐活动中违法行为的调查立案、处理阶段、处理结果，应当抄送告知。这也是《慈善法》第78条要求建立慈善信息共享机制的题中之意。

（四）合作开展公开募捐的备案

不具有公开募捐资格的组织或者个人与具有公募资格的慈善组织合作，其报备主体应当为具有公募资格的慈善组织。合作开展公开募捐活动，其他关于备案机关、备案期限、备案材料等，与一般公开募捐的备案管理，并无差别，可参照适用，不再展开。

另外，民政部《慈善组织公开募捐管理办法》要求合作公开募捐的，双方应当依法签订书面协议，以明确各方权利义务；并要求募捐活动的全部收支应当纳入具有公募资格的慈善组织的账户，由该慈善组织统一进行财务核算和管理，并承担法律责任。其规定，固然有着有利于明确合作募捐的双方权利义务的积极方面，但是否也会带来新的问题？一方面，对于具有公募资格的慈善组织，已不仅是传统的"挂名"模式，要以其名义进行，要进行收支管理，统一进行财务核算，并由其对外承担责任（当然，该办法在制定过程中，也很有可能存在对挂名模式的严格规制的考虑）。因此，具有公募资格的慈善组织，对于合作募捐，由于担责的不平衡，很可能持敬而远之的态度。另一方面，从一般个人、不具有公募资格的社会组织一边考查，合作募捐也未必"划算"。调研发现，江苏昆山等地，其合作募捐的做法，虽然要求以公募资格慈善组织开展，但所募集善款，往往在扣除必要管理费等项目之后，一次性交给不具有公募资格的慈善组织。如严格实施该办法，则此种做法将不再行得通。显然，新办法，对于不具公募资格的慈善组织，其吸引力是很有限的。其结果是，办法的出台，是否可能导致合作公开募捐的衰落，也是值得关注的问题。

五 未来展望

本着事前门槛准入与事中事后监管兼顾平衡的理念，《慈善法》最终将公开募捐资格的门槛大幅降低。为此，配套细则的出台和实施，不宜超出《慈善法》的规定，过大抬高慈善公开募捐资格的门槛，而应当充分体现立法的精神宗旨，设置适度合理的条件要求；慈善公开募捐资格的审查和发放，也理应体现《慈善法》的宗旨、原则和规则，更不应出于所谓各种考虑，人为提高门槛甚至法外设限。必须在理论上明确，虽然公募资格为慈善监管机关所颁发的行政许可，但并不具有"赋予权利"的性质，而更多带有"确认权利"的属性。即，承认公开募捐为慈善组织的天然权利，但基于秩序和管理需要，由慈善监管机关确认后再予行使。这也是慈善监管部门在资格审查和后续监督管理中所应考虑在内的理论前提。

在实施程序上，有必要完善听取意见机制、理由说明机制、告知救济权利机制、变更延续机制等。其中，听取意见程序应当做实，理由说明应当明确、充分、易懂，救济权利告知应当要素齐全、内容准确。民政部可考虑设置相关模板，供地方各级民政部门使用。

在运行管理方面，在公开募捐资格的取得门槛有所下降的前提下，对公开募捐资格的运行管理，其要求不宜过于放松，而应本着守土有责的理念，将监管重心，从传统的门槛审批，向事中、事后转移。应当加强事中、事后监管，实现自资格审批到活动备案、事后监督等各个流程监管的相对均衡。在备案管理方面，应警惕备案审查过严而沦为变相审批。

B.3
行业协会商会与行政机关脱钩改革的回顾与展望

袁金辉　汤蕤蔓*

摘　要： 行业协会商会与行政机关脱钩改革是我国行政体制改革的重要环节。过往存在于行业协会商会中的诸多问题已严重影响其发展，与行政机关脱钩改革已成为政府转变职能、行业协会商会回归社会本位的必然选择。本文从行业协会商会脱钩改革的背景入手分析，从政策角度梳理了行业协会商会与行政机关脱钩的主要措施、最新进展以及试点工作中所取得的成效。发现在脱钩过程中相关部门重视不够、组织协调不到位、相关配套改革措施不完善、综合监管机制不够健全、行业协会自身能力不足等问题突出。因此，未来脱钩改革需要着力解决组织、协调、沟通问题，推动政府购买服务措施加快落地，健全综合监管体制，加强行业协会商会内部治理，从而为脱钩后行业协会商会健康发展提供持久动力。

关键词： 行业协会商会　脱钩　行政体制改革

随着社会主义市场经济的不断发展，行业协会商会与行政机关的政会不分、行政化色彩严重、管办一体、监管不到位等问题日益凸显，已严重阻碍

---

* 袁金辉，国家行政学院研究员、博士生导师，主要从事社会治理研究；汤蕤蔓，国家行政学院博士研究生。

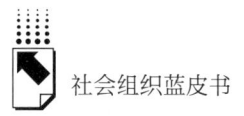

了行业协会商会的持续健康发展。因此，推动行业协会商会与行政机关脱钩改革已成为政府简政放权、行政体制改革的必然选择，通过脱钩改革切断行业协会商会与行政机关的直接联系，使行业协会商会更好地回归社会、还原其社会本位。

一 行业协会商会与行政机关脱钩改革的由来与发展

改革开放以来，随着社会主义市场经济的不断发展，我国行业协会商会迎来全新机遇。行业协会商会作为一种以提供行业共性服务、产品为核心功能的行业性非营利社会组织，已成为我国经济建设和社会发展的一支重要力量。① 行业协会商会作为介于政府和企业之间的第三方，它既独立于政府与企业，又是连接政府、企业、市场的桥梁纽带，在政府宏观经济管理和企业经济运行中具有"传送带"和"上挂下联"的重要功能。② 截至 2015 年，我国行业协会商会数量已达到近 7 万个，并每年以 10% 到 15% 的速度增长，在相关产业政策研究制定、加强行业自律、协调会员合法权益、为政府提供有效咨询、优化资源配置等方面发挥重要作用。③

我国行业协会商会起步较晚、发育不足，依靠行政机构取得初步发展。作为自上而下官办社团组织的典型，在过去我国经济体制改革和社会结构转型过程中，政府始终占据着主导作用，这决定了我国行业协会商会总是以政府行政管理部门的助手角色出现，行政化色彩浓厚。一方面，政会难以分开问题严重。由于受过去双重管理体制的影响，一些行业协会商会长期依附于行政机构，在资金、人员、职能等方面形成"路径依赖"。④ 多数行业协会商会独立性不够，在经济生活中常被称为"红顶中介""二政府"。一些行

---

① 景朝阳、李勇主编《中国行业协会商会发展报告（2014）》，社会科学文献出版社，2015，第 116 页。
② 王勇：《扎实推进行业协会商会与行政机关脱钩改革》，《社会治理》2016 年第 1 期。
③ 中国社会组织网，http://www.chinanpo.gov.cn/600104/newstgindex.html。
④ 沈永东、宋晓清：《新一轮行业协会商会与行政机关脱钩改革的风险及其防范》，《中共浙江省委党校学报》2016 年第 2 期。

业协会因政府机构改革和专业部门撤销而设立,承接行政主管部门职能、依靠行政主管部门开展工作、甚至出现"制度惯性"使行业协会商会成为其权力延伸,因此,行业协会商会时常被称作"戴市场的帽子、拿政府的鞭子、坐行业的轿子、收企业的票子、供官员兼职的位子"。① 另一方面,行业协会商会自身组织和能力严重欠缺。首先,组织结构不合理,难以发挥行业协会商会协调、服务、咨询等功能;其次,自身发展能力不足、内生动力不够,如组织人员老化、面临人才不足的困境,内部机构行政化、章程制度虚化、资金多源于行政部门而没有可靠保障、创新能力不足等问题也逐渐凸显。随着我国经济发展进入新常态,行业协会商会存在的政会不分、管办一体、监管不到位等问题已严重影响其发展,实现行业协会商会"去行政化"已成为转变政府职能的必然选择。要彻底实现行业协会商会与行政机关脱钩,须从根本上切断行业协会商会与行政机关之间的利益链条,剥离行业协会商会与行政机关之间的人身依附。② 推动行业协会商会与行政机构脱钩改革,厘清行政机关与行业协会商会的职能边界,实现行业协会商会依法有效自治,激发行业协会商会内部活力,还原行业协会商会社会本位已刻不容缓。

党的十八大以来,政府逐步加大简政放权力度,并创造性地提出"加快形成政社分开、权责明确、依法自治的现代社会组织体制",为行业协会商会发展指明了方向,指出"逐步推进行业协会商会与行政机关脱钩,强化行业自律,使其真正成为提供服务、反映诉求、规范行为的主体"。③ 十八届三中全会做出《中共中央关于全面深化改革若干重大问题的决定》,明确指出要激发社会活力,加快实施政社分开。推进社会组织明确权责、依法自治、发挥作用,适合由社会组织提供的公共服务和解决的事项,交由社会

---

① 程楠:《摘掉"官帽子"行业协会商会将如何自寻出路》,《中国社会组织》2016年第6期。
② 孙凤仪:《解析"行业协会商会与行政机关脱钩"》,《国家治理》2015年第7期。
③ 国务院:《国务院机构改革与职能转变方案》,http://www.gov.cn/2013lh/content_2354443.htm。

组织承担。2013年，在《国务院机构改革与职能转变方案》中正式提出"行业协会商会与行政机关实现真正脱钩"。2015年7月，中共中央办公厅、国务院办公厅印发《行业协会商会与行政机关脱钩总体方案》（以下简称"总体方案"）、《关于做好全国性行业协会商会与行政机关脱钩试点工作的通知》（以下简称"通知"），行业协会商会脱钩改革步入快车道。总体方案提出，"全国性行业协会商会脱钩试点工作由民政部牵头负责，2015年下半年开始第一批试点，2016年总结经验、扩大试点，2017年在更大范围试点完善相应的体制机制后全面展开。"截至2017年底，行业协会商会脱钩试点工作进展顺利。中央层面，全国性行业协会商会三批脱钩试点工作已经全部依次有序展开，第一批、第二批合计271家已脱钩完成，第三批试点单位2018年初也已完成。参加三批试点的全国性协会商会共438家，接近全国性协会商会总数60%。地方层面，参与第一批脱钩试点的省级协会已有1308家完成脱钩任务，第二批3094家协会商会脱钩工作有序推进当中。

二 行业协会商会与行政机关脱钩改革的措施及成效

行业协会商会与行政机关脱钩改革，核心内容为"五分离五规范"，分别从机构、职能、资产、人员、党建和外事五个方面与行政机关逐步进行利益切割、身份剥离，使行业协会商会不再依附于行政机关，通过逐步试点改革，最终实现行业协会商会与行政机构脱钩。

（一）机构分离，明确政商关系

脱钩改革取消了行政机关与行业协会商会的主办、主管、联系和挂靠关系，行政机关由业务主管转变为综合监管，机构分离突破了双重管理体制，从根本上切断与行政主管部门的各种裙带关系。同时，依法确保行业协会商会独立平等的法人地位。优化整合行业协会商会，有效调整行业协会商会之间、行业协会商会与其他社会组织之间的代管、协管、挂靠等关系，并通过具体章程予以规范。此外，调整行业协会商会与其代管事业单位的关系。下属事业单位中能够并入行业协会商会的，在注销其事业单位法人资格、核销其事业编制后并入行业协会商会；对于不能并入行业协会商会的下属事业单位，纳入事业单位并进行后续分类改革。行业协会商会与行政机关的机构分离，从根本上杜绝行业协会商会成为"二政府""红顶中介"的可能性，将行业协会商会的发展重点投向市场、企业，进一步增强行业协会商会自主性、独立性。

（二）职能分离，厘清权责关系

行业协会商会与行政机关职能分离，旨在剥离行业协会商会现有的行政职能，厘清行业协会商会与行政机构的权责关系。一是规范行政机关与行业协会商会的职责分工关系。实现与行政机关的行政职能剥离，是解决当前阻碍行业协会商会发展中存在的政会不分、管办一体等问题的关键所在。二是明确界定行业协会商会可承担、能承担的职能，制定职能清单目录，厘清政府与行业协会商会的职能关系。三是完善政府购买服务机制。通过科学界定购买服务的内容，向符合条件的行业协会商会购买行业规范和评价、职业评价、等级评定等管理和协调性服务，行业规划、行业调查、重大决策调查等技术性服务以及一些专业性较强的社会管理服务。政府通过加大政府职能转移力度，鼓励、支持行业协会商会承担更多服务职能，使其更好地向社会化、市场化方向发展。

（三）人员分离，规范用人关系

行业协会商会与行政机关人员分离，在人员管理上实现与原主办、主管、联系和挂靠单位脱钩，依法建立行业协会商会内部规范用人制度，逐步实行依章程自主选人用人。一方面，行政机关不得推荐、安排离退休公务员到行业协会商会任职、兼职；对于已在行业协会中任职、兼职的公务员，进行一次性清理。另一方面，行业协会商会工作人员实行劳动合同制度。通过清理行业协会商会中任职和兼职的公务员、核销其事业编制、全面实行劳动合同制度等几方面的措施，保障行业协会商会工作人员的合法权益。

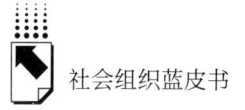

（四）资产财务分离，明晰财产关系

循序渐进地推进行业协会商会资产财务与行政机关相分离，实现行业协会商会的财务独立，是彻底解决行业协会商会依附行政机关、行政资源的根本所在。行业协会商会与行政机关资产财务分离，实现行业协会商会单独建账、独立核算，实行财务独立管理。一是改变原有行政机关财政资金支持方式，由政府财政直接拨款向政府购买服务转变。自2018年起，逐步取消全国性行业协会商会财政直接拨款。二是厘清财产归属，规范行业协会商会与行政机关的财产关系。按照所有权、使用权分离的原则，对行业协会商会资产进行全面摸底和清查登记，制定行业协会商会使用国有资产的管理办法，在保证国有资产不流失的前提下，确保行业协会商会与行政机关脱钩后的健康有序发展。在办公用房方面，原则上实现行业协会商会的办公场所独立，对于行业协会商会占用的、超出标准规定面积的办公用房限期予以清退。

（五）党建外事分离，理顺管理关系

行业协会商会与行政机关党建、外事等事项脱钩，规范行业协会商会管理关系，促使行业协会商会加强自身制度建设、形成高效可持续的运行机制。《总体方案》中明确了具体党建工作接收单位及主要职责，脱钩后全国性行业协会商会的党建工作由中央两个工委、国务院国资委党委统一领导，地方行业协会商会与行政机关脱钩后的党建工作，由各地党委组织部门和民政部门建立社会组织党建工作机构统一领导。依照先破后立的原则，有序进行脱钩过程中党组织转移、接收工作，逐步理顺党组织体系。通过配备专职党务工作者等具体措施加强对行业协会商会党建工作方面的领导，确保行业协会商会在脱钩过程中党的领导不间断、党组织作用不削弱，保证行业协会商会脱钩后正确的发展方向、持续推动行业协会商会健康有序发展。按照《总体方案》要求，改革后的行业协会商会外事属地化管理，目前该项工作进展顺利，各地外事部门按照有关工作要求，主动承接协会商会的外事服务工作。

作为一种典型的非营利组织,行业协会在提供公共服务、治理"政府失灵"等方面具有显著作用。政府通过购买服务,与行业协会商会形成平等契约关系,行业协会商会由依附于行政机关的隶属关系转变为平等市场交易关系,进而使行业协会商会成为独立于政府的市场主体。脱钩后的行业协会商会与政府机关形成新的透明的公共关系,通过公开透明合法的渠道参与到公共政策制定中,实现行业协会商会与公共部门之间的良性互动。[①] 具体说来,目前脱钩工作成效如下:一是新型政社关系正在形成,协会商会活力逐步释放。行业协会商会脱钩改革作为行政体制的重要一环,一头连着政府,一头连着市场和社会,对于激发市场和社会活力具有积极作用。一些行业协会商会通过积极推动改革,努力做到早改革、早放手、早回归社会本位。尽管在改革初期某些行业协会商会存在思想负担,认为改革仅仅是"走过场"、政府"甩包袱",但通过一年多的试点改革,绝大多数行业协会商会明确了改革方向,为后续脱钩改革打下了坚实的基础。二是脱钩改革从形式和实质两个方面对双重管理体制进行彻底变革。此前强迫行业协会找"婆家"的做法导致行业协会不得不接受行政系统的吸纳,从而沦为行政机关的附属。脱钩改革一改过去的双重管理体制,割断业务主管单位与行业协会商会的"一对一"主管关系,让相关职能部门承担起对行业协会商会的"多对一"监管职能,强化综合监管和服务。三是行业协会商会与政府机构人员分离成效显著。过去党政官员兼任行业协会负责人的情况屡见不鲜,既不利于党政官员集中精力做好其本职工作,又不利于保持行业协会的独立自主性。四是行业协会商会通过脱钩改革实现了自身的多元发展。一些行业协会商会脱离了行政机关的束缚,全面面向市场,以灵活的机制、优质的服务为企业服务,甚至带动整个行业的健康发展。而与此相反,之前依托于政府部门生存、主要通过协助政府机关开展事务的行业协会,失去了政府机关的"庇护",脱钩后生存困难,一定比例的行业协会即将"死去"。相关数据显

---

① 贺绍奇:《政府与行业协会商会脱钩后的政社关系重构——基于ISDA案例研究》,《中共浙江省党校学报》2016年第2期。

示,脱钩后行业协会发展"两极分化"明显,一部分发展前景堪忧,但超过六成的行业协会商会服务质量、竞争力大幅提升,在经济新常态中发挥其独特优势。比如,郑州市家庭服务协会,脱钩后,会员从原来的40多家激增至230多家,新增家政服务委员会、家庭用品供应商委员会等4个专业委员会,凝聚力、影响力不断增强。① 从这个意义上说,行业协会商会通过"去行政化"的改革措施,为行业协会等社会组织发展提供了重要契机。

三 行业协会商会与行政机关脱钩改革中的问题与困难

尽管在过去行业协会商会与行政机关脱钩改革试点工作取得了突破性的进展,为以后全面开展脱钩工作奠定了坚实基础,但也存在许多亟待解决的问题。

(一)相关主管部门对行业协会商会脱钩工作重视不够

业务主管部门对行业协会商会脱钩试点改革的重视程度、组织协调情况直接影响改革的进度和成效。相关调研显示,多数业务主管部门给予脱钩改革高度重视,按时制定脱钩试点工作方案,比如国务院国资委专门成立一个局级单位具体承办该项工作,并对所属行业协会商会实施综合监管。对北京市第一批脱钩试点进行的第三方评估报告显示,只有7.3%的试点单位认为"主管部门对脱钩工作重视程度不够"。但也确有某些主管部门对脱钩改革试点工作重视程度不够,主要表现为:一是部分业务主管单位对脱钩工作要求理解不到位,存在"甩包袱"思想。部分业务主管单位对脱钩工作存在片面理解,错把脱钩改革当作"甩包袱",想在思想上、行动上"一脱了之",不仅对试点单位的相关权益保护不够,也未履行本应承担的监督管理职责。如有协会反映:"脱钩还没结束,主管部门开会就不通知了,文件也

---

① 孙志平、秦亚洲:《脱掉行政"马甲"找到市场活力——河南省郑州市行业协会商会"政府脱钩"调查》,《中国社会组织》2017年第1期。

不给看了，改革'五分离'多了一些，'五规范'少了一些。"二是部分主管部门对脱钩试点单位指导改革工作不到位。个别主管单位未针对行业协会商会召开过全体动员会、未能制定落实脱钩改革工作的具体指导意见，导致行业协会商会对有关部门的改革意图琢磨不透，直接影响到脱钩改革的进展和成效。需要特别指出的是，改革牵头单位对各项工作时限和改革难度预判不足，导致脱钩改革试点工作比较滞后，晚于预定时限完成，一定程度上影响了脱钩工作的顺利推进。

（二）脱钩改革试点工作组织协调有待提高

在行业协会商会与行政机关改革脱钩试点工作中，组织协调和沟通机制对于脱钩工作顺利展开作用明显。国家行政学院课题组的调查显示，在北京市72家第一批脱钩试点单位中，80%的脱钩试点单位认为本次改革"组织有力，协调到位，脱钩工作进展顺利"。但从总体情况来看，组织协调工作还需要进一步提升。一是相关主管部门与脱钩试点单位沟通不多，导致脱钩工作内容、步骤、要求等方面存在不具体、不清晰的情况。试点单位缺乏对脱钩工作总体部署、安排和具体流程的了解，对于脱钩改革多是"走一步看一步"，大局意识薄弱。如北京市第二批试点单位就反映，相关表格和材料早就报上去了，但目前进展到什么程度，下一步怎么办，大家都很茫然；且"同样的表格多次重复填写，相同表格交给不同部门，配合上明显不顺利"。二是政策制定部门与试点单位沟通不充分。有关部门在改革方案制定以及实施过程中与行业协会商会缺少沟通，行业协会商会单方面"被传达"脱钩相关信息，未能掌握脱钩改革的完整政策，有的甚至出现"对立"情绪。如某协会反映，"整个脱钩过程中，主管部门让做什么就做什么，对下一步工作没有预期、前期准备，过程推进缓慢。感觉主管部门对脱钩流程也不清晰"。在改革中，行业协会商会实质性参与改革方案以及相关配套方案制定的机会不多，相关建议、意见得不到重视，行业协会商会自身利益得不到保障。有协会多次提出，"试点改革听取行业协会商会意见不够，只是被动执行""改革就是一个劲儿填表格，一些特殊情况根本得不到及时反映

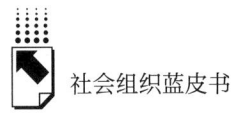

和重视"。三是改革牵头部门与业务主管部门之间存在沟通不畅的问题。某些协会商会涉及多个管理单位,其中包括改革牵头部门、业务主管单位、联系单位和挂靠单位等多种关系,协调沟通环节多,相关单位互相推诿现象层出不穷,致使制定和落实方案过程中存在"部门间关系不顺"等问题严重。比如,在全国性行业协会商会第一批脱钩试点中的大学生体育协会的实际主管部门是教育部,但房管部门是体育总局;煤炭体育协会是煤炭工业联合会管理的下属协会,归国资委管理,但其主管部门是体育总局,而其使用的行政办公用房又为安监总局所属,这样多头管理就会导致办公用房清理核查工作缓慢。

(三)脱钩改革工作的相关配套措施需进一步完善

长期以来,行业协会商会与行政机关之间存在千丝万缕的联系,涉及人、财、事等方方面面,脱钩改革不能"一脱了之",脱钩后相关配套措施政策需要进一步研究、落实。在对第一批全国性行业协会商会脱钩试点工作的评估中,超过半数协会商会认为政府对脱钩改革的相关扶持政策不足,或者有扶持政策,但没有落实到具体行动中。从对北京市的调查来看,部分协会商会反映,本次改革出台了一些配套措施,产生了积极作用,但总体感觉不解渴,相关配套政策还需进一步细化完善。问卷调查结果也显示,认为"配套措施完善,及时有效,有利于顺利推进脱钩工作"的试点单位不足40%。还有16%的试点单位"不了解相关配套措施"。具体表现为:一是有些改革政策未能真正落地,行业协会商会获得感不强。在脱钩改革政策中,好多主管单位都表达了"扶上马,送一程"等工作设想,但真正落实到位的扶持政策少。即便有些措施出台,由于参与改革的行业协会商会情况千差万别各不相同,而配套政策往往过于笼统,政策实施效果不佳。二是个别政策操作性不强,执行难度大。问题主要集中于行业协会商会资产管理、认定方面,对于资产属性的界定和后续管理需要具体问题具体分析。有的试点单位反映,"各行业千差万别,但配套政策过于原则,针对性不强。政策不细化,执行起来难度大"。还有协会商会的党建问题,各行业协会商会都认为党建工作很重要，也很有必要，但是到底怎么建，怎么规范，大家觉得目前很难操作。特别是在省市级的脱钩改革中，由于协会商会专职人员不多、党员人数少，怎么建立党组织值得进一步探讨。三是政府购买服务的配套措施不到位。不少行业协会商会表示，对于脱钩后行业协会能得到什么样的扶持和发展心中没谱，目前状态是"原来有的没有了，原来没有的还是没有"。一些相关部门也表示，"由于受预算限制，有些政府购买服务还无法执行，政策还需要持续完善"。因此，那些自身能力和适应性较弱的行业协会商会，极易出现"一脱就散""一脱就死"的问题。由于政府购买服务的具体相关配套措施还未出台，业务主管单位未能与行业协会商会商讨、细化购买服务清单，脱钩协会商会看不到"扶上马，送一程"的具体政策支持。

（四）综合监管运行机制不够健全

通过行业协会商会与行政机关脱钩改革，原有的行政化管理方式将转变为党的领导、政府部门综合监管与服务以及行业协会商会自治自律相结合的新型综合监管模式。通过脱钩改革，许多事项逐步归入民政部门统一管理，给民政部门带来巨大监管压力。一方面，行业协会商会的"直接登记制度"和"一业多会"等措施的试行，极大增加了民政部门注册登记审核工作量，单靠民政部门管理极易出现管理缺位、管理真空;[1] 另一方面，由于脱钩改革突破了双重管理体制，不同类型的行业协会商会需要不同的财务税收标准、免税资格相契合，而目前财政、税务、市场监督等多部门专业监管能力都较为薄弱，对相关部门的监管责任规定模糊，容易造成监管漏洞。脱钩改革后，行业协会商会直接面向社会和市场，登记管理机构和行业管理部门面临的监管任务更加繁重。同时相关部门相应的监管责任不够清晰明确，导致监管短板问题突出。调研中一些协会商会反映，对"脱钩不脱管"的理解存在模糊认识，实践中也难以操作和把握，希望能厘清权责边界。个别协会

---

[1] 傅昌波、简燕平：《行业协会商会与行政脱钩改革的难点与对策》，《行政管理改革》2016年第10期。

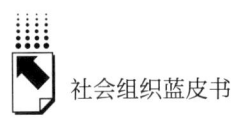

商会还因为监管主体不明确，在脱钩过程中不能正常换届和开展工作，严重影响协会商会的正常发展。

（五）行业协会商会自身发展能力不足

行业协会商会由于长期依附于行政资源而形成了"路径依赖"，脱钩改革作为一种自上而下的"强制性制度变迁"，在这个改革过程中明显表现出行业协会自身发展能力不足、难以适应市场经济的变化。一是行业协会商会适应市场能力较弱。经过脱钩改革，协会商会职业化程度不高、社会运作能力不强、社会服务能力不足等问题逐渐凸显，特别是承接政府职能转移、承接政府购买服务等方面准备仍不够充分。大部分行业协会商会缺乏主动为市场提供服务、自主开发的意识，且行业协会商会之间同质化现象严重，职能细化不足，这样会对行业协会商会与行政机关脱钩改革形成阻滞。① 二是行业协会内部治理结构功能不完善。一些协会商会组织内部治理规则不规范、机构设置不科学、内部决策执行监督等权力制衡格局不完善，部分行业协会商会存在"不愿提高""不能提高""不会提高"等问题。三是脱钩改革导致一定程度的人才流失。脱钩改革一定程度上迫使一批经验丰富的老同志离开协会商会，同时还出现专业人才储备缺失、青年人才断层等问题，这样会影响协会商会的发展特别是当下的发展。在调研中，一些协会就提出，不允许领导干部包括退休的领导干部在协会兼职，导致协会运转难以为继，至少短期内对工作开展有较大影响。

（六）伴随脱钩改革中出现的一些新情况需要解决

从全国情况看，随着改革的深入，一些新问题也先后浮出水面，成为后续脱钩改革的难点和堵点。需要未雨绸缪，提前储备政策措施。主要包括：一是脱钩行业协会商会代管的事业单位及其人员分流问题。这些事业单位是

---

① 葛亮：《行业协会商会去行政化的困境与路径协同——以政府转移职能为抓手》，《中国机构改革与管理》2016 年第 5 期。

在历次政府机构改革和行业协会发展中形成的，大部分效率不高，效益不好，这类事业单位"如何改"是行业协会商会比较"头痛"的问题。比如在全国性行业协会商会第一批脱钩改革试点中，国务院国资委主管的中国物流与采购联合会、中国商业联合会代管了21家事业单位，这些事业单位如何归属，至今都没完全解决。需要特别指出的是，国资委相关联合会代管的事业单位高达95家，一些事业单位还是全国该领域的权威机构，这些事业单位何去何从，需要继续探索创新。二是行业协会商会原有的一些政策措施如何继续落实的问题。如行业协会商会原有的工作人员进京指标、工作居住证办理、职称评定等政策措施如何续接和落实。此外，对脱钩单位离退休人员社保、事业编制人员放弃身份后的社保及职业年金如何续接问题等，都需要研究政策，明确方案方法，并针对不同类别单位不同人员采取不同的政策措施。

四 行业协会商会与行政机关脱钩改革展望

目前，行业协会商会与行政机关脱钩改革试点工作在全国范围内有序推进中，如何缓解当前行业协会商会"去行政化"过程中的阻滞、有效推进下一步改革试点工作，使行业协会商会发挥其应有的作用，成为未来工作的重中之重。

（一）加强党对脱钩工作和行业协会商会的领导

东西南北中，党政军民学，党是领导一切的。要以十九大精神为指导，确保党对脱钩工作和脱钩后的协会商会的领导，以保证行业协会商会的持续健康发展。一方面，加强党的政治引领作用，用新的发展理念指导行业协会商会发展，使脱钩后的行业协会商会更好地服务于市场、企业，在政府、市场、企业之间起到更好地沟通枢纽作用。另一方面，推动党组织参与行业协会商会的内部治理建设，充分发挥党组织的领导核心作用。规范行业协会商会内部的党组织建设，通过民主选举等方式确保行业协会商会领导成员的政治素质、职业素质。强化党组织监督问责机制,进一步完善行业协会商会的内部监督约束机制,防止"精英决策"和少数大企业垄断、操纵行业协会商会。此外,还要充分发挥党组织的凝聚力,注重人文关怀,帮助协会商会吸引人才、留住人才。脱钩改革之前,一些行业协会商会及其下属单位党建工作较为薄弱,组织生活不能正常开展。这次脱钩改革把党建工作作为重要工作内容,通过改革重新理顺行业协会商会的党建工作。例如北京市通过脱钩改革,行业协会商会党建工作覆盖率由脱钩前的20%上升到脱钩后100%;同时依托市民政局党委成立了市行业协会商会综合党委,统一领导行业协会商会脱钩后党建工作,并由市财政专门保障党建工作专项经费1000万元,用于行业协会商会党建工作。

(二)提高对行业协会商会脱钩改革工作的重视程度

推进行业协会商会与行政机关脱钩,是我国行业协会商会发展的必由之路,是形成政社分开、权责明确、依法自治的现代社会组织体制的必经环节,是我国经济体制改革和行政管理体制改革的一项重要内容,也是简政放权、转变政府职能的重大举措。完成行业协会商会与行政机关的脱钩改革,更好地厘清政府、市场、社会三者关系,明晰行政机关与行业协会商会的职能边界,促进行业协会商会在经济发展新常态中的新发展。但个别主管部门对脱钩改革工作重视不够,改革过程中"踢皮球",不但没有解决问题,反而增添了新问题。脱钩试点改革初期,一些协会商会在思想上有负担,有的把改革认为是"走过场",做做样子,有的甚至把改革认成政府"甩包袱"。但通过一年来改革试点,绝大部分行业协会商会都明确了改革方向,稳定了改革预期,思想和行动上都高度重视该项工作,这些都为今后的脱钩改革打下了扎实的基础。主管业务部门对脱钩改革的重视程度则是化解改革中出现的难题、顺利推进改革试点工作的关键因素,因此相关业务主管部门尤其是行业管理部门需要从思想上高度重视脱钩改革,把脱钩改革当作"一把手工程"来抓紧抓好。

（三）进一步加强脱钩改革的组织协调沟通工作

已经开展的第一批、第二批全国性行业协会商会试点改革及后续全面脱钩工作涉及全部的行业协会商会，涉及业务广泛，由于各协会商会管理体制机制各不相同，历史成因复杂，难度将会成倍增大。行业协会商会与行政机关脱钩改革政策性强，涉及利益主体众多，必须切实加强部门间、相关部门与改革试点单位的协调配合、沟通以及政策衔接，从而形成脱钩改革合力，保证脱钩改革取得实效。一是进一步加强脱钩改革的统筹协调与沟通。牵头部门和相关主管部门之间做好改革政策的配套与衔接，防止部门之间的互相推诿、改革过程脱节，切实将各项脱钩改革政策落到实处。明确脱钩改革联络人员，责任到人，及时解答改革过程中出现的疑难问题，保障脱钩单位与主管单位、牵头部门与主管单位的沟通与协调。二是相关部门要及时了解各试点单位在脱钩过程中出现的特殊性问题，予以针对性指导。在制定方案上应广泛听取所涉及协会商会的意见，在各种配套政策制定上进行深入调研，充分征询行业协会商会的意见，特别是关于产权界定、职能事项转移、行政事业单位人员安排、协会负责人管理权限等方面的意见。三是业务主管部门加强政策宣讲和解释，以减少因沟通不畅而导致的政策执行中的阻力，帮助脱钩单位明确自身定位和发展方向，缓解"心理障碍"，顺利推动后续工作开展。四是制定清晰的改革流程图，明确改革步骤，推动脱钩单位加快工作进度。针对各试点单位在脱钩中的相同之处，相关主管部门有针对性地制定统一的方案模板，避免脱钩试点单位重复工作、增添脱钩负担，产生改革的负面情绪。此外，还要进一步加强对试点单位脱钩工作的培训，确保各脱钩单位全面掌握脱钩改革主旨、了解具体工作情况。业务主管部门切实履行主体责任，加强在脱钩工作中的方向引领、政策指导，做好"二传手"，确保改革过程中沟通顺畅，措施到位。比如，课题组在对北京市的调研中发现，针对行业协会商会的免税政策，行业协会商会也是通过参加市社团办组织的培训，才知道可以申请免税，现在他们正在认真做这个事情。可见，必要的培训和沟通交流是多么重要。

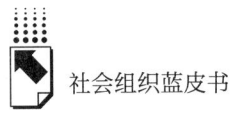

（四）进一步推动政府购买行业协会商会服务等保障措施落地

政府向行业协会商会购买服务是一种新型的公共服务供给方式，是优化政府服务的重要内容。在下一步脱钩改革中，有关业务主管单位需尽快做出购买相关服务的制度规定，围绕"政府不能购买什么""政府可以购买什么"等核心问题，推行政府购买行业协会商会服务的"负面清单"和"范围清单"，实行指导性目录与动态调整相结合的机制。政府部门切实保障行业协会商会提供公共服务时的公益性，以责任清单的形式明晰政府应担的普遍服务机制、持续给付机制等职责。同时，还要制定关于行业协会商会购买公共服务的"程序清单"，以此作为政府部门权力的"程序链"和行业协会商会的"权利束"。建立政府购买公共服务的公平竞争程序，完善购买公共服务的合同治理程序，健全购买公共服务的绩效评估程序。通过系列清单制度约束，确保政府在购买行业协会商会公共服务过程中实现实体公平和程序正义。北京市在这方面走在了全国的前列，市财政局先后出台《关于行业协会商会与行政机关脱钩中有关财政补助问题的通知》和《关于做好行业协会商会承接政府购买服务工作有关问题的通知》等文件，扶持行业协会商会发展。一些部门积极对参加脱钩的行业协会商会给予扶持，认真研究行业协会商会的服务项目，列入预算，纳入政府购买服务指导性目录，为脱钩创造良好条件。例如，市体育局就提出了对北京市足球运动协会要"扶上马，送一程，再送一程"，大力给予运动场地、政府购买服务等方面的支持。

（五）建立健全脱钩后综合监管体制

切实落实脱钩后各部门的监管职责，推动新型综合监管体系更好发挥作用，明确行业管理部门与脱钩后的行业协会商会的对应关系，加强事中事后监管，建立健全各负其责、各司其职、协同配合的新型综合监管运行机制。[1] 充分发挥党建在综合监管体制中的核心作用，以权利保障作为综合监

---

[1] 刘晓贵：《加快落实行业协会商会综合监管的几点思考》，《中国社会组织》2017年第10期。

管制度的基础,发挥风险预防的功能边界作用,并通过法律规范加以约束。① 行政机关需将监管重点从行业准入监管转向财务、税收、商业化行为、信息公开等多方面的监管。将行业协会商会"异常名录""黑名单"制度与行业协会商会的税收优惠、承接政府转移职能和购买服务等挂钩,建立以完善法律法规为监管依据,法律监管、行政监管、社会监管和行业协会商会自律相结合的联合监管体制。② 北京市按照中央《行业协会商会综合监管办法(试行)》要求,各相关部门对法人治理、民主选举、财务管理、外事服务、人力资源服务、纳税收费、信用体系建设与信息公开、党建工作与执纪监督等方面明确了职责分工,转变了监管理念,对构建起行业协会商会事中事后监管体系进行了初步尝试和有益探索。例如,针对中介组织乱收费问题,北京市发展改革委对部分试点单位主动开展了多轮检查工作,确保脱钩后行业监管力度不断。

(六)增强脱钩改革后行业协会商会的可持续发展能力

从长远看,脱钩改革对行业协会商会更好地发挥自身作用、回归社会具有积极意义。但就目前而言,由于脱钩改革彻底切断了行业协会商会与行政机关的直接联系,剥夺了其依附于行政机关各种资源的客观条件,部分行业协会商会负责人、工作人员对改革前景仍较为迷茫,甚至产生恐惧心理和抵触情绪。此外,脱钩后的行业协会商会也面临着多重风险,受"会员逻辑"的影响,③ 脱钩后的行业协会商会可能会出现市场行为异化,如违背社会组织的非营利目的,追求自身利益而干扰市场秩序甚至形成行业垄断等。因此,在完成了社会化、市场化的转型后,如何保证行业协会商会的健康可持续发展是脱钩改革后的首要任务。一方面,要找准行业协会商会自身定位。作为独立于政府和企业的第三方,行业协会商会可发挥其在宏观、中观、微

---

① 卢向东:《"控制—功能"关系视角下行业协会商会脱钩改革》,《国家行政学院学报》2017年第5期。
② 江宇:《浙江行业协会商会"去行政化"的实践和思考》,《中国社会组织》2017年第2期。
③ 李利利:《脱钩后,行业协会商会路在何方》,《山东青年》2017年第3期。

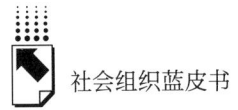

观三个层面的社会作用，宏观层面参与公共政策制定，中观层面参与制定行业规范以及与政府相互配合共同维护市场经济秩序，微观层面为企业提供培训、咨询服务。① 另一方面，要加强行业协会商会内部治理、能力建设。比如，完善行业协会商会内部组织机构；加强党建工作强化组织内部凝聚力；构建现代社会组织法人治理结构，实现行业协会商会的自律发展；规范行业协会商会内部日常管理，规范行业协会商会工作人员具体行为；建立行业协会商会信用管理体系，并将有关事项向社会公布。

---

① 贾西津、张经：《行业协会商会与政府脱钩改革方略及挑战》，《社会治理》2016年第1期。

B.4
我国社会组织孵化器发展现状及运营管理研究

王世强*

摘　要： 社会组织的发展对于推进政府职能转移和社会治理创新有重要作用，社会组织孵化器能够有效促进社会组织的发展。通过研究发现，我国社会组织孵化器在运营中存在运作资金来源不稳定、自身能力存在不足、缺乏符合条件的孵化对象、孵化对象动机不纯及意识不明确上的问题、孵化过程的组织难度大、孵化过程缺乏有效性等问题。针对这些问题，要明确社会组织孵化器的定位、不断提升孵化器的自身能力、与政府之间形成良性合作关系、坚持以需求为导向进行孵化、完善孵化流程和服务内容、优化能力建设培训体系、打造优秀社会组织品牌。

关键词： 社会组织　孵化器　运营管理

一　引言

"孵化"一词最早出现在生物科学，是指发生于卵膜中的动物胚胎，从破膜到开始自由生活的过程。再后来，"孵化"被应用于社会科学中，出现

---

* 王世强，管理学博士，首都经济贸易大学城市经济与公共管理学院讲师，研究领域：社会组织政策与管理，社区服务，社会企业。

在管理学、经济学、社会学等不同的学科体系中。在管理学中,"孵化"是指孕育新的企业组织,有培育、培养、发展的含义。"孵化"侧重于"孵"的过程,要向企业投入各种要素和资源。

20世纪50年代,受到新技术革命的影响,企业的专业化程度越来越高,为企业提供专业服务的孵化器在美国开始兴起。1956年,美国人乔·曼库首次提出"孵化器"(incubator)概念,并在纽约成立了世界第一家孵化器——贝特维亚工业中心(Batavia Industrial Center),为缺乏资金和经验的小企业提供物理空间、融资和咨询服务,提高企业的成活率和成功率。到80年代,企业孵化器进入快速发展期,出现了一大批为企业提供指导的孵化器和支持性组织。孵化器具备五大要素:共享空间、共享服务、孵化企业、孵化器管理人员、扶植在孵企业的优惠政策。其功能定位于三个方面:提供综合性服务和必要设施、提供创业环境、提供资金。①

随着企业孵化器的发展和社会组织发展的需要,孵化器的服务范围从企业扩展到社会组织,开始出现专门的社会组织孵化器。1982年,美国费城成立了全球第一家社会组织孵化器"新起点非营利孵化器"(New Beginnings Nonprofit Incubator)。社会组织孵化器是指提供特定的场所和空间,通过资金支持、服务提供和能力提升等多种方式,以培育和扶持初创期社会组织为目标的支持系统。② L. David Brown 和 Archana Kalegaonka 提出了社会组织孵化模式的五个功能:提高人员和组织能力、调动物质资源、提供信息和智力资源、建立联盟以便相互支持和搭建与其他部门的沟通桥梁。③

社会组织孵化器之所以能够快速发展,是与外界需求密切相关的。政府、初创期社会组织和社会对社会组织孵化器都有需求,共同催生了社会组织孵化器的建立和发展。

---

① 钱平凡:《孵化器运作的国际经验与我国孵化器产业的发展对策》,《管理世界》2000年第6期。
② 王世强:《非营利组织孵化器:一种重要的支持型组织》,《成都行政学院学报》2012年第5期。
③ David Brown, Archana Kalegaonka. Support Organizations and the Evolution of the NGO Sector [J]. *Nonprofit and Voluntary Sector Quarterly*, 2002 (31): 240.

二 我国社会组织孵化器的发展现状

(一) 社会组织孵化器近年来发展迅速

我国社会组织孵化器源自社会组织能力建设机构。首家专门从事社会组织能力建设的机构——NPO 信息咨询中心在 1998 年成立,通过举办论坛、培训、建立网站等形式,推动社会组织能力发展,后在 2001 年改组成为北京恩玖信息咨询中心,定位于中国第三部门的服务性机构。随后,其他的一些能力建设机构也相继成立,比如上海映绿公益事业发展中心等,为当地的社会组织提供咨询和培训服务。2005 年,中山大学公民与社会发展研究中心提出了"NPO 孵化器"理念,并开始对草根组织进行培训。2007 年,原北京恩玖信息咨询中心副主任吕朝在上海创办浦东非营利组织发展中心(NPI,简称"恩派"),标志着社会组织孵化器模式在我国的开端。这种政府投资建设、委托专业机构运营的模式在创立之后,逐步复制推广到南京、深圳、北京等城市,并作为社会管理创新的亮点之一得到政府的认可。

在 2012 年,我国社会组织孵化器的数量仅有不到 50 个。截至 2017 年底,据统计,全国已建成 1400 家社会组织孵化器,其中绝大多数是近三年来建立的。而且,我国的社会组织孵化器每年还在以 15% 以上的速度增长。

(二) 社会组织孵化器得到国家层面政策推动

社会组织孵化器作为承上启下的平台型组织,在社会建设领域发挥了越来越重要的作用。经过各地的经验探索,我国开始在国家政策层面将社会组织孵化作为推动社会组织发展的重要举措。2016 年 8 月,中共中央办公厅、国务院办公厅发布《关于改革社会组织管理制度促进社会组织健康有序发展的意见》(中办发〔2016〕46 号),提出"有条件的地方可探索建立社区社会组织孵化机制,设立孵化培育资金,建设孵化基地"①。这就从国家政策层面肯定了社会组织孵化器的发展,并且突出强调对社区社会组织的孵化。

(三)社会组织孵化器向全国各地普及

近十年来,我国的社会组织孵化器的发展如雨后春笋。在各级政府自上而下的推动下,社会组织孵化器的范围从集中于北、上、广、深等大城市发展到中西部地区。目前,我国除西藏以外的所有省份都已经建有社会组织孵化器。

青海省西宁市城西区社会组织孵化基地在2014年9月10日成立,对社会需求度高、发展前景好、服务潜力大的社会组织进行培育发展。贵州省贵阳市社会组织孵化基地在2014年12月19日成立,是贵州省首个市级社会组织孵化基地。内蒙古呼和浩特市社会组织孵化基地在2015年8月成立,而且下辖的市四区都建立了孵化基地。广西柳州市社会组织孵化培育基地在2016年11月成立,由市民政局牵头,广西科技大学社会科学学院指导,由专业机构具体运营。湖南省耒阳市社会组织孵化基地在2016年12月30日成立,对社会组织在社会管理领域、社会公益事务领域进行培育扶持。云南省昆明市暨官渡区社会组织孵化基地在2017年成立,与上海恩派签署了《官渡区社会组织孵化基地技术战略合作服务采购项目合同》。甘肃省庆阳市社会组织孵化基地在2017年5月成立,是甘肃省首家社会组织孵化基地。宁夏银川市金凤区长城中路街道社区社会组织孵化基地在2017年9月21日成立,为社区社会组织搭建综合性服务平台。海南省海口市美兰区社会组织孵化基地在2017年11月25日成立,是海南省首家社会组织孵化基地。

但是,受经济发展水平和社会组织发展阶段的制约,我国各地社会组织

---

① 中共中央办公厅、国务院办公厅:《关于改革社会组织管理制度促进社会组织健康有序发展的意见》,中办发〔2016〕46号。

孵化器的发展并不均衡。目前，北京、上海、广东都已经有100家以上的社会组织孵化器，西部省份如宁夏、青海、甘肃的社会组织孵化器都不到10家。

（四）社会组织孵化器向基层延伸

在省级、市级社会组织孵化器的基础上，社会组织孵化器进一步向基层延伸，更加重视对社区社会组织的孵化。2012年以来，我国的汕头、吉林、徐州、福建、武汉、河南、安徽、北京等八省市民政部门相继出台文件，提出在街道（镇）、社区（村）层面建设社会组织孵化器的规划。目前，在社会组织发展比较好的省份，已经初步形成了省-市-区-街的社会组织孵化网络。甚至，有些省市在社区（村）级建立了社会组织孵化基地。

汕头市民政局在2012年7月印发《关于推进建立全市基层社会组织孵化器的指导意见》，提出"通过利用社区（村居）文化活动中心、文化广场、社区（村居）服务站、公办学校、老年人活动中心、善堂等公共资源，为基层社会组织提供活动场地、办公设施、政策咨询等方面的支持"[1]。

吉林省民政厅在2014年9月12日印发《关于社会组织孵化中心（站）建设的指导意见》（吉民发〔2016〕53号），提出"到2017年底，各县（市、区）都要建成1个孵化中心，并在较大的街道（镇）设立1至2个孵化站，每个孵化站每年孵化2家以上社会组织。"[2]

徐州市民政局在2014年9月24日印发《徐州市社会组织孵化基地规范化建设意见》，提出"2014年全市各县（市）区100%建立本级孵化基地，鼓励条件成熟的地方建立镇（街道）级和村（社区）级的孵化基地"[3]。

福建省民政厅在2015年2月15日印发《福建省民政厅关于加强全省社会组织孵化基地建设的指导意见》，提出"2015年底前，各设区市（平潭综

---

[1] 汕头市民政局：《关于推进建立全市基层社会组织孵化器的指导意见》2012年7月发布。
[2] 吉林省民政厅：《关于社会组织孵化中心（站）建设的指导意见》（吉民发〔2016〕53号）2014年9月12日发布。
[3] 徐州市民政局：《徐州市社会组织孵化基地规范化建设意见》2014年9月24日发布。

合实验区）要完成1个社会组织孵化基地建设任务。'十三五'末，力争全省市、县两级基本实现均建有1个社会组织孵化基地'全覆盖'目标。有条件的地方可在街道（乡镇）、社区（村）层面建立社会组织孵化基地"①。

武汉市民政局在2015年8月19日印发《武汉市社会组织孵化平台建设指导方案》，提出"2016年底前，全市基本形成市、区、街、社区四级社会组织孵化平台建设的示范典型。2018年，全市建成'诚信自律、专业运行、功能完善、效益显著'的社会组织培育孵化体系，满足社会组织发展需求"②。

河南省民政厅在2016年4月5日印发《关于推动全省民办社会工作服务机构孵化基地建设的指导意见》（豫民文〔2016〕133号），提出"2016年，郑州市、洛阳市、信阳市和郑州市金水区要完成1个社会组织孵化基地建设任务。2017年底前，各省辖市、直管县（市）力争建成1个社会组织孵化基地。每个孵化基地须在一年内孵化本地民办社会工作服务机构或者社会工作协会3个以上。"③

安徽省民政厅等七部门在2016年9月19日印发《安徽省"十三五"社会组织发展规划》，提出"'十三五'期间，省本级和16个省辖市各建设一个示范性孵化基地，每个省辖市指导建设1个以上县级孵化基地，鼓励有条件的县（市、区）、乡镇（街道）、村（社区）建设孵化基地"④。

北京市民政局在2017年3月9日印发《北京市民政局关于社会组织培育孵化体系建设的指导意见》（京民社发〔2017〕61号），提出"要调动一切积极因素参与社会组织培育孵化机构建设，形成以市、区、街道（乡镇）社会组织发展服务中心为主体，市、区业务主管单位、行业管理部门和群团

---

① 福建省民政厅：《福建省民政厅关于加强全省社会组织孵化基地建设的指导意见》2015年2月15日发布。
② 武汉市民政局：《武汉市民政局关于印发〈武汉市社会组织孵化平台建设指导方案〉的通知》2015年8月19日发布。
③ 河南省民政厅：《关于推动全省民办社会工作服务机构孵化基地建设的指导意见》（豫民文〔2016〕133号）2016年4月5日发布。
④ 安徽省民政厅等七部门：《安徽省"十三五"社会组织发展规划》2016年9月19日发布。

组织培育孵化机构为行业专业支撑，街道（乡镇）培育孵化机构为服务平台，企事业单位和社会力量兴办机构为个性化服务补充的社会组织培育孵化体系"①。北京市民政局在2017年6月启动成立"北京市社会组织培育孵化平台联合体"，邀请各类专业支持力量，建立合作伙伴关系，共同服务北京市社会组织发展。

中共江苏省委办公厅、江苏省人民政府办公厅在2017年10月21日印发《关于改革社会组织管理制度促进社会组织健康有序发展的实施意见》，提出"到2020年，全省所有设区市、县（市、区）和50%的街道（乡镇）、有条件的社区都要建立社会组织孵化培育基地，为社会组织提供有效服务和支撑载体，推动大众创业、万众创新"②。

（五）各地政府细化社会组织孵化基地运营管理规定

社会组织孵化基地在建设运营中，需要明确的管理规范，包括职能定位、主要功能、服务形式、孵化对象、运行机制、管理规则、奖惩措施等。近年来，我国的东莞、清远、威海、吉林、江西、山东、龙岩、呼和浩特等八省市民政部门制定了比较具体细化的社会组织孵化基地运营管理规定。

东莞民间组织管理局在2012年12月12日印发《东莞市社会组织孵化基地管理暂行办法》。广东省清远市人民政府办公室在2013年8月30日印发《清远市社会组织孵化基地建设工作暂行规定》（清府办〔2013〕89号）。吉林省民政厅在2015年9月2日下发了《关于进一步加强社会组织孵化中心（站）建设的通知》，明确了社会组织孵化中心（站）的建设目标，规范了社会组织孵化中心（站）的建设标准。江西省民政厅在2015年9月6日印发《关于印发〈江西省社会组织孵化基地建设管理办法〉的通知》。

---

① 北京市民政局：《北京市民政局关于社会组织培育孵化体系建设的指导意见》（京民社发〔2017〕61号）2017年3月9日发布。
② 中共江苏省委办公厅、江苏省人民政府办公厅：《关于改革社会组织管理制度促进社会组织健康有序发展的实施意见》2017年10月21日发布。

管理办法明确民政部门、孵化项目第三方运营机构、入驻社会组织等三方的职责，要求孵化项目第三方运营机构坚持专业化、标准化、规范化道路，着力提高基地软件建设，建立一套完善的孵化制度和机制。山东省民政厅在2016年印发《山东省社会组织孵化基地管理暂行办法》（鲁民函〔2016〕135号），指出孵化基地建设采取政府引导、专业运作的运营模式。其中，省社会组织管理局为孵化基地的监督管理和业务指导部门，日常管理服务工作委托山东省社会组织发展服务中心负责。2016年7月，由山东省民政厅筹办的山东省社会组织孵化基地正式开始招募工作。龙岩市民政局在2016年6月27日印发《关于印发〈龙岩市社会组织孵化基地管理暂行办法〉的通知》（龙民〔2016〕122号），提出"基地主要培育扶持社工、社区服务以及公益慈善领域成立登记时间不长、人员经费场地不足、管理服务经验欠缺，但社会需求度高、发展前景好、服务潜力大的社会组织"[1]。呼和浩特市民政局在2016年11月29日印发《呼和浩特市社会组织孵化基地管理暂行办法》。

（六）将社会组织孵化器作为政府购买服务重点购买项目

社会组织孵化基地的运作需要稳定的资金支持，清远、威海、江西、北京等地将社会组织孵化基地作为政府购买服务重点项目给予支持。

清远市委、市政府在2013年1月14日印发的《关于培育发展和规范管理社会组织的实施意见》（清发〔2013〕1号）中提出："市财政首期安排1000万元作为社会组织孵化基地建设资金，场地通过政府现有房产调配或租赁方式解决。"[2] 威海市民政局在2013年11月22日印发《威海市社会组织孵化园管理暂行办法》，提出"社会组织孵化园的运营采取政府购买服务的形式，由民政部门聘请第三方运营机构管理，其提供服务所需经费主要在

---

[1] 龙岩市民政局：《关于印发〈龙岩市社会组织孵化基地管理暂行办法〉的通知》（龙民〔2016〕122号）2016年6月27日发布。
[2] 中共清远市委、清远市人民政府：《关于培育发展和规范管理社会组织的实施意见》（清发〔2013〕1号）2013年1月14日发布。

政府购买服务项目经费中解决"[1]。2015 年,江西省从福彩公益金中安排350 万元,在江西省范围开展社会组织孵化项目,建设 11 个孵化基地,并下发了《2015 年度江西省社会组织孵化项目执行办法》。北京市民政局在 2017 年 3 月 9 日印发《北京市民政局关于社会组织培育孵化体系建设的指导意见》(京民社发〔2017〕61 号),提出重点购买市区街社会组织培育孵化体系建设支持服务,"资助 10 个项目,资助资金约 200 万元"[2]。

(七)社会组织孵化器趋向专业化细分领域

不同领域社会组织的服务对象、使命和领域不同,对孵化基地的需求不同。在建立针对具体领域社会组织的孵化基地后,可以对社会组织提供更有针对性的服务。目前,我国各地群团组织和民政部门合作,在各地成立了一些针对妇女儿童服务、职工服务、青年服务、助残服务等领域社会组织的孵化基地。

1. 建立妇女儿童服务社会组织孵化基地

妇女儿童服务社会组织是专门为妇女儿童提供服务的社会组织。近年来,我国的广东、湖北、成都、鄂尔多斯、苏州、赤峰、重庆、石家庄、天津等地妇联建立了妇女儿童服务社会组织孵化基地。

深圳市妇女社会组织服务基地在 2012 年 5 月 21 日成立,为妇女社会组织提供注册指导、工作指引、业务联系、项目策划等服务。广东省关爱妇女儿童社会组织服务中心在 2012 年 6 月 25 日成立,为妇女儿童社会组织提供孵化服务。深圳市龙岗区在 2012 年 6 月成立了妇女社会组织服务基地,为妇女社会组织无偿提供办公场所和必要设备、注册登记指导、相关政策咨询等服务。江门市妇联、市民政局在 2012 年 10 月 31 日成立了江门市妇联枢纽型社会组织总部和江门市社会组织孵化基地,对开始创办、起步的妇女儿童类社会组织提供孵化、培育、服务等指导。湖北省妇联与武昌区政府合作

---

[1] 威海市民政局:《威海市社会组织孵化园管理暂行办法》2013 年 11 月 22 日发布。
[2] 北京市民政局:《北京市民政局关于社会组织培育孵化体系建设的指导意见》(京民社发〔2017〕61 号)2017 年 3 月 9 日发布。

共建的湖北省妇女儿童社会组织孵化基地在2014年7月正式启动,该基地是湖北省首个社会组织孵化基地,通过培训孵化、驻地孵化、网络孵化以及跟踪孵化等方式助推妇女儿童项目的发展,激发服务妇女儿童社会组织的活力,为妇女儿童和家庭提供专业化的服务。成都市妇女社会组织服务中心在2014年成立,服务中心是成都市妇联服务妇女、儿童及家庭类社会组织的支持性枢纽平台。鄂尔多斯市女性社会组织服务基地在2015年3月6日正式启动,12家服务妇女儿童的社会组织入驻基地。苏州市巾帼公益园在2015年12月2日正式启用,是全市女性社会组织的培育中心和社会工作的实训中心。赤峰市妇联在2015年12月建立了妇女儿童社会组织孵化基地。2016年12月,赤峰市妇联支持建立了赤峰市妇女儿童社会服务中心。2017年3月,赤峰市妇女儿童社会组织孵化基地开始试运行。重庆市妇女社会组织服务中心在2016年3月11日成立,有30家社会组织入驻中心。入驻的社会组织可接受中心的场地和服务支持,也可不在中心办公,由中心通过线上线下进行业务指导。石家庄市妇联、长安区妇联在2017年9月12日成立妇女儿童社会组织孵化园,针对入驻的妇女儿童服务专业团队,通过指导、规划、培育,引导其发展、壮大为社会组织。天津市武清区妇女儿童社会组织服务中心在2017年12月成立,引进女性社会组织20余家,为妇女儿童服务发展提供平台。

2. 建立职工服务社会组织孵化基地

职工服务社会组织是专门为职工提供服务的社会组织,也称为"劳动关系社会组织"。全国总工会办公厅在2015年11月25日印发了《全国总工会改革试点工作具体实施方案》(总工办发〔2015〕28号),确定了有关工会社会组织工作试点任务及地区。其中,培育孵化工会直接领导的职工服务类社会组织和志愿者,试点地区是北京、上海、广东。[①] 全国总工会在2016年11月23日印发了《关于推进工会联系引导劳动关系领域社会组织工作的

---

① 全国总工会办公厅:《全国总工会改革试点工作具体实施方案》(总工办发〔2015〕28号)2015年11月25日发布。

意见》（总工发〔2016〕32号），提出"探索建立孵化机制，在人员、资金、活动场所等方面予以扶持，整合社会资源，满足职工需求，拓展职工服务阵地"[①]。

广东省职工服务类社会组织联合会在2012年5月16日成立，为职工类社会组织提供孵化培育、业务指导、项目统筹等综合性服务。2013年4月19日，佛山市职工服务类社会组织培育中心成立，培育孵化职工服务类社会组织。北京市职工服务类社会组织孵化中心在2015年9月17日开始了入驻招募工作，对暂不符合注册登记条件的职工服务类社会组织进行指导和培育扶持。湖北省荆门市总工会社会组织孵化基地在2017年8月3日成立，并制定了《荆门市总工会关于建设荆门市服务职工社会组织孵化基地的指导意见》和相关制度，利用孵化基地联系、孵化一批为职工服务的社会组织。

3. 建立青年社会组织孵化基地

青年社会组织是以青年员工为主体或以青年为主要服务对象的社会组织。社会组织中有一大部分是青年社会组织，青年社会组织是社会组织中的生力军，是社会建设的重要力量。近年来，我国的上海、广东、温州、十堰、云南、江西、天津、徐州、辽宁等地团委建立了青年社会组织孵化基地。

上海青年家园民间组织服务中心在2006年10月成立，是国内第一家联系、服务青年社会组织、青年自组织的社会组织。广州市青年社会组织孵化基地在2012年3月15日成立，由广州团市委牵头成立，由广州市青年文化宫承接运作。深圳市青年社会组织孵化基地在2012年5月成立，为这些组织打造孵化培训、资源共享、公共服务和诉求表达的平台。温州市青少年社会组织孵化基地在2012年12月28日成立，是浙江省首个青少年社会组织孵化基地。十堰市青年社会组织孵化服务中心在2014年8月21日成立，是湖北省首个建成入驻的青年社会组织孵化器。云南省青年公益社会组织培育基地在2014年10月17日成立，该基地同时也是西南地区首家青少年事务

[①] 全国总工会：《关于推进工会联系引导劳动关系领域社会组织工作的意见》（总工发〔2016〕32号），2016年11月23日。

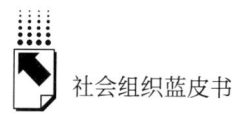

社工培育基地和云南省社会组织孵化示范基地。江西省青年社会组织孵化基地在2015年10月成立，是集孵化培育、资源整合、能力提升、合作交流、展示风采等功能于一体的社会组织综合服务平台。天津市首个青年社会组织服务中心——PublicX公益空间在2016年2月1日启动，积极培育成熟社会组织成长为公益创业公司，对接科委、工商、税务等政府部门提供政策支持。徐州市青年社会组织孵化基地在2016年5月6日成立，引导青年社会组织积极参与政府公共文化服务的输出。辽宁省青年社会组织孵化基地在2017年3月4日成立，促进青年公益项目扎根社区，指导青年社会组织承接政府购买服务。

4. 建立助残社会组织孵化基地

助残社会组织是专门为残疾人提供服务的社会组织。目前，国内的助残社会组织孵化基地还比较少，常州、宁波市海曙区等地设立了助残社会组织孵化基地。但从未来发展趋势看，助残社会组织孵化基地的数量会越来越多。

常州市助残公益性社会组织孵化基地在2015年12月24日成立，为常州市的助残社会组织搭建交流和活动平台。宁波市海曙区社会助残组织孵化基地在2016年10月19日成立，是致力于培育社会助残组织创新、合作、成长的"生态园"。

三 案例：北京市大兴区社会组织服务中心的功能定位与运作模式

大兴区社会组织服务中心是一个典型的社会组织孵化器，将其作为案例进行剖析，有利于对社会组织孵化器的运作模式进行深入分析。

（一）孵化基地的功能定位

1. 培育扶持本区社会组织发展的重要举措

近年来，北京市大兴区社会组织快速发展，在社会建设和公共服务中起到越来越重要的作用。根据大兴区民政局的统计数据,目前大兴区正式登记注册的社会组织共有506家,其中社会团体176家,民办非企业单位330家。此外,还有备案的社区社会组织914个。截至2016年,大兴区共有实名注册志愿者23.2万人,同比增加5.4万人,占常住人口比例超过16%,位居全市前列,其中,党员、团员志愿者突破8.6万人。除未在统计之列的社区和草根组织外,在册的志愿服务团队达到2231个,比同期增加1100个,初步形成了门类齐全、层次分明、覆盖广泛的社会组织体系。虽然大兴区社会组织的发展取得了较大进步,但是仍然滞后于经济社会的发展,与政府和社会的期待存在较大差距。在这种背景下,培育扶持社会组织发展成为大兴区的一项重要任务。

2. 打造区级社会组织综合性服务平台

大兴区社会组织服务中心是大兴区的区级社会组织服务平台,该中心是在大兴区社工委主导下,于2015年3月挂牌成立的,也是北京郊区成立的第一家社会组织服务中心。该中心设立了社会组织孵化基地,其核心业务是开展社会组织孵化业务。大兴区社会组织服务中心位于大兴区丽园路30号院26号楼底商110号,总面积720平方米。该中心致力于搭建一个集孵化培育、能力建设、人才培养和交流合作等服务为一体的综合性服务平台,整合政府、企业和社会资源,为推动大兴区社会组织发展提供有力支撑。通过政府与社会组织的双向沟通平台,政府可以实现政策宣传和导向功能,社会组织可以向政府反映其诉求和给予建议。2016年3月,大兴区社会组织党群活动中心成立,也位于大兴区社会组织服务中心,大兴区社工委派驻1名专职人员开展社会组织党建工作。

作为承上启下的枢纽型组织,大兴区社会组织服务中心的工作有几个特点:一是得到政府主管部门的高度重视和支持,由政府作为坚实后盾,政府提供场地、资金和派驻人员;二是重视大兴区本土组织和公益人才的挖掘培养,重点培养公益慈善类和社区服务类的社会组织;三是重视社会组织理念的引导和提升,引导社会组织向社会企业模式发展,实现自身可持续发展;四是重视社会组织的项目化运作能力提升,推进志愿服务向专业化方向发展；五是重视社会组织的规范化发展，与政府的方针政策保持一致。

3. 充分发挥枢纽型组织的功能作用

任何一个组织在成立之后都要明确其功能定位，社会组织孵化基地首先要明确自己的功能定位，在服务中处于何种地位。大兴区社会组织服务中心的功能定位：一是招募社会组织入壳孵化，实现社会组织从无到有的过程，并为入壳组织提供服务，这是该中心最主要的功能；二是为街道社会组织孵化基地提供业务指导，形成"一中心、多基地"的孵化网络，这是由其区级社会组织服务中心的角色所决定的；三是开展社会组织党建工作，成立大兴区社会组织发展服务中心党支部，实现党建工作与社会组织发展双促共赢；四是开展大兴区社会组织人才培训，培养社会组织领军人才，除了面向壳内孵化的组织，也要服务于大兴区的其他社会组织；五是整合社会各类资源，推动社会公益事业发展，这些资源包括政府、企业、基金会、个人等资源；六是开展社会组织流程与规范的研发工作，开展实践经验宣传交流，起到智囊团和研发中心的作用，为社会组织发展提供持续的智力支持。

（二）孵化基地的运作模式

1. 委托专业第三方机构运营管理

大兴区社工委通过政府购买服务的方式，将大兴区社会组织服务中心的主要职能委托给第三方机构——大兴区社会组织发展服务中心运营，双方签署了运营委托协议。由政府确定孵化工作的发展方向、具体任务和完成指标，第三方机构负责具体实施。根据协议要求，该中心每年要孵化出3~5家社会组织，并担负能力建设培训和社工人才培养工作，运营资金通过项目申请的方式解决。大兴区社工委向该中心派驻一名督导，负责监督和对接工作，但不参与具体业务工作；通过购买岗位形式向中心派驻一名社工，参与日常的孵化工作。

大兴区社会组织发展服务中心成立于2015年6月，是在大兴区民政局登记的民办非企业单位，该中心有专职工作人员十余人，办公地点位于大兴区社会组织服务中心。目前，该中心已成为大兴区与政府合作项目最多的社会组织，除了与大兴区社工委合作以外，还先后与大兴团区委、大兴区民政局、大兴区总工会等部门合作，其中，"大兴区志愿服务品牌支持计划项目"总金额近300万元，对大兴区100个志愿服务品牌项目给予资金和物资支持；"大兴区总工会政府购买服务项目"总金额70万元，对10个职工服务类项目给予支持；"大兴区社会组织发展服务项目"是委托第三方进行社会组织登记注册、年检的前期咨询和初审。该中心通过与这些政府部门合作，已经构建了一个完整的公益服务链，包括从志愿经理人挖掘与培训、社会组织孵化培育、项目申请与辅导、社会组织登记咨询、社会组织年检咨询的全流程服务。

2. 通过购买服务项目的形式给予资金支持

自2016年以来，大兴区社会组织发展服务中心通过向大兴区社工委申请政府购买服务项目的形式运作"大兴区社会组织孵化培育"项目，每年的项目金额在25万元左右。2017年开始，北京市民政局福彩金项目开始重点支持各区的社会组织孵化和平台建设，大兴区社会组织发展服务中心也在积极进行申报，以进一步拓展资金来源。大兴区社工委高度重视社会组织服务中心的工作，要求中心每周提交工作总结和工作计划，管理方式以宏观调控为主，不干预中心的具体运作，给中心以较大的信任和施展空间。

（三）大兴区社会组织服务中心孵化业务情况

1. 入壳组织情况

社会组织孵化的服务对象是入壳组织，只有全面、深入地分析入壳组织的实际情况，才能为入壳组织提供更好的服务，满足入壳组织的需求。

第一，入壳组织数量稳步增长。在2015年11月、2016年3月、2017年4月，大兴区社会组织服务中心共招募了三批社会组织入壳孵化，每批入壳组织的数量分别是5家（大兴区爱众青少年成长服务中心、大兴区心星蓝图服务发展中心等）、11家（大兴区城市新生活慈善义工服务中心、北京市黑光救援队、大兴区小蚂蚁袖珍人皮影文化中心等）、16家（大兴区耕耘社会工作事务所、大兴区红爹之家志愿服务中心、大兴区爱贝乐木偶文化服

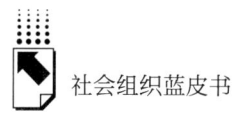

务中心等),共计对32家组织进行孵化。在孵化基地成立初期,该中心招募入壳的组织较少,后来随着社会需求的增加和孵化经验的提升,孵化组织的数量逐步增加。目前,前两批组织都已经出壳,目前在壳孵化的是第三批组织。

第二,入壳组织的服务领域多元化。入壳组织覆盖了多个社会服务领域,包括老年人服务1家、残疾人服务2家、未成年人服务7家、公共安全服务3家、文化体育服务6家、环境保护服务2家、心理服务1家、法律服务1家、社区志愿服务9家。其中,文化体育服务的组织涉及了艺术指导、皮影文化传承、木偶艺术、乐器演奏、舞蹈培训、国学、书法、新闻文化等诸多方面。这些组织都是大兴区比较需要的领域,在入壳评审时就注重引入不同领域的组织,通过孵化有利于弥补大兴区这些领域公共服务的不足。

第三,组织形式以未注册草根组织为主。在入壳孵化的时候,有1家组织(北京新闻文化研究所)是已经登记的,其他均为未注册的草根组织。这与孵化的定位有关,孵化的主要目的之一是将未注册的草根组织孵化成为正式注册的社会组织,促进社会组织的规范化发展。在组织形式上,所有组织都想注册成为民办非企业单位,其中想注册社会工作事务所的组织较多,但没有社会团体和基金会的形式。

第四,组织创始人以兼职创业为主。在入壳孵化的32家组织中,除1家已经登记的组织以外,创始人的背景可以分为四类:(1)有13家组织的创始人已举办其他实体组织。其中,有10个创始人同时是企业负责人,有2个创始人同时是其他社会组织负责人,有1个创始人既是企业负责人又是社会组织负责人。有企业背景的,主要是想利用自己的资源回馈社会,动员员工和志愿者去参与志愿服务,反过来也能够促进企业市场业务的开展。(2)有13家组织的创始人有其他在职工作。其中,有9人在企业工作,有3人在社会组织工作,有1人在事业单位工作。他们都是在兼职开展社会组织创业,时间、经费和资源都比较有限,但是专业背景较强。(3)有4家组织的创始人是全职创业。其中,有3人是以草根组织形式活动,他们都是在相关领域积累工作经验后离职,其中有1人是全职家庭主妇利用空闲时间做公益。（4）有1家组织的创始人是退休后从事公益。此外，在创始人的性别方面，男性为18人，女性为14人。女性创业者的业务领域集中在文艺、兴趣辅导方面，男性创业者的业务领域则比较多元化。在年龄方面，绝大多数创业者都在30~40岁之间，正值年富力强的阶段，少数创业者的年龄在50岁以上。

第五，对活动场地的需求较高。孵化基地设立的初衷原本是要解决社会组织缺乏办公场所的问题，但从实际情况来看，场地的使用率比较低。其主要原因是很多入壳组织有企业背景，并不缺乏场地，他们可以在企业的场所办公；创始人是兼职创业的，他们不可能放弃工作来孵化基地坐班；全身心投入创业的不多，他们更多的是在家里处理工作事务。实际上，这些组织需要的不只是办公场地，更需要活动场地，比如开展讲座、辅导或心理咨询的场地，但孵化基地无法提供这些场地。另外，孵化基地的位置偏僻、设施不佳对社会组织入驻率也有一定影响。

2. 孵化流程与服务内容

大兴区社会组织服务中心的孵化流程分为"接受申请、筛选评估、入壳评估、孵化、出壳评估、跟踪服务"等六个阶段，孵化时长为1~1.5年。社会组织在出壳后，服务中心继续对其进行跟踪服务并搭建平台。

第一，对孵化流程的规范化管理。在孵化工作中，首先是向社会发布招募通知，接受社会组织的入壳申请，根据组织目标、项目潜力、团队背景、社区需求、对孵化器的需求度等指标进行评估，符合要求的组织即可入壳孵化。在签署入壳协议之后，对入壳组织的需求进行调研，为他们提供场地工位、能力建设培训、专家指导及资源对接等服务。所有服务均为免费提供，同时也对入壳组织进行管理，对其出勤率、活动参与率、活动开展次数等进行规定。经过孵化之后，初创期的组织能够具备较好的项目管理能力，有承接政府购买服务项目、独立开展社区服务的能力。

第二，采取差别化的孵化方式。在孵化的组织中，绝大部分是没有登记注册的草根组织，主要是需要举办活动的场地、资源对接、项目资金、专业辅导和社区落地。在这种情况下，孵化分为壳内孵化和壳外孵化，绝大多数组织是采取壳外孵化的方式,也就是平时不在孵化器办公,只是有活动的时候过来参与。入壳组织的发展阶段差异很大,有些是已经活跃多年的志愿组织,有些只是停留在设想阶段,对于这些组织采取不同的孵化策略。

第三,将能力提升与社区实践相结合。入壳组织普遍缺乏专业能力和对社会组织、社区工作等方面的了解,针对入壳组织能力不足的问题,该中心邀请社会组织专业学者和实务领域专家,定期举办讲座、沙龙、工作坊、分享交流会、户外拓展等活动。能力建设培训集中安排在入壳后3个月内举办,主题涉及社会组织的理念、内部治理、财务管理、项目设计、政府购买服务项目申请等方面,重点为社会组织负责人培训如何撰写项目书、如何设计项目以及如何申请项目。通过培训,有效提高了社会组织负责人、专职人员和骨干志愿者的能力。同时,这些培训也向大兴区的其他社会组织开放。

在学习掌握基本方法之后,孵化基地指导社会组织在不同社区开展服务小项目,结合自身服务能力及组织发展方向,在社区进行需求调研,由专家指导其活动设计和安排,使社会组织负责人了解项目管理的流程和内容。针对社会组织的资源需求,通过直接引荐、推荐和邀请参展等方式为其提供资源对接服务,向街道、社区推荐相关的社会组织,促进"政社互动"和强化"政社合作",成功地使多家社会组织在社区落地项目。为了给社会组织提供全方位的支持,孵化基地引入多家支持性组织为社会组织提供信息化、新闻报道、项目支持等服务。

第四,将已有经验进行推广复制。大兴区社会组织服务中心的重要职能是对街道层面社会组织孵化基地的业务指导。根据大兴区的统一部署,截至2017年,大兴区的清源、兴丰、荣华、博兴、天宫院等8个街道都建立了社会组织孵化基地,形成了"一中心、多基地"的格局,大兴区接下来准备在地区和镇也建立社会组织孵化基地。大兴区社会组织服务中心作为区级社会组织服务平台,与各街道社会组织孵化基地形成互动关系,建立定期的沟通机制,为街道社会组织孵化工作提供业务上的指导。

结合社会组织能力建设的经验,该中心完善了培训的内容模块,聘请了多名实务工作者作为督导专家,并建立了一支富有经验的专家队伍,由专家撰写出版了《社会组织法律法规与政策》和《社区服务项目设计》两本教材，对我国社会组织法律法规与政策和社区服务项目设计的方式方法进行了系统介绍，还整理了《大兴区社会组织优秀项目案例集》。在此基础上，初步形成了能力建设培训的课件资料，为今后的社会组织孵化工作积累了经验，也为全国的孵化基地同行提供了重要借鉴。

3. 孵化工作效果

第一，提升了入壳组织的项目管理能力。经过孵化，社会组织的能力得到显著提升。社会组织之间相互交流增加，形成了互相帮助、抱团取暖的态势，具备了落地社区的渠道资源，了解了项目的操作流程。同时，通过项目执行，他们也认识到自身的不足和提高的方向。很多组织成功申请到政府购买服务项目，有了一定的资金支持，这离不开孵化基地的帮助和支持。比如，在2017年北京市小微志愿服务项目中，有5家组织的项目得到支持；在2017年大兴区志愿服务品牌支持计划中，有11家组织的12个项目得到支持；在2017年大兴区总工会购买服务中，大兴区心星蓝图服务发展中心的"外来务工人员职业发展辅助计划"得到7万元资金支持。实际的项目运作，提升了社会组织的管理能力和服务能力，提高了与政府及社区合作的能力，使组织逐步走向规范化的发展道路，有些组织已经成为有一定知名度的品牌组织。

第二，某些入壳组织实现了正式登记。登记注册是衡量社会组织孵化是否有效的重要指标之一。截至2017年7月，在32家入壳组织中，已经有4家组织实现了登记注册，包括大兴区心星蓝图服务发展中心、北京市律维妇女儿童发展服务中心、北京市飞创孤独症儿童关爱中心、大兴区弘毅社会工作服务中心。这些组织之所以能够注册，除了孵化基地的业务指导以外，其孵化组织的身份也在一定程度上提高了其信用度。

在尚未注册的27家组织中，难以注册的原因主要有三个方面：一是找不到业务主管单位。目前，社会组织在登记注册的时候，需要先找到业务主管单位挂靠才可以申请成立。有些政府职能部门怕承担责任或出问题，往往对担任业务主管单位持推卸或拒绝的态度。对于跨领域活动或从事复杂业务的社会组织，现有法规未能界定哪个部门有责任担任业务主管单位，导致社会组织不知道对接哪个政府部门。二是缺乏注册场地。注册场地必须是商用楼宇，很多社会组织由于缺少专职人员，没有固定场地。三是缺乏经费。多数组织能负担起3万元的开办经费，某些志愿服务队由于都是人员AA制参与活动，没有任何收入，出不起这笔经费。

在孵化过程中，有4家组织主动退出了孵化，这些组织的创始人大多数是兼职创业、缺乏经济基础，他们退出孵化的原因有以下几类：一是他们对公益创业的困难准备不够充分，在创业一段时间之后觉得自己的专业、资金和能力方面欠缺；二是入壳之后一直没有全职创业，仍把很大精力放在原有工作上，创业意志不坚决，同时工作压力和经济压力比较大，而公益创业又带不来多少经济收益；三是创始团队没有时间参与孵化基地的各项活动，认为孵化基地提供的服务不符合其需求；四是组织内部人员发生变动，改变了原有的想法和计划；五是有的组织入壳的目的就是寻求注册，将参与孵化的各项活动视为对成功注册的交换，但这个目标并不容易实现，他们就觉得孵化没有意义。此外，还有1家组织被清退出壳，其原因是其人员很少参加孵化基地的活动，一直没有开展公益活动，没有明确的业务内容，违背了孵化协议中对入壳组织的规定。

四 我国社会组织孵化器发展面临的问题

社会组织孵化器的建立与发展，成功帮助很多社会组织走向了规范化发展道路，但是在自身建设和服务方面仍然存在一系列问题有待解决。

（一）孵化器的运作资金来源不稳定

社会组织孵化器的资金主要来自政府购买服务，但是相对于人员投入和工作量而言，这些资金是非常有限的，只能满足日常运转，难以实现真正的发展。政府购买服务项目是每年评审一次，社会组织孵化器获批的项目数量和资金数额都不稳定，而且项目资金中并不包含专职人员工资。当前，社会组织孵化器的资金筹集难度较大，企业、基金会的资金支持几乎没有。资金不足导致服务的范围和深度都不够，影响了孵化效果的实现。

（二）孵化器的自身能力存在不足

社会组织孵化器的工作对能力和资源的要求较高，目前的孵化器存在能力不足的问题，影响了社会组织孵化的效果。

第一，专业人才缺乏、影响服务成效。社会组织孵化器要给社会组织提供咨询服务、陪伴式成长，进行流程和规范研发，要求员工掌握较多的知识储备和实际经验。社会组织孵化器最需要的就是专业团队和人才，尤其是有丰富经验的社会组织从业人员，其经验至少要高于入壳组织人员才可胜任。目前来看，有些孵化器的工作人员并没有提供社工服务的经历，也没有相关的专业知识，无法给予业务指导。如果只是把孵化器当作一个中介培训机构，自己只做事务性、协调性的工作，而有技术含量的工作完全依靠外部专家，就失去了孵化器的核心竞争力。调研发现，很多工作人员将大量精力用于承担事务性工作，没有时间总结、思考以及加强学习。孵化器缺乏专业人才的一个重要原因是工资待遇低，没有能力吸引高层次人才加入。即使能够做到高薪聘请，社会上也缺乏有社会组织孵化经验的专业人才。

第二，未形成能力建设的知识产权积累。社会组织需要法律政策、筹款、项目管理、志愿者管理等方面的能力建设培训，社会组织孵化器也将社会组织能力建设作为一项主要工作，但是，孵化器缺乏进行相关教材、课件、案例等开发的资金和人才。目前的能力建设培训受培训讲师个人影响大，知识产权属于培训讲师个人，尽管举办培训的次数很多，但是孵化器也没有形成知识产权积累。

第三，社会资源对接整合能力不足。社会组织的主要需求是对接资源，他们对政府职能部门、街道、社区的对接需求较大，这些组织在教育、卫生、文化、法律和环保等领域提供服务，需要找他们挂靠作为业务主管单位，也迫切需要和这些职能部门合作，希望孵化器能协助对接。孵化器运营机构也是社会组织，其掌握的资源很有限，孵化器除了与自己的主管部门（社工委、民政局）的对接比较顺利以外，对其他的委办局并不熟悉，无法协助社会组织对接这些职能部门。对接资源难的主要原因是社会组织孵化器没有形成与政府部门、街道社区的对接机制，而且各方面对孵化器的认识存在不足，社工委、民政局等部门以外的政府职能部门对社会组织孵化器的工作并不了解，缺乏协助与支持。

（三）缺乏符合条件的孵化对象

顺利进行孵化的前提是招募到足够符合条件的社会组织，但是符合条件的孵化对象比较有限。孵化器对社会组织有明确的筛选标准，对组织的团队能力、业务模式以及在地需求都有相应的要求，有些申请入壳的负责人没有创业经验和专业积累，完全凭借一腔热血，有能力、有公益性、有创新性及可行性的社会组织的数量较少。

（四）孵化对象存在动机及意识上的问题

美国学者莱斯特·M.萨拉蒙（Lester M. Salamon）认为，社会组织具有组织性、民间性、非营利性、自治性、志愿性等特征，但是有些社会组织在主观意识上存在问题，甚至偏离了成立社会组织的初衷。第一，有些社会组织的动机存在问题。社会组织申请入壳的动机比较复杂，有些社会组织只是需要孵化器帮助注册，通过孵化器建立政府关系，而对其他服务不感兴趣，他们参与活动的积极性不高。有些社会组织是由商业培训机构创办的，其目的是通过孵化器和政府的渠道，扩大自己在社区的招生宣传以及使用社区的免费场地。第二，社会组织存在错误认识及依赖性。由于社会组织不需要向孵化器付费，他们对孵化器提供的服务存在浪费及滥用的情况，对孵化器的工作配合度不高，在活动中缺乏组织性和纪律性。有些入壳机构对孵化器的依赖性过强，比如有些工作完全是可以自己完成的，但是也想通过孵化器来协助完成。

（五）孵化过程的组织难度大

孵化器与入壳组织之间既不是上下级关系，也不是商业合同关系，导致在管理上存在着一些困难。第一，对社会组织难以严格要求。社会组织在入壳之后，要与孵化器签署入壳协议，双方按照协议进行活动。但是在现实中，孵化器缺乏对社会组织的制约，主要强调服务而忽视管理。在孵化过程中，培训活动的操作比较容易实施，但是社区服务项目实践环节比较难掌控，有些社会组织做活动不规范、信用差，但是孵化器也很难进行严格管理。第二，绩效要求与工作方式之间的冲突。孵化器通常是申请的政府购买服务项目，这些项目都有明确的项目实施方案，项目实施方案中明确了参加培训活动的最低人数，如果实际执行中达不到要求，结项就很难通过。这就导致社会组织孵化器在开展各类活动的时候，往往要求社会组织必须参加，这就与社会组织的需求以及自愿的原则相违背。

（六）孵化过程缺乏有效性

孵化过程是否能实现提高社会组织能力的预期标准是评价孵化器的重要指标，目前的孵化流程以及服务内容还缺乏有效性，对社会组织的服务还存在不足。

第一，缺乏对孵化流程的评价标准。社会组织孵化器的重要工作是入壳遴选、出壳评估，但是，对于什么样的机构可以入壳或出壳并没有一个通行的标准，比如是依据参加孵化器各类活动的量还是依据最终的绩效成果，是以成功登记注册还是以能力提升为出壳标准，这些并没有明确。而且，孵化的效果不是立即显现的，往往需要很长时间才能体现出来。这就使孵化器对社会组织无法进行监督，政府无法对孵化器的运营机构进行监督。

第二，对社会组织的支持达不到期望。社会组织需要的是全方位的专业化支持，社会组织孵化器在功能设定上也比较全面，但是有些职能是很难实现的，这些职能的实现需要人才、资金以及外部支持，这些要素缺一不可。但社会组织孵化器往往缺乏这些资源，将孵化简化为单一的培训活动，从而

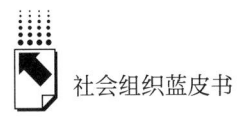

影响了对社会组织支持的力度和深度。社会组织都有承接政府购买服务项目的需求，希望孵化器能给予帮助，但是在未注册的情况下，社会组织能够申请项目的渠道很少，资金额也非常小。社会组织最关注的是注册问题，但入壳孵化并不能确保能成功注册，孵化器能做的只是协助注册而非代办注册。在目前的登记体制下，很多社会组织由于找不到业务主管单位、缺乏资金或没有办公场地而不能成功登记。如果不能成功注册，社会组织在出壳后也很难形成规范化发展，不能申报各类政府购买服务项目和承接政府转移的职能，从而影响了孵化培育的效果。

五 完善社会组织孵化器运营管理的对策建议

（一）明确社会组织孵化器的定位

社会组织孵化器的定位主要体现在三个方面。第一，社会组织孵化器首先是一个综合服务平台，在这个平台上，社会组织能够得到各类服务，比如能力建设、项目发展、党建引领、资源对接、项目展示、信息获取等。通过不断完善平台功能，社会组织得到全方位、一站式的服务。第二，社会组织孵化器是当地社会创业家的聚集地和摇篮，社会创业家要努力实现自身的可持续和自我造血，并且能用市场手段解决社会问题。社会组织孵化器要培养兼具公益理念和市场意识的社会创业家，促进整个公益行业的可持续发展。第三，社会组织孵化器是基层社会管理创新的试验田。社会组织的重要功能是参与社会治理，社会组织孵化器通过对各种新的社会管理模式的指导和支持，使基层管理创新经验得到推动和复制，从而有利于社会稳定和团结，形成新的社会治理格局。

（二）不断提升孵化器的自身能力

孵化器自身能力的高低，决定了其能为社会组织提供有效服务的多少。运营孵化器的第三方也是社会组织，社会组织普遍存在人才匮乏、专业性不高的问题，除了恩派（NPI）等少数组织有运营孵化器的成功经验外，其他组织均为刚起步阶段，这就需要不断地学习积累和提升自己。孵化器存在"一将难求"的局面，尤其是综合性管理人才。因此要大力引进、培育兼有管理经验、专业知识和文化素质的综合型人才。[①] 孵化器可以定期组织内部的分享会、读书会和外出参观交流活动，聘请专家给予专业顾问指导，选派优秀员工参加培训学习等。社会组织孵化器可以向企业孵化器学习先进经验，总结科技企业孵化器孵化模式中促进孵化效率提升的关键因素与政策措施。[②]

孵化器自身的能力水平，关系孵化器对于社会组织的孵化质量，关系社会组织孵化器自身的可持续发展。

第一，招募高素质专业人才。高素质专业人才是孵化器实现良性发展的关键，尤其是有着丰富实践经验、管理素养和扎实专业基础的人才更加重要。社会组织孵化器要建立一支专业的孵化团队，大力引进、培养一批综合性人才。建立系统的薪酬福利制度和人才激励制度，使孵化器的薪资水平在公益行业中保持较高水准，以达到吸引人才和留住人才的目的。在人才建设方面，要加强与高校和科研机构的合作，聘请高校相关专业学者担任专家，为孵化器的运作提供专业指导，并且建立系统的人才联合培养机制，将孵化器作为高校师生的实践基地。

第二，不断加强学习和提升素质。社会组织孵化器的工作人员为了能更好地胜任工作，要通过内部培训、学习小组和读书会等形式不断地进行学习，使自己的理念与时俱进，才能跟得上公益行业的发展步伐。

第三，完善孵化器管理的各项规章制度。社会组织孵化器要建立规范的管理体系和完善的规范制度。如果孵化器注册了独立法人组织，就要建立健全理事会制度，完善章程和内部治理结构。孵化器要完善入壳筛选标准、孵

---

① 孙燕：《社会组织孵化器——实现公益事业可持续发展的助推器》，《社团管理研究》2011年第6期。
② 田园：《孵化器的演进——社会组织如何向科技企业学习孵化》，《中国社会组织》2016年第15期。

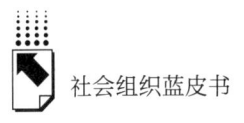

化流程、孵化协议、双方的权利义务、服务事项、能力建设课程手册等，做到规范、有序的孵化。

（三）孵化器要与政府之间形成良性合作关系

孵化器与政府之间的关系如何，决定了孵化器是否能够获得足够的支持，能否实现社会组织的良性发展，因此，这种良性合作关系的建立十分重要。

第一，政府要加强对社会组织孵化器的支持力度。政府对社会组织孵化器的支持体现在立法、政策、资金、人力资源和信息资源等方面。政府要高度重视社会组织孵化器的建设与发展，出台关于推动社会组织孵化器发展的指导意见，明确社会组织孵化器的资金来源、建设模式、职能定位等，以及各有关部门在推动孵化器发展中的职责，为孵化器的发展提供坚实的政策支持。政府可以设立社会组织孵化器发展专项资金，用于支持各级社会组织孵化器的建设发展，包括专家顾问的聘请、对社会组织的培训、项目的开发设计等，制定专项资金管理办法和绩效评估办法，进一步发挥专项资金的作用。通过委托项目的形式对孵化器给予支持，与第三方签署长期的合作协议，并以购买岗位的形式负担专职工作人员工资。

第二，社会组织孵化器要形成与政府之间的良性沟通机制。社会组织孵化器基本是由政府出资建立，与政府形成良性的、互信的合作关系，对孵化器的发展至关重要。如果能够与主管政府部门形成良好的沟通，将会有利于获得政府在政策、资金以及职能转移等方面的支持，也有利于为社会组织更好地提供服务。在建立良性沟通机制的过程中，孵化器要通过专业工作能力、良好的工作态度获得政府认可，政府也要给予孵化器充分的信任和施展空间，为孵化器拓展外界资源提供协助，并减少对孵化器日常工作的过多干预。

（四）坚持以需求为导向进行孵化

孵化器要以需求为导向，这体现在两个方面，一是根据所在区域的实际需求，招募入壳的社会组织。孵化器要先对各个街道的社区服务需求进行调研，再根据现有社会组织的数量和质量情况，找出二者之间的差距，优先孵化有迫切需求领域的组织。二是根据入壳组织的实际需求，提供相应的孵化服务。孵化的目的是要解决入壳组织存在的问题，需要在孵化之初，通过一对一访谈、问卷等方式，对入壳组织的真实需求进行调研，提供有针对性的服务，以提高孵化的成功率和效率。

（五）完善孵化流程和服务内容

社会组织孵化器要完善孵化流程设计，采取多种方式加强对社会组织的服务，整合各类社会资源，进一步推动社会组织的可持续发展。

第一，严格对社会组织的遴选。根据对社会组织的团队能力、社会影响力、在地实际需求及创新能力等方面进行评价，将组织的公益性作为一个重要指标进行考量，严格遴选入壳组织。要把握好入壳组织数量与孵化效果之间的关系，不能过分追求孵化的数量而忽视了质量，不能将能力建设培训等同于孵化。可以将壳内孵化与壳外孵化相结合，将长期孵化与短期孵化相结合。

第二，形成差别化和动态式的孵化过程。社会组织孵化不能采取千篇一律的方式，要为社会组织提供个性化服务。针对社会组织在不同发展阶段的需求，定期进行访谈，为每个组织建立机构发展档案，进行动态式的需求评估和差别化培育。避免全部采取宽口径形式进行通用型孵化，提高服务的专业性和针对性。社会组织入壳之后，孵化器为它们进行问题分析及战略规划，为每家社会组织进行陪伴式辅导、咨询和支持服务，并聘请领域专家进行一对一指导。

针对不同发展阶段的社会组织，要采取不同的孵化方式。有些社会组织处于酝酿阶段，没有清晰明确的发展方向或思路，也没有团队和资金，孵化器要做的是帮助进行战略规划，明确发展方向；有些社会组织处于发展初期阶段，有一定的组织架构和人员，但缺乏社会资源和渠道，孵化器要做的是帮助整合社会资源，协助对接社区；有些社会组织处于发展瓶颈期阶段，经过一段时间的快速发展，组织发展遇到问题，孵化器要做的是协助其完善内部治理架构,提升其管理能力和执行力。

第三,加强社会资源整合。社会组织孵化器本身的资源是有限的,重要的是整合全社会的资源。要进一步整合利用资源,加强与主管部门、政府职能部门、街道、社区的沟通协调,收集各方面政府购买服务、公益创投的信息进行发布,争取政府对社会组织在项目申请、项目落地和场地提供等方面的支持。充分调动政府、企业、基金会和爱心人士的资源,把孵化器建设成为资源汇聚、共同发展的平台枢纽。要达成这个目标,社会组织孵化器的负责人、理事要主动走出去,扩大自身宣传,争取更多的社会支持。

第四,通过公益创投提高社会组织项目管理能力。公益创投的目的不是赚钱,是一种新型的公益资本投入,通过与被资助者建立长期合作伙伴关系,达到促进能力建设和公益模式创新,这种合作伙伴关系带来的是双方的共赢。[①] 社会组织如果只是通过培训来学习项目管理和提高项目管理能力是不够的,更重要的是通过实际操作项目来提升能力。通过公益创投的方式,使社会组织有实际运作项目的机会。在项目运作中,能够提升社会组织的项目策划能力、团队合作能力、社会资源整合能力、与政府沟通合作能力和锻炼志愿者队伍,使社会组织形成独立运作项目的能力。

第五,协助社会组织实现登记注册。在双重登记管理体制下,社会组织要登记注册,不仅要具备资金、场地和人员等条件,还需要找到业务主管单位,这对于社会组织来说比较困难。孵化器要积极协助社会组织找到解决方案,通过对社会组织进行登记注册培训、协助注册,帮助社会组织顺利实现登记注册。

(六)优化能力建设培训体系

能力建设培训在孵化中占有重要地位,如果没有完善的能力建设培训体系,就不会有良好的孵化体系。因此,要不断对培训体系进行完善,以更加符合社会组织的实际需求。

第一,建立完善的培训课程体系。针对初创期社会组织的特点和需求,

---

① 岳金柱:《"公益创投":社会组织培育发展的创新模式》,《社团管理研究》2010年第4期。

社会组织孵化器应借助专家力量和已有资源，开发出一套符合本地区实际的课程体系，包括课程目录、课件、教学计划、配套案例等，并在教学中不断进行完善。课程内容主要包括社会组织理念与价值观、社会组织法律法规与政策、社会组织运作与管理、社区服务项目设计与实施等内容。要加强对社会组织的理念、价值观的培养，培训如果只是单纯重视技术、方法是不够的，理念、价值观才是首要的，要让社会组织意识到社会组织的非营利属性与非政府属性，摆正自己的位置，同时也让志愿者深入了解社会组织的公益使命。

第二，创新能力建设培训方式。在培训中，要基于社会组织的生长周期设置不同的培训内容。对于萌芽初创期的组织，重点以基本理念和概念、法律与政策的培训为主；对于成熟的组织，以项目管理和社区服务的培训为主，改变以往无差别的培训方式。要创新授课方式，在传统讲授式培训以外，增加案例讲授、分小组研讨、入壳机构分享会和情景模拟等方式的比重，促进社会组织的互相学习，形成良好的学习氛围。培训应该是行动和问题导向的，除了学习专业知识以外，重点放在为社会组织解决实际问题方面。

（七）打造优秀社会组织品牌

孵化器要加强对社会组织的规范化建设，整合各类资源打造成熟的品牌项目。不断提高社会组织的项目策划水平、服务理念、项目管理能力和资源整合能力，使这些组织能够拥有相对成熟的业务模式和管理团队。孵化器可以邀请相关领导、社会组织和各大媒体到孵化器，展示社会组织发展的经验和成果，进一步扩大这些组织的社会影响力。

B.5
中国智库体系建设与民间智库发展

唐 磊*

摘　要： 本文首先从中国新型智库体系建设及其规范性内涵出发，分析了民间智库与社会智库的概念差异。其次，从目前智库体系中存在的"差序格局"出发，分析了民间智库的地位。最后，通过近年来出现的新型社会智库案例，探讨了民间智库未来的发展空间和方向。

关键词： 民间智库　社会智库　新型智库　智库体系

2015年1月20日，中共中央办公厅、国务院办公厅联合印发的《关于加强中国特色新型智库建设的意见》（以下简称《建设意见》）明确提出了中国特色新型智库建设的总体目标："到2020年，统筹推进党政部门、社科院、党校行政学院、高校、军队、科研院所和企业、社会智库协调发展，形成定位明晰、特色鲜明、规模适度、布局合理的中国特色新型智库体系，重点建设一批具有较大影响力和国际知名度的高端智库，造就一支坚持正确政治方向、德才兼备、富于创新精神的公共政策研究和决策咨询队伍，建立一套治理完善、充满活力、监管有力的智库管理体制和运行机制，充分发挥中国特色新型智库咨政建言、理论创新、舆论引导、社会服务、公共外交等重要功能。"①

---

* 唐磊，博士，中国社会科学院国际中国学研究中心副研究员。
① 中共中央办公厅、国务院办公厅：《关于加强中国特色新型智库建设的意见》，中央政府门户网站，http://www.gov.cn/xinwen/2015 - 01/20/content_ 2807126.htm，2018年4月10日访问。

其中第一条目标就是形成中国特色新型智库体系。这一体系，应该是由前述党政部门智库、社科院党校系统智库、高校智库、企业与社会智库等各种存在形式的智库的集合体。

社会智库是十分晚近才出现的表述。在《建设意见》出台之前，社会智库的用法并不多见。[①] 人们更多还是用"民间智库"来表示那些主要从事公共政策研究的民办机构和组织。[②] 2017年5月，多部门联合印发的《关于社会智库健康发展的若干意见》（以下简称《发展意见》）对社会智库有一个明确的界定："社会智库由境内社会力量举办，以战略问题和公共政策为主要研究对象，以服务党和政府科学民主依法决策为宗旨，采取社会团体、社会服务机构、基金会等组织形式，具有法人资格，是中国特色新型智库的重要组成部分。"[③] 我们在后文中将谈到，该意见对于社会智库的准入资质提出了较高的要求。那些未能在民政部门以社会团体、社会服务组织（此前称为民办非企业）或基金会形式注册的机构能否被纳入规范意义上的社会智库范畴，就成了悬而未决的问题。从这一点看，"中国特色新型智库体系"其实有着较强的规范性。

本文将从中国新型智库体系建设及其规范性内涵出发，分析民间智库与社会智库的概念差异，讨论民间智库在整个智库体系中的位阶。此外，我们将谈到近年来新型社会智库的出现和它为民间智库发展所可能开辟的未来。

一 民间智库与社会智库的内涵差异

社会智库被政府采纳作为民办公共政策研究机构的正式指称术语，可能有如下几种考虑。

---

① 在公开场合较早使用社会智库概念的，见于2011年8月10日《东莞日报》刊出的评论员李俊雄文章，题为《东莞发展呼唤社会智库发挥更大的作用》。
② 在20世纪80年代，学术界把归入政策研究软科学范畴，因此政策研究机构也被归为软科学研究机构。近年来，"软科学"这一术语逐渐淡出人们视野。
③ 《关于社会智库健康发展的若干意见》，《人民日报》2017年5月5日，第8版。

首先是从管理归口的角度,这类机构一般在民政部门按照社会组织注册,称之为社会智库也就顺理成章。其次,在政府正式的公文表述中,很少用官方—民间这样的二元对立概念,更多采用国家(或政府)—社会的对举。再次,民间这一表述强调的似乎是其自治,而从国家的治理逻辑强调的是共治,用社会的概念更能传达出这层意味。

仔细辨析《发展意见》对社会智库的定义文字,可以清楚地发现它更多是一种规范性定义而非描述性定义。该定义对社会智库至少提出了三重规定性,而这些规定性都有可能把一些"不够规范"的民间智库排除在外。

首先是"以战略问题和公共政策为主要研究对象,以服务党和政府科学民主依法决策为宗旨"。① 显然,那些自称为民间智库但其主营业务是从事产业政策研究和为企业战略发展或参与市场竞争提供有偿咨询的机构,就无法被归为社会智库;严格意义上说,它们也不能被视作智库——最低限度的智库定义也是"常态下从事与公共政策相关的研究和宣传的组织"。②

其次是"由境内社会力量举办"。一般来说,中国政府官方文件用词都十分讲究,自有一套闭环的政策话语体系和制度。在这份文件中,"境内"的所指并不明确,不过我们可以通过参考相关规定来推演其内涵。例如2004年6月开始颁行的《基金会管理条例》的附则说明:"本条例所称境外基金会,是指在外国以及中华人民共和国香港特别行政区、澳门特别行政区和台湾地区合法成立的基金会。"③ 可以推定,官方语境中的社会智库应该是由大陆地区的社会力量举办的智库。同样,社会力量虽没有得到明确说

---

① 《建设意见》对于"中国特色新型智库"的定义,"是以战略问题和公共政策为主要研究对象、以服务党和政府科学民主依法决策为宗旨的非营利性研究咨询机构"。除却研究对象和宗旨外,其组织形式被约定为"非营利性研究咨询机构"。
② 此为联合国开发计划署(UNDP)提供的定义,转引自戴安娜·斯通《作为政策分析机构的智库及其三大神话》,见唐磊主编《当代智库的知识生产》,中国社会科学出版社,2013,第3页。
③ 该条例在中华人民共和国民政部所属中国社会组织网的网站上有发布,http://www.chinanpo.gov.cn/1203/107299/index.html,2018年4月10日访问。

明，我们还是可以进行类推。在 2013 年 9 月发布的《国务院办公厅关于政府向社会力量购买服务的指导意见》（国办发〔2013〕96 号）中，社会力量被定义为"依法在民政部门登记成立或经国务院批准免予登记的社会组织，以及依法在工商管理或行业主管部门登记成立的企业、机构等"。① 因此，"境内社会力量举办"这简单的几个字中，实际也包含着不能在海外登记注册以及必须在境内取得有关部门的许可等规定性。考虑到政府向智库购买服务越来越成为后者的重要经费来源，那么"具有法人资格"这一规定性实际上已经隐含在"社会力量"的表述中。② 于是，非法人组织如果操办起一家民间智库性质的机构，不管其最终影响力多大，都不符合本约束条件的要求。

第三条规定是要求社会智库"采取社会团体、社会服务机构、基金会等组织形式"注册。③ 此外，《发展意见》还明确指出："民办社科研究机构由省（自治区、直辖市）社会科学界联合会担任业务主管单位④，并由省级人民政府民政部门进行登记；其他社会智库由其活动涉及领域的主管部门担任业务主管单位，并由同级人民政府民政部门进行登记"。中国的民间智库取得上面所规定的合法化身份都需要经过先登记后注册，登记实际上是找愿意为之担责背书的主管单位。在《发展意见》出台之前，大部分民间智

---

① 中央政府门户网，http://www.gov.cn/xxgk/pub/govpublic/mrlm/201309/t20130930_66438.html，2018 年 4 月 10 日访问。值得注意的是，在更早一些的政府文件中，关于"社会力量"还有不同的解释，如在 1997 年 7 月 31 日发布的《社会力量办学条例》中，它就被描述为"企业事业组织、社会团体及其他社会组织和公民个人"。这似乎意味着，政府对于能够参与社会共治的社会力量可能根据不同时期、不同场景社会治理的需要而有不同的界定。
② 按照《社会团体登记条例》第三条规定："社会团体应当具备法人条件"。
③ 在民办非企业名称被确立以前，我国还一度使用过"民办事业单位"来进行社会组织登记，比如 1995 年成立的"北京华夏社会发展研究中心"就注册为民办事业单位。2016 年 9 月开始实施的《慈善法》正式取消了"民办非企业"的说法，而代之以"社会服务机构"；2017 年 3 月通过的《民法总则》也采用了这一概念，其第八十七条规定"非营利法人包括事业单位、社会团体、基金会、社会服务机构等"。
④ 根据 2004 年中共中央办公厅和国务院办公厅联合下发的《关于加强民办社科研究机构管理工作的意见》（中办发〔2004〕28 号），"民办社科研究机构作为企业事业单位、社会团体和其他社会力量以及公民个人利用非国有资产举办的从事哲学社会科学研究活动的非营利性社会组织，属于民办非企业单位。"

库最终采用企业形式注册，基本都是出于找不到"婆婆"的无奈。① 近年来，一些十分活跃的社会智库例如盘古智库、国观智库，也是以企业形式在工商部门注册的。②

《发展意见》对这一约束还做了强制性的表述："对未经社会组织登记、擅自以社会智库名义开展活动的非法组织，由民政部门依法予以取缔。"关于这一强制性要求的合理性与合法性我们暂且搁置一边，就从智库体系的角度来看，这实际上是说，要被接纳为中国特色新型智库体系的一员，社会智库不能野蛮生长，首先要被纳入中国智库的管理体系中来。③

上述官方文件针对社会智库概念所提出的约束性并没有完全贴合中国民间智库发展的真实情境，许多民间智库因为"不够规范"而无法成为严格意义上的社会智库。例如，按照《建设意见》约定，智库应该是非营利性的，国际学术界也普遍认为智库应该是非营利性的。④ 但是，在中国，民间智库发展的早期阶段常常有赖于"以商养研"的生存路径。1990年代成立的安邦咨询公司和零点咨询研究集团就是典型的例子，其模式被总结为"边缘化生存、商业化运作、专业化发展"。⑤ 它们也因此无法完全摆脱以谋求利润（营利）为宗旨的企业本质。当然，也有一些民间智库不得已注册为企业，但并不以追求盈利为目的，可以视之为"非营利企业"，勉强可以归入严格意义上的社会智库。

---

① 根据该条例第六条规定："登记管理机关负责同级业务主管单位审查同意的民办非企业单位的登记管理。"这里的业务主管单位就是民间智库界俗称的"婆婆"。像1993年成立的著名民间智库天则经济研究所就始终没有成功找到"婆婆"。1992年在苏州成立的21世纪教育发展研究院因当时分管教育的副市长朱永新支持而顺利获得民非资格，但该研究院在北京的分部最终只能在工商部门注册。
② 盘古智库的出资企业是盘古智库（北京）信息咨询有限公司，国观智库则是北京国观智库投资有限公司。
③ 关于新型智库建设与国家智库管理体系的建立，可参见 Lan Xue, Xufeng Zhu, Wanqu Han, "Embracing Scientific Decision Making: The Rise of Think - Tank Policies in China," *Pacific Affairs*, Volume 91, Number 1, March 2018, pp. 49 - 71.
④ 《建设意见》指出："中国特色新型智库是以战略问题和公共政策为主要研究对象、以服务党和政府科学民主依法决策为宗旨的非营利性研究咨询机构。"
⑤ 朱坤、胡赳赳：《中国无智库》，《新周刊》2009年第14期。

比较而言，民间智库作为一个约定俗成的表述则不包含上述所说的三种规定。因此，它事实上具有更大的包容性，那些属于智库体系发展过程中出现的、不严格符合体系规范的民办公共政策研究机构，都可以被纳入民间智库。可以说，社会智库是一个规范性概念，民间智库则是一个描述性概念。

但是，"社会智库"又比"民间智库"更适合容纳那些具有深厚政府资源背景的"半官方半民间"智库。后文我们将谈到，这类智库所拥有的政府背景使得它们在发挥资政建言作用上比纯粹的民间智库更具竞争力和影响力。从这一点出发，我们可以体会到社会智库而不是民间智库被官方话语所采用的另一层深意，即社会智库是通过自上而下的智库管理体系审核和监管、政府信得过用得上的民间智库。

二 中国智库体系的丰富得益于民间智库的发展

上海社会科学院《2013年中国智库报告：影响力排名与政策建议》中将中国智库的发展按照体系成长的逻辑分为五个阶段：（1）智库体系初步建立（1977~1987）：政府研究机构和社科院系统蓬勃发展；（2）智库体系多元发展（1988~1993）：民间智库逐渐兴起；（3）智库体系基本形成（1994~2002）（2）：大学智库开始起航；（4）智库体系转型发展（2003~2012）；（5）智库体系创新发展（2013至今）。① 总体来看，上述总结是成立的。

新中国成立以后，从事哲学社会科学研究的队伍逐渐形成高等院校、党校（行政学院）、部队院校、科研院所、党政部门的研究机构这"五路大军"，从事公共政策研究的也主要是这五支力量。这种情况直到20世纪80年代中后期才有所改变。这一时期恰好迎来了改革开放后第一批知识分子"下海潮"，一批知识分子开始谋求体制外生存，有的人彻底放弃专业投身

---

① 上海社会科学院智库研究中心：《2013年中国智库报告：影响力排名与政策建议》，上海社会科学院出版社，2014，第12~16页。

商海，也有一部分人探索起所谓"知识变现"的模式，他们不单纯为了挣钱，更多时候是为了自身价值的实现。① 在此大背景下，"办智库"也成为一种知识人实现自我的路径选择。

最早一批涌现的具有智库色彩的民间社会科学研究机构包括陈子明和李盛平创办的"中国政治与行政科学研究所"（1986）、邓正来创办的"燕京社会科学研究所"（1987），以及曹思源创办的"思源社会发展研究所"（1988）等②。这一时期出现的民间智库多由体制外生存的知识分子所创立，他们都是改革开放初期积极引进西学和提倡西方社会价值者，所致力建设的也是美英式（盎格鲁—撒克逊传统）的所谓"独立智库"。这一批智库进入1990年代后陆续消失。可以说，按照美英独立智库模式发展的民间智库在中国发展并不顺利，那些明显具有自由主义色彩、以政治倡导为潜在目标的独立智库更是举步维艰。

在1980年代一些知识分子致力于建设独立智库的尝试纷纷失败后，出现了一批具有较深政府背景而又努力探索独立化运作的智库。典型者如1989年成立的综合开发研究院（深圳）（简称"综开院"）和1991年成立的中国（海南）改革发展研究院（简称"中改院"）。如果把事业单位型智库称为"体制内半官方智库"的话③，那么类似"综开院""中改院"这样的机构可称为"半官方半民间智库"。④

---

① 参见旷新年《80年代知识分子下海潮：不只为钱还有生命意义》，《新周刊》2016年总第400期。
② 参见唐磊《中国民间智库30年的初步考察》，《中国社会科学评论》2016年第4期。另外，上海在1980年代后期还出现过以亚洲新兴国家（"四小龙"）为主要研究对象的"亚洲研究所"，该所自称是"新中国第一家民间社会科学研究机构"，1989年以后也中止了活动。见任晓《第五种权力：论智库》，北京大学出版社，2015，第282~283页。
③ 这一说法正是来自"综开院"的人员，见郭万达等《论我国体制内半官方智库的转型》，《开放导报》2014年第4期，第13~16页。
④ 有媒体将"中改院"的模式总结为"官督民办"，见周正平、金敏《中国改革发展研究院："试水"官督民办》，《瞭望》2009年第4期，第27~28页。另外值得一提的是，也有学者将社科院、国务院发展研究中心这类事业单位型智库作为"半官方智库"（薛澜、朱旭峰：《中国思想库的社会职能——以政策过程为中心的改革之路》，《管理世界》2009年第4期，第55~65页），与本文所说的"半官方半民间"全然不同。

例如"综开院"创院理事长马洪曾先后担任中国社会科学院院长、国务院发展研究中心主任，具有丰富的政府智库管理经验。他曾说："我们创办这个机构的初衷，就是想在研究咨询机构的社会化、市场化方面进行试点，力图闯出一条路来。"①"综开院"运行三年后（1991年），在给国务院报送的工作汇报上，时任国务院总理李鹏写下一大段批示文字，透露出当时最高领导层对于政策研究机构民营化的一些构想，包括组织关系依然存在；政府部门提供业务指导；以政府委托课题方式予以资金支持；有别于事业单位型研究机构。②

除了按照研究院所形式组建的"综开院"和"中改院"，智库民间化也产生了其他的类型。例如1989年成立的中国战略与管理研究会就是中国大陆第一个以学术社团（学会）形式注册的智库。此外，1995年成立的中国经济改革研究基金会、1997年成立的中国发展研究基金会则是以基金会形式注册。上述三者同样拥有深厚的官方背景和资源。

前述几家机构也都属于所谓"半官方半民间"智库，有的甚至一定程度上仍保留着事业单位色彩。例如，"综开院"至今仍有54个深圳市属的事业编③，2012年中国战略与管理研究会在其下成立国情战略研究中心，也是国家编制事业单位④。有事业编制就也意味着会接受政府财政拨

---

① 马洪：《转变职能、明确定位，探索咨询工作新路》，1999年1月14日，"综开院"官网，http://www.cdi.com.cn/detail.aspx?cid=2777，2018年4月10日访问。
② 其中特别谈到有关该院定位和体制转变的构想："研究院设在深圳，党政关系本地化为好，冠以中国名称色彩较浓，取一个中性名称为好（编者按：当时'综开院'希望更名为'中国经济特区开发研究院'），兰德公司不是也没有冠以美国名称嘛。在业务上可以受国务院研究室指导，政府也可以出题目，委托研究，在经费上予以支持。要以改革精神办成一个不同于一般事业单位的研究机构。"见前总理李鹏对《关于综合开发研究院（中国·深圳）的工作汇报和请示》的批示，http://www.cdi.com.cn/detail.aspx?cid=2809，2018年4月10日访问。
③ 54个人的编制数是1992年确定下来的，见"中国脑库民间智慧"，http://www.cdi.com.cn/detail.aspx?cid=2805；最新的编制数量见该会公开的"2018年综合开发研究院（中国·深圳）预算草案"，http://www.cdi.com.cn/UploadFiles/pdf/cdi2018bmys.pdf，2018年4月10日访问。
④ 见该会官网简介。周正平：《智库建设的中国样本——中国（海南）改革发展研究院解析》，2011年12月1日，经济参考网，http://www.jjckb.cn/2011-12/01/content_346347.htm，2018年4月10日访问。

款。"中改院"在市场化道路上做得比较彻底，它在1993年就由事业机构彻底转变为非营利性企业法人，注册身份为"中国（海南）改革发展研究院有限责任公司"，并拥有自己的公募基金会为其科研活动进行筹资。①

1990年代涌现出来并持续至今的民间智库包括世界与中国研究所（1993）、天则经济研究所（1993）、上海华夏社会发展研究院（1994）、上海东亚研究所（1995）、北京国民经济研究所（1996）、福卡经济预测研究所（1996）、"中国经济50人论坛"（1998）等。与智库行业密切相关的调查咨询行业也在同一时期有了长足发展，其优秀代表包括零点调查（1992）、安邦咨询（1993）、王志纲工作室（1994）等。按照组织形式，既有民办非企业，也有企业形式注册的非营利机构，甚至包括"中国经济50人论坛"这样的非法人性质的智库平台。② 专业性和社会影响力则是它们持续至今的根本保证。

在民间智库和高校智库先后蓬勃发展之前，中国的智库体系中只存在政府内部的政策研究部门和事业单位型政策研究机构两类。1980年代后半期，随着政府自觉地向决策机制民主化和科学化方向发展，民间智库应运而生，到1990年代，民间智库向着更加多元化和专业化方向发展。在同一时期，高校智库还基本处于初步发展的状态。③ 并且，当时的高校智库因完全属于高校内部的科研机构，也可以归入事业单位型政策研究机构大类中。如果说智库体系的形成有赖于智库类型谱系的相对完满，那么民间智库的发展就构成这一过程的关键性因素。或者说，没有民间智库的发展，就难以得出中国智库体系初步形成的结论。

---

① 见芦垚《中国新智库》，《瞭望东方周刊》2014年第6期。
② 在"中国经济50人论坛"成立之初，国家信息中心和中国经济信息网给了重要的组织方面的支持，但它本身不是一个（也没有意图成为一个）正式的机构，而只是一些经济学者自发组织进行交流的平台。曾金胜：《中国民间智库的别样生存》，《人民论坛》2007年第22期，第28~30页。
③ 首批高端智库中的武汉大学国际法研究所成立于1980年，但当时其主要是作为高校内部的一个科研机构而非决策咨询机构。

三 中国特色新型智库体系中的"差序格局"

西方学者注意到,与政府关系密切是中国智库的一大特点,智库影响力的发挥也很大程度上取决于智库的类型以及它们与政府的关系。① 中国智库类型本身也体现着它们与权力部门的关系,或者说体现着它们所对应的权力体系层级。按照《建设意见》所列举的智库类型,位于第一层级的是党政军部门内部研究机构,第二层级的是社科院、党校行政学院这类党政部门直属的事业单位型研究机构,第三层级则是科研院所和国企(主要是大型国企)的内设研究部门,其他类型社会智库或者民间智库则位于整个层级体系的底端。

不少学者指出过中国智库体系中存在的这种"位阶化"现象。例如,郑永年认为,在中国"内部多元的思想市场"中,"越靠近权力中心,权力中心对知识的创造者的政治信任度就高,其知识的合法性程度也越高,被吸纳进政治体制的群体对国家核心层的政治影响力随着其离核心层距离的增加而递减,就是说,'政治距离'和政治影响力是成正比的"②。朱旭峰的实证研究也印证了"政治距离和政治影响力成正比"这一判断。他发现,在事关重大决策事项时,"政府决策者选择各类身份专家的倾向性从大到小依次是本机构内政策研究部门的专家、事业单位研究机构的专家、高校里的专家和民间咨询机构的专家"③。

即使在民间智库之内,也存在同样性质的位阶。2015年底获批的25家

---

① Silvia Menegazzi, *Rethinking Think Tanks in Contemporary China*, Palgrave Macmillan, 2018, p. 86.
② "内部多元主义"是郑永年等在《内部多元主义与中国新型智库建设》中提出的概念,该书提出:"如果说在西方外部多元主义中,智库构成的是一个外部的思想市场,那么在中国的内部多元主义中,不同形态的智库构成的则是一个内部思想市场"。见郑永年等《内部多元主义与中国新型智库建设》,东方出版社,2016,第48页。
③ 朱旭峰:《专家决策咨询在中国地方政府中的实践——对天津市政府344名局处级领导干部的问卷分析》,《中国科技论坛》2008年第10期,第18~23页。

"高端智库建设试点单位"中,两家"基础较好"的社会智库"综开院"和"中国国际经济交流中心"(以下简称"国经中心")得以上榜。"综开院"的官方背景已见前述。"国经中心"从运作的经费来源看主要包括政府购买服务、会员费及赞助以及商业性咨询服务收入,从这一点上看比较符合西方智库界所谓独立智库的特点,但它实际上是国家发改委下属的国际合作中心和对外开放咨询中心两家机构改制后合并而成,其理事会也都是退而未休的政府高官,且因加盟官员级别之高而一度被誉为"中国最高级别智库",[1]故也属于典型的"半官半民型"智库。这两家智库被选入高端智库建设试点,本身就意味着"半官半民型"智库要比那些与政府联系较弱的民间智库位阶更高。至于资金筹措能力、影响决策渠道、人才招募层次等一应智库发展的软硬件条件自然也比其他民间智库要高。从这个意义上看,中国的智库体系实际上并没有彻底摆脱官方智库与民间智库二元结构的框架。

我们可以借用费孝通先生总结中国社会人际格局提出的"差序格局"概念,来形容中国社会不同类型智库在智库体系中的位阶以及由此形成的政策影响力的不同和发展动能的高低。总的来看,越是接近权力中枢(决策层)的智库,其赖以生存的资源保障越充裕,咨政渠道越通畅,政策影响力越大,同时因其依附性越强,其政策思想的独立性也可能越弱。《发展意见》明确表示社会智库"总体上还处于起步和探索阶段",这在很大程度上也正是这种差序格局的结果。

四 混合形态的新型社会智库建设为民间智库开拓了发展空间

民间智库在中国发展所遭遇的种种瓶颈,主要可以归结为如下几个方面。第一,保障其发展的体制机制不够健全,特别造成了民间智库的注册难

---

[1] "中国国际经济交流中心"简介(引自当时的中国国际经济交流中心官网),2014年6月30日,中国社会科学网,http://www.cssn.cn/xspj/qqzmzk/201406/t20140630_1233657.shtml,2018年4月10日访问。

（托管单位难寻）和筹资难（社会捐赠体制不完善）。第二，政府对民间智库的信任度不高，这直接导致其信息获取和建言献策的通道难以形成，在政策市场的竞争也缺乏公平环境。第三，人才队伍建设难，这直接影响了民间智库的专业化水平和核心竞争力。第四，管理水平和国际化水平不高，这很大程度上是因前面几种瓶颈而无法扩大规模和影响力的后果。第五，民间智库与政府、高校等类型智库交流机制匮乏，民间智库之间也缺少交流。这些瓶颈，都可以归因于上面所说的"差序格局"。

2015年中共中央办公厅、国务院办公厅《关于加强中国特色新型智库建设的意见》出台后，人们纷纷寄予厚望，期待能为民间智库发展打开突破口。① 但是，从实际情况看，要想根本扭转民间智库注册难、筹资难的现状还需要时日。现实的例证是，笔者查阅了2017年在京注册成功的民办非企业单位中，具有研究性质的机构少之又少，剔除那些单一聚焦于某一产业或过于偏重科技领域的研究机构，真正能够从业务属性上归为智库的不过两三家；2017年在京注册的基金会近百家，服务公共政策研究的一家也没有。② 这说明，即使在《建设意见》和《发展意见》的双重政策激励效应之下，政府机构如何顺畅地接纳和管理包括民间智库在内的民间组织的问题还未得到有效解决，还需要我们耐心等待观念的转变和实践的开拓。

根据中国现阶段的国情，急切追求完全独立的民间智库，或者追求其成为民间社会影响公共决策的一支独立力量，恐非所宜。在国际比较视野下从事智库研究的美国学者麦克甘等也指出："完全独立的、不从属于任何机构的智库目前在很多地方几乎都是不可能存在的；发展中国家和转型国家要很多年才能采取这种模式，并将其纳入它们的政治和社会架构中。"③

究竟哪种智库更有竞争力和发展空间，业界似乎也存在类似于经济领域

---

① 王辉耀：《"智库意见"：民间智库的一扇窗》，《留学生》2015年第2期；胡振华、袁瑛、张新设：《民间智库：发展瓶颈及其突破口》，《中国社会科学报》2017年1月27日。
② 资料来源：全国社会组织查询数据库，http：//www.chinanpo.gov.cn/search/orgcx.html。
③ 〔美〕詹姆斯·麦克甘等主编《智库的力量》，王晓毅等译，社会科学文献出版社，2016，第55页。

做强国企还是壮大民企的意见分歧，不同类型智库的代表从各自立场出发可能有截然不同的主张。一般来说，官方智库代表认为，与政府保持密切联系、直接服务于政府是中国智库的一大显著特征和独特优势，应该将此发扬光大。① 高校智库代表认为，半官方智库"既有官方的资源和信息通道资源，也有市场化活力，既有专业性，也有广泛的分布，它们的发展空间可能更好"。② 民间智库代表则认为，智库思考的着眼点是长远的和未来的问题，在新的时代发展阶段，解决中国如何实现现代化、实现小康这类重大问题，还得依靠民间智库。③ 民间智库最早的先行者之一的曹思源先生也曾说："中国的公共政策研究机构将来也必然要以民间研究院为主力"。④

在笔者看来，自2013年初习近平总书记对建设中国特色新型智库做出重要指示后，媒体、企业、社会资本都纷纷加入智库建设大潮中，传统的智库体系与新进入的资源孳乳相生，造就了一批混合形态的新型智库，目前在整个智库体系中最具有活力的恰恰是这批智库。比较而言，原有的民间智库不少要在新型智库体系建设的内在规定性下求变图存，传统的官方智库和事业单位型研究机构则显得创新动力不足。

近年来表现抢眼的混合形态智库主要的依托方来自传媒企业和高校。首先是由大型国有传媒集团领衔发起的一批所谓"媒体智库"，例如《南方都市报》与"奥一网"（南方报业传媒集团旗下网站）发起成立的"南方民间智库"（2012），南方报业传媒集团发起成立的南方舆情研究院（2014），

---

① 现代国际关系研究院副院长袁鹏接受中国网采访时如是说，采访文字和视频可见中国网的智库中国栏目，2016年12月5日，http：//www.china.com.cn/opinion/think/2016-12/05/content_39851632.htm，2018年4月10日访问。

② 上海大学经济学院常务副院长聂永有教授在2015年6月29日第四届全球智库峰会期间接受中国青年网采访时如是说，http：//news.youth.cn/gn/201506/t20150629_6802782.htm，2018年4月10日访问。此处所谓的"半官方智库"应该是指本文所说的具有政府背景又按民营智库方式运行的"半官方半民间"智库。

③ 中国幸福研究院院长、马洪基金会名誉理事徐景安2017年6月25日下午在深圳市马洪经济研究发展基金会举办的2017年政府工作民间评价研讨会上如是说，http：//www.szmhf.com/res_info.aspx?id=76，2018年4月10日访问。

④ 曹思源：《立足民间并非权宜之计》，《同舟共进》2009年第3期。

湖北日报传媒集团发起成立的长江智库（2015）、中国新闻社发起成立的"国是百人会"（2017）等。在高校方面，清华大学国家战略研究院（2012）、中国人民大学重阳金融研究院（2013）、华南理工大学公共政策研究院（2012）都是由校友捐赠或社会资金支持成立的智库平台。

这类新型社会智库的出现可以视为对智库体系中实际存在的官方智库和民间智库的二元结构的某种突破。它们所具有的混合形态使得它们能够很大程度上克服纯民间智库所面临的前述发展瓶颈。

首先，身份合法性难题或者说"找婆婆难"的问题，通过国有控股的传媒企业或属于全民所有制事业单位的高校的依托作用就相对容易解决。南方民间智库就是第一家以民间智库名义在广东省民政局获批注册的民办非企业组织。其次，传媒集团业务上接受政府宣传部门的规制，高校则要面对教育部的管理，因此对于政府而言，这样的智库也更信得过、用得上。再次，传媒企业和高校相较于民间智库，融资渠道也更加丰富，在资金使用方面也比财政全额拨款的政府智库或社科院系统更加灵活。最后，人才集聚对于高校和传媒企业而言各自都有优势，还可以强强联合。例如南方民间智库就联合了国内一批高校和研究机构，江苏紫金传媒智库则是以南京大学优势学科为依托，整合江苏本地文化企业和传媒集团相关资源成立。总的来说，通过官方背景、国有企业和事业单位资源以及各种社会力量的合作，新型社会智库能够克服传统民间智库需面对的诸多发展掣肘因素。

这类智库甚至还具有传统官方智库、高校智库、事业单位型研究机构所不具备的优势。例如，传媒智库在信息采集能力上具有天然优势，其智库功能的发挥往往也侧重于观民风、集民智。南方民间智库宗旨在集聚民间智慧向政府献言献策，南方舆情研究院专司舆情战略信息的分析、研究和运用，"国是百人会"定位于"公共政策的智慧众筹平台"，都是明显的例子。经费、机制上的相对灵活性使得新型社会智库在国际交流上有更大的自主性，近年来，察哈尔学会、全球化智库、人大重阳金融研究院等成为公共外交领域的新兴力量即凸显了这一点。

新型社会智库可以视为半官方半民间智库在新型智库建设大潮下的新发

展,也可以看作民间智库被纳入国家智库管理体系的成果。随之而来的问题是,在政府若隐若现的支持和干预下①,它们应如何保持民间智库的独立属性。这一问题的另一面则是政府将在何种程度上接纳具有完全自主性的民间智库。

诺贝尔经济学奖得主罗纳德·科斯曾说:"如今的中国经济面临着一个重要问题,即缺乏思想市场,这是中国经济诸多弊端和险象丛生的根源"。②前文已提到,郑永年认为中国实际存在一个内部多元的思想市场。假如我们暂且承认这两个判断并且将其放在一起讨论,便会得出中国的思想市场需要进行优化结构的改革这一结论。从以上列举的案例来看,改革的方向也许应该向新型社会智库的发展趋势靠拢。混合形态的社会智库的出现,一方面反映了中国社会需要知识创新、思想创新以因应诸多发展挑战和社会风险的内在需求,另一方面体现当下国家与社会之间以及权力与知识之间可能达成的某种平衡。它们能否像严格意义上的民间智库那样独立运转、独立思考,则决定了它们根本的发展前景。

---

① 在某些情况,官方主导色彩会十分明显,例如江苏紫金传媒智库就是由江苏省委宣传部这类意识形态管理部门牵头。
② 言出科斯 2011 年 12 月 15 日为 2011 年《财经》年会所做的视频致辞,凤凰网财经频道,http://finance.ifeng.com/news/special/2012cjnh/20111215/5276266.shtml,2018 年 4 月 10 日访问。

B.6
基层枢纽型社会组织的现状检视与未来发展
——以北京市X区为例*

卢 磊**

摘　要： 基层枢纽型社会组织是基层社会治理和新时代社区治理的中枢力量，也是社会组织生态建设的重要一环，更是基层政府与社会组织互动的主要通道。它在构建社会组织生态体系和现代社会组织体制中扮演着愈加突出的角色。本文在梳理新时代背景和研究文献的基础上，针对北京市X区具有代表性的基层枢纽型社会组织进行了深入调研，对当前基层枢纽型社会组织的发展现状进行了呈现和检视。本文以现状检视和问题诊断为基本点，主要从政策设计、行动路径和组织建设等方面就基层枢纽型社会组织的未来发展提出了具体建议。整体而言，基层枢纽型社会组织的发展既需要政策环境和外部因素的支持，更需要其自身注重内涵建设，这样方能在基层社会治理中发挥更大的作用。

---

* 本文为北京市X区社会建设办公室委托课题"枢纽型社会组织发展研究"的主要研究成果和民政部培训中心（北京市社会管理职业学院）2017~2018年度一般课题"基层枢纽型社会组织的现状检视与发展建议"（课题编号SGYYB2017-1）的阶段性研究成果。
** 卢磊，民政部培训中心（北京市社会管理职业学院）双师型讲师，民政部社会工作研究中心特邀研究员，中国社会科学院研究生院社工硕士教育中心实务导师，北京大学-香港理工大学社会工作硕士，社会工作师。主要研究方向为枢纽型社会组织、城市社区治理、基层政府治理和本土社会工作。

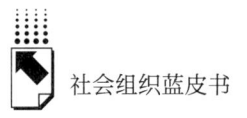
社会组织蓝皮书

关键词： 基层枢纽型社会组织　基层社会治理　社会组织生态建设

一　研究的背景、方法和概念

（一）时代背景

首先，大力发展社会组织已成为国家建设的重要战略。我国社会组织的发展进程与国家顶层设计紧密相关，在一定程度上，其发展取决于国家发展战略和顶层制度设计。社会建设是我国"五位一体"总体布局的重要构成部分，它为其他建设提供社会环境和条件，而社会组织则是社会建设的重要力量。十九大报告五次提及社会组织发展，涉及民主协商、社区治理、环境治理等诸多方面，从顶层设计上力促社会组织发展进入新时代。

其次，发展枢纽型社会组织是构建现代社会组织体系的题中之意。整体来看，我国社会组织总体发展较快、进步明显、成效突出，但依然一定程度上存在着数量有限、质量不高、管理分散等问题。针对这些问题，北京市委、市政府在2008年出台了以《北京市社会建设实施纲要》为基础的相关配套文件，从制度设计入手着力推动枢纽型社会组织发展。时至今日，北京市枢纽型社会组织已初成体系，市、区、街三级体系正在逐步形成并尝试积极推进社区层面的枢纽型社会组织，逐步形成了社会组织服务管理的"北京模式"并取得了一定成效。比如，聚合了社会组织服务力量、扩大了其服务范围、提升了社会组织的规范化水平等。当然，枢纽型社会组织工作体系建设还存在一些不足亟待改进，比如基层枢纽型社会组织体系构建还较为乏力、区域发展不平衡等。

最后，枢纽型社会组织是政社互动的桥梁。政府职能转变和转移需要社会组织的深度参与，但在政府相关部门分工协作不力、人力有限且专业性不足的情况下，如何有效统筹发挥社会组织的作用？培育发展枢纽型社会组织是解决这一难题的重要选择。枢纽型社会组织作为一种重要平台,在积极推动和落实政府政策的同时,也可以凝聚社会组织的发展力量,发挥聚合效应,积极建设社会组织发展的生态体系,还可以作为对外窗口实现公众监督从边缘走向常态。

(二)研究方法及选择

本文以质性研究中的访谈法为主,将个体深度访谈和小组焦点访谈相结合,辅以文献法、实地参访和小型研讨。在文献研究方面,以60余篇枢纽型社会组织研究成果为基础,对既有研究成果进行了系统梳理,为制定访谈提纲、提出政策建议等方面奠定了基础。在深度访谈与实地参访方面,被访对象主要考虑了地域性、代表性和发展层次等要素,在相关政府部门的支持和协调下,本文个体深度访谈8名相关负责人,小组焦点访谈2次,共计6个街道相关科室负责人和6家区级枢纽型社会组织负责人参与了小组访谈。在小型专题研讨方面,本文共计组织开展了3次专题性深度研讨会,就当前基层枢纽型社会组织发展中的主要问题和可能的发展路径进行了针对性研讨。

(三)概念界定

有关枢纽型社会组织的基本界定较早见于北京和广东两地社会建设部门的政策文件中,内容主要涉及政府认定、判定依据和主要功能等方面。

本文对枢纽型社会组织做出如下界定:它是由政府相关部门依据一定标准认定的,能够发挥中枢功能,通过一定的组织系统、协调机制和技术支持,实现培育发展、资本整合、咨询支持、自治互律和服务合作的社会组织。它属于社会组织体系中的"上游组织",主要具有枢纽性、平台性、支持性三大功能。其基本包括群团组织、社会团体、综合性社会组织服务中心。

本文所述基层枢纽型社会组织主要指的是区县和街道两级枢纽型社会组织。

二 文献简述

本文查阅梳理了60余篇参考文献,发现当前关于枢纽型社会组织的研究主要包括以下三个方面:一是对枢纽型社会组织的学术概念进行基本界定和阐述;二是基于某一地域或领域对枢纽型社会组织发展过程中的问题进行总结和分析,并提出建议;三是当前最多的研究是枢纽型社会组织在社会治理中的作用及影响。结合当前学术研究的主要成果,本文以研究内容为准进行了文献梳理。

(一)有关枢纽型社会组织的功能研究

整体概括而来,已有研究认为枢纽型社会组织的价值和作用主要有以下几个方面。

其一,通过技术支持和能力建设不断提升服务型社会组织的发展能力。其二,社会组织是社会的条理化构成,是一种社会原生态的存在,枢纽型社会组织将政府和社会组织连接起来,有利于处理好政府与社会的关系。其三,在行政体制改革的进程中,枢纽型社会组织能够促进政府职能转变和转变更加有效。其四,搭建了自上而下贯彻政策制度的新渠道,也创造了一个由下至上反映问题的渠道。

(二)枢纽型社会组织发展的现状研究

1.枢纽型社会组织的定位、类型及特征研究

关于枢纽型社会组织的基本定位。以北京市为例,自2008年以来以"政社分开、管办分离"为改革方向,在实践的过程当中逐渐形成了"以社管社"的基本模式,并搭载了社会组织与政府互通有无的通道。枢纽型社会组织作为社会组织中的一种特殊形态,与一般服务型社会组织之间存在着服务供给与需求、指导与被指导、支持与被支持的关系。

枢纽型社会组织先发地区的实践形态可以被归为人民团体、行业性协会

或联合会,以及综合性社会组织联合会或服务中心三种类型,既包括传统的组织形态,也包括新兴的平台型组织或支持型组织。它们具有一些特性,如排他性、整合性和代表性等。

2. 枢纽型社会组织的基本现状和面临问题

综合文献资料可知,北京等地对枢纽型社会组织建设进行了积极的探索。各地发展出不同特色的枢纽型社会组织建设体系。以北京为例,在2008年公布的"1+4"文件中提出的"枢纽型"社会组织引发广泛关注,体现了北京市在社会组织管理模式上的创新性探索。截至2017年底已经认定51家市级枢纽型社会组织、750余家基层枢纽型社会组织,三级枢纽型平台初步形成。

当然,各地的实践探索也暴露了一些问题,主要包括:其一,枢纽型社会组织发展需要更高层次的制度设计,以更加明确其发展地位;其二,枢纽型社会组织主要由政府指定,但是在指定的过程中未提供令其他社会组织认可的认定标准;其三,作为枢纽型平台其自身能力不足,缺乏具备相应能力的工作团队;其四,枢纽型社会组织统筹下的各组织间关系难以协调,缺少有效的协调机制;其五,政府对枢纽型社会组织具有较强的控制性,在资金来源和使用上都会受到一定的约束,这影响其部分职能的实际发挥。

(三)枢纽型社会组织的发展研究

针对发展初期的各种问题,很多学者在研究过程中提出了相关建议。第一,明确枢纽型社会组织的定位、职能和权责。第二,枢纽型社会组织的定位应该是建立在服务指导、反映诉求和沟通协调等几个方面,促使政社有序有效互动。第三,优化提升组织内部人员的业务能力和服务素质,也应培育自身获取资源的能力。第四,在资质认定的基础上应建立起对枢纽型社会组织的动态评价和考核机制。

(四)小结

作为我国社会组织发展过程中的本土化产物,枢纽型社会组织在聚合社

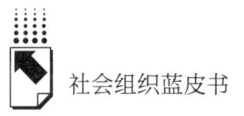

会组织力量、促进政社有序互动和丰富社会组织体系等方面都会发挥着重要作用。近几年随着政府部门的重视，有关枢纽型社会组织的研究成果有所增多，但是还主要存在两方面不足：一是主要研究成果还是停留在现状描述和学术探讨层面，对于枢纽型社会组织发展的政策研究和实际应用还比较有限；二是研究成果较多关注的是省市级枢纽型社会组织，对基层枢纽型社会组织研究少之又少。

本文以北京市 X 区为例描述基层（区街两级）枢纽型社会组织的基本现状，以问题诊断和经验挖掘为着力点，相对清晰地呈现当前该区基层枢纽型社会组织的现状与困境，并以此提出具有实际应用性的发展建议。

三 基层枢纽型社会组织的现状检视：以 X 区为例

在整体检视北京市枢纽型社会组织工作体系逐级推进并获得初步成效的同时，需要注意到这种成效的取得更多还是停留在市级层面，区级枢纽型社会组织成效显现大幅削减并呈现出区域发展较不均衡的特点，而街道级枢纽型社会组织则显得较为乏力。本文针对 X 区具有代表性的区级枢纽型社会组织和街道级枢纽型社会组织进行了深入调研，并以此对该区基层枢纽型社会组织的发展现状进行呈现和检视。本文认为，基本经验的找寻提升和主要问题的诊断呈现是改进完善和继续前行的前提与基础。

（一）已基本形成区街两级枢纽型社会组织工作体系，但有名无实现象较为普遍、实质性作用发挥不足、缺乏活力

根据市区相关枢纽型社会组织政策要求，该区相关政府部门和各街道先后认定了 22 家区级枢纽型社会组织和 65 家街道级枢纽型社会组织。从基本数据上可以看出，该区基层枢纽型社会组织已初具规模和体系，基本实现了全覆盖，但这只是一种"表象"，也就是说在具体实践中"表面存在"和"实效产生"差距甚远。当然，也有一小部分基层枢纽型社会组织进行了创新性实践探索并彰显了枢纽性功能，比如该区社会组织联合会、D 街道民间

组织服务中心等。

其中，区级枢纽型社会组织主要包括群团组织、行业协会商会两种类型，街道级枢纽型社会组织主要包括群团组织、行业协会、综合性社会组织服务中心及少数社会服务机构和社区组织，类型较为多元。总体看来，它们大都具有行政化色彩浓重的特点。从治理结构来看，街道级枢纽型社会组织结构完整但大都是空壳或基本工作由相关科室工作人员或社区服务中心等事业单位临时性、顺带性承担，运行机制还较为行政化和传统化。

——"说实话，我们之前被认定的枢纽型社会组织，工青妇都有自己的既定工作，还在琢磨怎么改革，（民间组织）服务中心基本上就是个空壳。我听说公共服务协会也差不多，要么做的事情也跟枢纽型社会组织没啥关系。"

——"我们这里（枢纽型社会组织）是挂在街道的社区服务中心，但实际上发挥功能的还是我们科室，相当于我跟一个同事两个人在负责中心的运营维护。我们主要是每年用它来申请项目，其他的功能基本没有，所以说相当于一个空架。""我们街道购买社会组织的服务基本都是我们科室的人直接对接完成的，工作量的确增加了不少，但是现在的枢纽型社会组织就是个空壳。"

还有部分区级枢纽型社会组织获得认定后，并未通过一定手段促使其枢纽作用的发挥。

——"我一直没看到过我们有枢纽型社会组织的牌子，而且我们都有自身工作，还真没有专门的人员关注这个方面（枢纽性功能作用发挥）。但其实我们的确有些工作也发挥了枢纽性作用，但还比较零散，也没全面系统地考虑过。"

——"我们现在还是面临一些困难，比如现在资金渠道还是太单一，很少有资金支持行业发展。再就是要很清楚地明确枢纽型社会组织的定位，它是区别于服务型社会组织的。"

于是，枢纽型社会组织并未成为原本设想的推动地区社会组织发展的纽

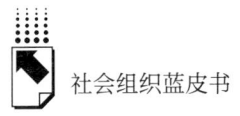

带力量，反之成为一种摆设、形式甚至负担（既没能有效开展相关工作，又需要应付任务）。这与枢纽型社会组织的认定标准、行政部门的机关化思维、对枢纽型社会组织的重视程度不够以及专业人才缺失等密切相关。这也使得地区社会组织发展和价值彰显实质性聚合力量不足、社会组织整体影像较模糊、社会效益"碎片化"，而枢纽型社会组织的基本作用和价值也没有实现。同时，在全区和街道层面，理应扮演重要角色和发挥聚合联结作用的枢纽型社会组织，则不断被边缘化，并进而在实然状态下处在了社会组织体系和社会治理的边缘地带，难以实现原本的角色和职责。

同时，在深度访谈中，研究人员也充分感受到区级枢纽型社会组织相关负责人和街道相关科室负责人对于枢纽型社会组织在当前的社会组织体系和承接政府职能上有较为明确的期待和强烈的需求。从实然状态和应然状态的对比可以看出，以枢纽型社会组织推动基层社会治理创新被视为一种可行的策略，但在具体运作层面，还需要更加明确其职能、保障其条件、考核其成效。绝大多数被访者期待具有实质意义的改革创新，在政策创制过程中既要清晰明确规范性要求，同时也应考虑各个街道的差异性，给予一定的自主空间。

——"之前可能社会组织这块占了很少的比重，现在可能占了我们一半多的精力，当时发展可能有这么一个困惑，我们精力有限，我们不可能每个项目都去追踪，每个项目都去考核，每个项目都去评价，所以我们想到的是要壮大枢纽型社会组织。"

——"政府购买社会组织资金要求慢慢严格。所以说，我们觉得通过第三方去管理项目会更合适，而且我们抽身会使这些项目更公正更客观，所以我们还是希望从制度和工作便利上有这么一个（枢纽型）组织。"

——"这个枢纽型组织，我们还是很需要，尤其是对于社会组织和社区项目的考核评估等。我们也想过招募比较有经验的社区主任带着几个年轻的社区工作者，组成一个团队进行工作。那我们就可以以公共服务协会为枢纽型组织，调用这些人来运作。"

——"我们还是希望相关政府部门能够有更多支持，比如要推行业发展和规范化建设就可以直接委托给枢纽型组织，它可以邀请不同组织和政府部门等一起就行业发展进行研讨。"

（二）注重政策牵动，但支持性政策乏力，整体规划性和统合性显得较为不足，缺乏有力度的良性竞争机制和考核机制

根据枢纽型社会组织的发展要求，X区也积极地进行了政策创制，制定了具体的实施方案，但是相关内容更多偏向行政性要求，缺少较为明确的可操作性要求、领导机制、保障措施和考核评估办法等。

——"有时候感觉到都是可有可无、可大可小的内容，一是强制性不够，二是领导层面重视不够，三是政策不具体、太模糊，四是基本上算是没有考核或者说不严厉。通过行政力量来推动，这些方面没有保障的话，肯定就流于形式了。"

——"如果能够把街道级枢纽型社会组织做起来，也可以撬动很多资源。其实街道不缺钱也不缺人，就是缺比较实用的接地气的政策。现在很需要相关部门的红头文件，这样科室就可以直接找领导沟通和决策。这样我们就可以抽调社区里合适的人，组建团队，把事情做起来。"

从整体布局的角度来看，针对枢纽型社会组织的发展规划需要更高的决策平台，一是这项事业需要与其他相关部门联动协作，二是党政整体力度优于部门推展的力度，三是关乎实施落地的深度和有效性。这就需要在检视现状的基础上，以问题和需求为切入点，广泛征询各部门、各街道及社区层面的发展性建议，做好枢纽型社会组织体系建设的阶段性规划，为持续有序的发展奠定基础。

——"现在很多东西都需要系统化或整体设计，不能太碎片化，这样才能协调推进又能明确主体。需要有'大枢纽'的概念，可以考虑由政府办加大力度。"

——"我们行业组织本身很多工作就是在发挥枢纽性作用，但是我觉得对这个方面（枢纽型社会组织）强调得不够，区里统一性要求和规划力度太小。"

——"我还是觉得要给街道更多空间,考虑街道的差异性,最好是鼓励性政策。有些在基层干起来会比较迷茫,因为不太清楚对不对,还是希望能有些支持。社会治理和社区建设都需要沉住气,需要一点的铺垫和按照规律一步步地来,尊重其科学性和规律性。要有观察再有决策,不宜硬生生盲目地推动。"

同时,整体上比较缺少相对深入的枢纽型社会组织研讨会,它们彼此间整体统合性还不够,纵横双向联动协作缺失,这就使得枢纽型社会组织发展经验既缺失了竞争性机制,又难以集中性显现发展成果,并使不同发展经验的规律性共识遗憾"丢失",且对外宣传倡导十分薄弱、整体社会效应大幅减弱。

——"现在的枢纽型社会组织还是有一些问题,一是比较分散,二是发挥出来的功能比较弱,三是规范性也比较弱。大家也没有正式交流过,都是比较临时的开会时简单聊几句。我感觉需要搭建这个平台,让大家相互学习。"

——"我们跟社会组织的合作早些年就开始,委托专业机构帮助我们运营平台并协助孵化支持社区社会组织,这种做法我们都已经做了几年了。我们去看了其他区的一些街道的做法,跟我们一样。但是还有很多地方和专家都不了解我们。我觉得还是要搭建一个平台或者找媒体给我们宣传下,要不别人都不知道!"

——"在区级层面建议先统(征求意见)再分(根据特色),由分(特色经验)再统(共同规范),要有不同的发展阶段。同时还可以结合北京市街道、社区体制改革的相关要求,一件事情、多重成效。"

基层枢纽型社会组织并未真正激活,与考核评估不无关系。据了解,目前对于枢纽型社会组织的考核评价较为缺失或流于形式,缺少较为有力的绩效考核(应考虑涉及主要领导和区域整体考评)及其内部公示。枢纽型社会组织的基本认定、考核评估和监督机制均不健全。最终带来的就是相关科室和枢纽型社会组织的不作为和应付心理,并影响地区社会治理和社会组织发展的目标实现和基本进程。

——"对于政策设计在相应考核方面也要提出明确要求,严格一些,并考核效益,不要只有工作布置但没有考核。对于枢纽型社会组织负责人的招募等可以提出一些要求。要用行政力量推动工作,没有严格考核的话,能不做的就不做。"

因此,枢纽型社会组织的建设发展需要更多鼓励性和支持性政策创制,强化更高层次的战略规划,更充分地显现统合性作用,积极搭建枢纽型社会组织交流研讨的平台,引入良性竞争机制,建立科学严格的考核机制,激发枢纽型社会组织发展活力,保存和提升本地区枢纽型社会组织发展经验和基本模式。

(三)街道社会治理和枢纽型社会组织各具特色、部分街道具有良好经验,但区域差异较大,街道对枢纽型社会组织的重视程度和支持力度不一

在实地调研和深入访谈中,被访人提及最多的就是各个街道的特点和差异性。各个街道对于这一点的敏感度和认知程度是值得称赞的,因为这是找寻在地特色的重要基础,这关乎本地区枢纽型社会组织的重点倾向。

该区各个街道枢纽型社会组织中较为类似的是占有比例最高的群团组织,但很有意思的现象是被访者均很少提及这一类别枢纽型组织的具体情况。究其原因在于:一是群团组织改革还要看方向,基层组织还处在观望阶段;二是街道层面群团工作者大都兼有其他工作,难以胜任;三是其自身已有完整的工作体系、需求程度较低;四是群团组织的特殊性。

除了群团组织以外,街道枢纽型社会组织的特色和差异性主要体现在以下方面:一是类型有别,一部分区域主要是作为社会团体的公共服务协会,另一部分区域主要是作为民非的民间组织服务中心,前者是行业组织,后者是综合性社会组织服务机构;二是各个街道枢纽型社会组织实际运作主体有别(见表1),有的是街道事业单位,有的是相关科室及公务人员直接负责,也有招募专业社会组织委托运营;三是各街道重要发力点有别,有的街道更加突出引入社会组织参与地区特色文化建设,有的街道则将侧重点放置在社

会组织引入和社区社会组织培育上,有的街道更加关注地区为老服务和地区资源整合;四是认知程度和重视程度不一,由于区域功能定位和地理位置的特殊性,各街道的中心工作压力较大,各个街道对于发展枢纽型社会组织工作的认知程度和重视程度不尽相同,因此实际支持和资源投入也就有所不同。

表1 基层(街道级)枢纽型社会组织运营模式

	委托运营模式	行政主导与社会组织参与模式	行政主导模式
要义	政府以委托或购买服务的方式,将基层枢纽型社会组织托管给专业社会组织运营,是为政社合作模式	以街道主责科室为主要力量,引入内外部社会组织发展承接街道和社区服务,以社会组织服务基地为空间载体,开展系列社区服务	以街道主责科室或事业单位为主要力量,包括街道相关科室和社区服务中心等
案例	D街道	X街道	Y街道

案例 D街道 X街道

就针对街道层面的调研来看,我们认为各个街道各有特色,但D街道和X街道的委托运营或类委托运营模式在政府职能转移、统筹地区购买服务、以空间换服务、引入专业社会组织及项目监测评估等方面均发挥了较好作用。在当前街道工作人员较为繁忙和专业性不足的情况下,以托管运营或由专业社会组织提供技术支持的方式,是渐进式推动枢纽型社会组织有效落地并彰显价值的重要策略。这一做法值得借鉴,但应在这一过程中注重对自身人员和在地团队的培育支持,这也是该区在街道层面培育社会组织服务基地的基本经验。

——"整体的这个楼体的运营也是通过和社会组织合作的形式,我们的枢纽型社会组织叫民间组织服务中心,但我们这个中心运营管理都是托管给一个专业的社会组织。"

——"这个枢纽型组织可以引来好的项目,落地在我们这里来,我就负责帮你搭好平台。每个科室都有需求,我们给提供桥梁纽带。也就是说,我这边一头对的是街道各科室,另外一头对的就是各社会组织,这样就是把大家的需求点对接好,且都有一套完整的流程。购买服务这块,从科室需求到项目的立项、评估,包括后续的执行、绩效,我们都是有一个完整的闭环,就是由这个专业的社会组织来做。所以就是这样确保财政资金最大限度地利用起来,也最大限度地符合地区群众发展的需求。也会由这个枢纽型组织组织专家团队,比如一些高校的教授、学者,来提供咨询和辅导。"

——"社会组织的引进,也是由我们枢纽型社会组织团队来做……下一步我们要做的就是和其他科室有很多密切的配合,要把民间组织服务中心作为枢纽型组织的地位更加凸显出来,它怎么体现呢?就是对社区社会组织的支持,我们一共有三百多家社区社会组织,基本上每个社区都得有十多个。"

(四)部分基层枢纽型社会组织乐于拥有名分,但作为枢纽型社会组织的身份认同和归属感较低,基本认定、身份赋予严谨性不足,角色定位不清晰

枢纽型社会组织由政府指定,属于行政行为,缺少专业元素和第三方评定机制。这样就不能获得一般性服务型社会组织的基本认可,这使得枢纽型社会组织认定成为"一厢情愿"和完全意义上的行政任务。这不利于枢纽型社会组织的持续发展。另外,有一个细节值得注意,即枢纽型社会组织获得认定后,并未获得正式文件,也未颁发具有象征意义的"身份证"。这不仅使认定行为和身份赋予不够严谨,而且使枢纽型社会组织的身份认同和归属感大大降低。当然,这也与前面所提及的保障措施和具体推进措施缺失等有关系。

——"我还真不知道,我们是什么时候被认定的枢纽型组织。好像也没有证书和牌匾之类的。所以这些年还真的没有比较刻意地看我们的工作哪些是属于枢纽型社会组织的。我觉得很多方面应该都是。"

枢纽型社会组织的角色定位不清晰或期待能够更加具体明确其角色是系列调研中谈及较多的问题,也是小型研讨的焦点议题。其中的主要难点在于枢纽型社会组织作为连接政府和社会组织及社区社会组织的桥梁,如何清晰

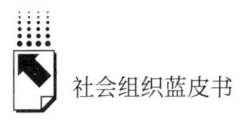

地认识并践行其基本角色?较多被访者认为,如果要枢纽型社会组织发挥实际作用,首先就需要在具体工作中明确其基本角色定位、可操作性职责和基本行动方向,同时应给予其结合在地特色进行调整和创新的空间。这也是基层枢纽型社会组织共同的心声。

——"最主要的是要给枢纽型社会组织定位好、规划好,我们一直还是比较模糊。当然,这类组织还是非常有必要存在的。它是很核心的连接点。""希望以后能够特别明确其定位和职责,具体做什么,怎么考核,为街道提供依据。"

——"可以把枢纽型社会组织的一些工作做个拓展,比如社会组织党建,一是明确方向,二是也可以减少街道组织部门的工作负担,三是还有一些创新性。对于未来的政策需要特别明确相应的科室,这样才可能促使具体的事情落地,否则就会扯皮或者糊弄。"

——"现在的社区社会组织有一些困难,一是它们不是法人,二是没有自己的账户也没法承接政府购买,再就是现在作为一个组织的概念还不够。可以发挥枢纽型社会组织的作用,弥补它们的不足。"

(五)大部分枢纽型社会组织资金来源相对单一且匮乏、外部支持不足和自身能力不足

目前基层(区级)枢纽型社会组织主要资金来源于财政拨付或政府购买服务,部分组织有其他收入,比如接待来访等;街道级枢纽型社会组织的资金来源也主要是政府购买服务,部分街道也积极整合了地区内外部资源,获得了企业和基金会的资金支持。因此,整体而言,枢纽型社会组织的资金来源还比较单一、匮乏,未能满足其充分发挥资源整合、孵化培育、联系服务等枢纽功能的资金需求,亟待投入专项资金并开拓多元化资金来源渠道。

另一个束缚枢纽型社会组织发展的是其自身能力不足,目前难以胜任其角色和职责,需要"专业的人来做专业的事"。枢纽型社会组织能否获得身份与其能否实现其角色功能是两回事。从枢纽型社会组织的构成来看,大都

具有较强的官方背景，对行政体系有较强的依赖性，且工作人员的专业能力较为滞后。这就需要枢纽型社会组织不断加强自身能力建设，加快组织转型和人员提升。

——"我们现在基本是科室人员兼着枢纽型社会组织的职务，或者说，枢纽型组织没有人了，只能由我们临时做一做。但是，说实话，我们也是这几年才刚刚开始了解社会组织，还不是很了解社会组织的运作规律。也只能先盯着。"

——"我们运作这个中心（枢纽型社会组织）有一个理念，就是'专业的事情交给专业的人去做'，所以目前我们主要是与专业的社会组织合作，请他们来帮助运营。我们只要提出目标和要求，给予社会组织一定空间，能够给予我们满意的成效就可以。当然，我们也可以要求专业社会组织在做的过程中带出一个我们自己的团队。还是要学习专业的理念和方法。"

（六）街道级枢纽型社会组织的尴尬处境

在街道级枢纽型社会组织的类型中，群团组织的实质性作用发挥非常微弱，因此被访者潜意识地将关注点投放在了社区公共服务协会和民间组织服务中心上。

社区公共服务协会和民间组织服务中心是该区较早在相关政府部门的要求下成立起来的街道级枢纽型平台，在被认定为枢纽型社会组织之后，并未发挥其枢纽作用。目前来看，它们基本都是一个空架子。对于未来发展，是要做实这两个已经认定的枢纽型组织还是再立"山头"？这是一个现实且棘手的难题。

对比北京市其他区县，目前街道层面的枢纽型社会组织既有后起的社区社会组织联合会，也有强调空间平台的社会组织服务基地。前者将关注点聚焦在社区社会组织培育发展上，但主要业务涉猎内外专业社会组织引入则较为不足，窄化了街道枢纽型社会组织的功能作用；后者基本都是未在民政部门登记注册的功能性平台，不具有独立法人身份，没有独立的账号，实际运作便利性较弱。

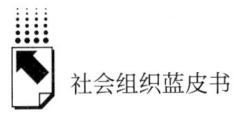

另外，从可操作性和可行性上看，新成立并认定枢纽型社会组织难度较大且需要投入较大的人力精力。"对于枢纽型社会组织是需要新建还是壮大？我觉得现在就是壮大，没有必要新建。如果重新来过，太复杂，难度也比较大。"因此，被访者和研究人员均偏向于做实已有枢纽型社会组织，主要从政策支持、资金支持、人员支持、能力建设等方面促使其"上位"并发挥实际作用。

但是，已有街道级枢纽型社会组织由社会建设部门具体认定和支持发展，但其登记注册在民政部门，业务主管单位又涉及各部门和街道，因此就需要打破部门壁垒，进行跨部门协作。也就是说，需要提升枢纽型社会组织发展的层次和规格，作为区域性社会治理创新和构建现代社会组织体制的地方工程。

四 枢纽型社会组织的发展建议：由X区出发

本文认为，枢纽型社会组织体系建设是一项综融性、专业性的系统工程，它的持续发展需要顶层的制度设计和发展规划，更需要找寻与当下社会发展形势相符合的具有现代性和可行性的重要策略和具体路径，以使枢纽型社会组织的具体角色和基本功能得以彰显，并积极打造现代社会组织的良好生态圈。

针对基层枢纽型社会组织的深入调研尤其是当前存在的诸多问题和挑战，结合不同地区枢纽型社会组织发展的基本经验，本文提出以下具体的发展建议。

（一）基层枢纽型社会组织发展需要大格局、大统筹、大机制

基层枢纽型社会组织发展早期阶段需要更有力度的行政统筹，以自上而下的力量带动并过渡到自上而下与自下而上并存直到以政府引导、社会组织为主的阶段，这需要一个渐进式的推动过程。要把基层枢纽型社会组织工作放在什么位置？这是个根本性问题。从重视程度和落地有效性上来看，枢纽型社会组织需要大格局。无论是区级枢纽型社会组织还是街道级枢纽型社会

组织，其发展都不只是单一部门的事情，只有一个部门推动，力度有限。这就需要部门协作和力量统合。

目前各地对于现代社会组织体制和体系建设尚处在摸索阶段，基层枢纽型社会组织在其中扮演着理论和实践上的双重角色，但是当前将基层枢纽型社会组织明确为社会治理和社会组织体系建设重点的地区较少。这是一个难得的切入点和发展契机。因此，建议把基层枢纽型社会组织发展作为地区社会治理创新的重头戏和主要亮点，并通过超越部门的更高规格进行政策创制。这样更容易形成一个区域性社会治理亮点，并能够有更大力度破解难题和进行创新，以此推动社会治理工作的部门协作和力量统筹。

（二）以项目化运作与管理为主要手段，积极建立基层枢纽型社会组织体制和运作机制

在充分考虑政府职能转移、购买服务以及财政资金使用的严格要求等多重元素的基础上，本文认为，项目化运作与管理是促使基层枢纽型社会组织的角色落地和功能彰显的较佳选择。社会建设相关部门可以积极利用专项资金，以委托专门项目或购买组团项目的方式积极引导基层枢纽型社会组织发挥其重要作用。这样既表达出支持其业务主管单位工作的诚意，也促成了双方共同推进枢纽型社会组织实际价值的彰显。

结合北京市街道和社区体制改革意见的相关要求，可以明确建议各街道建立政府购买社会组织服务领导小组，建立社会治理创新专家库，以基层枢纽型社会组织为核心载体与中枢平台，具体承接负责街道和社区层面的购买服务及项目管理评估工作，以购买服务、公益（微）创投和社区公益项目大赛等具体的手段和方法，推动多元主体的沟通、互动和协作。

（三）在明确基本原则和规范的基础上，充分尊重各个基层枢纽型社会组织的突出特质、差异性和在地特色，鼓励发展基于实际的多元模式

"一刀切"是当前社会治理政策创制和实践的通病，对其要做出两方

面的解读，一是需要基本规范和发展规律，二是应尊重实际情况和在地特色。在深度调研中，尤其是访谈街道级枢纽型社会组织主责科室时，几乎每个街道都谈及了这一点，区域差异是基本事实，也是探索多元模式的基础。因此，建议各区域或领域基于本地特点和特色，慎重考虑自身特色和差异性，选择适合自身的发展模式。

不同地区应以问题为本、需求导向作为基本原则，研究和制定基层枢纽型社会组织的鼓励性和支持性政策以及具体的实施方案，在明确基本原则和要求的基础上赋予其一定的创新性和拓展性空间，使其充分考虑各自的特色和实际情况，以激发发展活力。

（四）积极建立基层枢纽型社会组织及其主管单位的定期研讨交流机制

基层枢纽型社会组织工作体系建设首先需要强有力的统筹协调性力量，应公开招聘职业公益经理人整体负责基层枢纽型社会组织管理工作，鼓励各个街道进行基于自身特色的模式探索。与此同时，应明确业务对接相关科室的基本职责。

示范性枢纽型社会组织或区域相关政府部门，应动态性地给予基层枢纽型社会组织及其主管单位（科室）的负责人员提供系统、具体的各类支持，尤其是专题培训、专项能力建设和绩效考核。

（五）应尽快"做实"基层枢纽型社会组织，并开启试点示范建设

"空壳"现象是当前枢纽型社会组织的突出问题之一，亟须"做实"枢纽型社会组织的组织结构和主要人员。其主要做法包括但不限于：公开招募具有专业理念和能力的社会人士；调用本辖区较为优秀的社区工作者；借机招聘社区工作者；交由专业社会组织的专业团队负责等。

考虑当前实际情况，建议基层枢纽型社会组织明确其定位和职责，提供职能落地的保障性条件，加强不同基层枢纽型社会组织发展经验交流互动，引导其有序规范、创新发展。另外，建议进行"基层枢纽型社会组织认定

办法"的政策创制,并按照实际成效严格认定一批示范性枢纽型社会组织,强化其身份认同和职责使然,发挥其在基层枢纽型社会组织中的带动作用。

(六)以分批试点的策略,打造枢纽型社会组织发展计划

要推动枢纽型社会组织实质性"上位"和"归位",需要首先助力和提升枢纽型社会组织工作人员、管理人员的各方面能力和专业性,这是基层枢纽型社会组织走上正轨和良性运作的基本前提和基础。因此,应积极大力推动基层枢纽型社会组织与人才培育计划(尤其骨干人员)。

同时,建议优先选择有意愿、有条件的基层枢纽型社会组织进行试点和示范(区级支持、街道自主申请)。在此基础上进行推广,先试点后扩大,再示范和推广。这是基于过往失败教训和目前操作难度的折中性策略,同时兼顾考虑了竞争机制和考核机制的引入,重点加强基层枢纽型社会组织的规范化建设和实际价值彰显。

(七)出台推动基层枢纽型社会组织发展的专门意见,为其提供发展的保障条件和全面支持

政策创制是推动基层枢纽型社会组织发展的主要策略,具体制度设计建议如下。

其一,采取"1+N"的政策创制模式。采取"1+N"的政策群建设策略进一步推进基层枢纽型社会组织建设,可以同步考虑出台配套性实操性政策,比如基层枢纽型社会组织示范单位建设试点方案、基层枢纽型社会组织人才培育计划、社区社会组织培育发展的方案、枢纽型社会组织评价考核办法等。

其二,明确基层枢纽型社会组织的十个角色定位。协助区域性社会组织党建和党员志愿服务;负责或参与行业性或区域性相关需求调研和专题调查,推动建立社区居民和社区治理需求资源库;负责行业性或区域性社会组织互动平台搭建,资源整合、推介和对接;负责行业性或区域性社会组织培育与培训;负责或参与社区社会组织的孵化培育;协助社会组织相关政策宣

传与解读咨询;协助开展社会组织项目监测与评估;宣传推广基层社会治理的典型经验、人才;协助做好上传下达和下需上传的有效沟通;承接其他相关管理性和服务性职能。

其三,确定基层枢纽型社会组织的六大功能。一是凝聚各类社会资源,对接不同主体的资源需求,实现资源的最大化使用;二是沟通反映功能,加强与政府、其他组织之间的沟通协调,起到上传下达的传声筒作用;三是服务支持功能,有针对性地开展系列能力建设;四是培育发展社会组织和社区社会组织;五是宣传倡导功能,汇集服务经验、项目和案例,并加以积极宣传推广;六是监督管理职能,积极发挥行业自律功能。

其四,关于保障措施方面的具体建议。一是设立支持基层枢纽型社会组织的发展基金,多元化募集发展资金;二是通过综合性项目购买,"专业的事交由专业的人";三是区街两级政府应赋予枢纽型社会组织更多操作性功能空间;四是建立常态化的研讨交流机制,并以此营造枢纽型社会组织发展的潜在竞争机制;五是在基层枢纽型社会组织认定程序中明确加入"第三方专业评估"环节,加强认定的专业性,确保认定成效。

五 小结

基层枢纽型社会组织是现代社会治理和新时代社区治理的重要参与力量,在社会建设和现代社会组织体制构建中扮演着愈来愈重要的角色,是社会组织生态建设中十分重要的一环。它们联结着政府和大量服务型社会组织,在当前我国社会组织发展初级阶段有着独特的价值和作用,但依然存在着一些发展性问题亟待破解。

这就需要基于长期的实践探索,通过政策创制创新和适切的运作机制,构建枢纽型社会组织工作体系,切实发挥基层枢纽型社会组织的实际作用。当然,基层枢纽型社会组织的持续发展,既需要政策环境和外部因素的积极支持,更需要从内涵建设出发,方能在社会治理和构建现代社会组织体制中发挥更大的作用。

B.7
社会组织参与教育培训活动的效果分析

——基于北京部分社会组织的问卷调查*

何 辉 高妍春**

摘 要： 针对社会组织的培训活动，既是培养高素质社会组织人才队伍的重要手段，也是社会组织健康发展、满足社会需要的基础性工作。我国社会组织的培训工作是怎样的，如何在现有基础上更好地、更有针对性、更高效地组织培训？针对北京市一些社会组织的问卷调查发现，被调查者对现有的教育培训活动总体上是满意的，培训活动也呈现出多元化发展的态势，在培训的课程设计、培训形式、培训时间的安排等方面还有很多需要提升的地方。基于对问卷的分析，本文指出，今后的培训工作应该综合利用政府、社会组织和高校的各自优势，建立分层次的、多元化的培训教育体系，优化培训的时间安排和师资队伍建设，实施有针对性的培训。

关键词： 社会组织 教育培训 能力提升

---

* 本次调研，得到中国社会科学院研究生院社会组织与公共治理研究中心蔡礼强教授、徐彤武教授的大力支持和宝贵建议，在调研过程以及撰写报告过程中，北京市协作者社会工作发展中心的李涛主任、北京社会管理职业学院的卢磊老师提出了非常宝贵的意见和建议，黄亚青老师在问卷发放和整理中做了大量烦琐细致的工作，在此一并致谢。

** 何辉，中国社会科学院研究生院副教授，博士，工商管理学院副院长，中国社会科学院研究生院社会组织与公共治理研究中心秘书长；高妍春，中国社会科学院研究生院公共政策与管理学院教师。

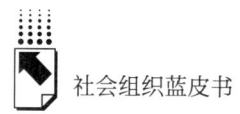

在国家政策的鼓励和支持下,近些年我国的社会组织发展迅速。社会组织不但成为诸多社会服务的重要提供者,甚至也在逐步成为社会治理的重要主体。不过,社会组织在承担越来越重要角色的同时,其整体上在能力方面的缺陷和不足也越来越显现出来。可以说,社会组织的发展与政府和社会对其的需求之间还存在着较大的矛盾。当然,这个问题一直存在,目前更为凸显。

社会组织发展的基础和关键是社会组织中的人。一定程度上,社会组织能否满足社会的需要,是由社会组织中人的素质和能力状况决定的。开展社会组织教育培训工作,是建设高素质社会组织人才队伍的重要手段,是引导社会组织健康有序发展的基础工程,① 是社会组织工作的有机组成部分。②

面向社会组织的教育培训,就是通过授课、指导、研讨等形式的学习,社会组织吸纳各种新的理念、制度与手段,提升组织能力,改进组织治理,促进组织的适应与发展,实现组织的目标和使命。③ 教育培训的主办者,既包括相关政府部门,也包括基金会在内的支持性或枢纽型社会组织,以及一些高校科研机构。近年来,各地民政部门组织的社会组织教育培训规模逐步扩大、经费投入逐年增加、培训效果不断增强。④ 2015年11月,发布《民政部关于加强和改进社会组织教育培训工作的指导意见》。2016年底,北京社会管理职业学院、东北财经大学、成都社会组织学院、长沙民政职业技术学院等19家单位成为首批全国社会组织教育培训基地。⑤ 一些社会组织举办的教育培训在课程设置、培训内容和形式等方面颇有特色。一些高校设立了面向社会组织管理者的研修班等,并为政府和社会组织举办的教育培训提供了重要的智力支持。

---

① 《民政部关于加强和改进社会组织教育培训工作的指导意见》,http://www.mca.gov.cn/article/zwgk/mzyw/201511/20151100877038.shtml,访问时间:2018年1月20日。
② 张海军:《关于加强社会组织负责人教育培训的几点思考》,《中国社会组织》2016年第21期。
③ 邓宁华:《发达国家的非营利组织能力建设》,《外国经济问题》2011年第2期。
④ 《民政部关于加强和改进社会组织教育培训工作的指导意见》,http://www.mca.gov.cn/article/zwgk/mzyw/201511/20151100877038.shtml,访问时间:2018年1月20日。
⑤ 《打造一支社会组织培训的"急先锋"——民政部加强社会组织教育培训工作小记》,《中国社会报》2016年11月17日。

不过，与种类丰富且数量日渐增多的培训工作相比，对其的分析和研究还极其少。目前仅有一些社会组织做过相关的调研，得到一些数据，学术界相对严谨的调查研究还付之阙如。我们研究的目的是，使用问卷调查的方法了解社会组织培训工作的现状，了解社会组织人员对于目前培训工作的看法，分析他们对于培训工作各方面的需求是怎样的。在问卷调查的同时，结合对相关培训资料的掌握，我们还通过访谈、参与观察等方式，了解政府部门、社会组织举办培训活动的情况和他们的观点。本文的调研结果，希望能够对有针对性地、高效地做好社会组织的培训工作，起到一定的作用。

本文分为五个部分：一是本次问卷调查的个体以及所在社会组织的基本情况；二是目前培训工作的基本现状；三是调查对象对于培训的主观认知和需求情况；四是对此次调研的情况进行小结；五是政策建议。

一 问卷调查对象的基本情况

在问卷内容的设计上主要了解以下几个方面的问题：（1）社会组织和调查对象的基本情况；（2）相关培训的基本情况；（3）怎样的培训方式、哪些培训内容是社会组织所急需的，如何更有效地组织培训工作？在很多方面，民办非企业、社会团体和基金会对培训会有不同的要求，因此我们在调研中对于不同类型的社会组织，也进行了比较研究。

为了提高问卷调查的质量和效果，我们采取现场随机发放问卷为主、线上答卷为辅的形式。从2017年7月初到9月底，在北京举办的一些社会组织的培训、会议、研讨会的现场，进行问卷的发放和回收。线下共发放210份，回收180份，有效问卷175份；线上填写77份，有效问卷71份，合计有效问卷数246份。有效问卷中，线上提交的占28.86%，纸质版本线下提交的占71.14%。表1是这次问卷调查的一些基本数据。①

---

① 下文中会对表格中一些数据进行简要的分析。

表1 问卷调查样本构成情况表（N=246）

基本信息	类别	样本数(人)	百分比(%)
组织性质	民办非企业	103	41.87
	社会团体	98	39.84
	基金会	10	4.07
	社区社会组织	33	13.41
	空*	2	0.81
性别	男	78	31.71
	女	168	68.29
学历	专科及以下	73	29.67
	本科	154	62.6
	硕士	16	6.5
	博士	3	1.23
	其他	0	0
任职时间	1年以下	61	24.8
	1~3年	89	36.18
	3~5年	47	19.11
	5~8年	21	8.54
	8年以上	26	10.57
	空	2	0.81

＊本文中，空是指被调查者对问卷中相应题目没有填写内容或者没有进行选择。下同。

1. 社会组织类型全面、以民非和社团为主

在民政部门登记的社会组织一般分为三类：民办非企业、社会团体和基金会。近几年社区社会组织的发展广受关注。而绝大多数社区社会组织只要备案就可以了。① 为了较全面地反映社会组织的培训现状，我们在问卷调查中将社会组织分为四类，即民办非企业、社会团体、基金会，以及社区社会组织。调查结果见图1。民办非企业和社会团体占比接近，社区社会组织居第三位，基金会占比居第四位。

---

① 目前已经有依法登记注册的社区社会组织，比如东城区朝阳门街道竹竿社区公共服务协会等。

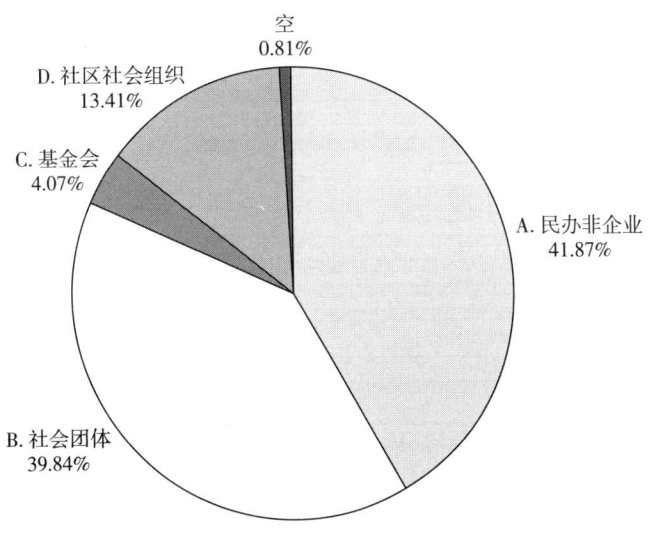

图 1　社会组织的类型

2. 养老服务领域社会组织占比最高

这些社会组织主要在哪些领域进行工作？我们设计了 16 个选项（可多选）。从图 2 可以看出，这些社会组织中从事养老服务的最多，其次是志愿服务，第三是青少年服务，第四是社区社会服务，并列第五是社会心理服务、社区建设和社区治理。党的建设和社会组织培育扶持并列第七。养老服务占比为何如此突出？这可能与近些年政府对养老领域的关注和政策支持分不开。2013 年《国务院关于加快发展养老服务业的若干意见》发布，推动了社会组织参与养老服务的热潮。北京市近些年也推出了不少政策，鼓励社会组织参与养老服务业的发展。

3. 近三年成立的社会组织占比达 44%

调查结果如图 3 所示。成立 1 年以内的组织占 17.89%，1~3 年的占 26.42%，两项合计占比达 44%。3~5 年的占 19.92%。不同类型的社会组织，其成立的时间分布是否有所区别呢？结果见图 4。

四类社会组织成立时间的特征有较大差异。在社区社会组织中，有 48.48% 成立不到一年，占比最高。在基金会中，有 40% 成立在 3~5 年，占比

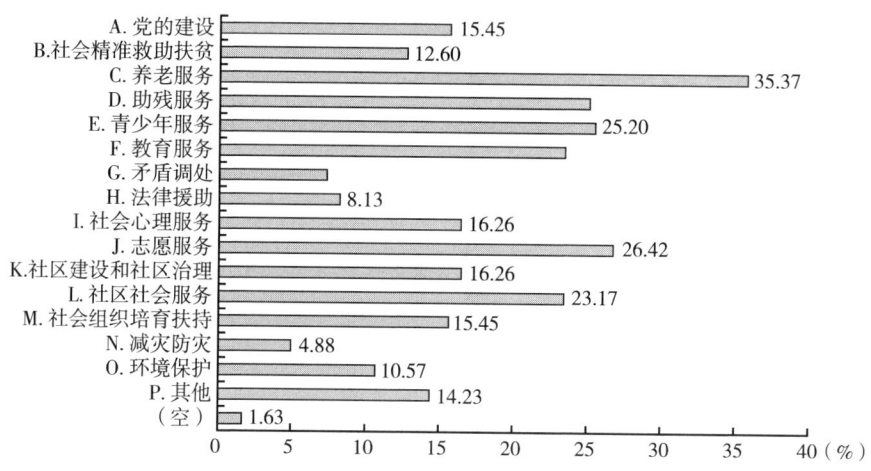

图 2　社会组织所在领域

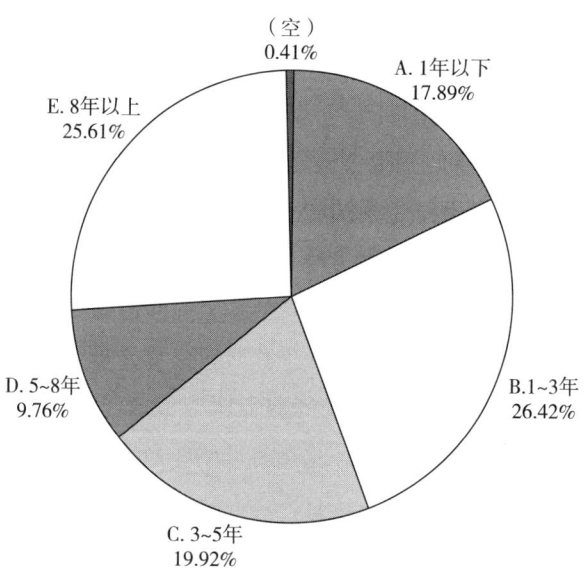

图 3　社会组织成立时间

最高。而社会团体中占比最高的是8年以上的，占比达37.76%。民办非企业占比最高的是成立1~3年的，为33.01%，其次是3~5年的，为27.18%。这四类社会组织成立时间的特征大体反映了当前我国社会组织发展的实际情况。

社会组织参与教育培训活动的效果分析

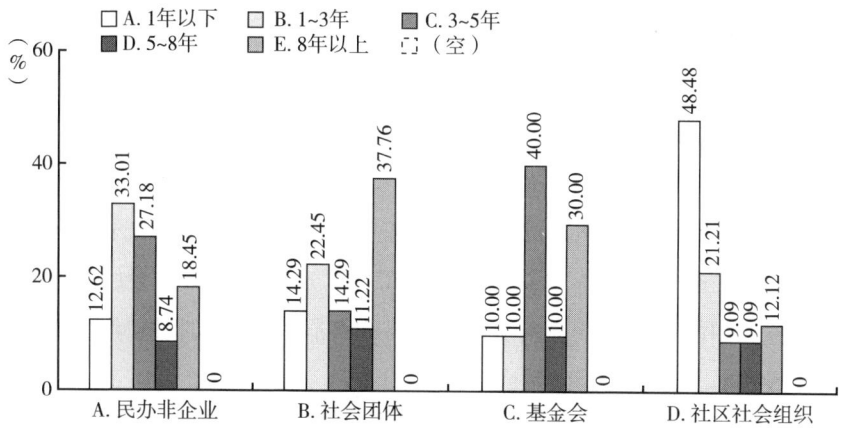

图4 不同类型社会组织成立时间的比较

我们重点来看一下社区社会组织的情况。北京市近些年一直在推动社区社会组织的发展，而2016年中办、国办下发《关于改革社会组织管理制度促进社会组织健康有序发展的意见》，提出要通过降低准入门槛、积极扶持培育发展社区社会组织。2017年6月，中共中央、国务院《关于加强和完善城乡社区治理的意见》，提出要大力发展在城乡社区开展纠纷调解、健康养老、教育培训、公益慈善、防灾减灾、文体娱乐、邻里互助、居民融入及农村生产技术服务等活动的社区社会组织。[①] 这些政策都进一步推动了社区社会组织成立的浪潮。

4. 约43.5%的社会组织近三年承接过政府购买服务项目

调查结果显示，在近三年有43.5%承接过政府购买服务，42.3%没有承接过，还有14.2%不清楚。图5则显示了不同类型社会组织是否承接政府购买服务的比较。在四类社会组织中，民办非企业承接过政府购买服务项目的百分比最高，社区社会组织最低。民办非企业承接的比例最高，是因为政府购买服务主要集中在社会服务类，而民办非企业与社会团体和基金会相

---

① 《关于加强和完善城乡社区治理的意见》，http://www.gov.cn/zhengce/2017-06/12/content_5201910.htm，访问时间：2018年1月20日。

比，整体上看更适合承接。社区社会组织的比例最低，是因为前些年社区社会组织缺乏承接政府购买项目的资格。不过，从政策看，目前已经逐渐鼓励和支持社区社会组织来承接政府购买服务了。例如2017年北京市财政局、北京市民政局、北京市社会建设工作办公室《关于通过政府购买服务支持社会组织培育发展的实施意见》就明确要求，建立社区社会组织综合服务平台，为社区社会组织承接政府购买服务项目提供组织运作、活动场地、人才队伍等方面的专业支持。鼓励在街道（乡镇）成立社区社会组织联合会，联合业务范围内的社区社会组织承接政府购买服务，带动社区社会组织健康有序发展。①

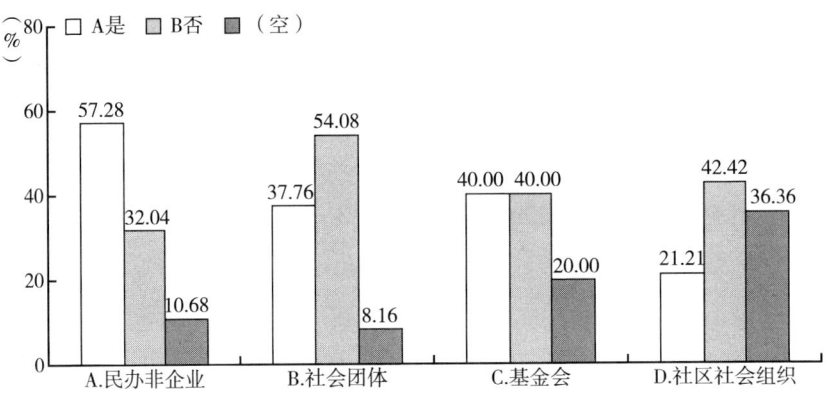

图5　近三年是否承接过政府购买服务项目（不同类型社会组织的比较）

5. 本科及本科以上的占比达到70.33%

被调查者的学历分布见图6。可以看出，本科及本科以上的占比达到70.33%。如果与之前的一些调研比较，社会组织的人员学历结构已经有了很大的改观。这在一定程度上也对培训的组织者提出了较高的要求，无论培训的形式和内容等都要能够契合相应学历水平的需要。

---

① 《北京市财政局、北京市民政局、北京市社会建设工作办公室〈关于通过政府购买服务支持社会组织培育发展的实施意见〉》，http://www.bjcz.gov.cn/zwxx/tztg/t20171025_849880.htm，访问时间：2018年1月20日。

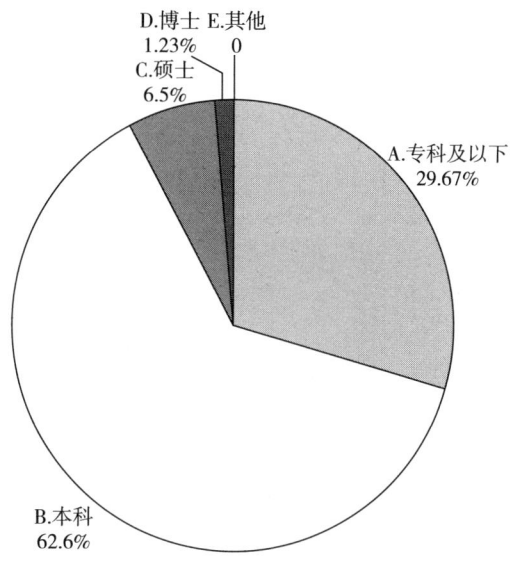

图6 被调查者的学历分布

对不同类型社会组织人员的学历分布做比较（见图7）。可以看出，在四类社会组织中，平均学历最高的是基金会，其次是民办非企业，第三是社会团体。这与我们通过访谈获得的信息是一致的。社区社会组织的学历分布相对最低，本科学历占比仅有54.55%，专科及以下占比达到36.36%。这反映了社区社会组织的基层特征，也预示着社区社会组织的培训教育工作更加任重道远。①

6. 被调查者的专业分布

由于专业种类众多，因此我们在调查中采取了由被调查者自己填写的形式。对数据进行汇总后发现，主要的专业分布如图8所示。显然，得益于近些年社会工作教育和职业资格考试的影响，社会工作专业占比最高，达到1/4。财务会计类27人，占比约1/9。法律、管理学、工商管理、心理学也比较靠前。

---

① 下文将对此进行分析。

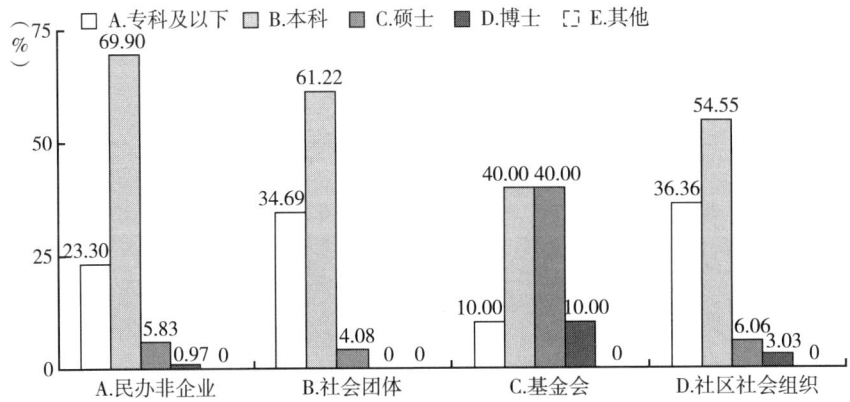

图7 被调查者的学历分布（不同类型社会组织的比较）

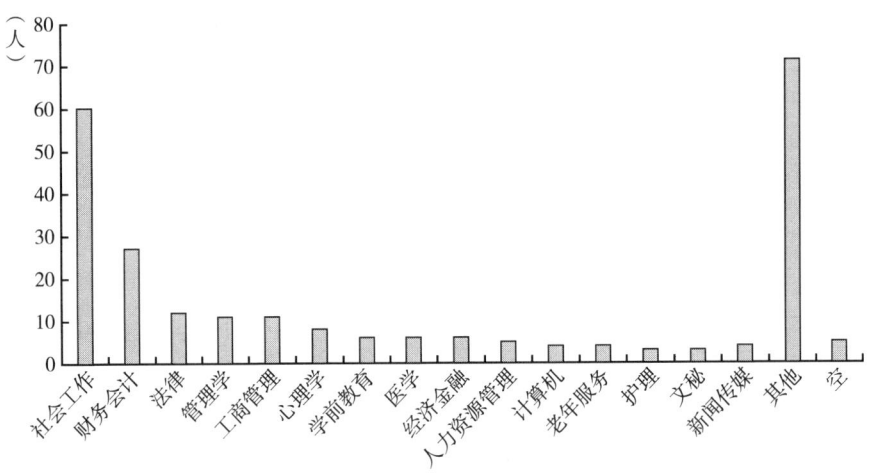

图8 被调查者的专业分布

二 培训现状

1. 约59.35%的调查者参加过外部组织的培训活动

调查的结果显示，有66.67%的调查者参加过组织内的培训活动，有59.35%的调查者参加过外部组织的培训活动，前者仅仅比后者高7.32个百分点。本次调查中，我们有一个问题是"您认为最有效的培训方法有哪些？"，调查的结果显示，组织内部的交流分享、老同事的传帮带两个选项分布占比达到39.0%、19.51%。也就是说，在大力推动由外部（包括政府、高校、其他社会组织等）举办的培训的同时，社会组织内部学习和教育培训工作也非常重要。而且，内部培训与外部培训相比，一般来说成本更低、效率更高。从这个角度看，目前组织内部的教育培训活动还不够多，这是值得注意的。

如果比较不同类型社会组织成员参与内部和外部培训的情况，会发现，社区社会组织成员无论是参加过内部培训的比例，还是参加过外部培训的比例，都是四类社会组织中最低的。前文提到，社区社会组织的学历分布相对最低，本科学历占比仅有54.55%，专科及以下占比达到36.36%。综合这两点，近几年虽然社区社会组织发展迅速，但社区社会组织的整体学历水平较低，针对他们的培训还非常缺乏，这些都急需改善。

2. 培训的组织方相对多元

调研中，我们设定培训的组织方有组织内部（所在单位或部门）、其他社会组织、高校和科研机构、政府部门等。这个问题是多选题。结果如图9所示，政府部门、所在单位或部门、其他社会组织的占比相当。

我们再分别看民办非企业、社会团体、基金会、社区社会组织参加培训的组织方的情况。从图10可以看出，除了基金会外，其他三类参加培训的组织方占比前三位都是所在单位或部门、政府部门、其他社会组织。基金会相对特殊，参加培训的主办方中，其他社会组织、政府部门、高校和科研机构的占比排前三位。高校和科研机构组织的培训在基金会那里扮演了相对重要的角色。

3. 偏向实践的教学方式培训效果最好

我们在问卷中希望了解，对于被调查者而言，参加过的培训中，哪些教学方式培训效果最好？在设计问卷时，我们通过与多位社会组织的中高层管理者的座谈，将现有的教学方式归纳为五种，分别是理论教学、案例分析、

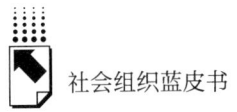

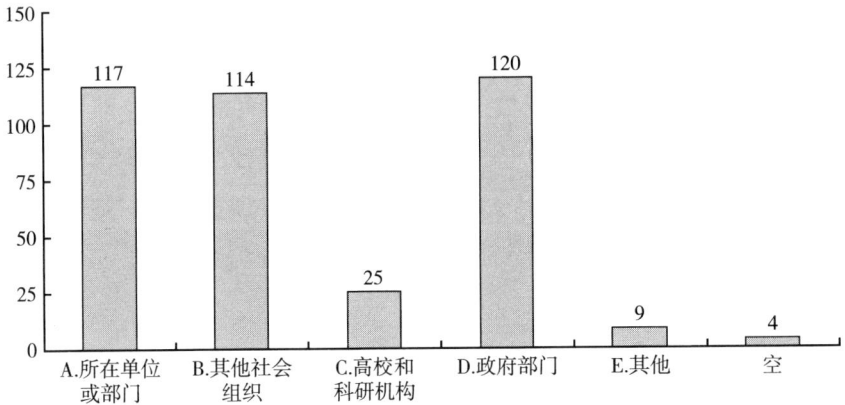

图 9 培训的组织方

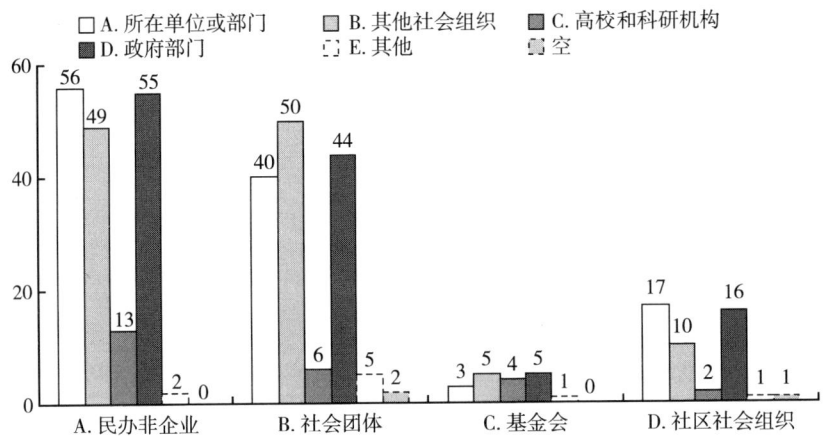

图 10 培训的组织方（不同类型社会组织的比较）

情景模拟、现场教学、实践中指导。调查结果见图 11。

图 11 显示，从教学效果来看，培训方式占比的排序为案例分析、实践中指导、现场教学、情景模拟、理论教学。被调查者认为偏向实践的教学方式培训效果最好。

ABC 美好社会咨询社《2017 年度公益行业薪酬与人才实践调研报告》中将培训的形式分为集中授课、座谈会/研讨会、考察/游学、项目实践、一对一导师帮扶、主题专项培训。该调研报告发现，被调查者认为培训效果好的培训形式从高到低的排序是主题专项培训、项目实践、一对一导师帮扶、考察/游学、座谈会/研讨会、集中授课。①将我们的分析结果与之对照，相似度很高。

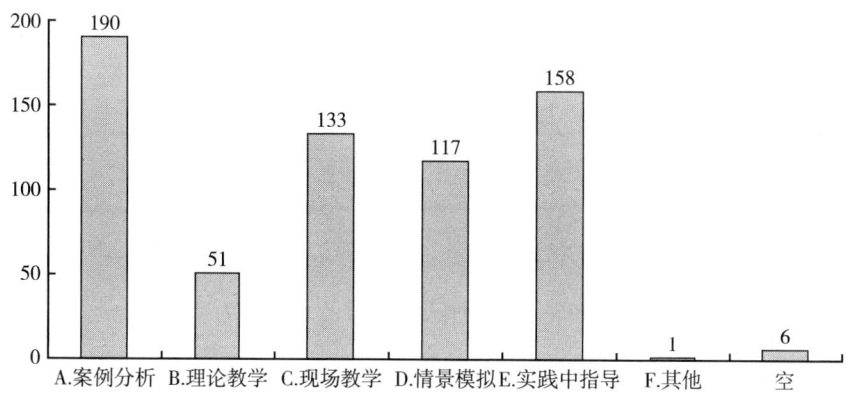

图11　不同教学方式的满意度

4. 参加的培训中最满意的三门课程

该题是主观题，我们要求被调查者写出答案。246份有效问卷中，除了24份内容为空外，被调查者为我们提供了丰富的信息。我们对这些内容进行简单的统计，如图12所示。

如果我们对这些课程主题进行简单的归纳，可以分为项目设计和管理、组织领导力（包括社会组织管理、领导力、沟通、团队建设与管理）、组织内部业务（包括人力资源管理、财务管理、志愿者管理、法律法规）、专业工作（包括社会工作、新闻发言人培训、心理咨询），以及其他（见图13）。

从图13中可以发现，在最满意的课程涉及的主题中，关于项目设计和管理类的课程占比达到23%，接近1/4。并列第二的是组织领导力和组织内

---

① http：//www.chinadevelopmentbrief.org.cn/news-20189.html，访问时间：2018年1月20日。

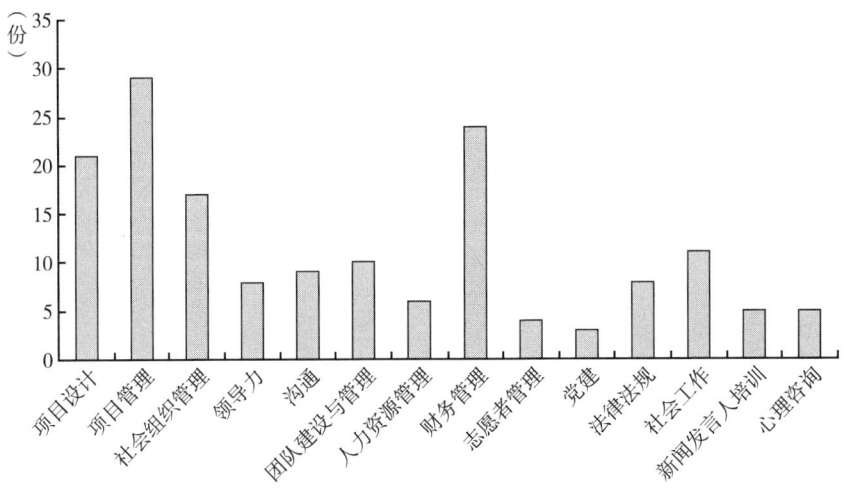

图12 最满意培训课程涉及的主题

部业务，占比都是20%，第四的是记录数最靠前的三类专业工作（社会工作、新闻发言人培训、心理咨询），占比为9%。其他的主题合计占到28%。尽管随着时间的推移，人们对培训主题的选择可能会发生改变，但我们的分析无疑为设计一个受欢迎的培训主题提供了一个好的基础。

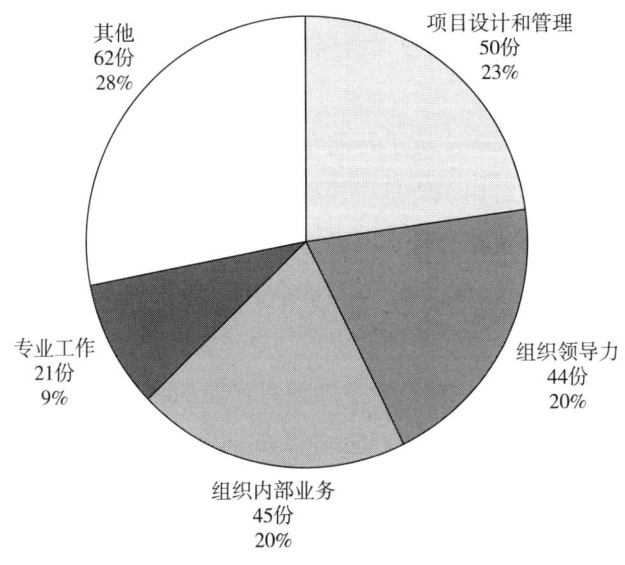

图13 最满意培训课程涉及的主题分布和占比

5. 整体上对培训的评价较高

图 14 显示，评价非常满意和比较满意的合计达到 87.8%。应该是对目前整个培训状况的充分肯定。零点研究咨询集团和多个社会组织发布的《2014 年中国公益行业人才发展现状调查报告》也发现，82.4% 的参与者肯定公益人才培养计划的效果。这与我们的研究结果类似。①

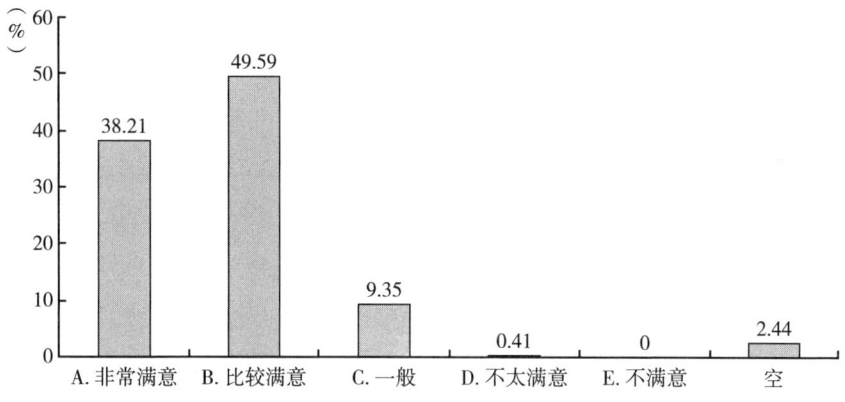

图 14　对培训的整体评价

6. 培训中还需要改进的方面

参加过的培训中有哪些方面需要改进，是我们本次调查的重要问题。在访谈和座谈中，我们询问培训对象，对于培训工作，不满意的地方是什么。结果发现，不满意的地方集中在：理论偏多、实操内容太少；授课方式问题（包括灌输式、不能充分调动学员参与、形式化）；授课内容问题（授课千篇一律、重复性较多）等。基于访谈调研，我们在问卷中设计了七个选项，其中包括四方面的内容：培训内容问题（培训内容精当、内容的实践导向）、培训的时间和频率、培训的形式和管理工作的优化、讲师的水平（见图 15）。可见，被调查者第一关注的是培训内容的实践导向；第二是培训形式多样化；第三是培训内容精当，减少内容重复和繁杂；第四是增加培训次数。

---

① http://www.naradafoundation.org/content/3655，访问时间：2018 年 1 月 20 日。

社会组织蓝皮书

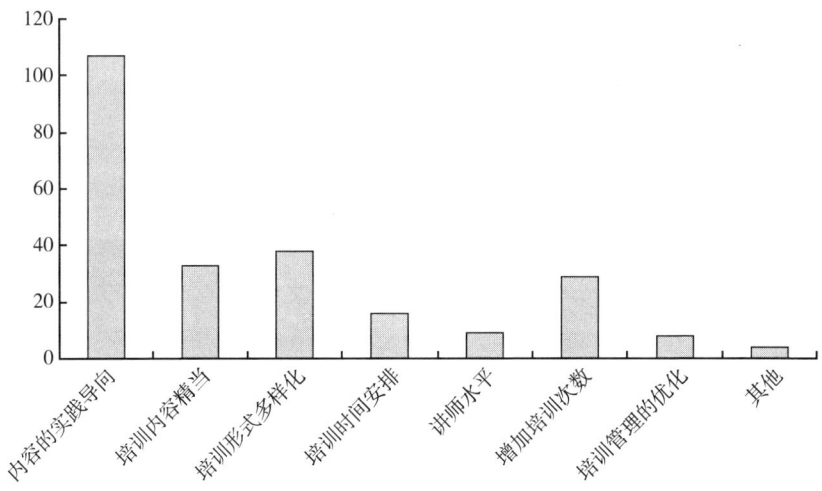

图 15　培训还需要改进的方面

三　被调查者对培训的认知和看法

这一部分,我们主要是想了解被调查者主观上对培训工作各方面的看法。该部分内容涉及对工作能力的要求是怎样的、感兴趣的培训主题是什么、有效的学习方式和培训师资等。

1. 社会组织管理者需要具备哪些关键能力

基于对管理实践和相应能力素质的理解,我们将社会组织中可能涉及的管理能力,分为战略规划能力、决策能力、统筹协调能力、沟通表达能力、团队协作能力、宣传传播能力、项目管理能力、志愿者管理能力。①调查中我们要求被调查者从中选出自己最关注的能力类型(多选),如图16所示。

---

① 关于能力要素的划分,不同学者乃至社会组织都有不同认识,例如《2014年中国公益行业人才发展现状调查报告》就将公益人才的职业技能划分为五类,分别是人际关系管理能力、实践执行能力、专业策划能力、综合管理能力、专业技术/技能。http://www.naradafoundation.org/content/3655,访问时间:2018年1月20日。

社会组织参与教育培训活动的效果分析

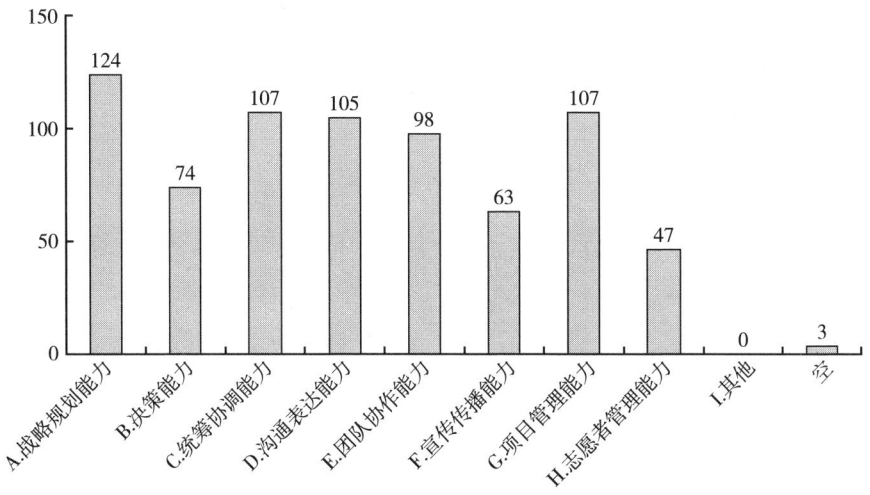

图16 被调查者最关注的能力类型

可以发现,排名前几位的依次是战略规划能力、统筹协调能力、项目管理能力、沟通表达能力和团队协作能力。我们再看不同类型社会组织的情况。

图17显示,民办非企业最重视战略规划能力、统筹协调能力、项目管理能力。而社会团体最重视沟通表达能力、战略规划能力、项目管理能力。基金会的前两位是战略规划能力、决策能力,占比接近,第三、四位是统筹协调能力和团队协作能力,占比非常接近。而在社区社会组织中,最重视的是沟通表达能力。

2. 对于涉及公共政策、管理等的培训主题,哪些是被调查对象感兴趣的

这个问题之所以被提出,是因为我们希望了解,除了非常实用的财务管理、志愿者管理、项目设计等课程外,社会组织对一些理论程度稍深,但更具有广泛应用的公共管理类的课程有怎样的偏好?结果如图18所示。占比靠前的五门课程是公共管理学、政策趋势分析、公共政策分析、媒体公共关系、危机管理。

从图19可以看出,民办非企业、社会团体、社区社会组织最感兴趣的课程是公共管理学。基金会最感兴趣的是危机管理。基金会的这种关注大概是受到这些年来一些负面新闻的影响。除了前些年人们广为关注的红十字会

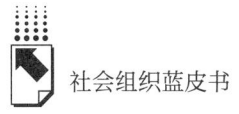

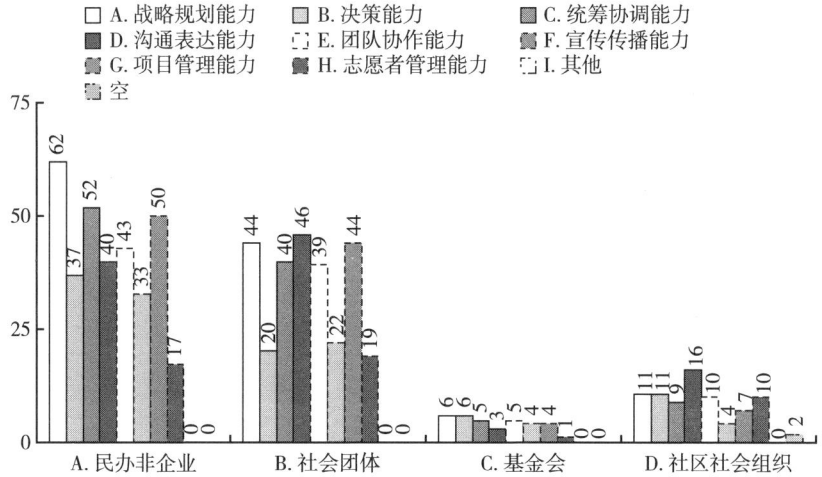

图17 被调查者最关注的能力类型（不同类型社会组织的比较）

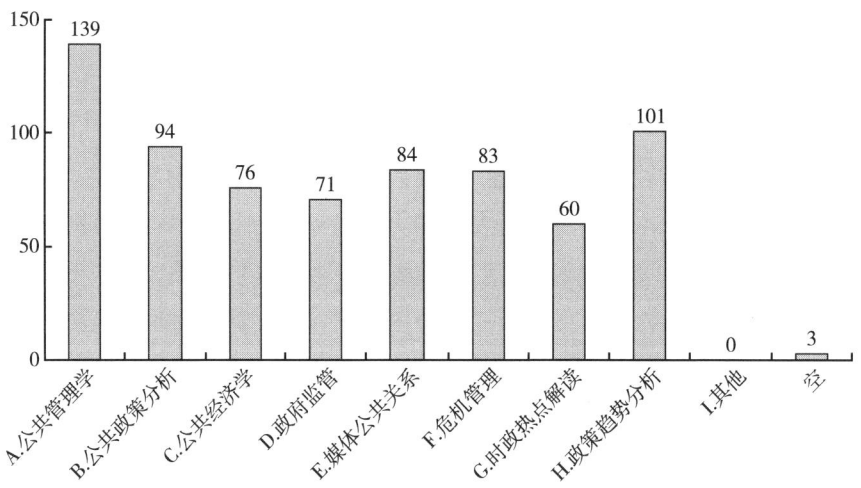

图18 被调查者感兴趣的公共管理类课程

的事件外，近几年不少基金会也爆出负面新闻。① 由此，危机管理成为基金会最关注的课程也就不足为奇。

---

① 《友成基金会牵手云集微店惹质疑，云集曾涉传销被重罚》，http://mini.eastday.com/a/171115114850486.html，访问时间：2018年1月20日。

社会组织参与教育培训活动的效果分析

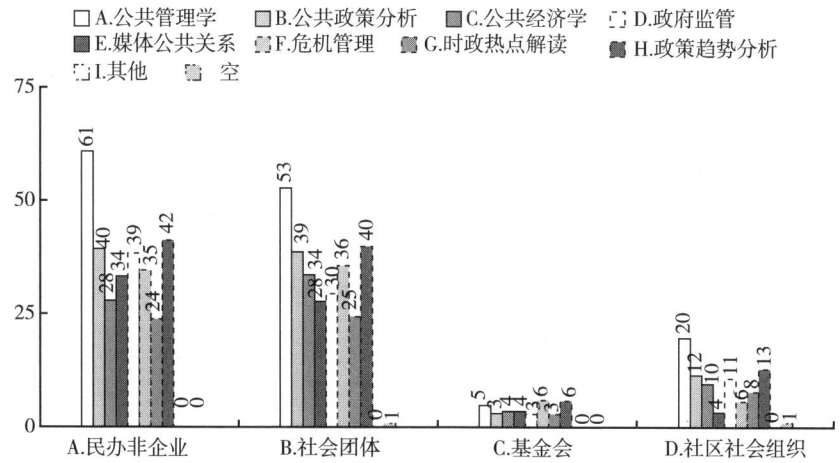

图19 被调查者感兴趣的公共管理类课程（不同类型社会组织的比较）

与我们的调研类似，ABC美好社会咨询社《2017年度公益行业薪酬与人才实践调研报告》认为，行业相关领域的培训内容，如非营利组织管理、项目管理、筹款等，需求已得到较好的满足，内容缺口主要出现在跨领域/跨专业方面，如领导力发展、媒体传播、政府间关系、市场营销、人力资源管理等。①

3. 最有效的学习方式是什么（多选）

在访谈中，我们请访谈对象结合自己的成长经历，谈一下他们认为有效的学习方式有哪些？设计这个题目，我们是希望将培训看作一类学习方式，将各种学习方式并置，了解被调查者对不同学习方式的认知。

图20显示，认为最有效的教育培训的方法是参加外部的培训学习，其次是请专家/同行到组织内部指导交流，第三是组织内部学习分享，第四是网络平台学习。显然，对于社会组织人员的能力提升来看，与外部培训学习相比，邀请外部的专家/同行到组织内部指导交流、组织内部学习分享乃至网络平台学习也非常重要。

---

① http：//www.chinadevelopmentbrief.org.cn/news-20189.html，访问时间：2018年1月20日。

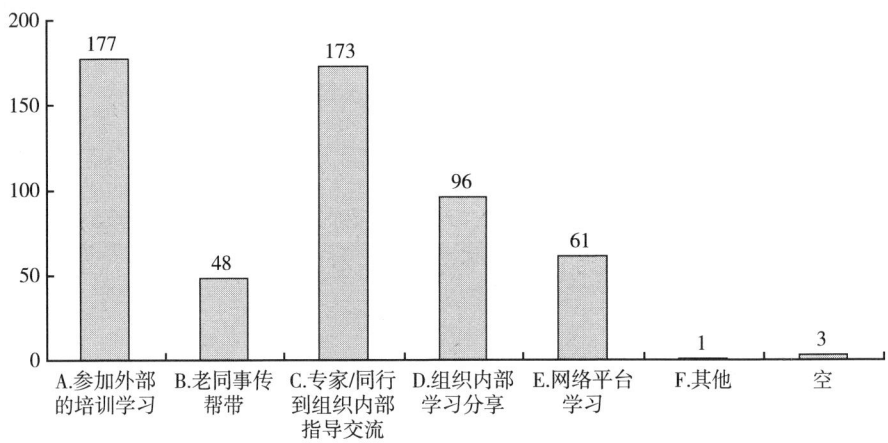

图 20 不同培训方式成效比较

4. 在外部的培训中，最理想的师资是怎样的

结合通过访谈获得的信息，我们在问卷中设置了四个选项，分别是公益行业领袖、公益行业成功项目的设计者和实施者、行业内的研究咨询者、政府官员和学者（见图21）。从问卷调查的结果来看，最理想的师资排名中，政府官员和学者仅排第四位。前三位分别是公益行业成功项目的设计者和实施者、行业内的研究咨询者、公益行业领袖。很显然，这

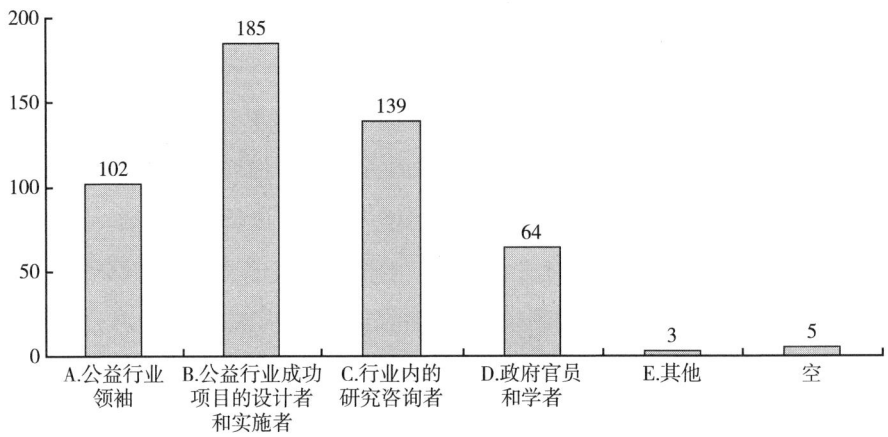

图 21 不同类型师资的优先性比较

个结果与前面的结果是一致的。即被调查者更欢迎有实践指导意义的课程，例如项目设计与管理的课程，欢迎类似案例分析等教学方式。目前的培训中，政府部门和高校举办的培训中，政府官员和学者是主要的师资。而社会组织主办的培训中，公益行业领袖、一些具体项目的负责人往往更多。仅仅从师资的配备来看，社会组织主办的培训可能更受培训学员的欢迎。①

我们再看一下不同类型社会组织的偏好。图22中显示，民办非企业、社会团体、社区社会组织都更欢迎公益行业成功项目的设计者和实施者，这显然与这几类社会组织重视设计和实施项目有关。而基金会中占比最高的是公益行业领袖，其次是公益行业成功项目的设计者和实施者以及行业内的研究咨询者。可以看出，基金会更重视的是从整体上了解社会组织发展的动态等，以便更好地开展资助或者项目运作。

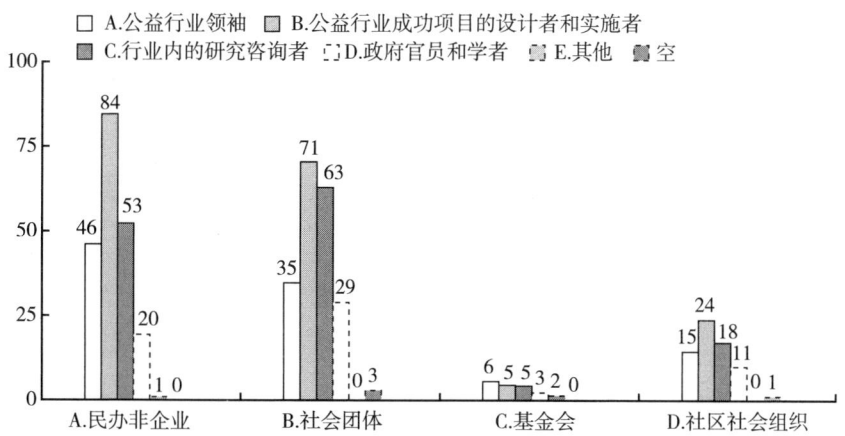

图22　不同类型师资的优先性比较（不同类型社会组织的对比）

5. 培训的时长、频率、时间段和费用

我们希望了解社会组织对于培训的时间安排有怎样的偏好？调查中我们设计了四个问题，分别来了解培训时长的现状，对培训的时长、频率和时间

---

① 后面我们会更详细地比较社会组织主办的培训和政府部门主办的培训的相关内容。

段的偏好。

（1）培训学习时长是1天的占比最高。目前一次培训的学习时长有1天的，2天的，3天乃至多天的。那么，学习时长的分布又是如何呢？培训学习时长的分布见图23。如果我们对图23中的数据稍微做些归纳，可以发现，一天的培训占比是59.35%，培训时长是2~3天的占比合计是47.97%，4~5天是15.45%。

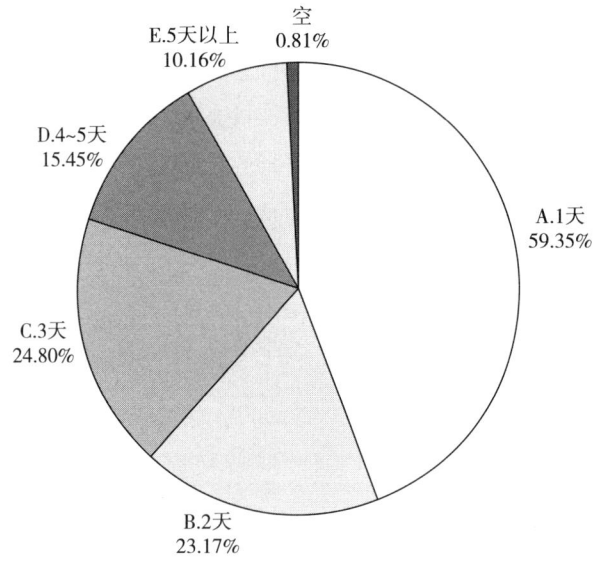

图23　培训中学习时长的分布

（2）一次培训学习时长多少天合适？上一个问题是对目前各类培训时长的现状了解。我们也希望获取被调查者对培训时长的主观看法。调查结果显示，1~3天的占60%，4~5天的占32%，5~10天的占4%，15天以上的占2%。从问卷结果看，人们普遍认为5天之内（占92%）的培训时长是比较合适的。这大体上反映了目前社会组织的人员普遍工作内容较多，长时段的离岗学习是不太现实的。

如果我们将培训时长的现状与人们对培训时长的偏好进行比较，会发现，现状调查中培训时长为4~5天的占15.45%，而人们主观上希望培训时长为 4~5 天的占 32%。简单的理解，就是目前的培训时长稍短于人们的期待。

（3）一年培训几次是人们所欢迎的？调查显示，认为每季度一次较好的占 36%，每半年一次的占 46%，每年一次的占 16%。如此看来，为满足社会组织人员的培训需要，保持至少半年一次的频率是比较好的。

（4）一年中哪些时间段是最适合安排培训的呢？图 24 显示，选第三季度的占 30.08%，选第二季度的占 22.36%，选第一季度的占 13.82%，无所谓的占 25.61%。一般来说，全年中第一季度和第四季度是各类单位工作比较繁忙的时期。显然从培训的有效性上讲，培训最好安排在第二、第三季度。

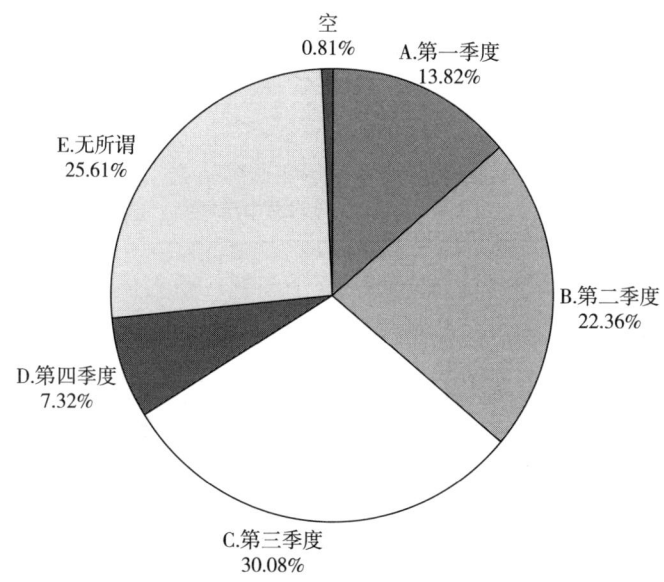

图 24　培训时间段的选择

6. 培训费用的支出

（1）所在单位是培训费用的主要承担者。培训费用问题要相对复杂一些，例如培训的课程费用、食宿交通费用等，可能分别由主办方和培训人员的单位来支付。我们最关心的是个人负担是怎样的？结果如图 25 所示，所在单位支出的占52%，政府支出的占27%，基金会支出的占4%，个人支出的占12%。应该说，个人支出的比例并不高。

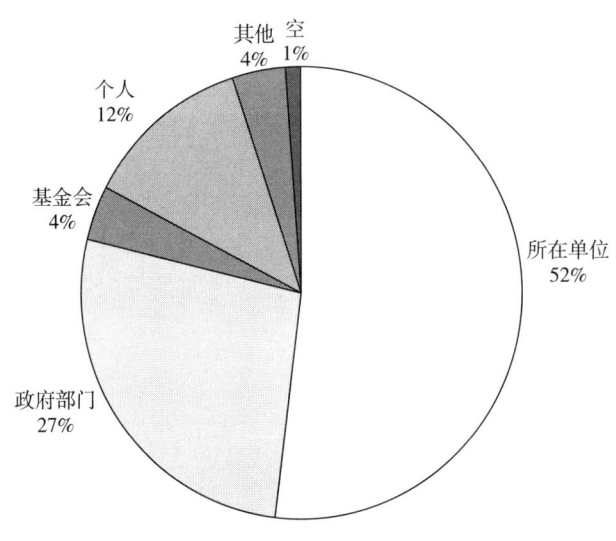

图25 培训费用的支出主体

（2）参加培训，是否应该免费？这个问题广受人们的关注。一些社会组织业内人士认为培训应该收费。一方面收取费用可以减少培训主办方的经济负担，另一方面收取费用后，培训对象一般来说会更加投入，培训效果也相对更好。对此观点，也有业内人士表示反对，认为社会组织本身就是做公益，因此培训不应该收费，如果收费，可能会引起误解，也会影响到培训的招生。那么，在本次调查中，被调查者对此持何种观点呢？我们在问题中设置了三个选项，分别是免费、象征性收取一点费用、收取合理的费用（见图26）。

认为应该免费的占61.38%，有21.14%的人支持象征性收取一点费用，有16.67%的人支持收取合理的费用。总体上看，1/3以上的人是支持培训收取一些费用的。我们对不同类型社会组织人员对此问题的回答也进行了比较，基本是一致的。

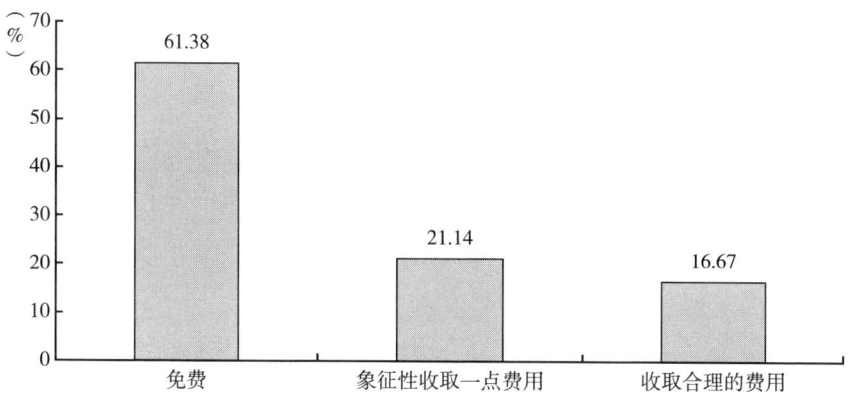

图26 培训费用的收取

四 小结

本次的问卷调查在以下几个方面,提供了新的调研数据或者见解。一是本次问卷调查的很多内容,对了解社会组织的发展提供了一些线索。例如不同类型社会组织的领域分布、社会组织成立的年限、参与培训的基本情况等。二是对社会组织相关培训的现状有了相对全面的梳理,例如培训的主办方、培训内容、培训形式、培训效果等。三是从社会组织从业者的主观视角,了解他们对现有培训的态度,对何为好的培训的看法等,也包括他们能力提升的需求信息,对培训方式和培训内容等的倾向;特别分析了不同性质的社会组织在这些方面的区别。下面我们对前文涉及的内容做一个小结。

1. 培训现状

有66.67%的调查者参加过组织内的培训活动,有59.35%的调查者参加过外部组织的培训活动。在举办培训的主体中,政府部门、所在单位或部门、其他社会组织的占比非常接近,高校和科研机构占比相对较低。基金会参加的培训中,高校和科研机构主办的占比较高。

对于不同的教学方式，认为培训效果从高到低的排序是案例分析、实践中指导、现场教学、情景模拟、理论教学。最满意的课程主要涉及项目设计和管理、组织内部业务、组织领导力等内容。对已有培训，整体评价非常满意和比较满意的合计达到87.8%。说明目前的培训还是比较受到认可的。至于培训中需要改进的方面，最靠前的四个分别是注重内容的实践导向、培训形式多样化、培训内容精当、增加培训次数。

2. 不同类型社会组织参加培训的一些比较

调查发现，与民办非企业、社会团体和基金会相比，社区社会组织成立年限平均最短，承接政府购买服务的比例最低，工作人员的平均学历也最低。社区社会组织成员无论是参加过内部培训的比例，还是参加过外部培训的比例，也都是四类社会组织中最低的。显然，在政策的大力推动下，社区社会组织蓬勃发展起来。但是基于其整体发展阶段和工作人员的学历情况，加大对社区社会组织的培训力度是非常急需的。除了社区社会组织之外，基金会参与培训的一些情况也表现出与民办非企业和社会团体不同的特征，具体内容这里就不再赘述。

3. 被调查者对培训的认知和需求

被调查者最希望具备的关键能力中，战略规划能力、项目管理能力、统筹协调能力排在前三位。对于一些理论化的课程，被调查者的兴趣集中在三个方面，即管理理论和方法、政策热点和政策趋势、对外关系和危机应对。最有效的培训方法是参加外部的培训学习，其次是请专家/同行来组织内部进行交流，第三是组织内部学习分享，第四是老同事传帮带。最理想的培训师资前三位分别是公益行业成功项目的设计和实施者、行业内的研究咨询者、公益行业领袖。在培训时间的安排方面，一次培训最合适的天数是1~3天的占60%，4~5天的占32%；培训的频次方面，每季度一次的占36%，每半年一次的占46%；培训的时间最好安排在第二、三季度。对于培训的费用，认为应该免费的占61.38%，有21.14%支持象征性收取一点费用，有16.67%的人支持收取合理的费用。

五 政策建议

总体来看，本次调研不仅对社会组织相关培训的现状有了相对全面的了解，而且从社会组织从业者的主观视角，了解他们对现有培训的态度，对何为好的培训的看法等。我们的调研结果，不仅仅对相关政府部门有参考意义，而且对于举办培训活动的社会组织，也有很大的参考价值，也能够为社会组织内部举行的相应培训提供不少参考信息。本次调研是基于北京市社会组织的问卷调查。我们也就问卷调查的分析结果与一些社会组织的负责人进行了交流，他们认为这个调研结果一定程度上也能反映国内许多地方的情况。

基于以上的分析，笔者提出下列想法和建议。

一是要进一步加强对培训工作重要性的认识，尽快落实相关政策。目前在国家层面，2015年民政部下发《关于加强和改进社会组织教育培训工作的指导意见》，2016年中共中央办公厅、国务院办公厅印发《关于改革社会组织管理制度促进社会组织健康有序发展的意见》等重要政策文本。各地也更加重视社会组织的培训工作，例如北京市2017年印发《关于改革社会组织管理制度促进社会组织健康有序发展的实施意见》《关于通过政府购买服务支持社会组织培育发展的实施意见》等。这些政策对于社会组织的培训都有专门的论述。例如，"把社会组织人才工作纳入国家人才工作体系，对社会组织的专业技术人员执行与相关行业相同的职业资格、注册考核、职称评定政策，对符合条件的社会组织专门人才给予相关补贴，将社会组织人才纳入国家专业技术人才知识更新工程。建立社会组织负责人培训制度，引导其自觉践行社会主义核心价值观，增强社会责任意识和诚信意识"，[①] "把社会组织人才工作纳入全市人才发展规划和工作体

---

① 《关于改革社会组织管理制度促进社会组织健康有序发展的意见》，http://www.mca.gov.cn/article/zwgk/mzyw/201608/20160800001526.shtml，访问时间：2018年1月20日。

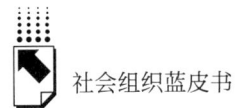

系，着力培养精通社会组织业务、熟悉国际规则、具备国际视野的社会组织人才，建立社会组织专业人才库"，"制定社会组织从业人员培训规划，加大社会组织领军人才和管理人才培训力度，推动从业人员继续教育"①，"民政和社会建设部门应统筹社会组织培训工作，完善社会组织培训制度，将社会组织人才纳入专业技术人才知识更新工程。定期组织对社会组织负责人、项目负责人、财务负责人等进行培训，进一步支持社会组织发展，相关经费纳入财政预算管理。行业管理部门、购买主体应结合行业发展和政府购买社会组织服务要求，专题开展社会组织能力建设培训，相关费用纳入财政预算管理。"②

不过，从我们的问卷调查和参与观察、访谈的结果来看，地方政府特别是基层政府在社会组织培训的规划设计、资金安排、课程设置、师资、培训方法的运用、培训对象的教学管理等方面还存在较大的提升空间。希望相关部门能够进一步按照政策要求增加对社会组织培训的投入，借鉴先进地区以及一些优秀社会组织举办培训工作的经验，做好培训工作。

二是加强社会组织能力建设领域的资源投放。近年来政府购买社会组织服务的规模迅速扩大，一些政府购买服务中有一部分是针对社会组织能力提升的，例如中央财政支持社会组织参与社会服务项目实施方案中，就专门设置了人员培训示范项目（D类）。资助具有教育培训职能和培训经验的培训机构（社会组织）开展社会组织负责人、业务工作人员培训，提升政策法规、项目运作、业务技能、专业知识等方面的能力，增强开展公益慈善项目的能力。不过总体来说，在社会组织能力建设方面的资源投入与现实需求相比，还非常不够，需要进一步加大。

三是在培训工作的组织中充分发挥政府和社会组织各自的优势，做好培

---

① 《中共北京市委办公厅 北京市人民政府办公厅印发〈关于改革社会组织管理制度促进社会组织健康有序发展的实施意见〉的通知》，http://zhengce.beijing.gov.cn/library/192/33/50/438650/1283221/index.htm，访问时间：2018年1月20日。
② 《北京市财政局、北京市民政局、北京市社会建设工作办公室〈关于通过政府购买服务支持社会组织培育发展的实施意见〉》，http://www.bjcz.gov.cn/zwxx/tztg/t20171025_849880.htm，访问时间：2018年1月20日。

训工作。据了解，发达国家非营利组织的能力建设活动的主体一般是非营利组织。能力建设活动的目的在于增强非营利组织（尤其是中小型的非营利组织）的能力，使之能够适应不断变化的环境挑战。美国一般采取分散的和自下而上的、以工商业技术为主导的，并有一定伙伴关系和社区基础的实施途径。英国则更偏重于志愿部门联合会（NCVO）与政府协作，立足于社区的方式。①

在我国，政府举办的培训在政策解读和法律法规的实操方面都更权威，也更强调社会组织的发展要符合中国特色社会主义建设的需求的方向，但政府举办的培训在课程设计和培训形式上相对僵化古板；社会组织举办的培训则在课程设计和培训形式上注重满足培训对象的个性化需要，也突出了社会组织第三部门的特征，但在凸显其价值观特色的同时有可能淡化对党和政府管理的认同。因此，在培训工作中，要重视发挥二者的优势。

四是做好分类培训。针对不同类型（民办非企业、基金会、社会团体、社区社会组织）的社会组织，需要不同的培训主题和内容。例如，针对基金会的培训，基于基金会的组织特征和人员关键素质能力的需要，可以设计包括下列主题的课程：社会问题敏感度、利益相关者视角、系统思考、目标导向及创造性执行、沟通及影响、团队管理、非物质非权力激励等。② 对于社区社会组织而言，其成员整体上学历水平要低于其他三类社会组织，他们参加组织内外部培训的机会要远低于其他三类社会组织。因此，在分类培训中，要特别重视面向社区社会组织的培训活动。

对于不同发展阶段（创始阶段、成长阶段、成熟阶段）的社会组织，也需要有相应的内容设计。例如，根据我们的调研，一般而言，创始阶段组织最关注发展策略的指导，成长阶段的组织最需要合作渠道，而成熟阶段的社会组织最需要的是组织治理的指导。而对不同类型个体（刚入职工作人

---

① 邓宁华：《发达国家的非营利组织能力建设》，《外国经济问题》2011年第2期。
② 参见墨德瑞特管理咨询公司发布的《基金会工作人员素质能力库1.0》，http://www.sohu.com/a/206197297_183012，访问时间：2018年1月20日。

员、基层工作人员、中层工作人员、负责人）等，也要有针对性的内容。例如基层工作人员应该主要聚焦于高效率、高质量地完成工作。因此，对于基层员工的培训应该侧重专业技术等知识和技能的学习和运用。对于社会组织中的中层骨干，带团队的能力、执行力和沟通协调能力应该是重要的培训内容；而高层则是聚焦于价值观、决策、与外部沟通互动和获取资源的能力应该是培训的重点。

五是优化培训的课程、师资和时间。要在深入研究培训对象需求的基础上，对课程的内容进行系统化构建。在师资的选择上，通过前文分析，整体来看受培训对象欢迎的师资更多是来自社会组织一线的公益行业成功项目的设计者和实施者、行业内的研究和咨询者，以及公益行业领袖。不过，结合我国现实情况，我们应该在大力支持社会组织主办的培训工作的同时，突出政府相关部门主办的培训的特点，例如重视国家政策法规的讲解、党建工作等内容，要借鉴社会组织举办培训工作的经验，使师资队伍更加多元化，多吸收行业内的人士参加。培训工作在时间安排、频次安排、培训时长的安排上要结合培训对象的实际情况。

六是建立多元化的、分层次的培训系统。政府应该大力支持各类主体举办的培训活动，例如政府相关部门直接举办的，政府委托社会组织举办的，高校举办的相对系统化的研修，社会组织举办的培训活动，以及社会组织内部培训等。在充分发挥全国社会组织教育培训基地引领作用的同时，注重多元化的发展，逐步形成分层次、系统的培训网络。

案例研究篇
Chapter for Case Studies

B.8

三社联动：社会组织与社区、社会工作互动机制建设

——来自北京市东风地区"三社联动"试点项目的实践与思考[*]

李 涛[**]

摘　要： 传统意义的社区已经分崩离析，任何单一的服务主体都无法回应日趋多元的社区需求，社区、社会工作和社会组织作为社区治理的三大主体，能否优势互补形成服务合力，关系社区治理体系的构建质量。北京东风地区引入社会组织专业力量开展"三社联动"试点，经过三年多的努力，探索出将政府的行政力量与社会组织的专业力量相结合，将外部的专业

---

[*] 本文受益于北京协作者承接的民政部2015年度政策理论研究课题"基层社会治理中的社区、社会组织与社会工作互动机制研究"（课题编号2015MZR0252702）。同时，感谢民政部社会工作司、北京市民政局和朝阳区农委对"三社联动"试点工作的支持，特别是朝阳区农委焦成志科长，东风乡冯楠副乡长、潘艳辉副乡长，对试点工作的指导和支持。

[**] 李涛，协作者（Facilitators）创始人，北京市协作者社会工作发展中心主任，民政部首批全国社会工作领军人才，研究领域为社会组织建设、社会工作实务以及城市化与流动人口。

支持与社区内在的资源有机整合，共同推动社会组织与社区、社会工作互动机制建设的工作模式，形成了以社区为资源配置平台，以社会组织为组织载体，以社会工作人才队伍为专业支撑，优化配置三方资源，培育社会组织，发展社会工作，促进社区参与的"三社联动"格局。本文通过对"东风试点"工作的梳理分析，澄清了"三社联动"机制建设的目标、策略、方法和实施路径，以及政府、社会组织、社区、社会工作及社区居民等各方在"三社联动"中的角色定位，认为"三社联动"的目的是拓展社区居民参与社区治理的渠道和平台，"三社"必须聚焦于有效服务民生促进社区参与的目标，回归各自的角色定位，才有可能实现自主联动。

关键词： 三社联动　社会组织　社会工作　社区

2013年7月，北京市协作者社会工作发展中心（简称"北京协作者"）①受北京市民政局委托，在朝阳区农委支持下，以位于朝阳区城乡结合部的东

---

① 北京市协作者成立于2003年2月，是我国成立最早的民办社会工作机构之一，北京市5A社会组织，被民政部评为首批全国社会工作服务示范单位。机构以"团结协作 助人自助"为核心理念，致力于与政府、企业、NGO及志愿者广泛合作，提升困境人群社会参与能力，建立多元包容、长幼共融的社区。北京协作者以扎扎实实的专业实践积累了丰富的社会组织建设、项目管理、志愿者管理、社会工作实务、专业人才培育与督导、研究与推广，以及承接政府购买服务的经验，构建了"服务创新—政策倡导—专业支持"三位一体的战略服务体系。北京协作者创新的助人自助的专业服务模式被中央编译局授予第二届中国社会创新奖，目前，协作者模式已经被复制推广到长三角、珠三角和山东半岛地区，分别成立了南京协作者、珠海协作者和青岛协作者，并培育扶持了数十家社区社会组织，形成了一套整合社会工作专业人才、社会组织和社区三方力量共同开展服务的理念和方法，为参与东风试点工作奠定了专业基础。更多信息可登录协作者官网：http://www.facilitator.org.cn，或搜索"协作者云社工"微信公众号。

风地区为试点,在北京启动了第一个"三社联动"建设试点工作(以下简称"东风试点"),北京协作者经过三年多时间,初步探索出将政府的行政力量和社会组织的专业力量有机结合,将外部的专业支持与本土社区内在的资源有机整合,形成以社区为资源配置平台,以社会组织为组织载体,以社会工作人才队伍为专业支撑,优化配置三方资源,构建以培育社会组织、发展社会工作、促进社区参与为格局的"三社联动"机制。[1] 之后,又将试点经验复制推广到以北京市东城区东四街道为代表的中心城区。2015年,北京市民政局基于试点经验的总结,制定了《关于加快"三社联动"推动基层社会治理创新的意见》[2] 等一系列推进北京市"三社联动"试点工作的政策文件,将试点工作在全市推广,并于2016年基本实现了全覆盖,形成了加快推进"三社联动"、推动基层社会治理创新的长效机制。2017年,《中共中央国务院关于加强和完善城乡社区治理的意见》明确提出了推进社区、社会组织、社会工作"三社联动",完善社区组织发现居民需求、统筹设计服务项目、支持社会组织承接、引导专业社会工作团队参与的工作体系。[3]

在实践中探索,于行动中反思,是社会工作者应具备的专业素养。北京协作者在参与试点工作过程中开展了实证研究,针对社区、社会组织、社会工作者的需求评估和绩效评价进行定量分析;通过开展参与式工作坊、小组辅导、个案督导、组织培育、社会工作专业人才队伍建设等服务,嵌入工作观察和深度访谈,进行定性分析,发现和记录在实践过程中涌现出的大量问题、经验和案例,收集分析客观现象背后的深层次内涵,进而探索和总结"三社联动"机制建设的目标、策略、方法和实施路径,分析"三社"在互动机制建设中的角色和定位,并澄清"政社合作"在推动"三社联动"机制建设中发挥的作用,为社会组织参与社区治理创新提供实务参考。

本文是笔者作为北京东风地区"三社联动"试点工作的负责人及实证

---

[1] 李涛:《北京:外部专业支持+社区内在力量》,《中国社会工作》2015年第13期,第20页。
[2] http://www.bjmzj.gov.cn/news/root/wdljsfry/2016-01/116209.shtml,2016年1月5日。
[3] http://www.mca.gov.cn/article/zwgk/topnew/201706/20170600004773.shtml,2017年6月12日。

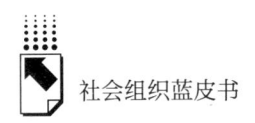

研究的参与者,对该试点工作的思考和总结,以期从实务的角度,为加强社区治理体系建设,做出力所能及的贡献。

一 为什么要开展"三社联动"

我们恐怕从未像今天这样深刻体会到20世纪30年代初,费孝通先生将"社区"(Community)这个概念引入中国的重大意义——在刚刚结束的党的十九大上,社区治理被提升到构建国家治理体系和治理能力现代化的重要发展战略的高度。而"三社联动"正是蕴含于新时期社区治理语境下的产物。

(一)社区工作面临的挑战

社区是人的生活共同体,这个共同体是由共同的地域、文化、利益和社会交往而凝聚的,这是社区的基本概念。然而,这个共同体正面临着前所未有的挑战。"我每天早晨上班的时候,在社区门口会看到有人开着上百万的豪车,有人骑着几千元的电动车,有人蹬着一辆谋生的三轮车,还有人连买一辆自行车心里都要算计几天……他们和我都生活在这个社区,但我们是一个有着共同文化、利益诉求和组织特征的'共同体'吗?"

传统意义的社区正在"分崩离析",这是我们新时期社区工作不得不承认的现实,也因此,很多人在自己家里都感觉不到社区服务的存在,这并不是社区工作者不努力,而是传统的社区工作已经无法适应变化了的"社区"——那个试图通过一个措施、一个活动、一个通知来统一社区思想、凝聚社区力量、服务社区居民的社区时代,已经一去不复返了。

结合多年来参与社会工作服务实践的体会,笔者认为新时期的社区工作主要面临三大挑战。

1. 社区需求的多样性与服务力量的单一化的矛盾

我们之所以需要社区,是希望它能够提供个人无法解决的服务、交往和保护的需要。然而,社区人的需要是多样的,从安全、卫生到文化服务,无所不包;即使是社区文化服务,老年人、青年人、儿童的需要也是不同的;即使都是老年人，高龄老人和低龄老人，子女在身边的老人和空巢老人，没有养老金的老人和有经济保障的老人，健康老人和失能老人……他们对服务的评价标准也是不一致的。显然，没有一个社区部门有力量来回应如此多元的社区需要。要回应社区多样性的服务需求，就必须发展和整合多元化的社区服务力量。然而，当前我们的社区工作依然主要依靠社区居委会单一的力量。①

2. 居民对服务的认同性与服务行政化的矛盾

所谓认同性是指居民有尊严的获得服务，而不是被动地接受安排，这也是为什么多少年来老百姓拿起碗来吃肉、放下筷子骂娘的原因之一——因为他没有获得感。也就是说，居民不仅要享受高质量的服务，还要参与服务的设计、安排和实施，以增强认同感和获得感；传统的主导力量已经无法将社区凝聚为一个共同体，这是我们必须承认的事实。生活在这个共同体中的人们首先需要的不是被凝聚，而是被承认，承认其作为人的独立存在，承认其需求的个别化，尊重其选择的权利，接纳其价值的独特性，在此前提下，建立多元包容的社区文化，并以维护社会公平正义为价值标准，才能达成社区共识，形成社区凝聚力。

3. 日趋强烈的社区参与意愿和参与渠道的严重匮乏的矛盾

党的十九大报告提出，我国社会主要矛盾已经转化为人民日益增长的美好生活需要和不平衡不充分的发展之间的矛盾。这里所说的人民日益增长的美好生活需要，不仅是指要吃得更好穿得更美，更包括了居民作为人，对进一步实现自我价值和社会价值的需要，即社区参与的需要。发展不平衡不充分，不仅是地区经济差异，还包括社区治理差异，其中就包括社区社会组织作为居民实现社区参与的重要载体，以北京为例，社区社会组织分布依然不均衡，城六区占去半壁江山。作为国际化大都市的北京尚且如此，其他中西部地区社区社会组织发展不平衡不充分的状况可想而知。显然，社区社会组织发育不起来，就无法满足居民社区参与的基本需要。

---

① 李涛：《社工如何让社区更美好——来自社区的挑战》，《中国社会工作》2017年第12期，卷首语。

（二）基本假设

社区已经进入包括人口在内的各类社区要素高速流动、分化的阶段，民生需求的多层次多样性的趋势愈加明显，传统的行政化、救济式的服务已经难以满足社区居民多元化、个性化、发展性的服务需求。上述提到的社区工作面临的三大挑战，其背后隐含的是社区治理对专业化、组织化和多元化的要求，也就是党的十九大报告中提出的提高社会治理社会化、法治化、智能化、专业化水平的要求。要应对这三个挑战，核心的问题是培育社会组织、发展社会工作、开放社会服务——由行政化的社会服务转变为专业化的社会服务，由政府包办的社会服务转变为公开采购的社会化的社会服务，由自上而下的运动式社会服务转变为自下而上的参与式社会服务。① 社区、社会工作和社会组织是社区治理的三驾马车，这些年来，尽管三方力量取得了长足发展，但却面临着三者缺乏联动，资源难以整合，专业化、精细化、规模化程度不高等一系列问题，由此构成影响提升社区整体服务水平的瓶颈。而这些瓶颈单靠社区、社会组织或者社会工作专业人才队伍中任何一方的力量都难以根本解决。② 因此，如何促进三者联动，整合三方资源，形成服务合力，关系社区治理体系的构建质量。

"三社联动"正是为了解决以上问题而产生的，基于一个基本假设：相信社区、社会组织和社会工作专业人才队伍都有独特的功能和价值，并能够优势互补形成合力，共同投身社区建设事业。

（三）现实困境

朝阳区东风地区位于市区东郊，亮马河以南，西与六里屯街道、朝阳公园相接，东与平房乡、东坝乡接壤，南侧与八里庄、六里屯街道相邻。东风地区地处绿化隔离带地区，辖区面积7.38平方公里，下辖4个行政村，10

---

① 李涛：《"赋权"社区本土情景下"三社联动"建设路径思考》，《社会与公益》2015年第10期，第42~49页。
② 李涛：《北京：外部专业支持+社区内在力量》，《中国社会工作》2015年第13期，第20页。

个居委会，常住人口33226人，其中农业人口5120人，流动人口约4万人，总计73000多人。该地区为城乡结合部地区，地区内既有像泛海国际这样的由20多个国家和地区的外籍居民构成的高档住宅区，也有商务楼宇、普通商品房小区，还有老旧小区、平房村落等，几乎涵盖了所有的社区类型，是极其具有代表性的一个地区样本。

东风地区是20世纪80年代在东风农场和东风公社基础上成立的乡政府，2002年12月，北京市政府批准在东风乡设立地区办事处，实行"一套人马，两块牌子"体制。相对于中心城区，东风地区社区服务基础较弱。东风试点工作开展前，2013年7月，北京协作者在基线评估中发现，东风地区共有社区工作者126人，其中取得助理社会工作师以上专业资格的人员只有35人，这些持证社区社会工作者主要在社区居委会和服务站工作，日常行政性事务占去了大部分精力，而很多持证社区社会工作者都是自学考取的证书，难以将书本知识转化为实际应用，无论是服务效率还是服务质量均难以满足社区专业化服务需求。其中有70.4%的受访社区社会工作者表示，工作中面临的最大挑战是"居民参与度低""自身精力不够"。居民参与既是社会工作的服务手法，也是社区活动的任务目标之一。开展活动居民不积极主动的响应，会让社区部门和社会工作者的工作热情和积极性降低，长期则不利于社区服务人员和居民关系的协调。社区居民对社区社会工作者的认同度低，也会让社区社会工作者觉得自己提供的服务可行性低，缺少成就感，导致职业倦怠感和挫败感，不仅不利于该服务力量的专业成长，而且对后续社会工作实务开展更是带来重重阻碍。然而，动员社区居民参与，需要投入大量的精力，这显然与社区社会工作者"精力不够"形成了难以调和的矛盾。

根据以往经验，动员社区参与成本最低也是最有效的方法是发挥居民自组织的作用。然而，北京协作者基线评估发现，该地区虽然号称有78个社区社会组织，但绝大多数都是由社区居委会牵头成立的，社区社会组织负责人也多由居委会工作人员兼任，缺乏居民参与，或者干脆是宣称性挂牌成立的。而为数不多的几家由居民自发成立的社区社会组织多为自娱自乐型，缺乏服务社区的意愿和能力，其组织者和志愿者在服务开展过程中遇到问题和

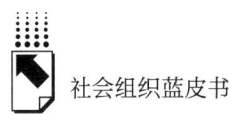

困难时,最主要的是向自己身边的其他居民求助,达到85.5%,向专业社会工作者求助的只有18.2%,社区社会工作者和社区社会组织工作者之间缺乏基本的互动支持。

作为正在向城市社区转型的城乡结合部地区,各类服务主体的能力弱化和资源分割,构成了东风地区治理的现实困境。也正是基于以上现实,东风地区领导干部对于开展"三社联动"试点工作有强烈的需求,而类似的困境在北京乃至全国众多社区中普遍存在,这也是北京市民政局开展试点工作的初衷,希望"东风试点"不仅能够提升东风地区整体社区服务水平,而且从中探索总结的经验能够对北京市,乃至全国各类型的社区具有普遍的可借鉴性价值。2013年5月,北京市民政局找到北京协作者,希望北京协作者能够在北京开展一个促进社会组织参与社区治理的试点工作,以突破社区服务单一依靠社区居委会和社区服务站的局面。

经过反复论证,北京协作者接受了试点任务,并将试点工作定位为构建"三社联动"机制试点示范项目,在市民政局和朝阳区农委的支持协调下,经过多次沟通及实地考察,北京协作者开始在东风地区启动试点。

二 关于"三社联动"

(一)什么是"三社联动"

"三社联动"机制建设强调"三社"各自的独特性和整合性,那么我们首先要搞明白"三社"的主体是谁。从概念上,"三社"是谁似乎非常清楚,但在现实操作中,"社会工作"是专业理论体系还是人才队伍体系?"社区"是个共同体的概念,谁来代表社区?社会组织就是民办非企业吗?这些基本问题搞不清楚,"三社"就失去了主体实在性,就无法发生互动联系。

"三社联动"最早产生于20世纪90年代的农村经济改革,是对一种农村经济发展模式的总结,其中"三社"是指基层供销社、信用社和乡村经联社;联动是指三社相依,优势互补,形成一支功能齐全、运行自如的基层服务队伍,协调一致地为农业生产服务。①

21世纪初期,改革从经济生产向社会建设深化,随着社区服务功能从体制内单位逐步剥离,各地均面临着如何引导社会力量参与社区服务、提升社区服务效能的问题。2008年,上海市推进社区公益服务项目招投标工作,鼓励社会组织承接购买社区公益服务项目,但出现了由于社会组织自身能力弱,难以与社区公共资源对接的问题。对此,2009年,上海闸北区临汾街道尝试发挥社会工作事务工作总站的社会工作专业优势,引领其他社会组织承接社区项目的工作方式,即以社工推动社会组织与社区资源对接,形成社区、社会组织(社团)、社工"三社联动"的服务格局。②这是"三社联动"第一次出现在社会建设领域。之后,江苏、北京、四川和浙江等地也开始把"三社联动"作为创新社区服务模式的新选择。

2017年5月,中共中央、国务院印发《关于加强和完善城乡社区治理的意见》,从完善城乡社区治理体系的维度提出统筹发挥社会力量协同作用,推进社区、社会组织、社会工作"三社联动"。文件指出"三社联动即社区、社会组织、社会工作三方联动起来,服务社区人群。"③这是首次在中央文件中明确"三社联动"概念。

然而,自"三社联动"诞生之日起,"三社"就存在着多种解读,当我们在说"三社联动"的时候,实际上有两个话语体系下的"三社联动",在这两个语境下,"三社"主体界定为两大类:一类是以外部的专业社会工作服务机构同时兼具"社会工作者"和"社会组织"(两社)的双重角色,进入"社区"(第三社)开展服务的形式。在这里,社会组织和社会工作者是外来的专业服务提供者的角色,社区是被服务者的角色。这一类

---

① 侯俊:《"三社"联动配套服务 农村社会化服务的新路子》,《河北农业科技》1992年第6期,第8~9页。
② 章文峰:《"三社联动"服务满足民生需求》,《中国社会报》2009年10月15日。
③ http://www.mca.gov.cn/article/zwgk/topnew/201706/20170600004773.shtml,2017年6月12日。

建设形式，其优点是见效快，服务专业性强，但弱点是社区内在动力被压抑，趋于依赖性；而外来的社会工作服务机构出于对争取政府购买服务资源的需求，会强调自身的不可替代性，"三社联动"很难转化为社区内在的可持续机制。另一类则是北京协作者在东风地区开展的"三社联动"试点模式中的界定，在该模式中，社会组织是指社区内生的社区社会组织，社会工作者是指社区工作者队伍中持证的社会工作者，社区是指以居民自治组织为代表的社区居委会。即"三社"在这里均为社区内生的三大建设主体。

从社区可持续发展的角度，笔者更倾向于第二类界定。但第二类建设模式最大的挑战是如何将"三社"力量整合起来，也就是说，"三社"本来就存在，为什么它们之前不联动？这说明仅靠三方力量的自觉是不够的，因为在多年的行政主导建设模式下，社区的参与动力被压制，需要被激活。那么，在第二类建设模式中，谁来扮演激活者的角色呢？是否依靠政府强势主导呢？是否需要专业社会工作服务机构的参与呢？对此，在"东风试点"工作中，北京协作者采取了将外部专业支持与本土内生力量有机结合的"三社联动"建设策略，即外来的专业社会工作服务机构在地区层面与政府合作，从赋权增能的专业使命出发，作为支持性组织的角色出现，其专业功能在于着力发展社区内生的社区社会组织，培育社区自身的专业社会工作者，提升社区自我整合资源的能力，也就是说先把社区、社会组织和社会工作专业人才队伍在联动过程中培育发展起来，并随着各自的成长进一步增强联动机制；而专业社会工作服务机构在"三社联动"的建设过程中，伴随着社区内在力量的发育，不断调整自身的角色定位，从前期的推动者和建设者的主体角色，逐步转变为协助者和支持者的辅助角色，此消彼长，最终使"三社联动"成为社区的内在机制。

综上所述，"东风试点"的"三社联动"是指政府引入社会组织专业力量进行政社合作，将外部的专业支持与社区内在的资源有机整合，推动社区内外部各类组织之间、各个利益群体之间、各种社会力量之间的良性互动，形成以社区为资源配置平台，以社会组织为组织载体，以社会工作人才队伍为专业支撑,优化配置三方资源,构建以培育社会组织、发展社会工作、促进社区参与为格局的"三社联动"机制。①

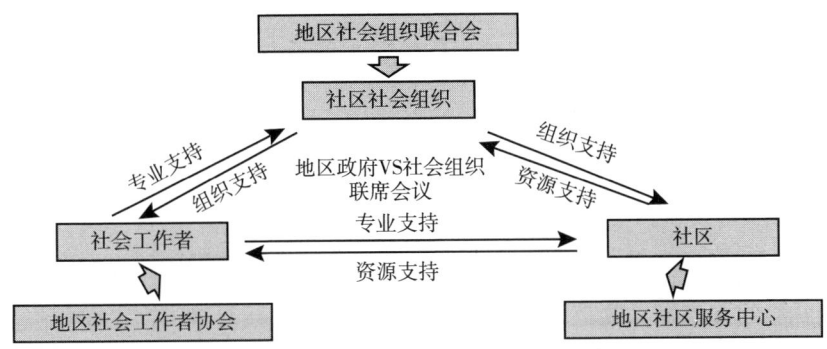

图 1　东风"三社联动"主体

资料来源:北京市协作者社会工作发展中心。

(二)"三社"的角色定位是什么

1. 社区

"三社"中社会组织和社会工作专业人才队伍都是明确的定义,而最难定义的是"社区","社区"是个生活共同体的概念,那么谁来代表社区呢?笔者认为无论我们怎么看社区的多元主体,在本土情景下,当前的社区代表者是以法定授权的居民自治组织——社区居委会为核心的社区管理和服务部门,然而社区部门的精力更多地被行政性事务所占据,缺乏力量开展社区专业服务,但其本身作为政府在社区的抓手,作为法定的社区自治组织,又掌握着社区资源的配置权力,因此社区部门在"三社联动"中的角色定位是资源配置平台,是社会工作者与社会组织的支持者、保障者和推动者。其在"三社联动"中的作用是有效发挥社区公共服务平台的作用,整合、配置社区资源,支持、引导和监督社会组织和社会工作者开展联合服务,不断完善

---

① 李涛:《"三社联动"运转中的挑战及策略》,《中国社会工作》2017 年第 31 期,第 20~21 页。

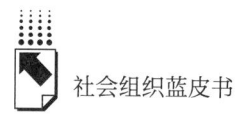

社区治理体系。简单地说,就是社区居委会不要再去做直接服务,而是作为社区居民自治的代表,不断评估和发现本社区居民的各种利益诉求,联系和发展各类能够回应居民诉求的专业力量,有效配置社区资源,监督和推进各类力量在社区内的服务。

2. 社会工作专业人才队伍

社区持证的社会工作者在"三社联动"中的角色定位是专业人才队伍保障,是社区社会组织的专业支持者。其作用是宣传普及社会工作政策,传播社会工作知识和理念,引导社区社会组织参与社区建设;用优势视角挖掘社区社会组织潜能;规范社区服务活动,促使社区社会组织在工作方法上进行转变;形成专业社会工作者协同社区社会组织引领志愿者参与的社区服务体系。这样既可以将社区社会工作者从行政工作中解放出来,又可以弥补其精力不足、社区动员能力弱的短板。

3. 社区社会组织

当前的社区社会组织一种类型是由社区部门主导成立,社区干部担任主要负责人,居民被动参与,其专业性、参与性和自主性较差,但拥有的资源较为丰富;另一种类型是由社区居民领袖主导成立,对居民服务需求较为敏感,使命感、动员能力和行动能力强,但缺乏资源,专业性和资源整合能力较低,比如,做一个具体的服务活动没有问题,但撰写项目书和总结报告往往很困难。与此同时,我们也看到,社区里的持证社会工作者的知识较丰富,撰写服务方案和总结报告不是问题,但受行政安排和工作精力的制约,其动员社区参与和开展专业服务活动的精力和能力不足。由此不难看出三者之间的巨大互补性。

因此,社区社会组织在"三社联动"中的角色定位则是组织载体,是社区参与的动员者。其作用是以社区参与为依托,是社区社会工作者在社区中开展专业服务的载体;反映社区诉求,在社会工作者协助下,设计、实施相关服务活动;发现和培养居民骨干,加强居民的自我服务和参与能力;鼓励居民参与社区建设,参与社区社会组织管理,拓展社区参与空间。

4. 专业社会组织

在整个过程中,作为外来的专业社会工作服务机构扮演着更为微妙的专业角色。很多人往往将社会工作服务机构看作服务性机构,是直接提供个案和小组微观服务的,而忽视了社会工作在社区发展中的资源整合和促进社区参与的专业功能。因此,在"三社联动"中,最需要的是兼具服务性和支持性功能的专业社会工作服务机构,其角色是"三社联动"建设的专业引领者和支持者,其作用是在政府的政策和资源支持下,评估"三社联动"各方专业需求,因地制宜设计建设路线,协调专业资源,通过培训、督导、评估、服务示范和技术支援等一系列手段,培育社区社会组织,推动社会工作专业人才队伍建设,指导构建"三社联动"服务体系和支持体系,不断提升社区社会组织、社会工作者和社区部门的专业协作能力。比如,在北京"东风试点"工作中,北京协作者将以往专业服务过程中积累的社会工作专业服务经验、社会组织孵化培育经验、项目管理经验、志愿者培育经验和政策研究等经验在试点地区重新整合,采取综合性介入,坚持以社会工作优势视角,发挥社会工作赋权增能的专业功能,注重培育和发掘社区自身潜能,作为引领者和支持者的角色,推动试点地区各类力量之间良性互动,从而将外部的专业支持与本土的既有资源有机结合,形成内化的可持续联动机制。

由此不难看出,专业社会工作服务机构在整个"三社联动"机制建设过程中发挥着"专业引擎"的关键功能,承担着决定整个机制能否有效启动的关键作用,扮演着规划、引领、整合、示范和督导等综合支持性角色。①

三 "三社"如何实现联动

"三社联动"机制建设取决于"三社"能否实现优势互补形成合力,共同投身社区建设事业。因此,"三社联动"机制建设在理念上强调社区

---

① 李涛:《"三社联动"运转中的挑战及策略》,《中国社会工作》2017年第31期,第20~21页。

各建设主体的独特性和整合性,激发社会组织、社区部门和社会工作专业人才队伍的参与意愿和活力;在形式上,明确三方角色定位,通过联动制度建设和项目资源组团化配置方式,促使三方形成服务合力,以多元的服务手法和参与形式满足社区居民多元化的需求;在方法上,将组织培育、专业服务与能力建设有机结合,注重提升社会组织、社会工作专业人才队伍和社区部门的联动理念及联动能力,建立社区部门、社会工作专业人才队伍和社会组织良好的协商共治关系,最终形成地区和社区层面的"三社联动"系统治理机制。

以"东风试点"为例,概括来说,其主要策略为"一个核心,两个策略,三个体系,四个保障,五个机制"。[①]

(一)实施策略

1. 一个核心

"三社"要想联动,就必须有一个三方形成共识的目标,这是联动的核心。无论何种范式的"三社联动",其有效性最终体现在能否在地区和社区两个层面构建起"三社"组团发展的新型合作伙伴关系,有效配置社区资源,激励社区治理创新,提高社区服务的效率和质量,满足社区居民的服务需求。也就是说,"三社联动"的最终目的是为了有效服务社区民生,提高社区治理水平,因此,"东风试点"项目首先明确了三方联动机制建设应紧密围绕社区居民的实际需求,以"有效服务民生,促进社区参与"为核心目标。

2. 两个策略

"东风试点"工作采取政府与社会组织合作、外部社会组织与本土社区组织合作的工作策略,即以政府引进专业社会组织的方式,组建"三社联动"联合工作办公室,将政府的行政力量和社会组织的专业力量有机结合,

---

① 李涛:《"赋权"社区 本土情景下"三社联动"建设路径思考》,《社会与公益》2015年第10期,第42~49页。

将外部的专业支持与社区内在的资源有机整合，形成自上而下的行政动员与自下而上的广泛参与相结合的工作局面。

当初，北京协作者在承接试点工作时有三个切入点可以选择，一是从行政区整体切入；二是从街道/乡镇切入；三是从社区切入。北京协作者分析认为，行政区涉及面太广，而社会组织尚未发展到统筹如此宏观层面的治理工作的程度，很可能会造成社会组织单方面依赖于政府的行政力量，而失去了社会组织自下而上、灵活创新和务实深入的优势；从行政架构上来看，相对于街道/乡镇，社区是个非常弱势的系统，没有独立法人资质，不具备行政管理权限，难以形成制度化设计。综合考虑后，北京协作者认为，"三社联动"的推进，必须从地区和社区两个层面入手。在地区层面建立"三社联动"的组织架构和制度设计，其核心是在地区层面培育社区社会组织联合会，培育社会工作者协会，与由街道/乡镇分管社区建设的部门联合组成"三社联动"办公室或领导小组，在地区党委政府和专业社会工作机构支持下，建立"三社"协商会议制度，设计促进"三社联动"的"三社"组团化项目运作机制，包括政府购买社区"三社联动"服务项目的资源配置制度，社会工作者引领支持社区社会组织开展社区服务的项目工作制度。[①] 进而，在社区层面构建"三社联动"工作组，将"三社联动"通过具体的组团化服务项目，从地区层面的制度设计转化为社区层面的服务行动。

3. 三个体系

"东风试点"着力建立"专业评价体系"、"专业服务体系"和"专业支持体系"。

（1）专业评价体系。只有了解并回应"三社"的需求，"三社"才有参与联动机制的动力，"三社联动"才能满足社区居民的服务需求。北京协作者通过专题调研，自下而上的了解试点地区的居民服务需求，以及社会工作者、社区社会组织和社区居委会在服务居民和自身能力建设方面的现状、

---

① 李涛：《北京：外部专业支持＋社区内在力量》，《中国社会工作》2015年第13期，第20页。

普遍存在的专业需求和期望，为试点项目有针对性地开展服务提供科学依据，并在此过程中构建起"三社联动"服务需求和评价指标，该评价指标围绕三者之间的互动和资源整合为主要原则，并由居民直接参与评价，确保"三社"在实际工作中围绕社区内在需要有机联动。

（2）专业服务体系。在专业评价的基础上，以居民的服务需求和社会工作者、社区社会组织工作者的专业成长需求为导向，将政府购买服务项目的资源配置方式引入试点工作，以社区部门、社区社会组织与社会工作者联合开展组团化对接项目为载体，构建以社区照顾、社区互助、社区融合和社区参与为主要手法，覆盖老年人、未成年人、流动人口和残障人士等各类人群的"三社联动"专业服务体系。即"三社"围绕社区某个最紧迫的问题/需求，结合上面提到的专业评价体系，以是否有效回应社区服务需求，是否有效促进社会工作者专业成长、社区社会组织培育发展和提升社区居委会的资源配置能力，是否有效促进"三社"之间联动，这三大目标作为衡量标准，联合设计服务项目，分别发挥各自的功能定位，联合实施项目，以项目化的资源配置和运作方式，实现服务民生、发展"三社"、促进联动的"三社联动"建设格局。

（3）专业支持体系。在专业服务过程中，社区社会工作者作为专业主责为项目提供专业技术支持，社区社会组织作为实施方负责组织动员和落实，社区部门作为协调监督方负责提供资源协调和监督；进而借助项目服务实践过程，专业社会组织——北京协作者发挥专业支持功能，有针对性地开展监测评估、专题培训、个别化督导、交流互动等能力建设，培育和发展"三社"，提升"三社联动"服务的专业能力，形成"三社联动"专业支持体系。

4. 四个保障

要使"三社联动"成为长效机制，必须有保障条件。"东风试点"通过建立组织保障、政策保障、队伍保障、资金保障等制度，确保"三社联动"各项工作可以有效开展。具体如下。

（1）组织保障。在地区层面建立由党政负责人与社会组织负责人组成的"三社联动"联合办公室，以及由地区社会工作者协会、社会组织联合会和社区服务中心组成的联合工作体系，进而深入社区层面建立社区部门、社区社会组织和社会工作者三方联合工作组。

（2）政策保障。制定联席会议制度、服务对接制度、信息联通制度、项目管理制度、档案建设制度、宣传倡导制度等政策。

①联席会议制度。及时通报各项工作进展，反馈项目开展过程中遇到的问题，并讨论解决方案，总结项目既有的经验，形成地区层面的联动机制。

②服务对接制度。整合社区居委会、社区社会组织和社会工作专业人才队伍等三方服务力量，引导鼓励三者在社区服务中的对接，统筹协调、资源共享、优势互补、相互促进，有效回应社区服务需求。

③信息联通制度。沟通社区各相关利益方，建立各类信息共享平台和渠道，实现信息共享，保障社区服务资源与社区居民需求的有效对接。

④项目管理制度。按照专业化的项目管理流程，一方面对"三社联动"试点项目自身进行科学化、专业化管理；另一方面指导社会工作者、社区社会组织和社区居委会将"三社联动"以项目化运作方式在社区服务中落地。

⑤档案建设制度。建立完整的纸质档案、电子档案、影像材料等"三社联动"项目档案，在探索"三社联动"试点项目经验的同时，确保项目开展过程中为后期机制探索留存完整的参考资料。

⑥宣传倡导制度。在试点工作伊始，即做好宣传倡导规划，确定动员大会、项目评比、案例展示、媒体宣传和课题研究等手法，随着试点工作的深入而不断加强宣传力度，使"三社联动"从一个陌生的概念，成为广大领导干部和居民群众熟悉和感知的工作，以促进各级部门的重视和支持，促进各类力量的积极参与。

（3）队伍保障。通过专业支持体系的建设，将参与项目实践作为实践教学和人才培育过程，培养建设本土社会工作专业人才队伍、社区社会组织管理队伍和社区志愿者队伍。

（4）资金保障。将政府购买公益服务项目作为引导三方资源整合的重要方式，进而将"三社联动"纳入社区公益金使用管理办法，作为购买社区服务的重要评价指标，即转变了传统的分蛋糕式的社区资源分配方式，又解决了社区在开展"三社联动"过程中的资金缺少问题。

5.五个机制

通过持续不断地制度建设、文化建设和工作规划，将以上工作最终转化为五个工作机制。

（1）通过构建"三社联动"联合工作体系，形成组织联动机制。

（2）通过构建"三社联动"专业评价体系，形成服务评价机制。

（3）通过构建"三社联动"专业服务体系，形成项目对接机制。

（4）通过构建"三社联动"专业支持体系，形成专业建设机制。

（5）通过构建"三社联动"推广与倡导体系，形成社区动员机制。

（二）实施路径

1.构建"三社联动"联合工作体系，形成组织联动机制

"东风试点"首先协同各方人员组建由东风地区政府领导人和北京协作者主要负责人员构成的"三社联动"联合办公室，通过联合办公室把握项目方向，调度各方参与，建立从地区到社区层面的联席会议制度，召集社区各方利益相关者代表就项目进行多方可行性论证，明确项目实施目标、策略、方法和路径，达成共识后，形成可行的实施方案。随后召开地区"三社联动"项目交流会，由地区政府领导从行政角度布置试点任务，而北京协作者则从专业角度诠释"三社联动"试点工作的必要性和操作方法，将试点工作由地区层面向社区层面广泛宣传动员，形成自上而下的行政动员与自下而上的广泛参与相结合的工作局面。

（1）快捷有效的沟通方式。建立易于普遍参与和快速回应的三方沟通平台，选择易于让基层工作者接纳的方式，申请专门的QQ，建立社区社会组织负责人、社会工作者、联合办公室成员办公联系群和微信交流群，上传分享相关文件，集中发布活动资讯。

建立直接快速回应的"三社联动"沟通专线，对社区、社会组织和社会工作者的咨询第一时间反馈、跟进，指导各社区项目有效推进。

(2)"一站式"工作督导会制度。"东风试点"开展初期,每周定期召开"三社联动"联合办公例会,每月召开月度会议,每个阶段组织"三社联动"联合办公室成员、社区社会组织负责人、社区社会工作者、社区居委会主要领导召开上一阶段工作总结会暨下一阶段工作部署会议,总结梳理"三社联动"项目遇到的困难、应对策略和服务经验,并对总体工作进行部署安排。

随着"三社联动"的推进,为满足"三社联动"工作在社区层面进一步深入开展的需要,"东风试点"将工作例会转化为社区领导人、社区社会工作者和社区社会组织负责人共同参加的专业督导会,在以往一对一督导及小组督导基础上,搭建多方交流沟通平台,并为在社区负责"三社联动"资源协调及社会组织培育指导工作的社会工作者提供专业督导;此外,这种多方参与的工作督导会还大大降低了社区社会工作者在遇到问题时的沟通和咨询成本,及时得到相关回应。

北京协作者希望通过这种多方参与的工作督导会议,促进"三社联动"工作在开展中遇到的问题得到及时解决,同时得到来自政府、专业机构、不同社区的社会工作者的支持,不断巩固三方已建立起的互助支持系统。

案例1 社区社会工作者的需求

东风地区石佛营西里社区"三社联动"主责社会工作者尹红在工作督导会上分享她对于"三社联动"项目目前推动情况的体会。尹红提出"怎样发掘社区居民领袖"、"如何解决社区工作的老大难问题"及"社工服务能力建设"这三个在社区建设中经常遇到的典型问题,得到"三社联动"联合办公室成员的专业指导及其他社区社会工作者积极的经验分享。

尹红说:"以往'三社联动'给我们指导是每次来做项目监测时去办公室找老师,现在每周都可以在一起碰头,有'三社联动'的老师、社区办跟社区服务中心的领导,还有其他社区的社会工作者分享经验,每次都能听到新的想法,以前要打几个地方的电话才能解决的问题,这样一下子就解决了。"[①]

---

① 案例资料来源:东风地区"三社联动"联合办公室。

（3）制作简便化、标准化和可视化的工具。"东风试点"在开展过程中，针对地区实际情况，设计制作一系列标准化、可视化的专业工具，包括需求评估和绩效评价工具、档案管理工具、项目监测工具等，整个过程注重过程性资料，特别是规范化工作模板的积累。简洁规范化的工作工具不仅能最大限度地使"三社联动"的落地实施工作可视化，使三方的工作互动有共同的工具和语言体系，更减轻了社区社会工作者的心理压力，提升其参与该项工作的积极性。对于承接社区公益服务的社区社会组织负责人来说，更是如此。

案例2　社区社会组织领袖的需求

吴玉英，社区居民领袖，东风地区石佛营东里社区"七彩虹艺术团"负责人。在"三社联动"项目开展初期，吴玉英对于承担社区公益服务项目实施工作感觉有难度，她说"我就是想为居民做点好事，咋还要写计划书，写总结材料"？"三社联动"工作人员耐心为吴玉英老人介绍项目规范化开展的重要性，将涉及的项目相关材料打印出来给吴玉英看，并一一详细介绍。当看到项目材料只需要按照版块内容填写进去后，吴玉英决定尝试撰写项目实施方案，并在接下来的"三社联动"工作开展过程中，坚持手写季度总结报告、项目结项报告等，其深刻的分享、完整的项目总结材料不仅赢得大家赞许，也为该社区社会组织的规范化管理提供了标准示范。①

（4）制定过程性督导策略。"东风试点"动员不同层面、不同领域专家担任项目督导，对地区社会工作者、社区社会组织负责人进行专业指导，并开展实践研究。督导团队既有来自学界的学者，也有熟悉基层工作的政府部门领导人和十多年一线工作实践的社会工作者，建立了贯穿试点项目全过程的个别化面谈督导制度，充分利用社会工作一对一督导优势，了解社区社会组织、社会工作者的需求和困难，并进行专业指导。在督导支持过程中，记录、反思、检验、调整"三社联动"机制建设过程中存在的问题与经验，

---

① 案例资料来源：东风地区"三社联动"联合办公室。

不断提炼总结具有创新与推广价值的专业建设路径。

（5）设计社区推广与倡导方案。"东风试点"在完成一系列组织准备工作之后，着力面向社区居民、志愿者、社区工作者、社会工作者，以及地区办事处、社区办、社区服务中心、社会工作协会等部门和社团推广，主要通过开展项目启动会，社区宣讲，举办项目对接展示大赛，同时通过媒体宣传、宣传页发放等，让大家了解什么是"三社联动"，为什么需要"三社联动"，如何推进"三社联动"。

2. 构建"三社联动"专业评价体系，形成服务评价机制

北京协作者在"东风试点"工作开展中，在项目初期、项目后期分别针对社区居民、社会工作者、社会组织等开展前后监测，建立参与式监测评价指标，采用问卷调查、焦点小组和深入访谈等多种调研方式，从质性和量化两个角度，了解不同阶段各方的服务需求、期望及评价等，并根据调研结果有针对性地开展相关服务。该体系除在时间上纵向贯穿整个项目开展全程，做动态监督，指导项目开展，更在人员参与方面，将"三社联动"涉及各方囊括进来，使得"东风试点"每一步工作开展有据可查、有实可依。

3. 构建"三社联动"专业服务体系，形成项目对接机制

如前文所述，我们在开展需求评估中发现，绝大多数的社区工作者反映，日常行政性事务占去了大部分精力，根本没有精力思考和开展社区服务；70.4%的社会工作者认为"居民参与度低""自身精力不够"是最大的困难；而81%的社区社会组织表示没有稳定的经费来源，也不知道该怎么争取项目。

基于此，该体系的建设以开展社区社会组织与社会工作者的项目对接为载体，鼓励社区社会工作者作为专业主责人员，社区社会组织作为项目组织方，将两者的专业优势和组织优势充分结合，立足所在社区的实际服务需求，通过共同设计和申报社区服务项目、建立社区社会组织示范基地、项目评审、项目竞标展示大赛等手段，实现社区居委会、社会工作专业人才队伍与社区社会组织三者在服务社区民生上的对接。

（1）以公益服务项目为"三社联动"实施载体，开展项目对接展示大赛。

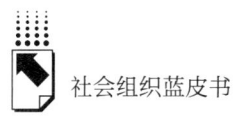

对于社区和社会组织来说,再好的机制也必须转化为有资源支持的服务,才能有吸引力。"东风试点"启动后,北京协作者计划将政府购买服务项目的资源配置方式纳入试点工作,引导"三社"围绕社区需求开展项目联动服务。然而,东风地区从未开展过政府购买社区服务,朝阳区农委支持的试点经费中也没有这部分资金支持。怎么办?北京协作者和东风地区社区办协商,将朝阳农委拨付的8万元"三社联动"办公室装修费用用于购买社区服务项目,并说服了区农委同意。2013年9月,"东风试点"启动了"东风地区'三社联动'社区示范项目对接展示大赛",通过社区熟悉的评优形式,鼓励社区、社会工作者和社区社会组织立足所在社区实际需求,联合设计开发"三社联动"社区示范项目,以项目对接展示大赛形式,遴选8个具有培育发展潜质的优秀对接项目,真金白银的予以重点培育扶持,以实现示范带动效应。项目评审要求必须由社区社会组织作为实施主体为项目提供组织保障;由社区社会工作者作为项目专业主责人员为项目提供专业支持;由社区居委会作为资源协调和支持方,为项目提供空间场地和各类服务资源的协调支持。项目申报内容需要同时满足回应社区服务需求、培育社区社会组织、提升社会工作者专业能力这三个指标,以实现社区、社会组织和社会工作专业人才队伍各自发挥其独特的功能和价值,优势互补,形成合力,共同投身社区服务的目的。

在此过程中,北京协作者动员东风地区政府发布了一个正式的通知,要求各社区居委会工作人员从社区社会组织中抽离出来,不再兼任社区社会组织负责人,而是转化为专业支持者和监督者的角色,由社区居民骨干逐步承担起社区社会组织的管理工作。最终,东风地区"三社联动"项目对接展示大赛在第一阶段有8个项目实现了社区社会组织与社区和社区社会工作者的对接,共涉及社区照顾、社区互助、社区融合和社区参与四个项目类型,均为社区亟待解决的关键问题。而"三社联动"联合办公室则以项目对接大赛为依托,在项目实施过程中跟进能力建设,构建专业支持体系。具体包括:①开展专题培训,使社区社会工作者和社区社会组织负责人逐渐掌握项目设计和管理知识;②开展社区、社区社会组织和社区社会工作者之间的交流座谈会,开展一对一辅导,协助三者掌握如何聚焦社区需求开展合作的技巧；③开展支持性项目监测评估工作。项目对接展示大赛采取专家评审和居民评审相结合的方式，专家评审的过程是进行督导支持的过程，居民参与评审是社区参与的过程，而北京协作者的专业社会工作者则开展全过程的监测与辅导工作。通过社区服务项目化运作使每个社区围绕本社区最紧迫突出的问题打造核心服务品牌项目，并把社区社会组织骨干人员和社区社会工作者在实践参与中培养起来，逐步夯实社区专业服务体系。

案例3 东风"三社联动"对接项目大赛

项目名称：东风"三社联动"项目对接大赛支持"'京剧进课堂'——东风地区石佛营南里传统文化社区传承与志愿服务能力拓展项目"

服务团队：东风地区石佛营南里社区步步高京剧队

对接社工：赵微

服务对象：育人学校800名流动儿童

项目简介：本项目通过促进社区步步高京剧队与学校合作的方式，动员京剧队居民志愿者为流动儿童开设京剧欣赏与学习课程，内容包括京剧知识讲座、名家名段赏析、戏曲演唱培训、京剧进课堂专场演出等，同时通过项目传递志愿服务精神；项目总结提炼社区组织开展传统文化教育的志愿服务经验，协助步步高京剧队从自娱自乐成长为发挥自身兴趣特长服务社区有需要的人群，并通过社区教育进一步向社区居民宣传普及民族文化。

项目亮点：①通过志愿活动与流动儿童有更好的互动，满足流动儿童的迫切需求；②社区步步高京剧队通过这种志愿服务社区活动加强对自身队伍的建设，整合自有资源，参与志愿服务，提升队员自身价值感，提升团队的凝聚力；③社区社会工作者在项目执行中对社区资源的把握及分析，从社会工作专业角度指导社区社会组织将志愿服务经验加以提炼总结，形成可传承可推广的指导手册；④社区社会组织和社区社会工作者建立联动服务关系，共同服务社区民生。[①]

[①] 案例资料来源：东风地区"三社联动"联合办公室。

（2）社区公益金微小项目促"三社联动"机制落地。如何将"三社联动"纳入财政保障，关系"三社联动"能否成为长效机制。2014年，东风"三社联动"联合办公室结合第一年开展的社区社会组织与社会工作者项目对接展示大赛的经验，推动东风地区政府将"三社"组团化服务模式纳入社区公益金使用管理办法，正式颁布了《东风地区社区公益事业专项补助金使用管理办法》，每年开展"社区公益金微小项目"，鼓励社区各类主体联合参与项目申报，不仅改变了以往平均分蛋糕的社区公益金分配方式，而且为"三社联动"机制落地社区提供了资金保障。

社区公益金微小项目规定每个项目不超过1万元，实施周期不超过6个月。主要申报主体包括：①以社区居民为主体的公益服务类社区社会组织；②社区居委会下属的工作委员会（社会福利、综合治理、人民调解、公共卫生、文化共建）以及老龄工作委员会；③本社区专业社会工作小组（由三人以上有社会工作职称的在职社会工作者组成）；④小区业主委员会；⑤小区物业服务企业；⑥本社区便民服务类企业。

申报范围包括：①社区公益类服务；②政府公共服务的补充；③社区便民服务（有偿）的延伸。

申报内容为：①为社区弱势群体提供的各类公益服务；②促进社区居民之间融合、融入类的活动（以文化、文艺、趣味体育等为载体或媒介）；③小区物业服务领域居民自管类服务。

以往的政府购买公益服务项目审批时间长，实施周期长，程序复杂，申报门槛高，且缺乏系统的专业指导，竞争难度大，通过评审的概率小，适用于专业能力较高的社会组织，却常常使社区社会工作者和社区社会组织"望而却步"。

与之相比，社区公益金微小项目的特点是：①实施周期短，金额少；②程序简单，审批环节少，时间短，易于被申报主体接受；③申报主体多，涵盖范围广；④申报内容具体微小，项目成效见效快，可直接回应社区最基层的微小服务需求，得到社区居民支持；⑤从申报到实施，再到结项的整个过程均有北京协作者全程审核、监测，并提供过程性指导，确保项目的顺利实施。

案例4　东风地区社区公益金微小项目

项目名称：社区公益金支持东里社区"乒乓乐园——社区儿童青少年假期乒乓球乐活项目"

服务团队：东风地区石佛营东里社区乒乓球协会

对接社工：郑秋娟

服务对象：社区50名10岁以上的儿童青少年

项目简介：依托石佛营东里社区乒乓球协会，组织协会志愿者开展乒乓球知识、技能教授、社区乒乓球大赛等服务，丰富社区儿童，特别是困难家庭儿童的文化生活，增进困难家庭儿童与社区居民彼此间的了解和融入。以项目为载体，培育乒乓球协会志愿者团队，同时社会工作者在项目开展中实践学习，专业服务能力得到提升。

项目亮点：①该项目实施团队借用自己的特长，整合内部志愿者资源，以及外部专业乒乓球指导老师资源，服务社区困难家庭儿童；②选取的项目服务切入点切合服务群体成长特点，同时易于得到越来越关爱儿童综合素质培养的社区家长、流动人口的支持；③项目开展过程中，每位志愿者积极向每位围观居民介绍该项目和社区公益金带来的支持，每位志愿者成为社区公益服务的宣传者和倡导者；④制定完善的儿童服务安全跟进制度，当发现已报名参加当天培训的儿童未按时到达时，第一时间采取相应措施跟进，进而完善社区社会组织服务管理体系。[①]

4. 构建"三社联动"专业支持体系，形成专业建设机制

专业支持体系旨在提高社会工作者和社区社会组织专业化服务、规范化管理、项目化运作的能力，使"三社联动"建设成为培育三社力量的过程，拓展社区居民参与社区建设的渠道和平台。该体系的建设与服务体系的建设相互促进相互支持，在服务中有针对性地开展"三社"需要的能力建设，提升联合开展专业服务的能力。

---

① 案例资料来源：东风地区"三社联动"联合办公室。

(1)社会工作专业人才培育。以培育和发展地区社会工作师协会为社会工作专业人才队伍平台，通过参与式方法开展系统的社会工作专业能力建设，包括采用专题工作坊、社会工作者督导和互助支持小组等方式使社会工作者获得专业成长，促进专业人才和组织间的交流，促进资源的整合，协助地区建立一套自我学习成长体系，形成试点地区内在的专业驱动力。

如前所述，东风地区社区社会工作者主要在社区居委会和服务站工作，日常行政性事务占去了大部分精力，而很多持证社会工作者都是自学考取的证书，难以将书本知识转化为实际应用，无论是服务效率还是服务质量均难以满足社区专业化服务需求。北京协作者在基线评估中发现，社区社会工作者也面临着自身能力的挑战，认为是"自身的专业知识和能力不够"的有35.2%。当在专业上遇到困难时，85.8%工作人员表示难以获得专业支持。

正是基于以上现实，"东风试点"协助地区建立一套自我学习成长体系，而不是一种外来专家强推给社区的要求，形成试点地区内在的专业驱动力。为此，北京协作者针对社区社会工作者开展以下能力建设工作。

①开展系列专题工作坊。运用参与式方法开展系统的专业能力建设工作坊，以情景模拟、案例解析、小组讨论、视频分享等多元化方式为载体，提升社区干部、社会工作者的社会工作专业理念和能力，主题包括社会工作实务、社会组织管理、项目管理等各个层面，使社会工作者在参与和体验中获得专业成长，为"三社联动"提供专业保障。

②圆桌沙龙。通过案例分享、专题讲座、联谊等不同形式，促进专业人才和组织间的交流，拓展视野，促进各方的关系建立和资源的整合。

③社会工作督导。通过个别化督导和小组督导，根据个别化需求，提供持续深入的督导服务，协助专业人才和组织的持续发展。

④互助支持小组。逐步由社会工作者轮流主持督导小组工作，建立自我学习、自我支持系统。

(2)社区社会组织人才培育。北京协作者在试点过程中，着重通过开展社会组织专题培训、圆桌辅导会、一对一辅导等方式，扶持成立社区社组织，建立社区社会组织互助支持网络。对于持续活跃在社区，有公益服务理念的社区社会组织，以项目对接为载体，进行培育孵化，建立稳定的志愿者队伍，提升社区社会组织在组织管理和服务开展方面的规范化、专业化，有能力承接社区公益服务实施项目。同时，在此基础上逐步引导各社区社会组织联合成立地区社会组织联合会，成为社区社会组织联动在地区层面上的抓手。

北京协作者在基线评估中发现，相对于其他居民，社区社会组织负责人具有高学历、高知识水平的特点，同时他们既往的职业背景为其在社区开展服务创造了较好条件。但绝大多数由社区居民领袖担任的社区社会组织多为自娱自乐的文体文艺队伍，开展如书画培训、舞蹈训练、文艺演出等活动，涉及服务民生、参与社区治理方面的队伍较少，且负责人绝大部分由基层社区干部兼任。

同时，基线评估发现，社区社会组织骨干人员对社会工作知识技能的培训需求比较强烈。具体的需求主要集中在志愿者管理、社会工作实务（包括个案工作、小组工作和社区工作）、筹资、组织管理、项目设计与管理，以及社会宣传与倡导方面。尤其是对志愿者管理和社会工作实务的培训需求最高，分别达到95.8%和86.5%，可见社区社会组织对提升专业服务和管理能力的需求非常迫切。

评估还发现，东风地区有近50%的社区社会组织首先是因为兴趣爱好而成立的，其次是为了参与社区公益，再次是上级安排，最后是因为社会需求。社区社会组织多属于自娱自乐型。"说实在的，我们这个'爱心社'是手把手由我们社区居委会自己成立起来的，也取得了成绩，不管是上面的领导还是社区的居民，都挺认可，要让我们交出去，真不愿意"，"就现在这个组织，你让我们社工（社区社会工作者）做，活动开展没问题，要是交给居民自己做，肯定不行，人家都有自己的事儿"，在调研中，我们发现，由于社区居民缺乏项目运作、项目申请、组织管理等能力和经验，社区居委会人员"更愿意自己做"，并认为社区居民不愿承担。由此可见，社区社会组织在人员保障方面还存在缺乏专职工作人员以及稳定的志愿者队伍的问题，这直接影响社区社会组织回应社区居民需求、开展社区公益服务的能力。

基线评估发现，社区社会组织主要面向社区居民提供服务，依次分别是青少年、残障人士、孤寡及空巢老人、失独家庭、妇女、失能老年人、单亲家庭及社区工作者。而服务对象同时也是社区志愿者的主要来源，可见社区社会组织与社区志愿者具有天然的血缘关系，通过社区社会组织人员构成来看，当前的社区社会组织可以在很大程度上是社区志愿者团队。

基线评估发现，81%的社区社会组织没有稳定的经费来源，多靠自己垫钱，少部分靠企业、个人赞助，亟须资金支持。有政府购买服务经费支持的社区社会组织多为社区居委会人员担任组织负责人申请项目而获得的经费。居民参与的社区社会组织对资金和场地方面的需要（即活动的物质支持）非常强烈。社区社会组织真正可以自我造血、保障组织良性发展的能力远远不够。

基于以上分析，北京协作者在"东风试点"中针对社区社会组织开展以下能力建设工作。

①扶持成立社区社会组织。对于持续活跃在社区，有公益服务理念的社区社会组织，以项目对接大赛为契机，协助其开发对接项目，与社区社会工作者建立专业支持关系，进行培育孵化；通过开展组织管理和项目管理等主题培训，提升社区社会组织在管理和服务开展方面的规范化、专业化水平，使社区社会组织可以依法成立，规范运作。

②建立社区社会组织互助支持网络。通过开展社区社会组织联席会议、圆桌辅导会，讨论解决社区社会组织在工作开展中遇到的亟须解决的问题，每次围绕一个主题，形成组团互助机制。在此基础上培育成立东风地区社区社会组织联合会，成为社区社会组织管理在地区层面上的抓手。

③开展支持性监测评估。北京协作者工作人员结合项目监测评估工作，鼓励和指导社区社会工作者与社区社会组织项目结对子，进行一对一辅导，及时发现、诊断项目运作中存在的问题，并提出解决方案。同时记录该组织服务的有效经验，以及存在的问题，并经"三社联动"联合办公室针对问

题讨论后，将问题解决的建议向社区社会组织反馈，在确保项目成效的同时，提升社区、社区社会组织和社会工作者的协作能力。此外，"三社联动"联合办公室协助社区社会组织协调在服务开展中急需的专业人员、社会资源、媒体宣传等资源。

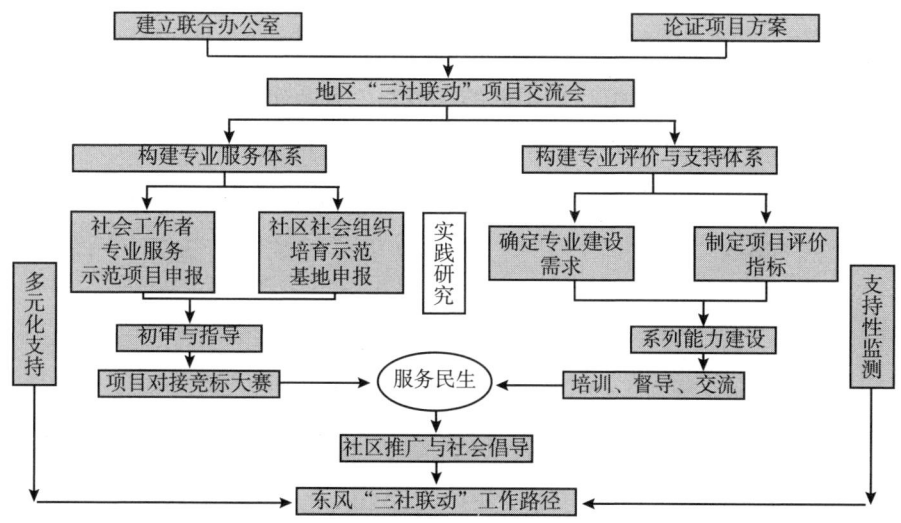

图2 东风"三社联动"机制建设路线

资料来源：北京市协作者社会工作发展中心。

5. 构建"三社联动"推广与倡导体系，形成社区动员机制

"东风试点"在实施过程中，制定严谨的社区推广与社会倡导方案，注重收集和反映项目开展过程中文字、影像素材；及时根据试点工作不同阶段的工作重点，撰写活动消息、制作工作简报、编辑专题纪录片等，使试点参与各方可以及时了解工作进展和成效，使更多人了解"三社联动"工作；此外，还借助媒体渠道，发布项目工作动态和主要成效，推广已探索的"三社联动"经验。

（1）平面宣传。通过制作和发放宣传页、海报、试点成效展览等，让社会各界了解"三社联动"的内容、服务方向、工作思路等。

（2）工作简报。鼓励"三社联动"联合办公室成员、社会工作者和社

区社会组织负责人把参与试点工作的感受以文字形式表达出来并编辑成册，宣传普及"三社联动"知识。

（3）影像素材。在整个实施过程中积累影像素材，以专题纪录片这种动态化的宣传方式更加直观的进行宣传。

（4）媒体报道。通过报纸、电视、网站和新媒体等不同媒体将整个试点服务成效进行宣传报道，拉近项目与百姓之间的距离，使其认识到"三社联动"试点工作开展与自己生活的关联性，使自上而下的要求与居民自下而上的需求能够对接。

与此同时，北京协作者在整个建设过程中开展行动研究，不断优化总结建设方法与经验。

（三）实施成效

1. 地区层面的变化

截至2016年底，东风"三社联动"试点工作在地区层面分别培育成立了东风社会工作者协会、东风社会组织联合会两个枢纽型社会组织，分别作为社会工作专业人才队伍和社区社会组织的联动平台，与代表社区的东风社区服务中心相对接，建立地区层面的"三社联动"联合工作体系，并构建了专业评价体系、专业服务体系和专业支持体系。

（1）形成了以居民需求为导向，兼顾社区、社会工作者和社区社会组织三方需求的专业评价体系。通过政府购买服务项目促进社区居委会、社会工作者与社区社会组织聚焦社区民生，联合开展服务。第一年的利用8万元装修费购买8个小额示范项目，以此带动了27个项目参加市区政府购买服务竞标，获得市区政府149.8万元购买资金的支持；107个项目获得社区公益金资助，资助金额602,149元，并在此基础上建立完善了"三社联动"组团化项目运作机制。

（2）形成了提升社会工作者专业能力，推动社区社会组织发展，提高社区专业服务质量的专业支持体系。其中，东风地区持证社会工作者由2013年的35人增加到2016年的57人，在朝阳区农村地区持证率名列前茅；培育了

68个由社区居民领袖主导的社区社会组织。形成了社会工作者在社区部门支持下，引领社区社会组织和志愿者开展专业服务活动的服务资源整合机制。

（3）构建了以社区照顾、社区互助、社区融和、社区参与为主要手法，覆盖老年人、未成年人、流动人口和残障人士等各类人群的"三社联动"专业服务体系，使7万名居民持续受益。

（4）积累了政府和社会组织彼此协作、联合开展工作的经验，进一步夯实了"党委领导、政府主导、社会协同、公众参与、法治保障"的社会治理格局。

案例5　政府干部的认识

苏会利，北京市朝阳区东风地区社区办主任。2015年，他在"三社联动"工作开展过程中分享道："今年是我地区开展'三社联动'试点项目的第二年。通过大家的共同努力，地区社会工作发展取得了长足进步，我们的工作信心更足了。关键是我们逐步找到开展'三社联动'试点项目，推动地区社区社会工作发展的原始动力，即与社区居民的自治工作实现有机结合，把居民组织起来，承接项目，引导和扶持公益服务，实现居民'自我教育、自我管理和自我服务'。"[①]

2.社区层面的变化

（1）社区变化。通过社区服务项目化运作使每个社区围绕本社区最紧迫突出的问题打造核心服务品牌项目，使"三社联动"重心下移，逐步形成了社区为资源配置平台，社会工作者为专业支撑，社区社会组织为组织载体的联合服务机制。进一步提升了社区工作者和社会工作者的专业服务能力，并使社区服务更加专业化、精细化，拓展社区居民参与的渠道和平台。社区部门发生了如下具体变化（见表1）。

---

① 案例资料来源：东风地区"三社联动"联合办公室。

表1 东风地区社区部门参与"三社联动"试点工作前后比较

社区部门	原来	现在
服务理念	应对上级要求	自上而下与自下而上相结合
服务方法	缺少明确的服务方向和目标:"有比赛参加比赛,没有比赛上班锻炼身体"	1. 专业社工主动介入; 2. 服务开展规范化、专业化
服务质量	疲于应对当下事务	1. 满足社区居民多元化需求; 2. 回应弱势群体个别化需求
社区参与度	物质性奖励	1. 价值激励; 2. 过程参与

资料来源:北京市协作者社会工作发展中心。

案例6 社区居民的变化

夏琳【高龄独居老人】:83岁,平时不怎么出门活动。以往社区里的社区社会组织都是自娱自乐,夏老属于高龄老人,想参与也没法参与。今年,老人成为社会组织助老项目服务对象,在大家的帮助下学会了一手精致的工笔画。老人表示,参加这个活动,比自己在家好,平心静气、锻炼身体,还能认识很多朋友,大家一起帮着我学。

老曲【残疾人】:老曲是社区社会组织的积极分子,经常指导大家绘画,但并不参与社区社会组织管理事宜,基本上是别人怎么安排,自己就怎么做。社区书记介绍,他自己手部有残疾,但是觉得没太影响生活,就没有去办理残疾证,你看他手每次都伸不直,从来都没对谁说过,但参与活动特别积极,是社会组织的骨干。在"三社联动"联合办公室协助下,社区社会组织改组,老曲成为组织的理事。老曲说,大家在一起高兴,都有提升,后面我们把项目做好,能帮大家做点实事就好。

小美【流动儿童】:12岁,安徽籍,父母开小店,"什么都卖,快放暑假了,没有时间管我",小美以前学过书法,后来年级高了就没有条件再学,"爸爸妈妈听说社区社会组织专门针对流动儿童开展了书法培训课程,觉得暑假不能照顾我,就让我和同学来参加,这些爷爷奶奶教我们书法,我们会好好学,也会和他们一起照顾社区的其他老人"。

"女人花"【社区服务项目】：南十里居社区是2015年新成立的社区，其中商品楼小区以流动人口为主，"奔小族"（因照顾子孙而从故乡流动到子女所在地的老人）居多；老旧小区以本土居民为主，高龄老人居多。因为是刚成立的新社区，没有成熟的社会组织及骨干力量。在"三社联动"联合办公室的专业指导下，社会工作者精准定位服务对象，以服务对象需求和特点为基础开展专业服务；以社区公益金项目为契机，寻找社区骨干，挖掘社会组织负责人，开展了"女人花"公益金项目，促进社区老年妇女融合，并对接社区孤寡、高龄老人，互助扶持，成为该社区品牌项目。①

（2）社区社会组织变化。目前，东风地区的社区社会组织已全部正式成立理事会，选举产生了居民骨干担任理事长，成立志愿服务团队；组织开展活动由原来没有计划，到现在手写活动计划，每次活动人员分工、活动流程明确；社区社会组织能够设计和承接项目，并在项目开展过程中有专人管理财务、单独记账、专款专用；社区社会组织负责人从原来完全依靠社会工作者开展活动到可以在社会工作者的指导下独立开展活动、招募志愿者和动员服务对象参与。

表2　东风地区社区社会组织参与"三社联动"试点工作前后比较

社区社会组织	原来	变化
组织理念	自娱自乐	1. 服务开展与社区需求相结合； 2. 在服务中获取组织价值
组织建设	依靠社区干部管理； 临时性安排活动	1. 正式备案； 2. 建立理事会治理结构； 3. 制度化管理； 4. 专业社会工作应用

---

① 案例资料来源：东风地区"三社联动"联合办公室。

续表

社区社会组织	原来	变化
服务管理	自己高兴就行； 不愿"多管事儿"	1. 服务开展项目化运作； 2. 服务流程规范化管理； 3. 会员参与社区建设，服务弱势群体
社区参与度	人员流失不稳定； 忽视居民参与	1. 发展注册会员； 2. 定期参与服务； 3. 参与社会组织管理； 4. 社会工作者引领志愿者

资料来源：北京市协作者社会工作发展中心。

案例7 社区社会组织的变化

薛阿姨【社会组织负责人】：原来东风地区农场的口腔医生，退休后喜欢和朋友结伴旅游，2014年初当选为社区社会组织负责人。她所在的社会组织在之前开展志愿活动时全部由社区书记和社会工作者安排，承接"三社联动"志愿者培育项目之后，召集组织骨干志愿者15人开展项目说明会，并就项目实施内容组织志愿者开展讨论，提出"探望老人后记录过程"、"骨干志愿者自由组合，照顾离自己近的高龄老人""找志愿者里懂财务的人管理账目"等诸多切实可行的措施。薛阿姨说，以前是社区居委会在做，我们只参加，现在既然交给我们做，就要把事情做好。

吴阿姨【社会组织理事】："三社联动"联合办公室项目工作人员到活动现场监测项目，在活动后的评估会上，社会组织理事吴阿姨说："我们活动前挨家挨户到社区里的小店啊、菜市场啊、楼栋去通知，让社区里的孩子来参加今天的活动，但可能只来三四个，今天孩子们放学晚，也有很多孩子可能不来。"于是"三社联动"联合办公室人员向主责社工、社区社会组织负责人建议，发挥已经报名的志愿者和流动儿童的力量，让他们在社区中宣传活动，这样的口口相传最有可信度，社区居民和流动人口家庭的认可度也高，活动开展起来后让大家再将活动通知带回给周围的人员，这样活动在社区里的影响会越来越大。吴阿姨说，这样的方式挺好，下次活动就试试，"比我们挨家挨户去通知好多了"。

紫韵艺术团【社区社会组织】：2013年底，紫韵艺术团在东风地区"三社联动"联合办公室指导下成立,随后在社区居委会、社会工作者支持下,承接"紫萝园社区以文艺促进流动人口社区融入项目"。2014年10月,在"三社联动"联合办公室支持下,该社团负责人、社区居民领袖姚胜云及其他四位社区社会组织负责人联合发起成立"东风地区社会组织联合会",姚胜云担任联合会理事。目前,该社区社会组织已从当年的自娱自乐,发展到持续承接多个社区公益金项目,项目内容从社区流动人口社区融入,到对接社区孤寡老人上门志愿服务,再到走出社区对接地区"温馨家园"残障人员,成为东风地区品牌社区社会组织。[①]

(3) 社区社会工作者变化。社区社会工作者在工作理念上,开始尝试用优势视角看待服务对象,同时注重整合社区社会组织的资源;其工作方法从原来的行政化管理,即兼社区社会组织主要负责人,包办代替社区社会组织各项工作,到从社区社会组织抽离,转变为社区服务开展的"协助者",注重挖掘、培育和支持社区自身的志愿团队力量;在服务质量上,社区社会工作者在逐渐转换角色之后,严格遵循专业规范和职业伦理要求,注重专业成长与专业服务并重,更为重要的是社区在项目开展中挖掘自身潜力,培育参与社区建设的中坚力量,提高了地区社会工作专业人才队伍和志愿者队伍的建设水平。

表3　东风地区社区社会工作者参与"三社联动"试点工作前后比较

社区社会工作者	原来	变化
工作理念	对于社会工作理念"了解,但不能真正运用"	1. 优势视角看待服务对象; 2. 注重社区资源整合
工作方法	行政化(兼社会组织的主要负责人,包办代替社会组织各项工作)	1. 从社区社会组织抽离,转化为"协助者"; 2. 注重培育和支持
服务质量	本职工作事务烦琐,服务难以深入和持续	1. 严格遵循专业规范和职业伦理要求; 2. 专业成长与专业服务并重

资料来源:北京市协作者社会工作发展中心。

---

① 案例资料来源:东风地区"三社联动"联合办公室。

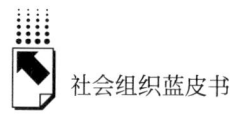

案例8 社会工作者的变化

张文博【社区社会工作者】：张文博自2013年起参与东风地区"三社联动"试点工作，在此过程中逐步从一线社会工作者成长为石佛营东里社区居委会主任，从具体负责社区层面的"三社联动"对接指导工作，到作为中级社会工作师指导其他社区的社会工作者开展服务。文博在实践基础上将她对于"三社联动"的理解融会贯通，并付诸行动。2015年下半年，文博指导社区社会工作者，对接社区社会组织开展的公益金项目已达14个，承接市区政府购买服务项目4个，涉及流动人口社区融入、社区孤寡老人照护、环境治理、亲子教育等方面。

小夏【社区社会工作者】：小夏并不是"三社联动"试点支持项目里的主责社工，但参与了"三社联动"联合办公室开展的社会工作领导力专题培训。在该社区的一次活动中，小夏也在，说我来看看他们的活动，在"三社联动"项目里，对社会工作的理念慢慢理解了，以前社会组织的事情都是我来做，活动消息、总结、计划都是我来做，我自己还有很多事情，特别忙，现在我用"三社联动"的理念来做工作，鼓励社会组织自己写消息、总结，我指导他们写得不好的地方，他们也得到锻炼，我的精力也得到解放。①

3. 社会层面的影响

作为北京市第一个"三社联动"试点项目，"东风试点"探索出将政府的行政力量和社会组织的专业力量有机结合，将外部的专业支持与社区内在的资源有机整合，形成自上而下的行政动员与自下而上的广泛参与相结合的实务建设路径，形成了以社区为资源配置平台，以社会工作专业人才队伍为专业支撑，以社会组织为组织载体，优化配置三方资源，以培育社会组织、发展社会工作、促进社区参与为格局的东风"三社联动"机制建设模式，为全市社会治理创新贡献了可鉴的"三社联动"专业路径与样本经验。

"东风试点"过程中，接待了包括民政部顾朝曦副部长、民政部社会工

---

① 案例资料来源：东风地区"三社联动"联合办公室。

作司王金华司长,以及北京市民政局李万钧局长在内的各级领导的现场考察和交流,并完成了民政部委托的政策理论研究课题报告,为"三社联动"的全国推广提供了理论和技术依据。

与此同时,北京协作者结合"东风试点"开发设计了《"三社联动"机制建设实务路径》课程,为全国1000多名政府干部、社区负责人、社会组织负责人和社会工作者开展了专题培训。其中,2017年7月10日至14日,北京协作者应邀出席了由中组部和民政部举办的"2017年全国地方党政领导干部'三社联动'专题研究班",为来自全国28个省(区、市)分管社会管理和服务的市(地、州、盟)党委、政府负责同志做了"三社联动"专题培训。

截至2016年底,包括《中国社会工作》、北京电视台、《京华时报》、《北京日报》、《新京报》、《北京社区报》、《劳动午报》、朝阳在线等媒体发布了30多篇介绍"东风试点"工作的媒体报道。

而"东风试点"另一个可能更具历史价值的社会影响,是颠覆了社会组织和社会工作只能局限于微观直接服务的传统认识,承认社会组织和社会工作促进宏观治理的专业功能和价值,其中一个标志性的变化就是自2016年以来,各地政府纷纷将"三社联动"机制建设工作委托给社会组织承接,一时间,具有专业支持能力的社会组织炙手可热。

(四)实施过程中的挑战

1. 社区参与度不高

"三社联动"需要发挥社区各方的能动性,促进社区参与,然而,社区各方习惯了接受安排,被动参加,缺乏主动参与的意识和能力,行政化、粗放式的社区管理思维根深蒂固,原有社区服务中的模式与观念改变不可能一蹴而就,参与意识和能力的培育需要一个渐进的过程,这个过程需要大量的精力和物力的投入,相对于行政主导的工作模式,成本高、见效慢,而当下很多部门对试点任务要求过于急功近利,往往以"加快速度见成效"的名义搞形式,或者以"没有成效"为由减少项目投入甚至责难,这是"三社联动"机制建设过程中时刻需要警惕的问题。

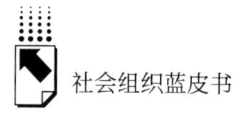

2. 社区社会工作者动力不足

"三社联动"的目的在于有效服务民生,这就必须以居民需求为导向开展工作。然而,在现有社区服务管理体制下,社区社会工作者不仅承担着各种繁杂的行政事务,而且来自上级的任务安排,以及领导的个人意志,往往迫使社区社会工作者不得不背弃社会工作专业使命和居民需求,唯上是从。这造成社区社会工作者的成就感和使命感缺失,无力感严重,专业成长动力不足,对社区管理与服务体系改革缺乏信心,将试点工作视为增添工作麻烦和负担,不愿参与或消极应付。由此构成社会工作人才队伍参与"三社联动"机制建设的主要阻力,亟待从体制层面构建有效的专业激励和制度保障。

3. 社区社会组织发展不平衡

"三社联动"的前提是"三社"主体相对成熟,分工明确,但当下运动式的社区社会组织建设方式,导致许多社区社会组织名不符实,缺乏服务社区的意识和动员居民参与的能力,组织治理结构不规范,需要在"三社联动"建设过程中,首先厘清居委会与社区社会组织的关系,引导社区社会组织加强自身能力建设,并提高专业服务能力,厘清自身特长和定位。"东风试点"三年多的工作开展中,以社区社会组织与社会工作者项目对接方式,社区社会组织培育初见成效,但各社区的组织发育程度不平衡,在推动"三社联动"机制建设过程中,如何更有效的培育发展社区社会组织,同样需要更有效的激励和保障。

4. 部门利益的制约

"三社联动"机制建设过程,也是向社区、社会组织和社会工作者赋权的过程,需要政府解放思想、开放资源、让渡空间、平等合作。然而,一些部门依然存在较为严重的"守财奴思维",把辖区看作自己的一亩三分地,凡事认为"只有自己做的才是成绩""肥水不流外人田",把外部力量的参与视为给自己找麻烦;将向居民赋权视为破坏自身权威;把向社会让渡空间视为侵占自身资源。这些思维模式和官僚作风已经非常严重地渗透到社区居委会层面,成为阻碍社会组织进入社区开展工作的拦路虎。

5. 社区发展差异大

城市社区与城乡结合部社区，以及农村社区的居民需求各有不同，社会组织、社区社会工作者能力和发展状况也不同，在地区层面上推动"三社联动"工作机制建设的同时，如何更有针对性的为不同社区、社会组织、社会工作者做好个别化指导，成为在社区层面落实"三社联动"机制亟须解决的难点。

（五）实施经验

"东风试点"工作之所以能够取得成功，主要得益于以下三点经验。

1. 政社角色定位清晰，互联互动有保障

"东风试点"工作采取了将政府的行政力量和社会组织的专业力量有机结合的工作策略。由专业支持性社会组织与东风地区工委办事处共同组建联合办公室。其中，北京协作者作为北京市5A级社会组织，发挥专业支持功能，负责试点工作的专业设计和支持，东风地区工委和办事处发挥行政管理功能，负责试点工作的组织行政管理。双方签订合作契约，制定联席工作制度，互相尊重、互相配合，建立了边界清晰、优势互补、相互支持的横向联动机制，为试点工作的推进提供了有力的组织保障和制度保障。

2. 从地区到社区层层推进，上下联动有落实

"东风试点"工作采取了将自上而下的行政主导和自下而上的社区参与相结合的工作策略。在地区层面，培育发展地区社会组织联合会、地区社会工作者协会，增强地区社区服务中心的联动能力，以三者互动为抓手，分别对接社区社会组织、社会工作者和社区部门，首先形成地区层面的"三社联动"工作体系。进而通过项目购买和专业培训，引导激发社区参与活力，将"三社联动"机制通过组团化项目运作的方式落实到社区服务民生行动，共同回应社区最紧迫的服务需求，实现了从地区到社区的纵向联动工作体系。而在试点工作取得成功之后，2015年，市民政局基于试点实践的总结和研究，出台一系列激励政策，面向全市开展购买"三社联动"扩大试点

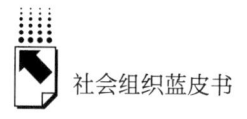

服务项目，全面开启了自上而下的试点经验推广工作。

3. 注重培育本地专业力量，持续联动有动力

"东风试点"工作采取了将外部的专业支持与本土社区内在资源有机整合的工作策略，北京协作者作为引进的专业组织，将"团结协作、助人自助"的专业理念引入试点工作，进入试点地区后首先开展各方需求评估，以实际需求为导向，设计服务项目，而不是一种外来专家强推给社区的要求；其次结合具体的服务项目培育本土社区社会组织，培养本土社区社会工作者，组建社会组织联合会，建立了地区和社区的自我服务、自我管理和自我成长的专业建设体系，形成东风地区内在的专业驱动力，使"三社联动"真正成为社区内在的可持续机制。

四 "东风试点"的启示

（一）讲求实效，坚决避免形式主义

"三社联动"作为社会治理的创新举措，其最大的挑战是实在性的问题，即如何避免搞形式。"东风试点"伊始，对该工作最反感的就是社区居委会干部，其中有干部直截了当地说，"哪个试点不是走形式？没必要当真，到时候我们帮你把总结报告写好了，领导来了现场说点好话就行了"。北京协作者在决定承接试点工作前，与北京民政局达成一致，试点工作要出模式经验，必须给我们三年时间；而在与东风地区前期磋商过程中，我们首先声明，如果要搞形式，应付上级要求，北京协作者坚决退出。事后，东风地区社区办的苏会利主任告诉我，当年这个态度打动了他，他最担心的也是试点工作搞形式，"每搞一次形式，我们在社区干部和居民中的权威就降低一次，再说什么都没人听了"。

"三社联动"是建立整合多方力量共同促进社区治理创新的"长效机制"，但长期以来，在社区治理机制建设上之所以总是存在着形式化的问题，除了官僚作风，还包括忽视或低估了机制建设的两个特殊性：一是机制

建设的过程性和持续性；二是机制建设的实在性和内发性。

机制是一个系统，"三社联动"机制建设需要从理念、技术和制度三个方面去做实，要着重解决好四个方面的问题。

1. 明白为什么做

这是做任何事情的前提。很多试点工作往往将"领导要求"或"上级要求"作为出发点，而不能真正站在事情本身的角度去思考。在"东风试点"工作还没有正式启动之前，北京协作者和东风地区办事处的相关负责人，在市民政局和朝阳区农委支持下，反复讨论这个问题，分别从各自组织建设的角度、社区发展的角度和上级要求的角度，寻找三者的交集点，使试点工作内化为我们自身发展、组织使命和社会责任的需求。在未来面对社区工作者和社区居民，以及相关部门质疑的时候，合作方都能够自信而清晰地表达试点意图，从而为动员各方的参与奠定了基础。

2. 明白怎么去做

要尊重社区发展规律，机制的建设是一个从调查研究到路线设计到实践内化到验证完善的过程，那些要求三个月出成效，半年出模式的做法，违背了规律，注定是走形式的。"三社联动"有其普遍性的做法经验，但每个社区的形态和需求都有其个性化。试点工作往往习惯于"摸着石头过河"，而社会工作通用过程模式对专业服务有非常成熟与专业的要求，那就是以需求为导向，通过专业方法转化成专业介入方案，从顶层设计到基层落实。在"东风试点"工作筹备过程中，北京协作者严格按照通用过程模式，第一步工作从深入开展调查研究入手，对比各地经验，了解社区多方需求，根据需求设计工作路径，并多方反复论证，达成共识，即尊重社区发展规律，不要急于求成，严格按照项目路线图一步步扎实推进。三年多来，试点工作从地区到社区无不严格按照当初设定的工作路线，层层推进，保障了试点工作的方向性和有序性。

这个过程中，最重要的就是各环节之间的逻辑性与衔接性。"东风试点"从需求评估开始，根据需求有针对性地将路线图转化成服务计划，通过地区大会形成各利益方的共识，并将认识转化成项目实践，在实践过程中结合实际问题进行能力建设，使问题逐渐呈现，使动力在解决问题的过程中逐步增强，各环节衔接之间绝不留死角，最终使"三社联动"试点工作从最初的上级安排布置的工作转化为"我们的项目"，成为各方共同的行动。

3. 明白谁是主体

如果试点工作失败了，谁最受影响？如果试点工作成功了，谁最受益？如果"三社联动"要想成为可持续的机制，必须依靠谁？显然，这个主体是试点地区的社区部门和社区居民。为此，"东风试点"确立了以服务社区民生为核心的原则，即所有服务设计都应该围绕社区居民的实际需求，都应该落实到如何有效推动社区内在力量的参与这个点上，这也是参与式社区发展的核心原则。试点过程中，笔者时刻提醒北京协作者的工作人员作为支持性组织的角色，做任何事情都应以提升本地社会工作者的专业能力、培育本地社区社会组织的参与力量为基本考量，而将自己放到协助者、推动者的角色，集中精力做好专业支持的事，绝不能越俎代庖，替代社区工作者去做工作，更不能因为办事处的信任去做干预行政管理的事情。

4. 明白人性是什么

这一点说起来比较大，但又很现实。我们相信社区工作者和社会工作者都有做好本职工作的意愿，相信社区社会组织和社区居民都有改善社区环境的意愿，但更要明白意愿和能力之间是有差距的，"想做"和"能做"是两个层面的事。很多试点工作坏就坏在急功近利上，兵马未动就要出模式出经验。在这方面，北京协作者和东风地区的对接领导有基本共识，一是不要做表面文章，不要伤了社区人员的心；二是应该尊重能力建设的客观规律，给予大家充分的成长过程，允许抱怨，允许犯错，允许想不明白……社会工作者必须坚守的一点就是无论何种情况，始终给予充分的信任和支持，和对方一起去澄清、反思、学习、总结，最终缩小意愿和能力的差距，使大家能够发自内心的理解这件事，去做这件事，支持这件事。

放在社区发展的大背景下，"三社联动"其实是参与式社区发展的范畴，而参与式社区发展的核心是赋权增能，就像教孩子走路一样，目的不是为了快速到达目标，而是让孩子学会自己走路，并将自由行走的权利赋予社区。这个过程中，考验我们的是信念和毅力。参与试点工作的社区工作人员从最初认为给自己增加了工作负担，不愿干或者应付着干，到如今主动提出新的想法，甚至半夜打电话和北京协作者的工作人员讨论工作，试点工作正在转化为社区内在的机制。这个过程中，我们也经常纠结甚至心疼，很多社区社会工作者上有老下有小，一方面感觉到专业的价值，积极主动的参与专业建设，另一方面传统的岗位体系并不是地区和社区层面能够改变的，在大量的行政性工作的同时增加专业建设任务，很累很辛苦。如何消除体制层面对社区里的社会工作专业人才、社区社会组织和社区部门互联互动的制约因素，是深化"三社联动"机制建设必须直面的问题。

（二）注重合作，构建政社合作关系

在本土情景下，社区治理离不开政府的参与。"三社联动"涉及政社合作，多方联动，需要明确政社双方的角色职责，建立强有力的组织保障、政策保障、专业保障、资金保障体系，确保"三社联动"各项工作可以有效开展。

如果说专业社会工作服务机构在整个"三社联动"机制建设过程中发挥着"专业引擎"的关键功能，那么政府则在整个机制建设中发挥着"行政引擎"的关键功能。政府与社会组织之间彼此尊重、相互学习、共同担当是"三社联动"建设工作的核心文化，是我们能否做好"三社联动"工作的理念保障。而保障条件的实现首先得划分清楚政社合作的边界。

其中，市区两级政府的角色是"三社联动"的政策推动者和统筹协调者，承担着统筹协调、制定政策、财政保障和监督管理等方面的职责，通过构建市、区、街三级"三社联动"统筹协调机制，出台一系列的激励政策和公共财政安排来推动"三社联动"在街道和社区层面落地。除此之外，应避免过多干预，而将建设的空间让渡给社区部门和社会组织。

在"东风试点"工作过程中，北京市民政局和朝阳区农委便严格遵循以上原则，从上级政府角度，协调双方建立合作伙伴关系，定期研究解决

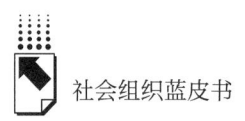

试点工作的重点、难点问题,统筹指导试点工作落实,不对具体实务工作进行干预。而在试点工作完成攻坚实验后,市民政局基于试点实践的总结和研究,印发了《北京市民政局关于加快"三社联动"推动基层社会治理创新的意见》(京民社工发〔2015〕458号)、《北京市民政局关于进一步加快推进民办社会工作服务机构发展的实施意见》(京民社工发〔2015〕334号),以及《2016年度"三社联动"服务指引(试行)》等政策文件,逐步建立"三社联动"的政策体系,开始自上而下的加快"三社联动"机制建设工作。2015年4月,北京市民政局划拨800余万元专款,面向全市开展政府购买"三社联动"社会工作服务项目,共确定了50个试点工作服务项目,涉及16个区、92个街道、320余个社区。自2013年试点工作启动,2015年开始扩大试点,2016年全面推广至今,全市通过政府购买服务、福彩公益金资助、社会建设资金和街道财政专项资金项目化运作等方式,整合各类服务经费投入累计达4亿元,基本实现了全覆盖。

地区办事处作为政府的派出机构,是"三社联动"具体落地的委托方和行政支持者。其职能是制定促进落实"三社联动"的各项激励政策,包括激励社会组织建设、政府购买服务、社会工作专业人才队伍培养等政策;组织协调地区各相关部门参与"三社联动"建设工作;协调督促社区让渡空间,有效配置资源;监督建设进程和服务效果。

北京协作者承接"东风试点"工作以来,笔者感受最深的就是北京协作者和东风办事处的合作关系。这期间,他们有过不同的看法,但从未红过脸,不说违心的话,不做违心的事,这在政社合作中是非常难得的。要知道,作为政社合作下的试点工作,如果合作关系理不顺,一切都是空谈。其中,两者在合作理念上,强调合作主体的独立性、互动性和整合性,共同围绕有效服务民生这一核心目标,建立"边界清晰、优势互补、良性互动、协作支持"的协商共治关系。为此,北京协作者和东风地区在项目启动前,首先就双方的各自角色和边界达成共识,并以契约化的方式约定下来;其次,双方建立了联席工作会议制度,自2013年7月启动试点工作以来,每周二上午为协调会议时间，双方围绕既定的试点目标，讨论制定工作计划，雷打不动，持续至今。其中北京协作者作为专业支持者角色，负责专业设计和支持，东风地区政府作为行政管理者角色，负责行政动员和资源支持，双方互相配合，互不越界，专业绝不干预行政，行政绝不干预专业，从而保障了地区层面的联动架构；而在社区层面上，双方明确"三社联动"的建设主体是社区部门、基层社会工作者和社区社会组织，所有的建设工作应该围绕三大主体的需求意愿来设计开展，绝不能图快贪多，越俎代庖，使建设工作表面进展很好，实际全靠外部干预，而专业技术和方法不能转化为社区内在的力量。[①]

（三）赋权增能，切实保障社区参与

"三社联动"是机制也是手段，其目标并不在于"三社联动"，而是通过"三社联动"拓展社区居民参与社区治理的渠道和平台，深化"党委领导、政府主导、社会协同、公众参与、法治保障"的社区治理格局。"三社联动"的成效最终要聚焦在有效服务社区民生和促进社区参与上，因此，社区居民既是"三社联动"的服务受益者，"三社联动"的建设参与者，也是"三社联动"的成效评估者。

促进社区参与作为"三社联动"建设工作的核心目标之一，贯穿于"三社联动"建设的全过程。以"东风试点"为例，试点工作第一阶段首先对东风地区开展需求评估，评估采取参与式工作方法，注重不同类别社区居民的参与，为试点工作有针对性地开展服务提供科学依据。试点工作在确定工作方案时，会召集包括社区居民在内的各利益相关方参与讨论，确定工作路径。这个过程，既是激活社区居民参与意识、提升参与能力的过程，也是向社区居民宣传普及"三社联动"知识争取居民支持的过程。在试点工作方案确定后，我们专门召开了面向社区各利益相关方的东风地区"三社联动"试点工作交流会，将试点工作由地区层面向社区层面广泛宣传动员，

---

① 李涛：《"三社联动"运转中的挑战及策略》，《中国社会工作》2017年第31期，第20～21页。

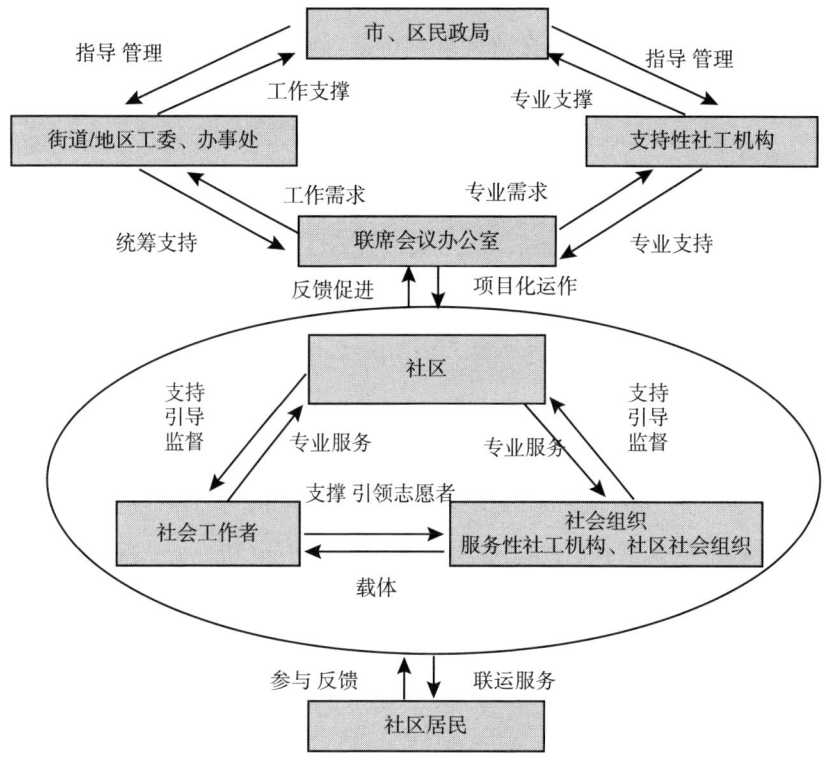

图3 北京市"三社联动"机制建设各方关系示意

资料来源：北京市民政局。

形成自上而下的行政动员与自下而上的广泛参与相结合的工作局面。

以居民参与为主导的评估工作不仅体现在需求评估方面，也体现在项目选择和成效评价等方面。"东风试点"工作采取了鼓励社区部门、社会工作者和社区社会组织联合设计实施社区服务项目的策略。该策略其中的一个主要任务是建立居民评价体系：在项目设计阶段举办项目对接展示大赛，采取专家评审和居民评审相结合的方式，专家评审的过程是进行督导支持的过程，居民参与评审是社区选择和决定的过程；而在项目中期和终期，同样由社区部门、社区社会组织和社会工作者组成的项目执行小组向专家和居民组成的评审团进行汇报，接受专家和居民的评价。

三社联动：社会组织与社区、社会工作互动机制建设

社区社会组织是社区居民实现社区参与的主要载体，培育发展社区社会组织是"三社联动"的重要内容之一。"东风试点"工作中的一个重要举措是将社区社会组织"还给居民"，在对社区各利益相关者开展社区社会组织相关知识培训、社区居民领袖培育等工作基础上，各社区均召开了居民代表大会，由社区居民投票选择社区社会组织的理事会成员，并讨论通过组织章程、规划和服务计划，社区社会组织的年度工作计划和财务收支情况都需要向理事会交代，并向社区居民公示。而地区办事处则以文件的方式规定社区部门不可以干涉社区社会组织日常运作，不可以任免理事会成员和负责人。在此基础上，各社区的社会组织在地区办事处和社会工作机构的支持下，按照同样的原则方法自主组建了地区层面的社区社会组织联合会。而社会工作者则通过社工引领义工支持社区社会组织发展的方式，促进社区居民的参与。

总体而言，社区参与的本质是社区居民对社区事务的决策权，而"三社联动"机制建设过程则是向居民赋权的过程，这也是作为专业支撑的社会工作的核心价值观。

然而，参与式社区发展工作并不会因为理念和技术的先进性而受到社区欢迎，反而因为其强调促进社区参与和可持续发展的特点而遭受社区的排斥，这从当下社会工作者在社区里普遍遇到的挑战可以反映出来，当社会工作者试图承认居民的能动性、尊重居民的选择、动员居民的参与的时候，迎来的往往是居民的质疑和反感，居民更希望社会工作者赶紧告诉他们要做什么，赶紧发完活动礼品，他们也好按部就班地完成，回家忙活家务。因为在过去多年的教育和服务中，居民被要求服从命令，习惯了被安排、被服务，当有一天突然要求他们像"社区主人"一样参与的时候，他们缺乏足够的心理准备，也缺乏参与的能力——这需要一个学习过程。而在这个过程中，最艰难的是社会组织和社会工作会被功利主义者指责为无用。[1]

---

[1] 李涛：《社工如何让社区更美好——来自社区的挑战》，《中国社会工作》2017年第12期，卷首语。

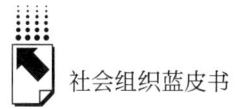

这就是当下社区治理的荒诞,也是社会组织工作者和社会工作者在推动"三社联动"机制过程中面临的最大挑战之一,克服多年来传统服务留下的刻板印象,在质疑中树立专业自信,在服务中培育社区参与意识——这是我们这一代社会组织工作者和社会工作者无法回避的使命。

(四)勇于实践,促进社区治理创新

"三社联动"为建设动员多方力量参与社区治理的长效机制提供了可行的实践路径,具体体现在以下三个方面。

1. "三社联动"是社区治理理念创新的具体体现

社区治理的基本理念是维护社区居民的根本利益,增强社区发展活力,形成多方参与的社区建设格局。而"三社联动"的基本理念强调社区各利益主体的独特价值,激发社会组织、社区和社会工作者的参与意愿和活力,形成服务合力,以多元的服务手法和参与形式满足社区居民多元化的需求。同时,"三社联动"将专业服务与能力建设有机结合,注重提升社区、社会组织和社会工作专业人才队伍的专业服务理念和能力,增强社区、社会组织和社会工作专业人才队伍参与社区治理、提供专业服务、建构良性社区关系的能力,与政府建立良好的治理关系,是社区治理理念创新的具体体现。

2. "三社联动"是社区治理方式创新的具体体现

社区治理是相关各方在沟通、协商的基础上,基于共识而进行的对社区相关事务的管理,强调多元主体、平等协商、合作共治。社区治理强调的是多元主体的参与,其中相对于政府和市场,社会组织能否有效参与是关键。党的十八届三中全会指出,要正确处理政府和社会的关系,激发社会组织活力,将适合由社会组织提供的公共服务和解决的事项交由社会组织承担。而"三社联动"以社会组织为载体,在强调政府主导作用的同时,培育社会组织,发展社会工作,促进社区参与,形成地区和社区层面的系统治理,是社区治理方式的创新。

3. "三社联动"是社区治理制度创新的具体体现

社区治理体制的建构需要从一系列具体制度建设着手。"三社联动"将政府的行政管理力量与社会组织的专业支持力量有机结合,建立多方联席会议制度等;将政府购买服务的资源配置方式引入社区治理,动员整合各种资源,建立正向的合作关系,增强社区内聚力,减少社区矛盾和冲突,促进社区居民的发展,使多方参与成为长效机制,是社区治理制度创新的具体体现。

行文至此,不难看出,"三社联动"并不是社区治理的目的,而是促进社区治理的重要手段之一;"三社联动"最大的挑战其实不是基层的"三社"如何联动,而是上层的"三社"如何联动:主管社区建设、社会工作专业人才队伍建设和社会组织的各相关部门如何打破部门利益区隔,实现顶层联动制度,听命于上级的地区政府部门才有可能打破利益僵局,才能出台有利于整合"三社"资源的政策,"三社"才有独立发展和跨界合作的空间,促进基层的"三社"实现联动才有可能。

"三社联动"的另一个挑战恰恰是"三社"归位的问题,即各自回归各自的独立角色和专业属性,只有解决了这个问题,"三社"才可能在独立自主的基础上自由的联合。事实上,"三社联动"可以有普遍的原则和通用的方法,但建设路径和范式是灵活多样的,这是由社区需求的多样性和社会力量的灵活性决定的,大一统的建设模式只会与"三社联动"激活社区力量的愿望背其道而行。打破条块分割部门利益,必须有着力点,这个点就在居民身上,如同本文提到的"三社联动"的核心目标必须聚焦于有效服务民生一样,所有社区服务部门都应围绕居民需求,以居民满意度为导向。这就需要改革我们的社区治理路径设计,让居民对政策安排和资源投放有参与权和监督权。

毋庸置疑,一个尊崇社会参与的治理时代已经来临,在这个新时代里,衡量社区有效治理的价值标准已经不再是社区某个部门自身做了多少工作,而是这个部门是否足够开放,是否有跨界合作的意识和能力,是否整合各方力量,推动多元合作,实现共建共治共享。而本文亦是参与"东风试点"

的多部门跨界合作的成果。限于本人的能力,本文得出的结论可能与实际情况存在一定的偏差。且鉴于"三社联动"本身是立足社区各相关利益方实际需求的互动机制,呈动态性和发展性,本次研究难以全面涵盖社区各方力量彼此间的制约、支持关系。这也正是我们作为实务工作者践行服务与研究相结合,不断于实践中学习、反思和创新的责任所在。

B.9 友成企业家扶贫基金会的社会创新：以志愿者驿站为例[*]

何 辉[**]

摘 要： 近些年国内非公募基金会快速发展，并对我国社会公益事业发展做出了重要的贡献。友成企业家扶贫基金会在社会创新方面的倡导和实践，是我国社会组织推动社会创新的典型案例。本文从社会创新的视角出发，对友成企业家扶贫基金会的社会创新的理念倡导和实践进行了描述分析，对其特色项目——友成志愿者驿站及其实施案例做了深入的探讨，归纳了友成社会创新的特色，并就我国社会组织发展进行了相关讨论。

关键词： 基金会 社会创新 志愿服务

中国近些年社会组织飞速发展，基金会的发展格外瞩目。一些基金会经过多年的耕耘，已经在理念倡导、公益项目资金支持及运作方面取得很大的成绩。基金会已经成为政府之后吸纳慈善捐助的第二大主体，名副其实地成为我国公益事业发展的中坚力量。[①]

---

[*] 本文的调研和写作，得到友成企业家扶贫基金会的大力支持和协助，特表谢忱。
[**] 何辉，中国社会科学院研究生院副教授，博士，工商管理学院副院长，中国社会科学院研究生院社会组织与公共治理研究中心秘书长，研究领域：政府规制、社会组织。
[①] 张亚维、陶冶：《我国基金会发展状况及影响因素分析——以中国TOP100基金会为例》，《扬州大学学报》（人文社会科学版）2012年第3期。

2017年，国内有两个知名的基金会满十周岁了，一个是南都公益基金会，一个是友成企业家扶贫基金会（简称友成基金会）。南都公益基金会是以银杏伙伴计划为代表的资助公益人和公益机构的项目，友成倡导社会创新的实践，他们都产生了巨大的社会影响。2017年5月10日，主题为"向社会创新致敬"的社会创新国际论坛在北京举行。国务院扶贫办社会扶贫司巡视员曲天军在论坛上表示："作为政府、企业、社会组织、公众参与公益和脱贫攻坚的跨界合作平台，友成基金会的模式，已成为社会组织参与扶贫、社会发展的经典教案。"也有研究机构指出，"友成十年，代表着社会创新链条的尝试和完善……其十年的发展历程就是整个历程的缩影。"①

对友成基金会进行案例分析有重要的意义，可以从社会创新和基金会发展两个维度探讨。先看社会创新。目前国内关于社会创新的研究，大部分是介绍性的、规范性的探讨，以及从理论层面分析其特征等，仅有极少的结合国内一些社会创新实践的单个或多个案例进行分析。与理论研究方面的薄弱相比，国内近些年社会创新的实践要丰富得多，友成基金会则是不可多得的典型案例。有学者认为，友成基金会自2007年以来，代表着中国社会创新的概念形成、推广与实践。②

再看基金会特别是非公募基金会方面的研究。目前国内对基金会的研究集中在引进国外的概念和理论，对我国基金会进行分类界定和描述、基本制度分析等方面③，例如对基金会的各类数据的初步整理汇总④，对基金会产权制度、税收制度、政府治理政策等制度建设方面的探讨⑤，从规范性角度分析基金会的内部管理透明度、监管法律体系的完善情况⑥等。现有的研究

---

① 清华大学公益慈善研究院课题组：《社会建设在中国：友成十年》，2017，第3页。
② 清华大学公益慈善研究院课题组：《社会建设在中国：友成十年》，2017，第2页。
③ 葛道顺、商玉生、杨团、马昕：《中国基金会发展解析》，社会科学文献出版社，2009。
④ 基金会中心网主编《中国基金会发展独立研究报告》，北京联合出版公司，2016。
⑤ 葛道顺、商玉生、杨团、马昕：《中国基金会发展解析》，社会科学文献出版社，2009，第14页。
⑥ 宋胜菊、胡波、刘学华：《中国公益基金会信息披露问题研究》，社会科学文献出版社，2016。

总体上偏向于从理论视角、从规范视角的分析，对现有基金会丰富多彩的实践关注得不够，对于基金会的个案研究非常少。

显然，对友成基金会的案例研究，无论对于国内社会创新的研究还是基金会的研究，都是极有价值的。到目前为止，媒体对友成基金会报道的较多，但非常缺乏对友成基金会的专题性研究。因此，本文希望从社会创新的视角出发，对友成基金会进行深入分析，探讨其发展过程，其理念的提出、操作、传播等方面的特点等，并通过志愿者驿站项目的运作，分析其社会创新的特征。在调研中，我们对相关人士进行了访谈，查阅了相关资料，以及友成基金会自己的各类文献，特别是《友成文集》。这个系列文集已经编印了9本。可能是国内社会组织关于自身的最为翔实的内部文本之一。[①] 当然，限于篇幅，本文主要从社会创新的角度对友成基金会进行研究。在本文第二部分，将简要谈论社会创新的概念；第三部分梳理了友成基金会的定位和社会创新的实践；第四部分描述分析友成基金会的志愿者驿站创新模式的具体内容；第五部分归纳了友成基金会社会创新的特点；第六部分对我国基金会的发展进行了简要的讨论。

一 社会创新和社会组织的创新

社会创新，近些年在学界、政府部门、社会组织甚至企业的实践中出现频率都很高。但人们对于社会创新到底是什么，却并没有一个被普遍接受的概念界定，国内外皆如此。

关于社会创新，国外的研究已经积累了很多文献，主要聚焦于社会创新

[①] "我们从每一年的观点、理念、文章、心得、反思乃至讨论、争鸣中，尽可能全面地整理收集当年的点点滴滴，其目的不是纪念，而是记录：记录友成每一年的成长历程和思路。希望真实和准确地还原友成在发展过程中的每一个想法、每一个思考以及每一次行动的由来，让友成的过去、现在和未来贯穿于一个连续不断的坐标。这种还原不仅有益于友成人更好地了解自身、期许未来，也有益于友成的合作者、支持者乃至受益者更好地了解友成、更准确地了解友成，以使友成持续瞄准定位、履行使命，最终达成目标。"参见《友成文集》(2009)，第3页。

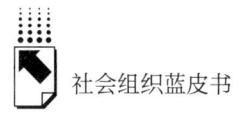

的价值创造，社会创新的动因与机制，社会创新与政府、企业等机构间的合作机制与互动机制，社会企业家精神与历史、文化、制度的相互关系，社会创新的过程，社会创新的演变趋势等。① 一些学者在向国内译介社会创新的过程中，综合参考国外的不同表述，对社会创新进行了概念界定。例如，王名等认为，社会创新可以理解为一个涉及社会生活的基本理念、组织和制度的创新过程，是在旧的社会生活范式或体系的基础上建立新的运作模式的过程，其中既包含着对旧的生活范式或体系的否定，以及在理念、组织和制度层面突破旧有体制的大胆改革，也包含有建构新的理念、组织和制度的种种积极探索及尝试。②

周红云认为，社会创新就是以推动社会变迁和追求社会公正为使命，以解决社会问题、创造社会价值和追求社会影响为目标，以创新的方式利用和开发资源为手段或其他任何创新的方式来解决社会问题、满足未被满足的社会需求并最终推动社会进步以达到社会善治的行为。③

下面我们从几个方面来理解社会创新。

可以将社会创新理解为一种类型的创新。例如我们已经比较熟悉政府创新、科技创新、企业创新、社会管理创新。从这个角度分析，社会创新是在社会领域（包括民生、公共服务、扶贫、养老等）的创新。而社会领域的创新，在很多学者看来，主要是社会组织进行的创新。社会组织通过社会企业家的发现、社会企业家精神的传播以及理念方法上的发现和更新等进行社会创新，可以弥补政府与市场失灵、解决社会问题、满足社会需求。④

社会创新的目标，一方面当然是通过创新的方式来解决一些在现有的情况下难以解决的社会问题。有学者认为社会创新就是通过创造性地融合和重

---

① 李云新、刘然：《中国社会创新的特征、动因与绩效——基于"中国社会创新奖"的多案例文本分析》，《公共行政评论》2016 年第 4 期。
② 王名、朱晓红：《社会组织发展与社会创新》，《经济社会体制比较》2009 年第 4 期。
③ 周红云：《中国社会创新的现状与问题——基于两届"中国社会创新奖"项目数据的实证分析》，《经济社会体制比较》2014 年第 4 期。
④ 李云新、刘然：《中国社会创新的特征、动因与绩效——基于"中国社会创新奖"的多案例文本分析》，《公共行政评论》2016 年第 4 期。

组不同要素和观念得以发展的,而关键是它能创造新的价值,从而能够解决现存机制和方法无法解决的社会问题。① 另一方面,则是推动良性的社会变迁,使人们在思想、行为、社会关系、社会结构和制度层面上发生深刻甚至系统的变化。也正是因此,社会创新成为公共治理的重要领域。②

相较于政府和企业,社会组织因为其志愿性、民间性、对社会问题的敏感性等特点,更容易建构社会创新的目标,也更容易成为社会创新的主要推动者。

社会组织正是希望通过自己的创新性努力,解决社会中政府和市场都无法解决的问题,或者更好地解决问题。例如,有学者认为,美国基金会的出现本身就是一种社会创新,而基金会的公益资助活动的目标就是社会创新。我国的社会组织目前之所以对社会企业、对社会创新如此关注,并且兴起热潮,一个重要原因,是社会创新可以被认为是我国社组织发展的重要机遇,其凸显了我国社会组织的存在价值和重要性。

二 友成基金会对社会创新的理解

我们先来了解一下友成基金会的概况。

友成基金会是 2007 年经国务院批准,在民政部注册的全国性非营利社会组织。截至 2016 年底,友成基金会自主研发试点了社会价值投资联盟(深圳)、友成志愿者驿站、友成小鹰计划、友成常青义教、友成创业咖啡、公益路人甲等平台项目 16 个;资助社会组织共计 171 个;受益人群覆盖全国 22 个省区市。友成基金会是民政部全国性社会组织评估评定的 4A 级基金会,在历年各类基金会透明度排行中,一直名列前茅。③ 十年时间,友成

---

① 郑乐平:《新常态下的慈善创新》,杨团主编《中国慈善发展报告(2016)》,社会科学文献出版社,2016,第 196 页。
② 张强、胡雅萌、陆奇斌:《中国社会创新的阶段性特征——基于"政府—市场—社会"三元框架的实证分析》,《经济社会体制比较》2013 年第 4 期。
③ 友成企业家扶贫基金会网站,http://www.youcheng.org/about.php,访问时间:2018 年 1 月 20 日。

基金会从无到有，从小到大，逐步成长为公益圈里非常有影响力的社会组织，并以社会创新知名。[1]

友成基金会在社会创新领域是国内领先的倡导者和实践者。2007年友成基金会成立伊始，就提出了"新公益"的理念，并着手与中央编译局合作组织翻译"友成社会创新与社会企业译丛"。从某种意义上说，友成基金会正是在国际上蓬勃发展的"社会创新"的大潮中应运而生的；对"社会创新"的关注和在中国推动"社会创新"以促进社会公正、和谐、进步的理想，是友成基金会创立的重要原动力。因此，从向社会宣布诞生的那一天起，友成基金会即宣布自己的英文名称为"China Social Entrepreneurs Foundation（中国社会企业家基金会）"。[2] "用'YouChange'作为我们的简称，意思是说：我们要变革社会。通过什么变革？通过社会创新。"[3]

自那以后，友成基金会基于自身的研究和实践，对于社会创新，逐步有了自己的理解。友成基金会认为，社会创新是社会行动者为了解决社会问题、提供社会服务、满足社会需求而发起和实施的创造性活动。社会创新的首要主体是公民及公民社会组织。社会创新的主要领域是在社会领域。社会创新的根本目的是为了建设一个美好社会。每个人心中都有一个关于美好社会的憧憬。从宏观的方面说，美好社会应该是一个公民社会、能动社会、善治社会、公正社会、和谐社会；从微观的方面说，美好社会应该是一个人人都感觉到安全、自由、尊严、参与、幸福的社会。美好社会的理想是社会创新的灯塔，是社会行动者使命感的源泉，指导着社会创新的前进方向。日渐活跃的社会创新与政府加强和创新社会管理的努力相互补充，共同推动着当代中国社会的进步。[4]

友成基金会认为，在三大部门中，社会组织是对社会议题最敏感的部

---

[1] 在2015年民政部基金会评估参评的31个基金会中，媒体报道数量最多的是南都基金会（210次），友成基金会是70次，居第二位。徐家良主编《中国社会组织评估发展报告（2016）》，社会科学文献出版社，2016，第110页。
[2] 《友成文集》（2010），第28页。
[3] 《友成文集》（2011），第15页。
[4] 王平、何增科主编《社会创新蓝皮书》，中国社会出版社，2012。

门,社会组织所做的任何行动,最终都是引起社会的关注以解决社会问题,尽管社会需求来自基层,但想要实现社会价值最大化和可持续地满足社会需求,最终还需要以向政府倡导——寻求政策改变作为根本落脚点,或通过商业的方式来解决社会问题的途径。所以,社会组织的使命就是倡导。正是基于此,友成基金会作为一个倡导型的基金会,提倡利益相关方广泛参与到社会创新进程中,用全社会的力量推动社会进步。

三 友成基金会社会创新的实践

(一)友成基金会的定位

一般而言,大多数社会组织的定位是提供公益服务,尝试解决某个社会问题。也会有少部分社会组织关注理念倡导等,但其往往从组织所在的领域出发,提出的理念较为局限。因此整体来看,我国社会组织在理念倡导、社会影响力方面普遍不足。日本 JIGS (Japan Interest Group Survey) 通过对我国基金会的调查发现,在基金会的成立目的中,选择"协助政府解决社会问题"的占47.3%,"保护弱势群体的权利"的占42.9%,"为解决问题促进社会创新"的占28.6%,"影响政府政策的制定、实施"的占7.1%。[1]友成基金会在成立之初,就定位于创新和倡导。它对于一些理念的提出和在公益圈的传播及推广,例如社会创新、社会价值投资等,不仅是国际社会潮流的追随者,在某些方面也是同行者甚至领先者。其对一些概念的界定某种程度上因为其更具实操性,而比学者提出的更佳。例如,友成基金会认为社会创新是社会行动者为了解决社会问题、提供社会服务、满足社会需求而发起和实施的创造性活动。

友成基金会对自己的定位包括四个方面:一是成为中国社会创新思想的

---

[1] 〔日〕辻中丰:《比较视野中的中国社会团体与地方治理》,黄媚译,社会科学文献出版社,2016,第180页。

生发者；二是成为中国社会创新领域理论和案例研究及政策研究的催化者；三是成为相关社会议题系统性解决方案的平台孵化者；四是成为传播新公益理念展示社会创新实践成果的传播者。① 定位的四个方面，可谓环环相扣。从创新理念的提出，到研究深化，到实践和优化提炼，再到推广和传播，形成了一个完整的社会创新的过程。

（二）友成基金会的创新实践

在社会创新思想方面：友成基金会提出了几个在国内具有领先性、甚至在国际上都具有前瞻性的理念和构想。②

在社会创新领域理论和案例研究及政策研究方面：友成基金会以自己的眼光发现和确定社会议题，通过与研究机构、政府部门、民间机构、国际组织的多元合作构建研发体系和网络，并且开展针对性的理论和实践研究。2009年友成基金会成立了社会创新支持中心，通过"研发、实验、倡导"的运作模式践行社会创新；在社会组织中率先支持"社会企业家技能培训"，设立"优秀社会企业家奖项"，支持北京大学设立全国第一个"社会创新学分课"；创立公益界小型学术论坛"新公益学社"；举办倡导大众参与的社会创新活动"新公益嘉年华"；与相关机构共同推动"社会创新比较研究"，合作出版《社会创新蓝皮书》。③

在社会议题系统性解决方案的平台孵化方面：友成基金会在分析典型案例和总结机制模式的基础上尝试提出创新性的解决方案设计，通过试点实验之后的优化和提炼而形成社会议题的系统性解决方案。2008年，友成基金会开始通过志愿者驿站实践扶贫志愿者行动项目。2014年，友成基金会开始研发以人为本的多维度的社会价值评价体系——三A三力投资标准与评价体系，搭建线上平台。2016年，友成基金会与近50家机构联合发起在深圳市民政局注册成立中国首家社会联盟类公益机构——社会价值投资联盟（深圳）。

---

① 《友成基金会十周年专刊（2007~2017）》，2017，第22~23页。
② 具体内容见后文的分析。
③ 王平、何增科主编《社会创新蓝皮书》，中国社会出版社，2012。

在传播新公益理念、展示社会创新实践成果方面：友成基金会通过"新公益嘉年华"、论坛、研发成果发布以及自媒体等方式来向社会各界进行跨界倡导，影响有影响力的人，成为社会创新的放大器和激活器。[①]

十年来，友成基金会以推动社会公正和谐发展为目标，以发现和支持"新公益"领袖人才、建立跨界合作的社会创新网络支持平台为使命，通过研发、实验、倡导，打造新公益价值链，推动更公平、更有效和更可持续的社会生态系统的建立。表1是笔者对友成基金会十年的社会创新实践活动的一个简单梳理。

表1 友成基金会创新活动（2007~2017）

年份	实践活动
2007	基金会成立。提出了"新公益"的理念。开始与中央编译局合作组织翻译"友成社会创新与社会企业译丛"
2008	接受国务院扶贫办委托，开始实施"扶贫志愿者行动"计划。该计划被写进国家《中国农村扶贫开发纲要（2011~2020年）》
2008	汶川地震发生后，在绵竹灾区创建社会资源协调平台。该平台得到中央综治委和民政部认可并尝试推广
2009	与英国大使馆文化处、英国文化协会、南都基金会联合举办"社会企业家技能培训项目"。该项目持续多年，为国内培养了大批社会企业家
2010	提出新公益七个趋势，倡导以人为本、跨界合作的社会创新；成立新公益学社[②]，对《21世纪经济报道》社会创新版面的诞生具有大影响
	举办首届"新公益嘉年华"[③]
	常青义教项目试点

[①] 《友成基金会十周年专刊（2007~2017）》，2017，第22~23页。
[②] "新公益学社"聚合国内优秀跨界学者，通过专题研讨等方式，研究新公益的理论和实践，是一个偏向研究层面的新公益前沿交流平台。
[③] "新公益嘉年华"是友成基金会发起的社会创新倡导性平台和公益事业的跨界交流平台。它以国内外优秀的企业公民、政府部门、学术机构及民间组织、媒体等为参与主体，以嘉年华的组织形式为载体，力求形成跨部门、跨地域和跨领域的创新氛围，推进公益领域甚至整个社会的创新行动。新公益嘉年华1~2年举办一次，首届新公益嘉年华于2010年在上海举办，吸引了约2万人参与，吸引公益组织30余家，各界专家学者50余人参与。

续表

年份	实践活动
2011	发起全人素质教育平台项目——小鹰计划①,尝试把青年素质教育和扶贫志愿者行动相结合
	启动大学生社会企业家精神创业启蒙计划——创业咖啡
	建立"清华—友成社会创新中心";成立友成大学
	友成基金会联合中央编译局比较政治与经济研究中心、社会科学文献出版社举行《友成社会创新与社会企业译丛》出版发布会暨社会创新研讨会
	受国务院扶贫办委托,承办第一届"友成扶贫科研成果奖"
	出版《灾害应对中的社会管理创新》
2012	与惠泽人公益发展中心合作创办"新公益领导力研修项目"②
	教育扶贫慕课
	联合中央编译局出版《社会创新蓝皮书》
	发起"社创之星"评选
2013	首次提出社会价值投资的设想,推动投资领域的社会创新;承办第二届"友成扶贫科研成果奖"
	研发贫困地区双师教学项目
2014	研发电商扶贫项目,通过慕课培训+就业创业孵化等,推动贫困地区的发展电商进行扶贫
	创设公益项目"路人甲"
	提出社会价值评价体系;研发三A三力原则与评价体系
2015	创办《社会创新评论》、《社创客》
	电商扶贫项目推广
	艺术教育普及项目"益教室"

① 小鹰计划是友成基金会发起的青年发展与培养项目,旨在发现和支持具有天下襟怀的青年,沉潜中国乡村,用一年时间,开展公益实践,从而超越自我,认知社会,成为行动力和影响力兼具的领袖型人才。截至2016年底,小鹰计划的申请者达到3000多人,选拔培养学员116名。

② 2011年至今,友成基金会和惠泽人连续六年联合主办的新公益领导力研修班项目,为超过1000家社会组织进行培训,先后培养出20多家先锋公益机构,联合50多家企业和1000多名专业机构Probono志愿者顾问,为NGO开展咨询培训项目超过50个;为500多家NGO制定筹资策略,链接政府及社会资源超过2000万元,推动了北京、山东、甘肃、湖南、浙江、吉林六个地区的公益行业建设。

续表

年份	实践活动
2016	社会价值投资联盟①（深圳）成立
	与中国发展研究基金会共同发布《中国社会价值投资报告》
	友成研究院②成立
	与中国社会治理研究会发起成立"中国社会治理创新研究专项基金"（由新公益学社演化而来）
2017	与国家行政学院中国生态文明研究中心合作举办生态文明系列论坛
	联合发布《A股上市公司社会价值评估报告（2017）》及首届"义利99"排行榜。这是全球首套针对上市公司经济、社会、环境综合效益的量化评估体系

（三）友成基金会的倡导

前文提到，友成基金会的定位是一家倡导型的基金会。十年来，友成基金会的倡导包括了三个方面，即理念倡导、模式倡导和政策倡导（见表2）。

表2 友成基金会社会创新倡导的三个方面

理念倡导		模式倡导	政策倡导
理念创新	理念的研究和传播		
新公益理念 新公益七个趋势 社会创新理念 社会企业家精神 社会价值投资 社会价值投资标准与评价体系	编辑出版《友成社会创新与社会企业译丛》；《社会创新蓝皮书》；《灾害应对中的社会管理创新》；创办《社会创新评论》、《社创客》；发布《中国社会价值投资报告》； 成立友成大学，建立"清华—友成社会创新中心"；成立"中国社会治理创新研究专项基金"；成立友成研究院；成立"新公益学社"；合作成立"中国社会价值评价中心"； 联合举办"社会企业家技能培训项目"；合办"社会企业"学分课程；承办"友成扶贫科研成果奖"、举办"新公益嘉年华"活动、举办生态文明系列论坛	友成志愿者驿站、社会资源协调平台、常青义教、双师教学、小鹰计划、电商扶贫	志愿者扶贫行动、社会资源协调平台、电商扶贫、社会价值投资

---

① 社会价值投资联盟（深圳）（简称"社投盟"）是由友成企业家扶贫基金会、联合国社会影响力基金、中国社会治理研究会、中国投资协会项目投融资专业委员会、青云创投、清华大学明德公益研究中心领衔发起的，由近50家中外机构联合创办的中国首家社会联盟类新公益组织，是支持"义利并举"社会创新创业项目的投资促进平台。

② 该研究院致力于加强友成在理念倡导和理论研发方面的能力，并将这种能力转化为外部的影响力。友成研究院的定位，是期待成为在社会价值和社会价值评估领域的智库，通过不断的研究、试验，形成具有丰富思想资源、知识资源和社会网络资源的思想创新中心。

1. 理念倡导

理念倡导包括理念的创新、研究和传播。理念的创新，是通过强调公益的多元主体的参与，强调对新工具、新技术的应用等，从而对既有的公益理念实现突破。例如，友成基金会在成立早期就提出七个新公益趋势，包括倡导新理念、开拓新领域、发现新动力、整合新资源、尝试新方法、采纳新技术、成就新人才。而创新理念的研究和传播包括倡导新理念、阐发理论、研发标准、编译书籍和报告、组织研讨、提供能力建设培训、举办比赛设立奖项及举办大型跨界倡导活动等。

在理念提出和研究传播方面，友成基金会不仅自己探索，还注重与研究机构和政府部门的合作，因而体现出前沿性和深入性的特征。友成基金会2007年就开始和中央编译局合作，2011年友成基金会联合中央编译局比较政治与经济研究中心、社会科学文献出版社出版《'友成'社会创新与社会企业译丛》。译丛包括《慈善资本主义：富人如何拯救世界》《社会企业家的战略工具：提升企业型非盈利阻止绩效》《探求社会企业家精神》《社会部门中的企业家精神》。译丛首次将国外先进的社会企业和社会创新理论及实践理念引入中国，有利于推动中国特色的社会创新理论研究以及社会建设和社会管理创新实践。

为了引入更丰富、更前沿的社会创新的知识，2015年友成基金会还和《斯坦福社会创新评论》[①] 以及民政部《中国社会组织》等进行合作，创办《社创客》《社会创新评论》等。《社会创新评论》是中国第一本专注于国际与国内社会创新理论前沿与实践的双月刊期刊。该杂志由清华—友成社会创新中心编辑，与民政部下属的全国性期刊《中国社会组织》联合出版。《社创客》则是由友成基金会、社会价值投资联盟联合《斯坦福社会创新评论》，从后者的刊物里选取对中国有借鉴意义的内容进行翻译，结合中国的社会创新实践所编辑的非正式发行的刊物。杂志翻译的很多文章都非常前沿

---

① 《斯坦福社会创新评论》（*Stanford Social Innovation Review*），是国际上非常有影响的社会创新领域的刊物，被一些人认为社会创新领域的《哈弗商业评论》。

和具有可借鉴性。该刊物希望面向创新创业者,打造成一个"社会+商业"的跨国社会创新交流的平台。

友成基金会的社会创新的倡导,特别是理念倡导,应该在国内的基金会行业,甚至整个社会组织领域,都是罕见的。而且为了深化对社会创新的理论研究,专门成立了相关研究机构和平台等。

友成基金会在经过与研究机构等的合作之后,开始基于自身的视角和实践,提出和倡导有特色的新理念。从社会企业家精神到社会价值投资标准的渐进发展,就明显体现出这个特点。2007年友成基金会成立之初就倡导社会企业家精神。友成基金会将社会企业家精神概括为一种态度(attitude)、一种方式(approach)、一种行动(action),这可以看作后来社会价值投资标准中三A的雏形。

2009年友成基金会进一步将attitude调整为aim,提出社会企业家的三A标准,即aim(目标)、approach(途径)、action(行动)。2013年,结合中国实际,在研究国外相关理念的基础上,创造性地提出"社会价值投资"的概念,以期在主流商业界建立义利并举的共识,引导耐心资本将资源投向用创新的方法解决社会问题、创造社会价值的"社会创新型企业"。

2014年,友成基金会自主研发三A三力社会价值投资标准与评价体系。其中,友成基金会提出了社会价值投资的三A三力标准,从目标驱动力(aim)、方法创新力(approach)和行动转化力(action)三个维度评估社会投资可行性,并研发了一套将定性评判转化为定量标准的体系——三A三力社会价值投资标准与评价体系(以下简称三A)。通过在不同层面上的应用测试,以及反复的论证之后,于2016年3月在中国发展高层论坛上正式发布这套体系。标准一经发布立刻获得广泛重视。友成基金会希望三A三力模型能够在政府、企业以及社会组织的评估中得以推广和应用。

2. 模式倡导和政策倡导

模式倡导是指通过对创新实践的归纳总结,提出对某个公益问题的具有一定普遍意义的做法、模型和规律,并进行传播和复制。友成基金会认为,

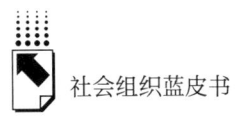

最有力的倡导是做出来，作为一家有实验室的智库，友成基金会不光提出问题，还要拿出系统性的解决方案，实验试错，验证可行模式，进而对政府、市场部门和社会组织进行倡导。表2中，列出的友成志愿者驿站、社会资源协调平台、常青义教、双师教学、小鹰计划等都是大体按照先进行调查、再进行项目设计、设点实践后归纳总结出模式，并进行复制推广的。关于模式倡导的具体情况，因为篇幅原因，这里就不再做更多的解释，我们将在第四部分通过友成志愿者驿站项目的案例进行分析。

政策倡导是基于理念倡导和模式倡导的成功实践，然后以研发成果、实验反馈和政策建议等方式向政府进行倡导，推动一些社会问题新的政策的提出和制定，以及相关政策的调整和改进。例如，友成基金会的志愿者扶贫项目在实践过程中，很快就被吸收纳入《中国农村扶贫开发纲要（2011~2020年）》。常青义教等教育扶贫项目则得到政府高层的关注及模式推广的指示。

四 社会创新项目案例：友成扶贫志愿者驿站

正如表1所示，友成基金会的社会创新项目众多。本文选择其中非常具有代表性的项目，友成扶贫志愿者驿站进行分析。之所以选择志愿者驿站，一是这个项目是友成基金会成立后开发出的一个关键项目，其对于友成基金会项目特色的形成、友成基金会社会影响力的形成都有重要意义；二是志愿者驿站项目推开后，驿站逐步变成了后来一些社会创新项目的研发和实践平台，一定程度上起到价值链中枢的作用，也可以被理解为是友成基金会建成的社会公益的基础设施。因此，通过分析志愿者驿站，我们也可以旁及友成基金会的其他一些社会创新的项目，更好地理解友成基金会的社会创新的实践。

（一）创新的缘起

2007年，时任国务院扶贫办社会扶贫司吴忠司长和友成基金会秘书长苏东波提议创设"扶贫志愿者行动计划"，希望动员和支持城市的智力资源，服务广大贫困地区。"友成扶贫志愿者行动计划"2008年10月经国务院扶贫办批准，成为动员、资助和组织友成扶贫志愿者在贫困地区直接参与各项扶贫工作的行动计划。该计划旨在组织城市有能力有意愿的人才，以志愿服务的形式投身贫困地区，通过社会资本的投入改变贫困地区面貌。一方面，要为提高当地贫困人群的生存能力、发展能力创造条件和机会；另一方面，要为政府和民间公益组织实施的各种扶贫项目搭建沟通平台，对其所开展的扶贫项目提供服务与帮助。该计划后来被写入《中国农村扶贫开发纲要（2011~2020年）》，成为社会扶贫工作的重要组成部分。

（二）创新思路的分析

理事长王平在2007年5月12日友成基金会的成立大会上作了关于基金会战略构想的报告，提出友成基金会的目标是参与建设和谐社会；友成的使命体现在物质和精神两个层面，其中"精神扶贫"是要找回中华民族的灵魂，是关系民族前途命运的问题；友成在运作方式上注重扶贫开发的可持续性，注重搭建平台、整合各界资源、推动爱心的广泛传递，提高扶贫效率；友成主张在中国倡导"社会企业家精神"，帮助社会企业创业。友成致力于创新，包括扶贫理念的创新、项目方向的创新、扶贫主体的创新、运作模式的创新以及资金管理方面的创新等。[①]

友成基金会认为，影响中国城乡社会全面、均衡、可持续发展的最大障碍是资源配置上的低效性。具体来说，从资金上看，并不缺少政府的财政投入和企业的捐赠；从社会力量上看，并不缺少有能力、有意愿参与公益与扶贫的个人——"老""富""闲""能"及如雨后春笋般成立的草根组织。二者最缺乏的第一是有效行动的公益项目和可持续发展模式；第二是连接资金、技术、人才提供方与需求方的价值链中游，即

---

① 王平：《友成企业家扶贫基金会战略构想——在基金会成立大会上的演讲》，《友成两周年纪念文集2007~2009》，2009，第14~21页。

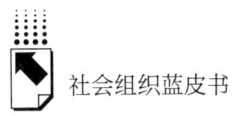

缺乏支持性体系和渠道。① 因此，友成希望通过构建志愿者驿站，将其打造为一个支持性的平台和渠道。志愿者通过友成志愿者驿站开展各项扶贫工作。

基于此，友成基金会对志愿者驿站的定位是：由友成志愿者支持中心派出的专职志愿者管理和运行的志愿者服务站，既是扶贫志愿者开展服务的基地，也是基层扶贫服务需求的主要信息来源，同时是向扶贫地区、贫困人口进行先进理念宣传的窗口。志愿者驿站是建立在以贫困地区为主的城乡地区的社会资源协调平台；是发现和支持"新公益"领袖的实践基地和社会企业家的孵化器。驿站的核心功能是：通过与当地各界合作，发动和组织各种志愿服务力量，为城乡贫困社区建设提供包括人力资源支持、公益物流渠道开发、信息共享平台建设等服务。

（三）具体做法

友成企业家扶贫基金会自2007年至2016年底，已在18个省（区市）搭建了130个各级志愿者驿站，每年组织各类志愿者3000余人，为贫困地区提供超过15万小时的志愿服务，服务当地人群130万余人次。十年共投入资金5370余万元，通过志愿者驿站为贫困地区和灾区募集物资近2.73亿元。表3是志愿者驿站建设和发展的历时展现。

表3 友成志愿者驿站发展历程（2007~2016）

年份	驿站的定位	成果	主要项目活动
2007	项目调研试点论证		
2008	项目启动；友成基金会第一个战略品牌项目	6家驿站；1280余名专业志愿者；志愿服务近2万小时；搭建志愿者驿站组织管理体系	汶川救灾；广西天等、隆安自建型驿站试点；湖北建始县合作型驿站试点；友成扶贫志愿者行动计划启动仪式

---

① 王平在"第四届中国贫困地区可持续发展战略论坛"上的讲话《友成扶贫志愿服务网络体系：用社会力量解决社会问题，打造扶贫公益渠道的"最后一公里"》，2013年11月5日。

续表

年份	驿站的定位	成果	主要项目活动
2009	志愿者及社会组织的支持平台	11家驿站;720余名长短期志愿者;志愿服务近1万小时;驿站管理体系、志愿者管理体系建设;志在天下网络平台	嵌入式驿站启动:彭州、仪陇、呼和浩特、长春,新增南宁驿站
2010	社会组织的支持服务平台及志愿服务项目沟通平台	14家驿站;560余名长短期志愿者;志愿服务近1万小时;调研区分驿站类别,完善友成志愿者支持系统	西南赈旱;玉树救灾;新公益嘉年华志愿服务论坛
2011	动员社会力量,整合社会资源开展社会化扶贫	58家驿站;3200余名长短期志愿者;志愿服务近15万小时;开发市、县、乡三级驿站服务体系	统筹友成志愿者扶贫项目;筹备成立友成大学;驿站站长为培训对象的新公益学院;常青义教高级研修班
2012	扶贫资源的高速路,扶贫人才的孵化器	5家枢纽型驿站;2000余名长短期志愿者;志愿服务近8万小时;完成《驿站管理参考手册》及相关指标体系、流程控制工具建设	扶贫开发人才建设三个专项实施规划;友成基金会五周年战略规划
2013	打造社会扶贫"最后一公里"	5家枢纽型驿站;1200余名长短期志愿者;志愿服务近5万小时	清源计划启动;第四届贫困地区可持续发展战略论坛会议扶贫经验交流会;雅安地震重建;TOMS鞋发放
2014	打造社会扶贫"最后一公里"	8家枢纽型驿站,650余名长短期志愿者;志愿服务近6万小时	调研筹建"包商&松下"扶贫志愿者驿站,全国友成扶贫志愿者驿站志愿者能力建设培训会
2015	打造社会扶贫"最后一公里"	9家枢纽型驿站;1200余名长短期志愿者;志愿者服务近11万小时;驿站引入教育、电商、医疗、金融等扶贫项目	友成志愿者驿站全面引入双师教学、常青公益大讲堂、乡村教育创新计划等教育扶贫项目;友成扶贫志愿者驿站全国经验交流会;鲁甸地震重建;TOMS鞋发放
2016	打造社会扶贫"最后一公里"	9家枢纽型驿站;1100余名长短期志愿者;志愿者服务近10万小时;驿站引入教育、电商、医疗、金融等扶贫项目	建立电商扶贫MOOc平台;提出消费志愿者理念并启动行动;打造"3+2+6"电商扶贫培训模式

2007年至今友成基金会对志愿者驿站的定位经历了一个变化,从最初的"社会组织的支持服务平台及志愿服务项目沟通平台"到"动员社会力量,整合社会资源开展社会化扶贫",再到"扶贫资源的高速路、扶贫人才的孵化器",最后到"打造社会扶贫'最后一公里'"。这个定位逐步清晰,也更加综合,从面向社会组织的服务和沟通平台逐步演化为解决扶贫最后一公里问题的终端平台。显然,这个平台就不仅仅是服务于社会组织,更成为志愿者与扶贫对象之间交流互动、各类扶贫项目落地的平台。

立足于志愿者驿站,友成基金会进行了丰富的实践,探索赈灾模式(绵竹/西宁等)、产业扶贫模式(阿坝/呼和浩特等)、信息化扶贫模式(滦平/围场等)、农村社区综合发展模式(建始/黔江等)、退休教师支教模式(南宁/呼和浩特等)、农村金融小额信贷模式(仪陇/西乡等)、志愿教育服务模式(昆明等)等。通过十年的探索,基于志愿者驿站开展的扶贫志愿者行动已经成为构建三位一体大扶贫格局的重要组成部分,是社会扶贫的重要内容,是努力打造一支推动新时期扶贫开发事业生力军的重要措施。友成基金会的"扶贫志愿者行动"计划被写进国家《中国农村扶贫开发纲要(2011~2020年)》。国家还出台了《全国扶贫开发人才发展规划(2011~2020年)》。在总结经验的基础上,友成基金会正基于国家"精准扶贫"的政策和规划,继续建设志愿者驿站,大力支持"扶贫志愿者行动计划"的落实,打造"中国扶贫志愿者"品牌。

图1是近些年来,志愿者驿站的平台建设以及基于驿站开发的几类社会创新项目。创新项目主要集中在教育扶贫和电商扶贫两个领域。在教育扶贫方面,友成基金会2010年推出了常青义教项目,组织城市的退休教师志愿者到贫穷地区的学校,在教学理念、管理和授课等方面培训和提升当地老师的教学水平和管理水平,进而提升学生的学习能力。常青义教项目很快得到政府相关部门的肯定和支持,并在许多城市推广开来。随后,友成基金会又基于志愿者驿站开发了"双师教育"和慕课学习平台,通过网络的方式,将中国人民大学附中的优质教学资源课件,分享给贫穷地区的学生和老师。而电商扶贫,则是通过线上和线下的培训,使贫困地区人们通过网络电商脱贫的项目。

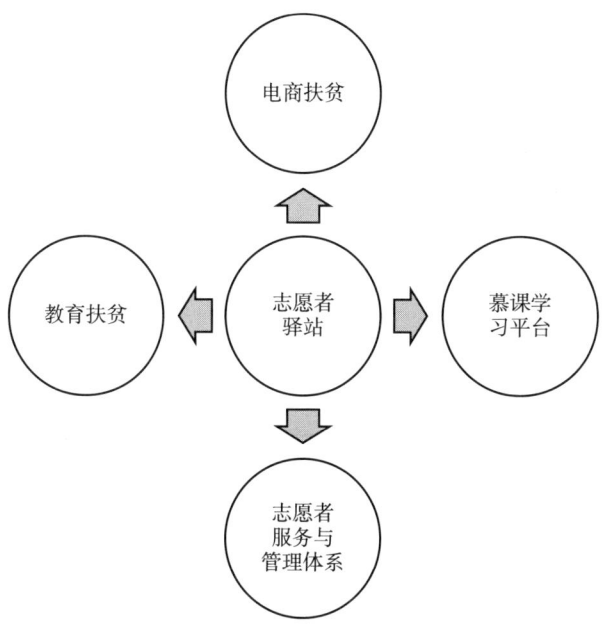

图1 友成志愿者驿站平台及其项目

（四）案例：常青义教项目

前文提到，友成志愿者驿站的设立，要为政府和民间公益组织实施的各种扶贫项目搭建沟通平台，成为连接资金、技术、人才提供方与需求方的价值链中游，对其所开展的扶贫项目提供服务与帮助。常青义教项目，正是基于现有的志愿者驿站，通过跨区和跨部门的资源链接和整合，将城市里优秀退休教师资引入贫困地区的学校，进行教育扶贫的一个创新。

1. 项目概况

"友成常青义教"项目（以下简称常青义教）是基于友成基金会倡导的新公益理念，2010年由友成基金会发起，依托友成志愿者驿站和各地合作的组织及单位，动员组织城市优秀退休教师以志愿者身份到贫困地区学校进行教育管理和教学水平提升的造血型志愿者服务项目。显然，从支教的角度看，与大学生支教队的几天或数天的支教活动相比，退休老师作为支教主体更加专业化,而且有可能持续更长的时间。项目采取以调动退休教师资源下乡的创新方法,使贫困地区学校与城市共享优质教育资源,缩短城乡教育差距。

项目起源于 2010 年广西南宁市一批城市退休教师,在友成基金会的支持下到广西巴玛中学支教的活动。从 2010 年至 2016 年 11 月,常青义教造血型支教项目点从一个点扩展到广西壮族自治区进而扩展到内蒙古、云南、安徽、河北、重庆、陕西、江西 7 个省(区市)22 个县,共招募志愿者 3814 人,定点在 494 所乡镇学校开展常青义教活动,共开展志愿服务 433090 小时,受益教师 94826 人次,受益学生 1347699 人次。"常青义教"不仅验证了离退休教师补充乡村师资的可行性,还为医疗、农业、金融等领域的志愿服务提供了"整合城市退休资源促进乡村发展"的新模式。"常青义教"是一个撬动"老""富""闲""能"的社会资源,系统性解决社会问题的创新型项目。

2. 和林县常青义教的项目设计

以内蒙古呼和浩特市和林县常青义教的开展情况为例。和林县"常青义教"项目的定位是:以该县教育发展规划为基础,以友成呼和浩特市各级志愿者驿站为平台,以该市教育志愿者扶贫讲师团为支撑,以退休优秀教师为主体,以提升受助学校管理水平和教师教育教学能力为目的,采取集中培训、定点帮扶、对口交流的方式,搭建城乡教育资源流通渠道,实现优质教育资源共享的目的。

该项目实施中,包括多个主体。图 2 是该项目的组织框架图。

我们分别看这几个主体的定位。常青义教领导小组负责整个常青义教项目的设计和运作。

友成呼和浩特市志愿者驿站的定位:(1)与友成常青义教领导小组联系并取得支持;(2)协调友成基金会和呼和浩特市社促会的关系,实施项目;(3)招募城区支教志愿者;(4)协调县教育局、县社促会、县驿站开展支教工作;(5)争取相关部门和企业对项目的支持;(6)监督、检查项目开展情况,提出整改意见;(7)协调友成基金会项目组和县教育局对项

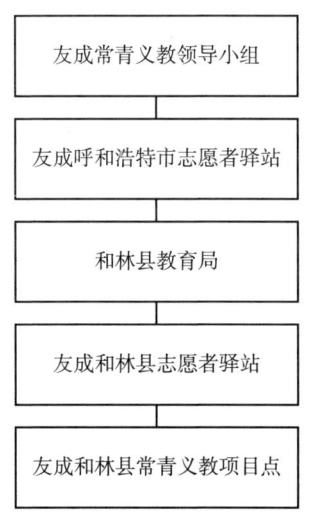

图2 友成常青义教项目的组织结构

目的评估、验收;(8)协调新闻媒体对支教工作的宣传报道。

和林县教育局定位是:(1)按照教师培训计划,周密安排,保证教师培训计划的如期进行;(2)负责对培训效果信息的收集、整理,以总结经验,增强培训效果;(3)根据本县教育教学的需求,提出调整或补充培训计划的意见或建议,以保证培训的针对性、实效性;(4)深入定点学校,进行指导、总结,及时解决项目实施中出现的新问题,以提高定点帮扶的效果;(5)做好对口交流的组织协调工作;(6)做好项目的总结评估与推广工作;(7)教育资源的动员与匹配;(8)招募和组织志愿者参加常青义教;(9)协调上级教育行政部门对项目的资金支持;(10)协调项目点领导对项目点支持。

友成和林县志愿者驿站:(1)协助招募本县志愿者,分配和管理志愿者的工作;(2)组织对项目志愿者的岗前培训;(3)志愿者档案管理;(4)志愿者生活和服务的支持;(5)志愿者生活补贴的发放;(6)编制年度工作计划和资金安排计划;(7)编写年度实施报告;(8)接受项目点学校的有关投诉;(9)协助教育局开展项目的评估和验收。

友成常青义教项目点驿站：（1）编制项目点的工作计划；（2）组织实施项目活动；（3）考察项目活动的实施效果；（4）与驿站对接协调志愿者服务过程中需要驿站支持的问题；（5）安排志愿者的生活、工作和服务的支持；（6）对项目点志愿者进行岗前培训；（7）负责该项目的志愿者档案管理；（8）负责编写实施项目的工作总结；（9）负责协调项目管理机构和县教育局对项目点评估验收；（10）开展志愿者服务的信息反馈；（11）对志愿者支教时间进行统计。

显然，不同层面的"志愿者驿站"扮演着不同的角色，"友成呼和浩特市志愿者驿站"负责指导工作和招募志愿者；"友成和林县志愿者驿站"负责协调，与受助学校的"志愿者驿站项目点"协同工作。三类驿站构成的三级志愿者网络，通过与相关政府部门和社会组织乃至企业的协调，以及各级"志愿者驿站"之间的联动，为常青义教项目的开展提供了条件和保障。

3. 和林县常青义教的项目实施

2011年首先在和林县选择了一个农村小学（公喇嘛小学）、一个城乡结合部小学（第五小学）、一个基础较差的民族中学作为试点，组织了市、县两级"常青义教支教团"与试点学校实行对口交流，并对全县教师集中培训。在对口交流方面：协调确定自治区示范高中呼和浩特市土默特中学与和林县民族中学、国家级教科研师范学校呼和浩特市苏虎街小学与第五小学、国家级教科研示范学校呼和浩特市北垣街小学与公喇嘛小学结成对口交流学校。

民族中学选派副校长、教导主任、政教主任、团委书记到土默特中学挂职，组织20多名教师到土默特中学听课、座谈交流。土默特中学8名领导和教师到民族中学听课、评课交流。第五小学3名校长、副校长，24名教师分三次到呼和浩特市苏虎街小学学习培训一周。苏虎街小学副校长带领6名教师到第五小学送优质课、教学讲座。公喇嘛小学3名校领导和12名分三批到呼和浩特市北垣街小学跟班学习一周。通过交流学习，几所被帮助的农村学校在学校管理、教学教研、校风、校貌、学生活动等方面引入名校经验，并根据自身的特点，努力形成自己的办学特色。

在集中培训方面，从2011年7月开始，先后邀请内蒙古师范大学教授举办了"高中新课程教材与教法""青少年健康心理的培养""教师心理健康"三期培训，邀请香港11名英语专家开展了为期三天的小学、初中、高中英语教师培训；邀请香港理工大学教授做了"中美教育对比与思考"的讲座。七期集中培训，覆盖全县41所中小学（含教学点）和幼儿园，使1916名中小学校长、幼儿园、中小学教师直接受益，有效地弥补了政府教育主管部门在教师培训中的不足。

2012年友成基金会邀请第三方对和林县"常青义教"进行了评估，评估报告认为，项目采取"集中培训、定点帮扶、对口交流"的形式，丰富了以往退休教师到农村学校支教的单一形式。通过集中培训、定点帮扶将优质教育资源"送进去"；同时，动员城市教育资源较好的学校与农村学校结对交流，让农村学校"走出来"，与城市教育资源对接，充分发挥了驿站组织体系的载体作用。在和林县的试点成功后，"常青义教"在呼和浩特市进一步推广到土左旗、清水河县共12所农村中小学。

在常青义教项目持续进行的同时，友成基金会又与北京市的中国人民大学附属中学合作，将人大附中的优质教学课程通过网络慕课等形式传播给贫困地区的师生，与常青义教形成了互补的关系。

（五）案例：电商扶贫项目

近几年电商发展迅速，电商也被视作可以快速解决贫困地区脱贫的办法。友成基金会则是公益行业中第一家探索电商扶贫的社会组织。基于志愿者驿站，友成基金会2014~2015年试点探索通过电商扶贫，提升贫困地区个体创业能力的解决方案。

项目通过专业志愿者深入实地调查，研发了一套"线上+线下+孵化"的系统培训体系。项目首先通过线上搭建友成MOOc电商学习平台，持续研发和更新线上电商课程。到2016年友成电商扶贫MOOc平台共有69个课程模块，3573分钟专项课程。在招生方面，友成基金会选择政府对电商扶贫

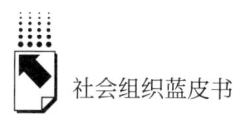

有热情的地方,选择拥有电商经验的商业机构为地方合作方,联合五个省的机构共同宣传和招生。组建班级并对学员进行"线上视频课程+讲师讲解+实操"的培训,每一个班级建立一个QQ群或微信群,讲师和班主任持续辅导,并对接地方其他同类机构或电商领域的机构为接受培训学员提供就业创业机会。培训还在课程之外设立就业创业孵化机制,重视过程监督,对于未达到培训效果的也会组织线下回炉培训。项目还整合电商龙头企业、电商服务商、专家学者、社会组织等资源参与电商扶贫工作,既增强了项目实施的针对性和有效性,还提高了社会各界对扶贫工作的关注度,让更多消费者参与和支持这些电商。到2016年底,友成基金会电商扶贫核心合作伙伴为10家,参与项目并给予支持的政府单位及企业约100家,涉及的政府单位及企业约500家。整个电商扶贫项目为贫困地区农村合作社、返乡青年、大学生村官、赋闲妇女等人群提供了相对系统的电商扶贫解决方案,让他们掌握零售业就业和电商创业的基本知识技能,并为她们创造电商创业的机会以及在现有的电商平台上就业的机会。

基于友成基金会的项目实践,2015年10月16日,在国务院扶贫办指导下,友成基金会承办了2015年"1017扶贫日"电商扶贫论坛。到2016年底,电商扶贫项目已培训54个县(其中有28个贫困县)的11175名学员,结业率达到88%,学员就业创业率达63%(女性人数7024人,占受益人总数的62.9%。通过项目孵化,创办网店进行电商创业或参与电商产业链就业的总人数共为6979人,其中女性人数为4462人,占女性学员的63.5%,超出了50%的预期。其中,电商创业为6600人,基本通过创办淘宝店或微店进行创业,店铺销售的产品主要为食品、当地特色农产品、服装、家居日用品等。参与电商产业链就业的516人,主要在当地电商公司、农村电商服务站站点等工作,职位多为客服、物流配送、产品包装等)。

五 友成基金会社会创新的特点

钱为家曾提出非公募基金会的五大战略定位:社会创新的启动者、解决方案的提供者、社会行动的实践者、社会伙伴的倡导者和社会资源的整合者、社会成效的管理者。① 从此角度看,友成基金会的十年历程,确实可以从这五大战略定位的角度分析。下面我们简单梳理一下友成基金会社会创新实践的特点。

一是自身的定位和实践,很好地诠释了社会创新倡导者的角色。其理念创新、模式创新和政策创新,都有很丰富的探索和实践。在倡导的实践中,友成基金会的理事长所带领团队的"理念原创"的能力很强,在模式创新和政策创新方面整合各种资源,脚踏实地、步步为营。通过多种方式的倡导和推动,友成基金会成为名副其实的社会创新的启动者和推动者。

二是基于友成基金会自身的特点,逐步确立了自己研发孵化项目和参与式资助的方式,推动社会创新。从基金会是提供公益资金还是服务的角度,基金会分为运作型和资助型。运作型是指由基金会按照组织宗旨自己使用资金直接从事公益活动或项目;资助型则将资金资助给其他个人或组织来运作项目。资助型基金会还可划分为纯粹的资助型、弱参与型、强参与型。② 当然,很多非公募基金会在资助的同时,也自己运作项目,例如南都基金会。而友成基金会,尽管在成立之初的定位是资助型的,但很快就根据中国的实际,以及基金会本身的特点,逐步摸索出一条自己研发孵化项目和参与式资助的模式。国务院扶贫办与友成基金会具有良好的指导与被指导的关系。这层关系使友成基金会在推动社会创新项目实施时,和一般的社会组织相比,有很大的便利,一定程度上能够得到更多来自政府相关部门的支持。因此,从友成基金会的角度看,单纯作为资助者显然并不能发挥其潜在优势,从而,最终确立了参与式资助的方式。

三是友成基金会与政府、企业、高校研究结构和其他社会组织之间的有效沟通、合作、协作,对其创新项目的复制和推广具有极大助力。友成志愿

---

① 钱为家:《"社会创新"与"战略公益"——强化中国非公募基金会运营优势的战略思考》,《中国非营利评论》2010年第2期。
② 刘海龙:《论非公募基金会的公益供给功能:分类、供给方式与最优决策》,《中国非营利评论》2011年第1期,第7页。

者驿站，不论是从最开始的提出、到实施、再到整合进更多的扶贫和社会创新的项目，都离不开政府相关部门的有力支持。除了持续与政府部门有效协作外，友成基金会还与高校、科研机构等建立了良好的关系，彼此优势互补，共同推动社会创新。例如，在译介国外的社会创新和社会企业的理念和做法时，就与中央编译局合作，在理论研究方面和实践探索方面，又与清华大学的王名教授的团队、中国人民大学康晓光教授的团队进行合作。友成基金会当然还和致力于社会公益的企业家和市场部门有很好的合作。友成基金会非常多的理事来自于企业家群体，其在运作上强调的战略管理、效率、可持续等特征，保障了友成基金会的快速健康发展。友成基金会的很多创新实践，如社会价值投资联盟的创立，以及社会价值投资报告的发布，2017年中国企业社会价值义利99榜单的发布，背后都有众多市场部门的支持。

四是区别于一般的公益项目的单打独斗，友成基金会基于志愿者驿站，对其公益价值链进行了延伸。迈克尔·波特曾提出价值链的概念，即企业的价值生产过程中存在由相互联系但并不相同的环节共同构成的价值链条。友成基金会的志愿者驿站建设，不仅是一个公益项目，更是一个公益的平台，友成基金会后来的很多公益项目都是基于志愿者驿站而设计和推广的。我们可以将志愿者驿站理解为友成基金会的一个价值链核心，而依附于志愿者驿站的众多的社会创新项目，则是价值链的扩展和延伸。如果从经济学的视角看，基于志愿者驿站的多个公益项目的叠加，是一种范围经济，提高了志愿者驿站的产出和效率。

五是友成基金会的社会创新，体现在不局限于就问题谈问题、通过提供公益服务去解决问题，而是从更深层次探索社会问题存在的原因，分析问题解决的各种渠道，从中选择一个更好的办法。志愿者驿站就是这类典型，不是仅仅提供志愿服务，而是成为一个可持续的、为更多志愿服务搭建的一个服务传递、交流互动的平台。常青义教项目也是如此。一般的扶贫支教的方式——偏远地区缺少高质量的老师，所以有些有志于公益的人去支教。这种支教方式很个人化，影响力非常的局部、而且不能长久，动员的资源有限，无论在教学的经验上还是知识储备上都有缺陷。友成基金会的思考则是如何将社会有闲散时间、却未被利用的优质教师资源利用起来。而且他们并不是去教学生，而是去指导老师和学校的管理者，通过提升当地的师资和管理，来提高教育教学质量。杨团在对比早期的信托基金和现代基金会时提出，与之前的信托基金通过直接提供社会服务解决社会问题相比，现代基金会站得更高，希望寻找社会问题的根源，侧重于从根本上促进一个良好社会的构建。[1] 如果我们换一个思路，杨团对现代基金会的定位，其实就是社会创新的来源。而友成基金会所采用的，正是这类希望通过更高视野的社会创新，来解决社会问题，提高社会的良性的思路。友成志愿者驿站，是建立一个志愿服务资源匹配和使用的平台，而常青义教则是整合资源的创新，电商扶贫则是培训技术的创新。这些都显示出友成基金会解决方案的提供者的优势。

六　小结

友成基金会十年来的发展和成绩，表明中国基金会经过快速的发展，已经在很大程度上发挥了社会组织的价值，很多创新性项目在推动社会发展、推动政策完善或改变、影响政府治理、社会服务供给等方面彰显了较为明显的力量和作用。这个时候，非常有必要展开对这些基金会的深入研究和跟踪研究，探索中国社会组织发展，特别是非公募基金会发展的过程和特色。在这方面，本文仅仅是一个初步的尝试。

通过对友成基金会的创新历程和做法的初步分析，可以带来哪些启示？

第一，一个社会组织的发展，需要对自己的使命、愿景，不断进行校准，在发展的过程中逐步明确和完善，并且随着时代的发展而进化发展。前文提到，在友成基金会筹建和刚开始运作时，即2007年7月到8月，麦肯锡派遣七人精英团队[2]，用十周时间为友成基金会做了关于战略定位和能力

---

[1] 葛道顺、商玉生、杨团、马昕：《中国基金会发展解析》，社会科学文献出版社，2009，第2页。

[2] 麦肯锡公司在友成成立大会上主动提出为友成进行战略规划。

建设的全面咨询。第一个五年结束后，2012年，受友成基金会的委托，中国人民大学非营利组织研究所所长、友成基金会理事康晓光教授带领他的团队，对友成基金会接下来五年的战略进行了系统的梳理和研究，提出了战略规划报告。

第二，一个社会组织的发展，离不开社会组织与政府和市场构建的良好关系，离不开跨界创新。政府、社会和企业之间的良好关系是中国公益发展和社会创新的有效途径，某种角度说，是办好公益的基础条件。政府部门在社会管理创新的策略驱动下推进社会创新，市场部门在企业社会责任的趋势引领下投入社会创新，社会部门在可持续发展的需求带动下发现甚至引领社会创新。① 跨界从某种角度看，则是社会创新的原动力。我们看到，在友成基金会的理事会中，有跨国公司的负责人，有大学的教授，有咨询公司的负责人，也有政府背景的资深人士，他们一方面集思广益，帮助友成基金会思考、定位。另一方面，又运用自己的资源，协助友成基金会，联系政府和企业界，做好社会创新的规划。由此可以看出，社会创新的主体是多元的，包括政府、市场、企业，以及社会组织乃至个体。而友成基金会的志愿者驿站、常青义教等正是跨界资源整合的结果。

第三，我国一些优秀基金会的项目运作，已经进入从运作项目到孕育项目，并在其成熟后脱离母体，成为一个独立机构的阶段。例如南都基金会的银杏伙伴计划，就已经发展成一个独立运作的基金会。而友成基金会的志愿者驿站项目也正朝独立的社会组织方向在发展。当然，这种自己孵化项目的做法，与国内一些社会组织孵化器的孵化有很大区别。后者孵化的，往往是相对弱小的处于初创期的社会组织。而友成基金会和南都基金会所做的，则是将自己成熟运作的项目，孵化成一个独立的社会组织。如果从我国基金会发展的趋势来看，这种将项目孵化为组织的做法，实际上是朝更成熟的基金会的阶段发展。目前看，国内的非公募基金会和其他运作型社会组织还没有

---

① 张强、胡雅萌、陆奇斌：《中国社会创新的阶段性特征——基于"政府—市场—社会"三元框架的实证分析》，《经济社会体制比较》2013年第4期。

形成这种分工合作的局面。

第四，基金会的角色和担当。当前，我国的基金会在扮演社会公益项目资助者角色的同时，还更多担负着社会创新策源地的角色。这可能是我国当前阶段基金会的发展阶段的现实决定的。这时就需要基金会和运作型的社会组织共同努力。基金会也理应负起培养专业的公益慈善机构的责任。[①] 而同样重要的是，基金会作为公益生态系统中的上游组织如何能够深入基层社会、洞察社会问题、体悟民生发展，并将其与基金会自身发展紧密捆绑在一起，是当前基金会需要深入思考的突出问题。

第五，基金会发展可能面临的挑战。随着中国经济快速发展，更多企业家投入公益行业，我国非公募基金会在总量上将进一步增加，随之而来的是不同基金会之间的竞争将越发激烈。目前国内的非公募基金会之间已经出现了竞争的局面。激烈的竞争环境一方面会推动基金会自身定位、服务领域的选择、发展策略等方面的深思熟虑，有助于其健康发展；另一方面，一些基金会可能依靠资金实力或社会关系等发起不正当竞争。这个时候，政府进一步的严格监管就显得非常重要。在这方面，希望政府能够未雨绸缪。

---

① 葛道顺、商玉生、杨团、马昕：《中国基金会发展解析》，社会科学文献出版社，2009，第151页。

B.10
中国社会组织走出去：使命、探索与挑战
——以中国扶贫基金会在缅甸的实践为例*

徐彤武　蔡礼强**

摘　要： 近年来，我国越来越多的社会组织把目光和资源投向境外，开展了各种公益性的国际项目。中国社会组织要走出去，应当确保其境外活动符合《2030年可持续发展议程》所确定的目标，符合本组织的使命与愿景，同时具备相应的配套资源，与当地各方建立起合作伙伴关系。更重要的是，必须先期展开充分的可行性研究，制订合理的工作计划，实事求是地看待并努力克服中外国情差异、制度和政策环境局限、跨文化交流障碍以及人力资源缺乏等因素造成的一系列困难和挑战。中国扶贫基金会在缅甸开展的工作具有代表性，说明在当今中国社会组织国际化进程的起步阶段，打算走出去的社会组织应该特别重视自身走出去的战略、人才、方法和资源。

关键词： 社会组织国际化　中国扶贫基金会　缅甸

---

* 本文所述主要情况基于2017年12月底之前的调研结果。作者衷心感谢中国扶贫基金会国际发展部主任伍鹏、国际发展部工作人员陈孚和肖盼为本文策划初稿、提供资料和接受访谈。文中若有任何疏漏和错误，概由作者负责。
** 徐彤武，北京大学国际战略研究院特约研究员；蔡礼强，中国社会科学院研究生院社会组织与公共治理研究中心执行主任、教授。

一 中国社会组织走出去的机遇与现状

随着"一带一路"倡议和"构建人类命运共同体"愿景的提出，中国政府机构与中国企业界在全球治理体系中的作用日益凸显。与此同时，中国社会组织在国际事务中的现实作用和潜能也开始受到各方重视。2016年8月，中共中央办公厅和国务院办公厅印发了《关于改革社会组织管理制度促进社会组织健康有序发展的意见》，其中明确提出：引导社会组织有序开展对外交流，参加非政府间国际组织，参与国际标准和规则制定，发挥社会组织在对外经济、文化、科技、体育、环保等交流中的辅助配合作用，在民间对外交往中的重要平台作用。①

改革开放以来，中国的社会组织获得了长足发展，不仅在数量上快速增长，在内部治理、社会动员、公共服务和对外交流与合作等方面的能力也显著提升。在各类社会组织影响不断扩大、国家发展战略对它们的要求和期待提高的同时，它们在国际化或者"走出去"方面的短板也日益凸显起来。根据民政部统计，到2018年3月上旬全国社会组织总数已经超过80.6万家，事业领域涵盖了环境保护、教育、科技、扶贫、儿童保护、妇女权益保护、人权、野生动物保护、医疗卫生、人力资源开发与管理、和平与裁军、气候变化等。② 但是分析起来，其中真正属于"涉外"类型的组织，即本机构宗旨或项目具有一定跨国性的（眼光向外、事业在外或与中外交流直接相关者）数量很少。据清华大学的研究，截至2013年底我国的涉外社会组织仅481个。③ 近年来我国涉外社会组织有了长足发展，然而即便做一个最乐观的估算，目前我国活跃的涉外社会组织（含社团、基金会和民办非企

---

① 《中共中央办公厅和国务院办公厅印发〈关于改革社会组织管理制度促进社会组织健康有序发展的意见〉》，《人民日报》2016年8月22日，第1版。
② 中国社会组织网，http://www.chinanpo.gov.cn/search/orgindex.html，2018年3月10日。
③ 邓国胜、王杨：《中国社会组织"走出去"的必要性与政策建议》，《教学与研究》2015年第9期。

业单位即社会服务机构）也不会超过700家，这与中国的全球第二大经济体、安理会常任理事国和最大发展中国家的国际地位极不相称。举例来说，总部设在中国的国际性非营利机构（INPO）中，社团数量不过37个，其中包括2017年9月11日才注册的世界旅游联盟。[1] 中国大陆本土生长的社会组织里，现已获得联合国经社理事会咨商地位的仅44家，与世界其他主要国家特别是美、英、法等西方大国相比数量偏少。[2] 发达国家普遍在对外发展援助和人道主义救援项目中依靠民间社会组织，2011年就有至少21%的官方发展援助（ODA）资金通过民间社会组织输送或具体落实，这几年的比例可能更高。[3] 而中国的社会组织在对外发展援助与合作方面刚刚开始尝试着承担一些很小的援外项目，其总量在中国援外的大盘子中小到可以忽略不计。

令人感到鼓舞的是，有越来越多的中国社会组织认识到"走出去"的重要性和必要性，抱有积极开展国际交流、勇敢地走出国门参与对外发展合作事业的强烈愿望与规划。中国民间组织国际交流促进会（简称"中促会"）是走出去的中国社会组织联合体，现有265家团体会员，其中36家具有联合国经社理事会咨商地位。这些社会组织已经凭借自身的项目、资金、品牌、人员或者机构等走了出去，其中一些机构，如中国扶贫基金会、中国青少年发展基金会、中国青年志愿者协会、中国和平发展基金会、中国红十字基金会和爱德基金会等，已经在境外持续开展了合作项目。有些尚未加入中促会的社会组织也在积极探索，实施自己的国际化项目，如设在北京的全球环境研究所（Global Environmental Institute，GEI）、设在拉萨的西藏

---

[1] 中国社会组织网，http://www.chinanpo.gov.cn/search/orgindex.html，2018年3月10日。

[2] 截至2018年3月10日，各国获得联合国经社理事咨商地位的民间社会组织的数量分别是：中国58家（其中含港澳台地区的14家）、美国1067家、英国262家、法国192家、俄罗斯62家、日本68家、德国85家、印度243家、土耳其36家、巴西36家。资料来源：联合国经社理事民间社会组织数据库，http://esango.un.org/civilsociety/login.do，2018年3月10日。

[3] UNDP: *WORKING WITH CIVIL SOCIETY IN FOREIGN AID: POSSIBILITIES FOR SOUTH - SOUTH COOPERATION?* United Nations Development Programme, 2 LiangmaheNanlu, Beijing 100600, CHINA, September 2013.

善缘基金会（Tibet Shanyuan Foundation）等。

在真正走出国门的社会组织"领头雁阵"里，中国扶贫基金会被公认为是一家具有典型示范性的组织——基金会领导层对"走出去"思考早、动手早；整个机构的国际化和专门国际团队的能力建设初见成效；"走出去"的行动规模相对较大，已有经过实践检验的业绩；已经确立了境外项目"以我为主"的自适应模式。[①] 对中国扶贫基金会"走出去"的经验进行初步梳理，有助于使国内充满"走出去"的激情，同时在相关方面准备不足的社会组织认清可能遭遇的困难，并促进政府相关部门和社会各界与社会组织携起手来，有效应对中国社会组织"走出去"过程中的各种挑战。

二 中国扶贫基金会与"走出去"

（一）中国扶贫基金会"走出去"的成效与探索阶段

中国扶贫基金会（China Foundation for Poverty Alleviation, CFPA；以下简称"扶贫基金会"）成立于1989年，是在民政部注册，国务院扶贫办主管的全国性扶贫公益组织。在社会各界支持下，扶贫基金会已累计筹措扶贫资金和物资逾300亿元，受益贫困人口和灾区民众逾3000万人次，成为中国扶贫公益领域规模最大、最具影响力的公益组织之一，而且赢得了一定的国际知名度。仅在2017年中，就共有28亿次公众和2264家机构向扶贫基

[①] 中国社会组织全面出击参与尼泊尔强震救灾（由此2015年也被称为中国社会组织走出去的"元年"）后，有学者总结了中国社会组织国际化路径的四种模式：一是"以我为主"的自适应模式，以中国扶贫基金会为代表。结合机构自身能力、资源特征以及当地社区需求，由机构自主设计并参与直接递送服务。二是"借船出海"的战略伙伴依托模式，以壹基金为代表，依托国际救助儿童会等国际知名专业机构开展相关工作。三是"有机互融"的国际网络嵌入模式，以爱德基金会为代表。爱德基金会作为国际救灾联盟的理事成员机构，以联盟形式参与灾害应对的全流程。四是"经验输出"的向外延伸模式，以中国青少年发展基金会、中国妇女发展基金会为代表，将"希望小学"等在国内发展成熟的知名品牌和业务模式进行国际复制。张强、陆奇斌：《我国社会组织走出去的路径与挑战》，《学习时报》2015年11月16日，第A5版。

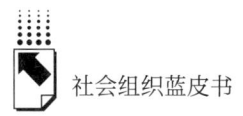

金会捐赠爱心款物,扶贫基金会一共接受捐赠5.8亿元,支出4.7亿元,发放小额贷款86亿元,还有4.8万名志愿者提供了20万小时的志愿服务。全国31个省(区市)、1782县、190所大学,以及苏丹、埃塞俄比亚、海地、尼泊尔、缅甸、柬埔寨、朝鲜7国,共计超过419万名贫困人口和灾区民众受益。① 扶贫基金会成立29年来,经过一系列改革创新,实现了良好的内部治理与项目管理,社会绩效得到广大公众认同,国内外影响力持续扩大。在民政部组织的全国基金会等级评估中,2007年和2013年分别被评为最高等级5A基金会。

进入21世纪后,扶贫基金会开始了"走出去"的探索,相关实践包括两大部分:一是自身团队在境外开展的项目,二是在国内开展的社会组织国际化倡导活动。自2005年参加印尼大海啸灾难救援开始,扶贫基金会在国际人道救援和国际发展合作领域不断做出新的尝试,经历了从"不出国门的国际化"、"出差式的国际化"到"常驻式的国际化"的转变。13年来,扶贫基金会先后在亚非拉美各大洲的19个国家和地区开展国际发展合作或对灾民的人道救援,其中2011年苏丹阿布欧舍友谊医院项目被中国外交部评为"公共外交典范工程"。2015年扶贫基金会在缅甸、尼泊尔、埃塞俄比亚、苏丹四国同时落地,实施发展合作项目。经过艰苦努力,扶贫基金会在缅甸和尼泊尔已经成功注册,拥有了在这两个国家的海外办公室。

在社会组织国际化倡导方面,扶贫基金会所做的主要工作有:2012~2013年,组织了中国国际社会责任课题研究,并出版了一套丛书(共四本);2014年组织编写了《中国民间组织走出去操作手册》。自2013年起,每年举办一次民间社会组织走出去相关主题的大型公益论坛。在每年10月16日(联合国确定的"世界粮食日")和10月17日(中国扶贫日)前后,组织"饥饿24小时"活动,倡导社会各方参与24小时不吃饭的饥饿体验活动,把省下的餐费捐赠出来救济非洲的饥饿儿童。截至2016年底,这个

---

① 顾仲阳:《中国扶贫基金会获捐28亿次》,《人民日报》2018年3月27日,第13版。

活动吸引2.37亿人关注，逾48.96万人深度参与体验，8.9万公众捐赠了"非洲微笑儿童学校"供餐项目逾50万元。与此同时，扶贫基金会积极参加联合国和其他多边组织的活动，塑造中国社会组织的国际形象。2016年和2017年连续派代表出席了联合国人权理事会会议，并主办了"减贫促进人权"的主题边会。2016年7月，为在青岛召开第三届二十国集团民间组织会议（C20）筹备了"消除贫困主题展"并在大会发言。2017年12月，扶贫基金会与中国互联网发展基金会联合主办第四届世界互联网大会的"共享红利：互联网精准扶贫"分论坛。上述这些国际化探索，赢得了国际社会的广泛赞誉，为促进中外民间交往提供了有益的参考经验，为我国开展立体外交做出了应有贡献，也展现出当代中国人的全球公民形象。

（二）中国扶贫基金会"走出去"的原因

第一是受机构使命与愿景的指引。早在2007年，扶贫基金会就将国际化确定为机构战略之一，此后逐渐制定、推进走出去的计划。2015年初扶贫基金会重新梳理了机构的战略定位，确立了"构建最值得信任、最值得期待、最值得尊敬的国际公益平台"的机构愿景和"打造以影响力为先导，现代慈善和公益创投为两翼的国际化公益平台"的机构战略。在服务、改变、阳光和坚韧四大价值观的支撑下，扶贫基金会致力于发展成为一家国际型的民间社会组织，在一个更加宽广的国际舞台践行"播善减贫，成就他人，让善更有力量"的机构使命。

第二是回应国际社会的期待。改革开放40年来，中国发生了巨大变化，经济社会发展迅速，国力倍增。经济总量2017年逾82万亿元（折合约12.5万亿美元），稳居全球第二位。改革开放之初确定的解决人民温饱问题和人民生活总体达到小康水平这两个战略目标已经实现。中国政府庄严承诺：到2020年要全面建成小康社会，全部消除绝对贫困人口。这样的成就和承诺引起世界瞩目，许多发展中国家的政府、民间社会组织和公众热切期待中国在全球的人道救援、消除贫困、环境生态、经济增长、和平建设和安全治理方面发挥更大作用，承担更多责任。客观形势要求中国社会组织重新认知自己与外部世界的关系，回应国际社会的期待，提供解决问题的中国智慧和方案。

第三是助力完善中资企业社会责任。随着全球化的发展，中国与外部世界形成了日益紧密的互动关系，中国已经被公认为推动世界经济特别是发展中国家经济增长的重要动力。同时，中国自身在市场、技术、资源等方面对外部世界的依存度也在提高。随着中国企业加快实施国际化战略的步伐，在履行国际社会责任中扮演着越来越重要的角色。在中国政府提出的"一带一路"倡议里，提出的"五通"中就包含民心相通，而民心相通的重要载体就是公益慈善项目。然而企业的主业是商务拓展和经营，并不擅长公益事业，也缺少公益慈善专业的人力资源，导致中国企业在海外开展的不少企业社会责任活动缺乏专业设计和规范实施，难以找到公益亮点，实际效果大打折扣。而民间社会组织的优势就是注重人与人的沟通，能够帮助中资企业推进与社区的融合，提供专业公益服务，使企业和当地民众的利益都得到保障。

第四是传递中国人民的爱心。中华民族向来有扶贫济困的传统美德。历史上每当大灾发生的时候，公众都愿意慷慨解囊，施以援手。当今的世界已经成为一个联系紧密的地球村，是一个大家庭，各国人民的利益和命运息息相关。过去中国发生天灾和遇到困难的时候，也曾接受了多方面的外部援助。如今中国经济和社会已经有了长足发展，我们也应以各种方式更加积极地参与国际发展援助，让更多社会组织的公益慈善项目走向境外，向全世界展现我们的无疆大爱。

（三）中国扶贫基金会选择目标国家与国际项目的原则

扶贫基金会国际化的工作理念是"遵循善心，大爱无疆"；国际化工作的原则有两条："尊重当地原则"和"需求导向原则"。扶贫基金会的重点工作区域是中国周边国家（以南亚和东南亚国家为主）和非洲欠发达国家。结合扶贫基金会的使命，扶贫基金会进入一个国家的基本动因有三个：一是因灾救援进入，如2015年尼泊尔遭受特大地震灾难的时候；二是有足够的资金资源支持，如在埃塞俄比亚的项目；三是战略性进入，如缅甸。

扶贫基金会进入一个国家的模式也有三种，一是临时性短期进入，一般期限在半年以内，是"出差式"的；二是设立项目办公室，在东道国的存在期限至少2年，以项目执行为主，可称为"常驻式"；三是设立注册办公室，在东道国的存在期限预计至少5年甚至更长时间，这是更加全面、稳定地实施发展合作的"永久式"方式。在确定进入目标国家之前，扶贫基金会要经过较仔细的调研和较全面的论证，弄清楚以下问题：该国家是否存在极度贫困人群，或者存在重大灾难？是否特别需要我们？是否有重要和关键捐赠人支持我们到这个国家？捐赠人是否认同我们的国际公益理念？其政府是否能够积极支持我们，认同我们的管理模式？是否有理念相同的合作伙伴？能否扎根，建立办事机构？能否实现可持续的运营？其工作和生活环境对我们的派出人员是否安全等。

国际社会在联合国成立70周年之际一致通过的《2030年可持续发展议程》（Sustainable Development Goals，SDGs）中提出了17个可持续发展目标，这些目标建立在联合国千年发展目标（MDGs）所取得的成就之上，旨在进一步消除一切形式的贫困，实现全面和可持续的发展。新目标的独特之处在于呼吁所有国家，包括穷国、富国和中等收入国家，共同采取行动，促进繁荣并保护地球。国际社会认识到，在致力于消除贫穷的同时，需实施促进经济增长，满足教育、卫生、社会保护和就业机会等社会需求并应对气候变化和环境保护的战略。扶贫基金会结合自身国内公益项目的特长和对目标国家贫困人群需求的把握，把可持续发展目标中的无贫穷（No Poverty）、零饥饿（Zero Hunger）、清洁饮水和卫生设施（Clean Water and Sanitation）、良好健康与福祉（Good Health and Wellbeing）、体面工作和经济增长（Decent Work and Economic Growth）这几大目标的内容作为扶贫基金会国际发展合作项目的工作方向。根据目前国别办公室的工作人员能力和资源效率制约的现状，扶贫基金会原则上规定在每个目标国家开展工作的领域不超过三个可持续发展目标的范围。

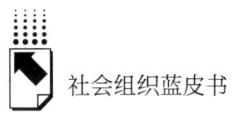
社会组织蓝皮书

三 中国扶贫基金会在缅甸的实践

(一)中国扶贫基金会在缅甸开展的项目

中缅两国是山水相连的友好邻邦,两国人民之间的传统友谊源远流长。自古以来,两国人民就以"胞波"(兄弟)相称。1950年6月8日中缅建交后,中国一直本着"与邻为善、以邻为伴"的周边外交方针和"睦邻、安邻、富邻"的周边外交政策发展与缅甸的传统友好关系。近年来,在缅甸快速推进的民主改革进程中,政府越来越注意倾听民间的声音,而中国过去对缅甸主要采取G2G(政府对政府)的官方交流方式,缅甸普通民众对中国情况知之甚少。客观形势的发展,特别是中国"一带一路"倡议在南亚次区域的实施,需要中国在不改变过去长期实行的G2G对缅交往模式上,增加P2P(民间对民间)模式,加强两国人民之间的交往。

缅甸总人口约5300万人,2015年贫困人口在总人口中的比例为19.4%,2016年人均国民收入(GNI)1190美元,被联合国列为世界上最不发达国家之一。[①] 在教育、卫生、消除贫困、提高就业、救助灾民等方面存在巨大的发展赤字和民生需求。扶贫基金会经过两次入缅调研,决定选定缅甸作为战略进入国家,注册设立扶贫基金会缅甸办公室,在缅甸开展全方位的国际公益项目。

扶贫基金会于2015年8月在缅甸内政部正式注册缅甸办公室,成为到目前为止在缅甸正式注册的唯一一家中国非政府组织(NGO)。缅甸办公室位于仰光市阿龙镇,靠近中国驻缅甸大使馆。目前办公室共有8名工作人员,其中员工5名(2名总部员工,3名本地员工),国际志愿者3名。缅甸办公室成立2年来,累计投入减贫资金700余万元人民币(约合109万美

---

① 世界银行数据,https://data.worldbank.org.cn/country/myanmar?view=chart,2018年3月10日。

元），当地累计受益民众近3000人次。扶贫基金会开展的项目集中在教育领域，包括"胞波助学金项目""中缅友好奖学金项目""掸邦优质教育促进项目""电脑教室项目""国际志愿者项目"等。

1. 胞波助学金项目

针对缅甸贫困家庭大学生的需求，结合国内项目的经验，为无法支付读书所需费用（学费、住宿费、书本费、生活费）的缅甸贫困大学生提供助学金和成才支持。资助标准为每名学生每年2500元人民币（包含助学金、成才支持和项目管理费用）。项目于2016年8月正式启动，累计投入500多万元，截至目前已经为缅甸仰光、曼德勒和若开邦三地13所大学1300名贫困大学生发放助学金，开展"胞波成才"支持活动6次。

2. 中缅友好奖学金项目

由中国驻缅甸大使馆捐赠支持，为缅甸优秀中小学生发放奖学金，为贫困学生发放助学金。项目于2017年6月正式启动，在仰光、曼德勒、实皆省、内比都、掸邦、马圭省、勃固省、若开邦共计8个省邦的20所学校实施，项目共为397名优秀学生、211名贫困学生发放奖学金和助学金76.6万元。

3. 掸邦优质教育促进项目

该项目获得中国驻缅甸大使馆的捐助，总额约60万人民币，旨在资助掸邦成等地的寺庙小学和幼儿园。主要为学校配备了课桌椅、电脑教室、缝纫机和修建厕所等，二期将于2018年实施，主要会针对学校净水设施、教室扩建、厕所等进行援助建设。

4. 电脑教室项目

该项目是一个公益性助学项目。2017年，扶贫基金会得到香港南南教育基金会和香港南南金融合作中心20万元人民币的捐赠，购买了40台电脑，为大光大学援建了一个电脑教室。2017年11月20日，在缅甸教育部下缅甸高教厅以及大光大学支持下，在大光大学顺利举办了"一台电脑一个梦想"捐赠仪式，大光大学校长、副校长和学校师生及缅甸当地媒体《缅甸之光》（Myanmar Light）代表等共计50余人参加了此次活动。

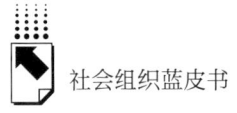

5. 国际志愿者项目

此项目是扶贫基金会受中国商务部委托实施的,经此项目国内共向缅甸选派了5名志愿者,他们在缅甸从事中文教育、减贫项目管理、大学信息技术(IT)服务等工作,目前仍有3名国际志愿者在缅甸服务。

(二)中国扶贫基金会缅甸项目成功实施的原因

扶贫基金会在缅甸之所以能够成功实施以上五个项目,主要原因在于项目经过深入的需求调研,满足了受益群体的需求,并在实施中得到缅甸相关机构的支持以及中国驻缅使领馆的帮助。以下以助学项目为例具体分析项目成功原因。

1. 缅甸教育部为项目提供了关键支持

胞波助学金项目从需求调研阶段起便获得了缅甸教育部的全力支持。扶贫基金会代表团2013年1月和2014年7月两次赴缅调研,都受到缅甸时任教育部副部长左敏昂的会见。2014年10月1日,经缅甸教育部部长会议同意,扶贫基金会与缅甸教育部下缅高教厅签署了合作函,正式建立了胞波助学金项目合作关系。在扶贫基金会注册过程中,缅甸教育部也给予了大力支持,先后给缅甸外交部、计划与发展部和内政部发出推荐函,使扶贫基金会能迅速注册成功。在项目试点和筹备阶段,缅甸高教厅多次召集高校校长,组织安排项目协调会,推进项目实施。扶贫基金会在举办试点奖学金发放仪式和正式启动仪式时,高教厅都免费提供了场地,并派有关官员到会讲话。缅甸教育部对项目的肯定和支持,是项目得以顺利实施的保证。

2. 项目获得中国驻缅甸大使馆鼎力相助

扶贫基金会在入缅可行性调研阶段,就得到中国外交部亚洲司的关心和支持,通过亚洲司,扶贫基金会与中国驻缅甸大使馆建立了正式联系。在扶贫基金会的两次入缅调研过程中,时任中国驻缅大使馆杨厚兰大使和驻曼德勒总领馆王愚总领事都接见了代表团,听取了代表团的汇报,介绍了入缅工作应注意事项并给予代表团中肯的建议,为扶贫基金会拜访当地华人华侨、中资企业等活动提供了协助。扶贫基金会缅甸办公室在注册、项目试点和筹备期间，仰光的中国驻缅甸大使馆和使馆驻内比都办公室的领导和相关人员都给予了大力帮助，内比都办公室的工作人员还协助翻译了相关注册资料。在项目启动筹备阶段，大使馆新闻和公共外交处、文化参赞、商务参赞及相关工作人员在媒体协调、缅甸新政府联系、中资企业邀请等方面给予了大力支持，尤其是洪亮大使、陈辰公参、田善亭文化参赞的关心和支持，使筹备工作得以顺利开展，确保了启动仪式的成功举行。同时，扶贫基金会在缅甸开展的民心相通工作，也得到中国驻缅大使馆的高度认可，先后捐赠了130多万元人民币给扶贫基金会缅甸办公室，开展中缅爱心奖助学项目和掸邦物资捐赠项目。

3. 项目受益学生、项目实施高校和缅甸主流媒体一致给予好评

缅甸学生获得资助后，减轻了家庭负担，能把更多的精力投入到学习中。在对仰光三所实施助学项目的高校进行评估时，95名（占比16%）学生参加了座谈会，498名（占比83%）学生接受了问卷调查，此外也对一些老师和受益学生做了访谈，了解到学生因为有了资助，就可以支付住宿费用避免迟到早退，以及可以多买一些专业书籍提高成绩。学生很珍惜这样的机会并努力学习，因为只有取得好成绩才能继续得到资助。缅甸大学生助学金项目，启动仪式得到《缅甸时报》等15家平面媒体、缅甸国家电视台等3家电视台、4家驻缅甸中国媒体共计22家媒体报道，在缅甸产生了良好的社会影响。

四 中国社会组织走出去面临的主要挑战

在中国现代化的进程中，现代意义上的民间社会组织建设本身就是一个非常庞大和困难的任务，而这些组织的"走出去"更是一个崭新的事物，国内基本上没有太多可借鉴的经验。第二次世界大战结束以来，西方发达国家的一大批非政府、非营利组织已经逐渐积累起相当丰富的国际化经验，但由于国情不同于中国，故这些经验虽有重要参考价值，也绝非可以完全照搬。这也就意味着在21世纪率先走出去的中国社会组织必将经历一个充满

挑战的艰巨探索过程。

在扶贫基金会缅甸实践中，我们可以看到，现阶段国内社会组织要走出去，大致会面临来自政策（制度环境）、资源和人力三个主要方面的8项挑战（见表1）。

表1 现阶段国内社会组织走出去面临的挑战

	政策因素	资源因素	人员因素
国内	1. 社会组织海外办公室的法律地位不明确 2. 捐赠资金拨付海外程序烦琐 3. 捐赠海外物资清关需要一事一批	4. 走出去资金来源有限	5. 走出去的知识储备不足
国外	6. 东道国社会政治环境不稳定带来挑战	7. 中国社会组织的话语体系需要与国际标准相匹配	8. 对东道国法律法规和办事风格的不熟悉带来的挑战

（一）社会组织海外办公室的法律地位不明确

扶贫基金会缅甸办公室已经获得东道国政府批准设立，但是由于国内缺乏关于社会组织设立海外办公室的法律法规，扶贫基金会总部与海外办公室的资金、物资和人员往来还不能顺畅运行。2016年8月中共中央办公厅和国务院办公厅印发的《关于改革社会组织管理制度促进社会组织健康有序发展的意见》中规定：社会组织"确因工作需要在境外设立分支（代表）机构的，必须经业务主管单位或者负责其外事管理的单位批准"，但是此文发布之前设立的办公室如何确认其法律地位，尚不够明确；此文发布之后如何具体落实中央的要求，也未见相关具体规定出台。

（二）捐赠资金拨付海外程序烦琐

扶贫基金会的海外分支机构（办公室）是根据东道国法律设立的，但国内法律法规是空白，我国的银行并不认可这种合法地位，导致扶贫基金会现在还无法将其项目资金直接拨入2015年设立的缅甸国家办公室的银行账户。基于这一事实，扶贫基金会要向缅甸捐赠拨款，需参照《国家税务总局国家外汇管理局关于服务贸易等项目对外支付税务备案有关问题的公告》（2013年40号公告）首先在所在地主管国税机关进行税务备案后，再对外支付。税务备案首先需要5个工作日的捐赠合同备案和1个工作日的支付备案，之后再去银行申请拨款，理论上大约需要两周时间。但在实际操作中，因对外捐赠对于很多基层税务部门是全新的业务，且具体规定不详细，故常出现提交的备案文件不合格、需要重新准备的情况。

如此一来，一笔捐赠的拨付往往要花费一个月甚至更长的时间，这就造成资金拨付时间的不确定性。同时也造成项目管理的矛盾：为了严格控制项目风险，一个合同资金需要分多次拨付；但是为了减少拨款审批烦琐程序，一个合同的资金又需要减少拨付次数。

（三）捐赠海外物资清关需要一事一批

我国海关对于社会组织对外捐赠物资清关尚无明文规定，社会组织对外发展合作所需要的物资清关，必须出具部级单位信函，海关才给办理清关手续。

（四）走出去资金来源有限

我国社会组织走出去的资金和物品来源主要是依靠政府支持，其次是企业和公众个人的捐赠。但是由于各方对社会组织国际化还不是很理解，国内舆论特别是网络舆情尚未形成良好的环境，所以支持和参与的积极性还不是很高。

再加上政府援外资金尚未如欧美国家那样有一整套基于法律法规的具体操作程序而对经过核准的社会组织开放，导致我国社会组织能用于国际事业的资源有限。

（五）走出去的知识储备不足

我国社会组织参与境外人道主义救援和国际发展合作事业，自身团队需要多学科知识体系与相关技能（如流利使用外语）的支撑，特别是国际政治学、经济学、社会学、人类学和跨文化研究等专业的支持。

只有具备了相关的知识和技能储备，社会组织才能了解目的国人民的需

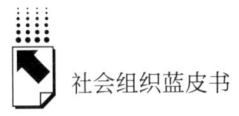

求,有的放矢地规划和开展工作。目前,国内对于社会组织走出去的研究成果很少,能提供这方面专业咨询服务的机构可谓凤毛麟角。

(六)东道国社会政治环境不稳定带来挑战

东道国社会政治不稳定也会给中国走出去的社会组织带来很大影响。2017年3月,扶贫基金会的胞波助学金项目扩展到缅甸若开邦地区,资助了当地两所大学100名学生,按计划下半年还将增加中小学生奖助学金项目和爱心包裹项目。但是自2017年8月25日以来,缅甸西部若开邦出现新一轮严重动荡,约65万当地罗兴亚人逃离缅甸进入孟加拉成为难民,引发严重的人道主义危机和国际政治争端,联合国等机构纷纷介入。

当地的动荡局势直接影响到扶贫基金会的项目实施,导致推迟了若开邦2017年下半年胞波助学金项目的发放,"中缅友好奖学金"项目和"爱心包裹"项目的实施也相应推迟。

(七)中国社会组织的话语体系需要与国际标准相匹配

在国际上开展合作项目,需要掌握一整套国际标准。一般来说,比较成熟和有经验的国际性非营利、非政府组织都会把自己的项目目标与联合国《2030可持续发展议程》中规定的目标相结合,在同一个国际标准话语体系里与各个协作方共同开展工作。

使用国际化的话语体系和标准,容易进入联合国系统,也易于与其他国际性的合作伙伴(包括私营企业)展开交流,对接与合作。中国的社会组织处于走出去的萌芽期,往往不注意这些国际通行的语言体系,难免造成交流、对接和合作的障碍,从而不能很好地融入国际发展大家庭。

(八)对东道国法律法规和办事风格的不熟悉带来的挑战

扶贫基金会注册缅甸办公室的过程非常典型地说明了这个问题。一开始时,扶贫基金会从缅甸内政部了解到的注册程序非常简单,大概只需要"三张表、两封推荐信",最快两个星期就可以解决问题。然而,实际办理却耗时将近 10 个月。尽管扶贫基金会的工作组在着手进行注册之前曾两次拜访缅甸内政部,但是获得的信息是不充分的,对方也未能提供详尽的书面注册须知材料。在这种信息不对称的情况下,原本以为只需要经历简单注册步骤的团队到缅甸进行实地注册时,却发现注册流程相当烦琐。

首先,扶贫基金会要与缅方主管部门签署合作备忘录,相关程序复杂,耗时较长。缅甸联邦政府各部委对外签署的合作备忘录必须经过缅甸国家大律师确认,一般来说这个过程短则半年、长则数年。后来,经扶贫基金会的当地合作伙伴缅甸战略与国际研究中心的协调,缅甸教育部建议:双方可以签署合作意向函(Letter of Agreement,LOA)。这个变化看似微不足道,却关乎缅甸内政部能否认可扶贫基金会与缅甸教育部签署的合作意向函,并将其作为正式国际性非政府组织注册的合规文件。为了确保这一变动不会影响接下来的注册工作,扶贫基金会工作人员只能再度拜访缅甸内政部,对这一文件信息的变动进行核实与确认。在从内政部获得可靠信息并确认无误后,再推动与教育部签署合作意向函。

其次,扶贫基金会必须向缅甸联邦政府的外交部、国家计划和经济发展部申请推荐函,这也不是上门拜访就可以要到的,需要事先提交一系列文件和证明资料。所有这些信息都是扶贫基金会人员在缅甸实际经办注册手续的过程中逐步了解到的(之前的调研并未获得),故在缅甸注册办公室绝非是原先以为的"三张表、两封推荐信"就可以解决的问题。

总的来说,对东道国相关法律法规和行政程序的全面了解、充分翔实的文件以及各种相关资质证明材料是成功注册的通行证。

五 关于中国社会组织走出去的若干政策建议

(一)对政府相关机构的建议

1. 尽早明确社会组织所设海外机构的合法地位

建议民政部根据《关于改革社会组织管理制度促进社会组织健康有序

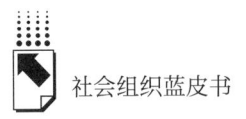

发展的意见》制订实施细则，明确社会组织设立海外机构的审批程序和在国内的合法地位，允许社会组织国内总部直接向海外办公室拨付资金。

2. 畅通社会组织向境外捐赠资金拨付渠道

建议现有的外汇经常项目增设境外捐款项，免除税务审查环节，在对外捐赠项下，直接从银行向基金会海外办公室或合作伙伴的账户拨款。

3. 便利社会组织向境外捐赠物资的清关手续

建议有向境外合法捐赠物资业务的社会组织，可以向民政登记管理机关申请捐赠海外物资资格，民政登记管理机关向合格的社会组织发放资格认定证书，各级海关可以依据资格认定证书及其他合法手续为捐赠海外的物资办理通关手续，捐赠物资享受相关税收减免优惠。

（二）对国内社会组织的建议

1. 完善研究与咨询服务

建议国内的专家学者和媒体，开展有针对性的调查研究、传播和推广的活动，为中国社会组织国际化提供有质量的咨询服务，同时推动政府、企业、民间社会组织及广大公众的思考、互动与行动。

2. 加强对国际通用规则体系的学习

中国社会组织走出去，必须加强对联合国《2030年可持续发展议程》中所列17个可持续发展目标及各分目标具体内容的学习，将本组织的境外项目与17项目标中的某一个具体目标结合起来，并且在项目设计之初就使用国际化的逻辑框架和监测评估指标等国际项目设计标准。在参与境外人道主义救援工作时，必须注意遵守《日内瓦公约》（国际人道主义法）、《难民地位公约》等国际法文件，熟悉《国际红十字会关于人道救援10项道德准则》和《人道主义救援最低标准》等国际标准，同时了解联合国人道主义救援协调机构（OCHA）的运作模式，自觉地把自己的救援行为纳入联合国救援系统中去。

3. 熟悉并适应东道国法律法规、风俗习惯

国内的社会组织走出去前，要全力以赴地做好调研评估工作，认真咨询

相关专家学者的意见，听取目标国家律师、会计师等专业人士的看法。同时，走出去的团队必须具备多视角思考问题的意识和跨文化交流能力。

六 结论

中国社会组织的国际化进程尚处于一个非常初级的阶段，大家普遍面临着法律法规、相关政策的缺失，社会认知水平低下等外部性不利因素，以及组织自身能力、资源、意识和能力不足的内部制约。为了有效应对这些挑战，准备走出去的社会组织可以从战略、人才、方法、资源四个层面入手加以考虑。

首先要确定战略，任何一个打算走出去的社会组织都应有中长期的国际化目标和路线图，并明确哪些可为、哪些不可为。

其次是准备人才，加大对人才的投入，寻找或培养具有宽广国际视野和进取精神、熟悉国际话语体系、有较强跨文化沟通能力和执行力的人才。

第三要讲求方法，对于本组织的机构建设、团队建设、跨国沟通能力建设等设计可行方式。对于适应国别情况又符合组织总部要求的具体规章制度、国际筹资方法、大众传播路径等，有些可以参考较为成熟的国际性非政府组织的做法，有些则要自己去"摸着石头过河"，在实践中闯出一条路来。

最后是开拓资源。中国的社会组织走出去，绝不可能一帆风顺，必然会遭遇重重艰难险阻。在这个过程中，我们期待资源提供方更有耐心，能够持续提供支持，使政府、企业界和社会组织之间真正建立起一种良好的互信关系，以便携手解决中国在国际上面临的问题。同时，应当借助各种各样的传播方式来宣传中国社会组织国际化进程的实践及其价值，使国内公众能够对中国社会组织的国际化给予更多的理解、包容和支持。

域外镜鉴篇

Chapter for Foreign Studies

B.11
日本"多元协作"的构建与展开
——以地方自治体与非营利组织的关系为中心

胡 澎*

摘 要: 20世纪90年代以来,日本社会面临诸多问题,民众在生活上的不安、烦恼日益增多,需求也日渐多元,单靠政府部门来提供公共服务、实施公共事业,很难满足民众的需求。因此,"多元协作"这种新型的公共服务方式在摸索和实践过程中被构筑起来,政府部门、非营利组织和企业等多元主体在平等基础上,合理分工、互动合作、相互依存、相互补充、相得益彰地开展公共服务,解决公共问题。特别是在日本的地方社会,地方自治体与非营利组织建立起一种相互补充、相互协作的伙伴关系,联手开展了一系列解决社会问题的活动,

---

* 胡澎,中国社会科学院日本研究所研究员,研究方向为日本社会。

取得了良好的效果。随着政府和非营利组织的推动,"多元协作"的活动空间也越来越大。

关键词: 多元协作 非营利组织 社会问题 自治体

20世纪90年代以来,日本社会面临各种社会问题,例如,少子老龄化严峻、劳动力不足、地方社会失去活力、人际关系淡薄、非正规就业的年轻人增多、低收入群体的生活保障不健全、育儿环境不理想,以及在"社区营造"①过程中出现的种种问题。同时,全球化、信息化的飞跃和进步,使得日本社会发生巨大变化,从集团社会向个人社会变化,从单一化向个性化发展,个人的价值观、生活方式日趋多元。

诸多社会问题和民众的多样化需求,给日本的社会发展和社会治理带来了一系列挑战。而解决这些社会问题,单纯依靠政府,或者单纯依靠地方民间组织或是企业的力量都很难办到。针对这一社会现状,日本的政府部门、非营利组织②、企业、市民通过摸索和实践,逐渐形成了一种互助、互动、互相弥补的新型公共服务方式。这种在相互理解与信赖的基础上,拥有共同的目标,相互配合解决地区公共问题、提供公务服务的做法被称之为"多元协作",日语写作"协动"③。

当今日本,仅仅依靠政府部门解决社会问题的时代已经结束,多元主体参与社会治理的时代已经到来。目前,日本社会已经形成这样一种共识:一个充满活力的地方社会需要在"自助、共助、公助"的原则下,政府部门、非营利组织、市民、企业等各种力量最大限度地发挥各自长处,相互补充,

---

① "社区营造",指居住在一定地理范围的人们为保护生活环境、提高生活质量,持续以集体行动来处理共同面对的社区生活议题,在解决问题的同时创造共同的生活福祉。在此过程中,居民与社区环境、居民相互之间建立起了紧密的社会和心理联系。
② 本文所指的非营利组织除了包括《特定非营利活动促进法》实施后获得法人资格的特定非营利活动法人(NPO法人),还包括各种市民活动团体和志愿者团体。
③ "协动"是日语词汇,本文译作"多元协作",但文件名称、机构名称中依然保留"协动"。

相互支持，齐心协力去构建。特别是作为地方社会建设的主要承担者之一的非营利组织与地方自治体①结成伙伴关系，可以更好地应对当地的社会课题。

一 何谓"多元协作"

"多元协作"的概念最早是由美国印第安纳大学政治学教授文森特·奥斯特罗姆②在其1977年的著作《城市服务交付系统比较》中提出的。日本学者荒木昭次郎在其《参加与协动》一书中是这样论述"多元协作"的："地域的居民与自治体职员相互协力，自治体在居民意见基础上予以判断、生产和提供具有公共性质的财政和服务的活动形态"。③ 日本的"NPO中心"④为"多元协作"下的定义是：不同种类、不同性质的组织为了达成一致的社会目的，在保持各自资源、特性的基础上，以平等的立场相互协力，共同采取行动。

因此，"多元协作"是指那些有着不同经验、立场和信息来源的人或集团为了共同的目标，通过提供各自劳动力、资源等进行合作，并基于平等的立场相互支持。它具有以下几个要素：各主体享有共同的目标；主体自主、自律与平等；为了达成目标，各主体之间应各有偏重，相互弥补；各主体承担相应的责任；依据求同存异的原则，相互尊重各自特点，达成目标。

"多元协作"也是一个比较宽泛的概念，既包括市民、市民团体、非营利组织、NPO法人、企业之间的"民民协作"，也包括政府与市民、非营利组织、企业之间的"官民协作"。与政府部门共同开展活动的参与方被称之为"协作伙伴"，既包括地缘居民组织、志愿者团体、NPO法人、其他市民

---

① 地方自治体是日本国宪法及地方自治法之下的有自治权能的公共团体，也称"地方公共团体"，包括都道府县、市町村。
② 文森特·奥斯特罗姆（Vincent A. Ostrom），美国著名政治学家、政治经济学家、行政学家和政策分析学家，公共选择理论的开创者之一、美国公共选择学派的创始人之一。
③ 荒木昭次郎：『参加と協働』，ぎょうせい、1990，第19页。
④ 该机构成立于1996年11月，1999年成为NPO法人。

活动团体等在内的非营利组织,也包括企业、学校等。政府部门与非营利组织之间的"多元协作"往往通过委托事业、发放补助金对活动予以资助或共同举办活动等方式。另外,通过人员之间的交流、人才派遣、提供设施和设备等"多元协作"的方式也比较常见。

近年来,"多元协作"这一词汇经常在地方自治体与非营利组织合作开展地域活动或公共事业时使用。"多元协作"也是"社区营造"领域中一个不可或缺的概念。日本有学者在探讨地方社会治理的时候,提出"地域力"[1]的概念,认为"地域力"是由"地域问题的解决能力、社区治理、社会治理三要素构成的",强调市民是解决地方社会问题和社区生活课题的重要主体。自2000年开始,日本的多数自治体对"多元协作"越来越重视,在与非营利组织和市民活动相关的方针和政策中,"支援"一词成为核心词汇,"协动"(多元协作)一词在地方自治体的政策中被频繁使用。

近十年来,随着"多元协作"的开展,大学与当地市民团体和企业合作与互动事例增多。社区活动、社会公益活动的开展开始更多地利用学校的设施和场所。[2] 学生的学习小组、授课、实习等也更多地与当地志愿者和非营利组织的活动结合起来。也有大学教授和研究团队把所在地社会发展中存在的问题作为自己的课题,联系当地市民组织和企业,以产、学、研的合作方式开展活动。另外,近年来,日本企业的社会奉献活动也呈现较为活跃的状态。例如,爱知县开展社会活动的企业多达65.2%,其中拥有1000名以上从业人员规模的企业占到87.3%。[3] 与非营利组织、志愿者团体有合作关系的企业数量也在不断增长。

解决地方社会的公共课题固然是地方自治体的职责,但如果没有居民,

---

[1] 地域力:地方社会问题以市民、企业为首的地方社会的构成方认识到本地区存在问题,自主或与其他主体通过多元协作来解决地区问题、创造地区价值的一种能力。

[2] 文部科学省:『生涯学習・社会教育の振興に関する今後の検討 課題等について』2011年1月、文部科学省中央教育審議会。http://www.mext.go.jp/b_menu/shingi/chukyo/chukyo2/siryou/attach/1301715.htm,2017年10月12日。

[3] 『NPOと企業の協働事例調査』2011年1月、愛知県。https://www.aichi-npo.jp/5_NPO_shien/1_aichiken/5_sonota_shiryo/22_NKjirei/NK_houkokusyo.html,2017年9月23日。

町内会为主导的地缘组织以及以解决特定社会课题为目的的NPO法人、志愿者团体、公益法人等多主体的"多元协作"治理方式，很难有效地解决地方社会的诸多问题，也很难提高地方社会的价值。

二 非营利组织的发展为"多元协作"打下基础

在"多元协作"出现之前，日本的公共服务一直是由自治体等行政方来提供的。在日本经济高速增长时期，随着经济的蓬勃发展，法人税等税收随之增加，行政承担了几乎所有的公共服务。市民将收入一部分交税，也理所当然地认为公共领域自然应该是政府负责。但由于日本社会长期存在政治家与企业家之间结成的利益关系（即"金权政治"），特别是田中角荣、竹下登、金丸信等一系列政治腐败案曝光，令民众对政府、政治越来越不信任。与此同时，20世纪90年代以来，健康、护理、教育、环境、育儿、雇佣等与民众息息相关生活领域社会问题复杂多样，需要专业化的应对，而以行政为中心的公共服务基于公平、平等的观点，难以一一应对。一些自治体的工作人员往往照章办事，不善于听取市民的声音。

1995年1月17日发生的阪神淡路大地震损失惨重，但也给日本非营利组织的飞速发展创造了契机。灾后，日本各界都在探讨如何建立有利于非营利组织发展的环境，特别是法规的构建。1998年3月《特定非营利活动促进法》（NPO促进法）①出台，极大地鼓励和刺激了NPO法人的出现。

20世纪90年代中后期以来，伴随着市民对行政参与意识的提高，市民开始行动起来，依靠自身力量去发现和解决问题。据日本内阁府公布的数

---

① 该法之后又进行了多次修改。依据这一法律，从事以下15项活动的市民活动团体、志愿者团体可以取得法人资格。这些领域有保健、医疗、福祉的促进；社会教育的推动；社区营造的推动；文化、艺术、体育的振兴和环境保护；灾害救援；区域安全；拥护人权或促进和平；国际协力；推动男女共同参与社会的形成；培育儿童健康成长；谋求信息化社会发展的活动；谋求科学技术振兴的活动和让经济活动有活力的活动；对开发职业能力和扩大雇用机会予以支援的活动；保护消费者的活动；专门针对以上各项活动的运营团体或者与以上活动有关的联络、建议和支援。

字,截至2017年11月30日,日本认证的NPO法人有51779家。[①] 作为公共服务的供给主体之一,非营利组织的活动已经渗透到日本社会的方方面面,如绿化美化社区环境;为高龄老年人、残障人士、独居老人送餐到户;对术后或有残疾的老年人进行康复训练;陪伴独居老年人聊天、购物;开办小规模多功能设施,为有需求的老年人提供上门护理服务、短托服务或日托服务;针对有育儿负担的双职工家庭,提供对生病儿童的临时保育;设立社区育儿沙龙,提供图书借阅和育儿咨询服务;开展废旧物资的再生利用;将社区闲置的住宅、空地、店铺、公园加以改造和利用;对低收入家庭进行生活援助;对在日外国人进行生活支援等。

非营利组织的活动涉及文化教育、社区营造、国际援助、人权保障、灾害救助、男女平等、环境保护等市民关心的领域,提供更具专业性、技术性的服务,解决了民众日常的生活困难,有效地弥补了政府在公共服务方面的不足,深受民众欢迎。据报道,2010年前后在大阪市内设有办公地点的NPO法人达1300家,还有多家没有法人身份的志愿者团体、地域活动团体。这些民间组织在福祉、环境保护、青少年培养、社区营造、国际协力等领域开展了丰富多彩的活动。2010年,当地一家团体"名古屋都市中心"[②]通过"社区营造活动资助制度"对155家非营利组织进行了资助。再如,位于大分县南部与熊本县接壤的竹田市是一座历史名城,有多处具有文物保护价值的武家屋敷[③]、寺院群以及老建筑物。近年来,伴随城市人口的大量减少,商业向国道沿线集中,城市中心呈现衰退迹象。该市政府希望恢复"城下町"的传统风貌,以吸引游客,重振当地经济。NPO法人"竹田街道会"作为居民与行政之间的平台,与政府部门在街区环境整治以及建筑物的修复、设计、经费等方面相互协作,推动了当地的旧城改造和文化风貌的恢复。2003年该市被国土交通省授予"美丽街区优秀奖",成为非营利组织与当地自治体合作的一个成功案例。

---

① 内阁府:https://www.npo-homepage.go.jp/,2018年1月5日。
② 该机构是成立于1991年的一家公益财团法人。
③ 日本战国时代以后武士从主君那里接受的城下町里的居住场所。

"多元协作"是以非营利组织、市民的广泛参与为前提的。由于非营利组织对地方社会、社区具有很强的责任感和使命感，具有政策提案的能力，因此对于当地行政的参与也逐渐扩大。有的非营利组织进入地方议会参与讨论、表决行政方案和政策，也有的全方位参与从方案和政策的制定到实施整个过程。

对于非营利组织来说，"多元协作"的意义不容低估。首先是"多元协作"扩大了非营利组织的活动范围，增加了其服务社会、实现社会使命的机会，促使其更加活跃。另外，"多元协作"促进了自治体与市民对非营利组织的理解。同时，"多元协作"也对非营利组织的自我成长十分有利。非营利组织大都存在着缺少人才、缺少资金、缺少信息等问题，经营困难乃至被迫解散的非营利组织不在少数。非营利组织与自治体的合作可充实其活动资金，扩大其影响，使之更有效地解决社会问题。

三 "多元协作"体系的构筑

日本政府部门对非营利组织的态度从忽视到逐渐重视、再到积极推进有一个渐进的过程。"多元协作"在日本的构筑与展开，与日本政府部门的推进以及制度化建设有着密切的关系。

（一）"多元协作"的制度化和透明化进程

20世纪70年代，一些地方自治体对市民活动给予一定的支持，但尚未得以普及，也没有形成任何制度。20世纪80年代末"泡沫经济"崩溃以后，日本经济陷入战后时间最长最严重的经济低迷期，雇佣环境恶化，财政困难，公共预算受到极大限制。为了阻止财政状况继续恶化，缩减不必要的开支，重振经济，日本推行了以建立"小政府"为目标的行政改革。到20世纪90年代，市民的公益活动日渐活跃，1993～1994年的国民生活审议会上曾针对市民公益活动是否应该设立法人制度和给予税收优惠政策进行过讨论。1995年阪神淡路大地震之后，政府部门与市民团体之间不可或缺、相互补充的关系逐渐被认可，在防灾领域，以自助、共助、公助方式开展的"社区营造"得以推进。一些地方政府甚至出现了支持非营利组织的动向。1997年发表的行政改革会议最终报告里使用了"公共性空间"这一概念。

为了确保行政的公正与透明，充实与完善市民参与，《行政手续法》（1993）、《信息公开法》（1999）等相关法律出台。各自治体也纷纷制定行政手续条例，普及信息公开条例。1997年《环境影响评价法》中规定民众有发表意见的权利，河川法和海岸法分别于1997年和1999年被修订，法律中明确规定了在制度草创阶段的市民参与手续等，扩大了民众参与的机会与参与者的范围。在此之前，这些法律的起草和制定较少有民众和市民组织参与，也很少听取民众的意见。

1998年《特定非营利活动促进法》实施后，民众对非营利组织的认知度和参与度不断提高，参与非营利组织活动的市民人数持续增高。越来越多的市民为非营利组织活动捐款或者进行志愿者服务，一些市民选择自己感兴趣的非营利组织成为其会员。该法对于"多元协作"体系的建立有着重要的意义。

1999年开始的"平成大合并"旨在通过市町村的合并来提高行政效率，阻止自治体财政的不断恶化。"大合并"之后，日本的市町村数量从1999年的3229个，减少到2010年1727个。然而，"大合并"并未有效缓解财政困难的状况。由于税收大幅度减少，以有限的预算进行的公共服务只能靠降低服务水平来完成了。

2000年4月实施了《地方分权一揽子法》，各地方公共团体根据自主决定、自行承担责任的原则来建立各自行政体系。地方政府与中央处于平等、协力的地位。2001年12月，在中央政府召开的"地方分权改革推进会议"上提出今后公共服务的供给已不再限于政府部门，非营利组织、志愿者团体甚至市民等都有可能是公共服务的承担者。于是，地方政府开始强化与非营利组织的伙伴关系。

2004年，国民生活白皮书以"人际交往变化了的生活与地域——新公共之路"为题，使"新公共"作为副标题走进了人们的视野。2005年3月，总务省发表《推进地方公共团体的行政改革的新指针》，其中明确写道"至此行政为主提供公共服务的做法，今后有必要施行以地方社会居民团体为首的 NPO、企业等多样的主体提供的多元的机制"。2009 年 10 月，鸠山由纪夫首相在第 173 届国会施政演说中提倡"新公共"[①]。2010 年 1 月，内阁府设置了"新公共"圆桌会议，6 月 4 日发表"新公共宣言"，提出国民和市民团体、地域组织、企业、其他事业体以及政府部门作为主体都可以进行提案，承担公共服务，强调了相互之间合作的必要性。2010 年 10 月，内阁还设置了"新公共"推进会议，设置了专门的调查会，进行有关新公共与行政的关系、非营利组织活动范围等专门调查等。"新公共"使得以往被"官"所独占的公共领域向市民、企业、NPO 等开放，逐渐构筑起一种行政与其他主体相互合作、共同承担公共服务的体制。

（二）自治体对"多元协作"的制度化构建

横滨市是最早将"多元协作"概念引入政策并予以实践的。1999 年 3 月，横滨市政府颁布了《横滨市政府与市民活动的协动基本方针》，提出了"协动六原则"，即平等性原则、自主性原则、独立性原则、相互理解原则、目标共享原则以及公开性原则。[②] 之后，"多元协作"迅速成为地方自治体竞相采用的政策用语和自治体行政的关键词。

进入 2000 年，多数自治体开始认可市民与行政一起合作开展事业。多数自治体为使"多元协作"成为一个长期的政策，制定了《协动推进条例》《协动指针》《协动推进方针》《市民活动支援条例》《社区营造条例》《自治基本条例》等各种制度。如"东京都行政与志愿者 NPO 协动探讨委员

---

① "新公共"是以往行政承担的公共事务或者仅仅依靠行政很难实施的公共事物，由 NPO 法人、社会福祉法人、学校法人、企业等积极进行公共服务的提案及成为提供主体，在医疗、福祉、教育、育儿、社区营造、学术、文化、环境、雇佣、国际协力、防灾等领域，以共助的精神而进行计划、活动。"新公共"也被称之为"新公共空间"。
② http：//www.city.yokohama.lg.jp/shimin/tishin/jourei/sisin/code.html，2017 年 12 月 3 日。

会"出台了《关于制定"协动的推进方针"的提案》①,强调了行政、志愿者与非营利组织之间以平等的立场共同提供社会服务,共同创造"新公共"。一些地方自治体纷纷制定了"多元协作"条例,例如,《开创大和市新公共的市民活动推进条例》②(大和市,2002年)、《爱知协动规则2004》③(爱知县,2004年)、《守山市市民参加与协动的社区营造条例》(滋贺县,2010年)、《阪南市自治基本条例》(大阪府,2011年)、《市民协动条例》(横滨市,2012年)等。"多元协作"条例的制定对于补充不完善的法律、推进市民的参与起到重要的促进作用。2010年4月实施的《守山市市民参与协动的社区营造条例》明确写入了"在制定市的政策、制定实施企划、实施以及对政策的评价等过程中,市民是具有责任的参与主体。为了达成市民、市以及市民之间的共同目标,应相互尊重各自的自主性和特性,在平等的立场各自发挥自己的责任,分担各自作用,相互支持。"④ 另外,《阪南市自治基本条例》(大阪府,2009年7月实施)、《吹田市自治基本条例》(大阪府,2007年1月实施)、《柏原市社区营造基本条例》(大阪府,2007年4月实施)等都对市民参与进行了规定。

之后,日本的不少自治体积极采取措施,开展以促进市民参与、提高政府服务效率为目的的"多元协作"事业。一些自治体增设或改设了"协动推进课""市民协动课"。如横滨市市民局设立了"市民协动推进部",在各种政策、措施中增加了以非营利组织为对象的内容,积极向市民提供各种非营利组织的信息,为市民团体活动提供场所,促进市民和非营利组织对社会治理的参与。

大阪市在"多元协作"的推动上非常积极,为了让城市焕发活力和魅力,振兴地方经济,2009年大阪市政府在制定《以"生机勃勃的大阪"为

---

① 東京都ボランティアNPOとの協働に関する検討委員会『「協働の推進指針」策定への提言』,東京都,2000,第30页。
② http://www.city.yamato.lg.jp/web/content/000022042.pdf。
③ 日语为:『あいち協働ルールブック2004』。
④ 守山市市民参加と協働のまちづくり条例,http://www.city.moriyama.lg.jp/reiki_int/reiki_honbun/i400RG00001723.html。

目标的政策推进》① 时加入了"多元协作"的理念,认为建设活力大阪需要政府与市民一起努力。2010年3月,制定了《让大阪市地域社区充满活力构想——实现一个让人焕发光彩的健康的地区》,将政府与非营利组织、企业、大学和其他活动主体的合作作为一种解决方法。2010年6月,设置了"大阪市协动推进联络会议"。为了实现更高质量的"多元协作","大阪市民互动推进审议会"与"大阪市协动推进联络会议"一起制定了《大阪市协动指针(实践篇)——有实效的协动事业进程与推进方法》,"多元协作"向前迈了一大步。之后,为让大阪实现生机勃勃的目标,大阪市以"大阪市协动推进联络会议"为中心,进行了研修和实践活动。在制定这些政策和实施的过程中,大阪市政府吸收草根的市民活动团体以及个人志愿者参与进来,建言献策。

"多元协作"使得非营利组织、市民与行政之间加深了相互理解。福冈县将实现"新的共助社会"作为奋斗目标,提倡非营利组织、志愿者、企业、行政等多样的主体互相支持与合作去解决地域课题。② 福冈县还创设了共助社会基金,首先面向县民和企业募集资金,再通过非营利组织、志愿者与多元化主体相互协作,合力解决地方社会课题,为地方社会的发展做贡献。

行政与非营利组织和市民构筑"多元协作"的意义有以下几点:一是在政策和措施中可体现出非营利组织的灵活性、迅速性和专门性特征,行政可迅速应对市民需求、提供公共服务。二是将公共服务内容移交给非营利组织去做,一些不必要的部门可以精简或取消,行政规模可变得更加符合需要。三是市民通过参与政策方针的制定和执行,自治的意识更加高涨。可形成以市民为主体的社会。同时,在"多元协作"的实践过程中会产生新的雇佣机会,有利于让地方社会产生活力、振兴地方经济。

---

① 日语为:「元気な大阪」をめざす政策推進ビジョン。
② 福冈县共助社会づくり基金,http://www.kifu.pref.fukuoka.lg.jp/funds/,2015年2月21日。

(三)"多元协作"中的"工作坊"与"中间支援组织"

前些年,"多元协作"以地方自治体提供补助金、对活动场所进行改造等方式的支持较为普遍。市民参与多采取参加政府的听证会和说明会。政府提出计划,向市民传达,由市民提问,或向市民进行问卷调查。近年来,社区营造领域越来越多地采用一种 workshop[①] 的方式,也称之为工作坊[②]。这是一种市民参与方式,即政府在制定和实施地区课题改善计划时,吸收多位处于不同立场的居民参与,相互配合,共同推进。

1994 年在高知县香北町召开了"感动人心的 workshop 全国交流会",全日本有 200 多人参会。1996 年在北九州市召开了第二届,规模也较大。1999 年在新潟县大潟町召开了第三届,会上决定在全国范围普及社区营造"工作坊"。之后,社区营造领域以"工作坊"为代表的"多元协作"在全日本范围得到普及和推广。

社区营造"工作坊"以居民为中心解决地区问题、社区问题。"工作坊"围绕着社区营造,地域相关的人、不同立场的人参与,为解决地域问题而制定改善计划、制定公共设施,团地和集团住宅等计划。社区营造"工作坊"的特征是自由讨论与公开性。"工作坊"通常公开招募参加者,内容和议题在地区杂志、报纸、宣传品上刊登。"工作坊"开会时,居民方、行政方、企业方的参加者均可自由客观地表述自己的立场和观点,进行

---

① "workshop"本意指作业地点、作坊,现多用来指"研习会",是一种学习、创作、解决问题、训练的方法。参加者自发组织,自由发言,全员参与体验。会场多选在公共礼堂、美术馆、写字楼、工作室、学校教室等。"工作坊"之外,还有"圆桌会议""研修会""公听会""座谈会""研讨会"等多种叫法。是由多方人士聚集起来,朝着共同的目标,解决问题,拿出对策,进行创造性的讨论和坦率的意见交换。参与"工作坊"的有居民、行政的公务员、企业职员,因为各自立场、价值观和经历不同,因此思考问题的角度也各不相同。

② 20 世纪 60 年代美国的劳伦斯·哈普林(LawenceHarplin)将"工作坊"的概念引用到都市计划之中,成为可以提供各种不同立场和族群的人们思考、探讨、相互交流的一种方式,甚至在争论都市计划或是对社区环境议题讨论时成为一种鼓励参与、创新,以及找出解决对策的手法。1979 年介绍到日本,宇都宫大学的藤本信义、千叶大学的木下勇等将此方法引进。

讨论和商议，有时"工作坊"的成员们还去现场调研，或到其他社区营造示范地区取经，听取设计专家和行政负责人的意见。① 例如，东京都世田谷区在社区营造过程中，运用"工作坊"来推进与行政部门的对话与合作。"让老年人舒适居住的社区营造""实现零垃圾的社区营造""地域性消防署构建"等议题都成为"工作坊"所讨论和实施的内容。

除了"工作坊"，"中间支援组织"（NPO法人）也在"多元协作"中发挥着积极作用。日本的内阁府对"中间支援组织"有如下定义："以多元社会的共生与多元协作为目标，把握地方社会与NPO的变化以及需求，将人才、资金、信息等资源提供者与非营利组织置于平等位置，广义上进行各种服务需要和供给的协调组织"。② 也就是说，"中间支援组织"充当了人才、物资、资金、信息等资源的媒介。有的"中间支援组织"以NPO中心、NPO支援中心、"中间支援团体"、志愿者中心、社区营造中心等名称出现。《特定非营利活动促进法》出台后，随着NPO法人的增加，全日本"中间支援组织"的数量也日益增多。"中间支援组织"既有公办也有民营，也存在政府提供场所委托NPO法人运营的情况。目前，"中间支援组织"越来越呈现专业化的趋势，如在国际NGO系统、护理保险事业系统、志愿者中心系统、社区营造系统等均有属于自己系统的"中间支援组织"。

四 地方自治体与非营利组织的伙伴关系

近年来，针对多样化的市民需要，在地方自治体的推动下，行政、地缘团体、NPO法人、志愿者团体等非营利组织与企业联手，开展了一系列解决社会问题的活动。政府的积极推进，使得"多元协作"的活动空间越来

---

① 世古一穗：『協働コーディネーター：参加協働型社会を拓く新しい職能』、ぎょうせい出版，2007。
② 内閣府：『中間支援組織の現状と課題に関する調査報告』，http：//www.npo-homepage.go.jp/.../2001nposhien-report，2017年10月25日。

越大。地方自治体与非营利组织构筑了一种相互补充、相互协作的伙伴关系，而不是彼此替代、互相冲突的关系。

（一）自治体与非营利组织的合作方式

地方自治体与非营利组织的合作方式归纳起来有以下六种。

一是委托，即购买服务。自治体制定计划，决定基本预算和框架，然后委托给非营利组织开展事业或进行调查。例如，举办发挥非营利组织作用的讲座；开展市民活动团体的调查研究；推进物资再循环事业；对市民设施进行运营等。

近年来，在项目的企划阶段吸收非营利组织意见的情况越来越多。自治体将一些事业委托给相应的非营利组织。由于非营利组织具有专业知识和特殊设备，因此，比自治体直接实施更有效率。但是，不可否认委托方式也存在一些问题，例如，受委托方必须严格遵循自治体制定的计划进行服务，比较容易受到约束，非营利组织的自主性受到一定限制。另外，自治体出于经费等方面的考虑，通常提供的费用较低。在日本，让非营利组织以低廉的经费行使繁重的公共服务的情况并非少见。

二是补助、资助。一些特定的由NPO法人为主体开展的活动，自治体会对其部分费用以公共资金名义进行援助。实践证明，如果自治体给非营利组织提供一定的补助金、资助金等支持，再提供一定的信息交流和专门知识，民间也可以提供公共服务。"补助、资助"是各领域实施活动有效率的手段之一，开展的公益事业应对复杂多样化的民众需求，是自治体职能的有效补充。从现实情况来看，非营利组织得到捐款和会员费的比例普遍较低，一般在5%~10%的水平，而自治体事业的收入比例在53%~65%，[1] 事业收入部分中的绝大多数是通过自治体委托业务，以市民为对象的服务性收入相对较少。非营利组织在展开其社会活动的过程中，获取公共资金作为补助的数额

---

[1] 田中弥生：「官製市場と市民市場—揺れるNPOのガバナンス」，『地域開発』2007年第11号。

差别很大。有些非营利组织接受的是一些廉价的"补助",为了履行委托契约,资金不足部分只能自行垫付,缺口大的话通过志愿者服务来补充。

三是共同举办、共同运营。由非营利组织出构想、出志愿者,自治体出资金、提供场所等。自治体在讨论事业计划和实施的时候,接受非营利组织的提案,在审议会、讨论会等会议上吸收非营利组织的人员参与,听取他们的意见。也有非营利组织的法人、干部担任审议会的委员。《大阪府与非营利组织共同组织的活动状况》① 对"多元协作"做了比较详细的说明。如大阪府健康医疗部保健医疗室健康营造科与"为了儿童推进实现无烟环境协议会"(NPO法人)等成立执行委员会,共同主办"大阪纪念世界禁烟日纪念活动"。大阪府福祉部与一些老龄化相关的非营利组织团体共同开展"活力老年人"的活动,宣传老年人参与社区和地域活动,为社会做贡献。他们采用的协作方式多是"共同召开""共同举办"。市民活动团体与行政双方都是实施主体,相互协力,共同负有责任。事业的企划、运营全过程都要明晰,各自分担责任。还有一种方式,是非营利组织与行政发挥各自相互特点,确定各自职责,通过缔结协议书等进行长期的持续的合作关系。例如,非营利组织成为当地道路、河川的负责人("道长""河长"),负责卫生清扫、绿化植被管理等工作。有些非营利组织与自治体的行政部门构成的执行委员会、协议会等直接推进事业的开展。

四是非营利组织与自治体合作开展活动的时候利用公共设施作为活动场所。例如,非营利组织开展体育或文化活动时,政府提供体育馆、体育场、市民活动中心、音乐厅等公共设施,减轻了非营利组织活动时因租借活动场所而出现的高额费用。

五是非营利组织从事公益性高的事业,自治体的行政部门以后援的名义进行支持。

六是提供信息、开展咨询和建言献策。例如,针对民众关心的垃圾问

---

① 『大阪府におけるNPOとの協働の状況(平成22年度実績)』,http://www.pref.osaka.lg.jp/fukatsu/v-npo/v-npo-22kyodo.html,2017年9月5日。

题，市民与自治体的环境部生活环境课一起创立"垃圾减量市民会议事业"，吸收市内相关团体，如非营利组织、企业、行政方参与，通过运营执行委员会来使垃圾减量。

自治体与非营利组织在活动的立项和实施过程中，可以不局限于一种形式，采用多种多样组合的方式。大阪市在"多元协作"方面主要采取了三种方式，如市民主导，行政协力；市民行政平等，合作与协力；行政主导，市民参与、协力。市民活动团体主导的活动，以"后援""合办""执行委员会"等形式，活动场所、宣传等协力，经费上不是自治体全额负担，而是以补助金、资助金等形式支援。行政主导的活动，以"合办""执行委员会""委托"等形式。事业经费由行政全额负担的情况下，会进行严格审核。自治体和非营利组织根据事业的内容决定采取怎样的方式，或者是随着"多元协作"的开展，产生新的合作方式。

（二）非营利组织与政府部门的合作原则

目前，日本政府部门越来越重视发挥非营利组织在经济建设和社会发展中的作用，制定了各种政策，将越来越多的公共服务交给非营利组织，一些公共设施也由非营利组织来运营和管理。政府还以购买服务的方式，委托非营利组织参与社会治理。以"护理保险"为例，政府部门以发护理保险费的方式，委托非营利组织运营的养老院、日间照护中心对老年人进行看护和护理。

非营利组织与政府部门合作开展事业的时候，有以下九项原则。第一是非营利组织与政府部门有着共同的目的，相互之间经常交换信息。协作进程中，要不断确认双方的目标并对进程中出现的问题不断予以修正。第二是相互理解。非营利组织具有协调性、先驱性、多元性等特性，但既有长处也有短处。政府部门也有长处和短处，应相互加深理解，相互尊重，合理分担，承担责任。第三是平等的立场。平等的立场不是追求同一性和同质性，而是发挥各自的不同，构筑的不是主从关系，而是各自独立的关系。政府部门与非营利组织为了解决共同的社会问题，结成伙伴关系，由此非营利组织得以超越行政的框架，开展丰富多彩的活动。第四是尊重自主性。政府部门要认识到非营利组织是在自己决定、自我负责的基础上开展活动的团体，不能妨碍其自主性。这样非营利组织才能开展丰富多彩和有针对性的活动。第五是推进其自立性。政府部门要让非营利组织在资金等方面不依赖和依附于行政方，要促使其自立。第六是信息公开。行政选择非营利组织的理由等方面的信息公开，同时，对于符合条件的要给予参与机会，开放协作关系。这样一来，既对市民完成了说明的责任，也得到市民对于"多元协作"的理解。第七是引入改革机制。政府部门通过"多元协作"事业，了解和掌握行政的措施、制度中存在的问题，获得修正的机会，同时予以积极改善。第八是制定期限。要预先把事业时间段、目标达成等协作关系解除的条件明确下来，可以带来适度的紧张感。第九是各自负担适当的费用。非营利组织和政府部门各自负担物品、劳动力、信息、技术等协作事业必要的资源，相互职责予以协议的过程中，决定各自负担的比例。在准备阶段要充分予以商议，达成共识。

（三）"多元协作"的成功事例

日本各地通过"多元协作"开展的活动有很多成功事例，以下举例说明。

静冈县浜松市熊地区由于产业结构转变，基础业态林业衰退，人口大量减少，经济日渐凋敝，当地居民对地区发展心怀担忧。2000年，该地成立了以该地区全体家庭为会员的"梦未来熊"（NPO法人）。该组织开设和运营物产馆，针对老年人开设了午餐配餐、日间照护。他们的活动还扩展到环境保护、育儿支援等方面。这些事业的开展过程得到自治体的有力支持。

三鹰市面临多种社会问题。针对这些社会问题，以社区中心的管理为主，在市内7个地点设立了居民协议会，由社区居民进行自主管理，开展了防灾、老年人护理等活动。另外，市政府接受以有识之士和市政府工作者为中心成立的"社区营造研究所"的提案，1999年设置了"三鹰市民计划21会议"，目的是制定城市发展基本构想和基本计划。他们的宣传口号是"从一张白纸到市民参与"。广泛募集市民提案，将收到的275名市民的提案进行归总，促进了市民的政治参与。另外，市政府还出资设立了企业性质的"社区营造三鹰"，将民间企业的柔软性和第三部门的公益性相结合，开展了合力解决地区课题的各种活动。

日本的大城市里，核心家庭、夫妇二人家庭、单身较多，三代同堂较少，祖父母一代很难给孙辈一代的养育提供切实的帮助。社区人际关系疏远，丈夫又忙于工作，很难对妻子有所帮助。因此，担负育儿职责的年轻母亲常常会处于孤立状态。为了解决这一问题，大阪市西淀川区提出实现"超越代际支援地方社会育儿"社区的目标，希望消除人与人之间的冷漠，消除母亲育儿的不安和孤立状态。2008年成立的西淀微笑网络（NPO法人）以营造"共同、安心、信赖"为目标，开展了丰富多彩的活动，区役所（区政府）中设置了亲子交流的场所，经常开展育儿支援讲座，提供育儿信息。2011年度实施的活动超过了28次，参加者超过了5000人。他们还派讲师去西淀川区其他的育儿沙龙进行讲座，实施了15次。作为育儿信息提供、育儿群体的呼声，发行双月信息报，发行数量达到2000册。这一系列"多元协作"解决了民众关心度较高的育儿困难，增强了社区的活力。

东京都八王子市通过"多元协作"繁荣城市古旧街道以及新城区的做法堪成典范。八王子市片仓台地区老龄化现象严重。该地区以自治会为中心，开展了旨在让老年人安度晚年的活动。他们还对长池公园周边地区进行开发，使之成为居民健身、交流的场所。2003年设立的市民活动支援中心为市民活动提供咨询、收集信息、租借会议室、召开宣传启蒙讲座、发行小报等。市民中心的具体运营委托给八王子市民活动协议会。2003年，市政府与町内会、自治会、市民小组、学校、企业等合作，负责公园、道路等公共设施的清扫和美化。2003年实施了市民企划事业补助金项目，即市民活动团体提出公益事业的企划方案，通过招标和审查来决定。该项目最终决定了两个事业，均给予财政支持。在"多元协作"的方针下，市政府还设置了"协动推进课"作为市民活动据点。他们制作"多元协作"宣传手册，努力提高地方公务员的协作意识。八王子市"多元协作"的成功之处还在

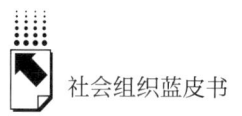

于市民与行政职责分工明确,行政随时把握情况及时予以调整。

三重县伙伴关系事业①也是一个成功的典范。"三重NPO研究会"针对三重县条例方案的制定,探讨如何开展非营利组织与行政部门之间的合作。研究会以信息公开为原则,每月召开一次会议,会议内容通过媒体、网络、电子邮件等方式向公众公开,居民可通过电话、传真、电子邮件等多种方式将意见和建议表达出来。在与居民的反复沟通、研讨和酝酿下诞生了《三重伙伴宣言》,该宣言成为"多元协作"的纲领性文件。

实践证明,日本"多元协作"应对了市民的需要,提高了政府的行政能力,提高了公共服务质量,促进了市民的政治参与,对于构筑新的地方社会具有积极的促进作用。同时,"多元协作"推动了行政体制的改革进程,改善和维护了社区环境,提升了居民的社区意识和整体素质。因此,"多元协作"是一种非常有效的解决社会问题的手段。

日本的"多元协作"也并非没有问题。例如,大多数非营利组织都采取了与政府部门较为积极的合作态度,但开展的活动中也有与非营利组织宗旨不一致乃至相违背的情况。非营利组织有时也存在与政府部门协调不够,出现对立的情况。还有一些自治体的工作人员对非营利组织相关领域了解不够,导致在合作过程中出现一些不愉快。

近年来,日本政府、市民社会、媒体大力宣传"多元协作",通过对"多元协作"成功案例的宣传和分享,进一步完善和推动了"多元协作"在日本的发展。今后,自治体应采取多种方式促进地方公务员加强对"多元协作"相关知识的学习。非营利组织也要强化自身专业程度,提高自身能力,广泛了解民众需求,发挥非营利组织和市民的积极性,与地方自治体加强沟通和合作,为振兴地方经济、活跃地方社会献计献策。只有地方自治体、非营利组织、市民、企业发挥各自的可持续性,相互协作,密切配合,一个可持续的"多元协作"社会才有可能实现。

---

① 参考日本青年奉仕協会・明治生命共編:『NPOは地域を変える』,はる書房出版,1999。

理论思考篇

Chapter for Theoretical Thinkings

B.12
公民结社的四十年
——通过行政管理实现公民结社权利

吴玉章*

摘　要：	改革开放以来，我国公民结社权利逐渐发展。在发展过程中，公民结社逐渐呈现一些基本特点，其中，通过行政管理实现公民结社权利成为特点之一。本文描述了这一过程，并做出了理论概括。
关键词：	社会组织　公民结社　公民权利　行政管理

---

* 吴玉章，常州大学史良法学院教授、中国社会科学院法学研究所研究员。本人针对匿名审稿人提出的意见，对文章进行了修改，特此致谢。

一 导言

新中国成立后的前30年，大致说来，就是从1949年到1976年，合法的公民结社现象几乎不存在。尽管根据相关统计，"到1965年，全国性社会团体由解放初期的44个增长到近100个；地方性社会团体发展到6000多个"，这一阶段民间组织都是被政治权力高度整合的。① 现在看来，当时这些社会团体，无论是全国性的还是地方性的，都是政府出于某些考虑（例如方便对外交流，对外贸易等）而有意组织的结果。

从1978年开始，伴随着改革开放的脚步，公民结社现象逐渐出现，以至于成为社会潮流，成为改革开放以来最引人瞩目的社会现象之一。根据2017年12月31日的统计，全国社会组织共有773773家。②

在中国，社会组织③大致有两种形式，即合法登记的和未经合法登记的。其中，合法登记的社会组织包括两种，即在民政部门登记和在工商部门登记的。前面介绍的统计数字来自于民政部门，而在工商部门登记的主要是一些外国的NGO。英国救助儿童会是第一家以外企形式在云南工商部门登记注册的国际民间组织。④

未经登记的社会组织又可以分为两类，一类是国家允许免于登记的社会组织⑤，其中有22家：它们是：中华全国总工会机关、中国共产主义青年团

---

① 贾西津：《民间组织与政府的关系》，载王名主编《中国民间组织30年——走向公民社会1978~2008》，社会科学文献出版社，2008，第19页、190页。
② 数据来自中国社会组织网，访问时间是2017年12月31日上午9：00。
③ 党的十七大报告提出社会组织的说法。改革开放开始时，无论官方还是民间都将其称为民间组织，甚至民政部的直接管理单位，也是民间组织管理局。后来，随着不断发展，党的十七大报告将它们统一称为社会组织。本文根据需要和时代特点有时称为民间组织，有时称为社会组织。
④ 刘培峰：《扩展中的公民结社权》，载王名主编《中国民间组织30年》，社会科学文献出版社，2008，第63页。2017年1月1日开始实行《中华人民共和国境外非政府组织境内活动管理法》，境外非政府组织在中华人民共和国境内的活动依照该法开展。
⑤ 国家为什么会出台一个允许某些民间组织免于登记的政策呢？"过来人"陈金罗回忆说，《社会团体登记管理条例》（1989年）规定，所有社团都必须到民政部门进行登记。但是，当条例颁布以后，工青妇和官办社团很多都不愿意到民政部来登记，实际上也（转下页注）

中央委员会机关、中华全国妇女联合会机关、中国文学艺术界联合会机关、中国作家协会机关、中国科学技术协会机关、中华全国归国华侨联合会机关、中国法学会机关、中国人民对外友好协会机关、中华全国新闻工作者协会机关、中华全国台湾同胞联谊会机关、中国国际贸易促进委员会（中国国际商会）机关、中国残疾人联合会机关、中国红十字总会机关、中国人民外交学会机关、中国宋庆龄基金会机关、黄埔军校同学会机关、欧美同学会（中国留学人员联谊会）机关、中国思想政治工作研究会机关、中华职业教育社机关、中国全国工商业联合会机关和中国计划生育协会机关。① 另外一类就是由于种种原因尚未登记注册的各种社会组织。其中主要就是一些农村民间组织和城市中的网络组织等等。尽管这类组织每一个都不是很大，每个组织的人员也不是很多，但是，这类组织的总数很多，人员也是天文数字。有学者估计，在2004年前后，就已经有800万家之多。② 今天看来，恐怕早已超过这个数字。

从1978年算起，40年过去了。公民结社40年的发展有成功的经验，也有值得总结的经验和教训。为了使公民结社现象更加健康发展，我们有必要认真总结经验。本研究希望，通过考察民间组织在改革开放时期中国发展的实际过程，深入了解我国公民结社权利实现的基本特点。换句话说，就是要回答，在我国，公民结社权利是如何实现的。

二 公民的结社权利

（一）公民结社的宪法权利和基本条件

《中华人民共和国宪法》（1982年版）第35条规定，中华人民共和国

（接上页注⑤）没有进行登记。由于这些社团，在历史上与党的领导联系密切，已经成为党和政府的一个部门了，因此，后来，条例修改时，法律上做了可以免于登记的规定。见陈金罗：《中国的改革开放与结社规制的选择：陈金罗访谈录》，载《中国非营利评论》第12卷，2013年第2期，第132页。

① 根据《中国机构编制网》群团组织一栏名单。
② 王绍光、何建宇：《中国社团革命——中国人的结社版图》，《浙江学刊》2004年第6期。

公民有言论、出版、集会、结社、游行、示威的自由。由于宪法在我国具有根本大法的崇高地位，宪法规定或赋予的公民权利是公民基本的权利，而基本权利对于公民来说，是非常重要的，是公民之所以为公民的重要特质之一。是公民依法享有的基本自由。所谓公民权利，我们这里强调的是公民的法律权利，即依据法律，公民享有的自由。夏勇曾经指出，权利一词包含有以下五个方面的意思，即利益、主张、资格、力量或自由。① 笔者还是坚持，公民权利是法律承认并加以保护的公民自由。

《社会团体登记管理条例》（2016年修订版）第二条规定，本条例所称的社会团体是指中国公民自愿组成，为实现会员共同意愿，按照其章程开展活动的非营利性组织。这里包括了公民结社的几个基本要件。

1. 公民自愿组织

因此，无论是强迫还是威胁利诱某人加入某一组织都不属于条例意义上的公民结社。欧洲人权委员会就结社这一概念发表过以下评论，"它是以人们为了一个共同的目标而自愿组成团体为前提条件的。"② 同时，公民自愿结社还包括了公民自愿退出社会组织的自由。

2. 公民自愿组织在一起开展活动有四个限制性条件

第一，结社的目的是实现会员的共同意愿。荷兰学者范·德·普劳格（Van de Plog）认为，人们的结社可以"追求任何不违反公共利益的目的"。③ 公民自愿组织在一起，是为了实现自己的意愿，而不是来自于其他主体的什么目的。所谓会员的共同意愿既可以是公益的，也可以是互益的。

第二，公民组织在一起一定要按照自己所订立的章程开展活动，而没有章程的临时聚会不能称之为公民结社。

---

① 夏勇认为，以这五个要素中的任何一个要素为原点给权利下一个定义都不为错。夏勇、胡水君主编《法理讲义》，北京大学出版社，2010，第332页。
② 〔英〕阿米·古特曼等著《结社：理论与实践》，吴玉章等译，三联书店，2006，第60页。
③ Yuwen Li ed., "Freedom of Association in China and Europe", MartinusNijhoff Publishers 2005, p.325.

第三，公民组织在一起开展活动一定是非营利的，或者说，是不以营利为目的的活动。如果要开展营利性活动，公民可以组织公司，但是，那就不是公民结社了。

第四，公民结社一定要有组织的形式。对于学术性社会团体而言，一定要有具体的地址和法人代表姓名，要有会员代表大会、要有理事会。对于公民结社活动而言，那一定是组织的活动，是以组织形式开展的活动。也就是说，公民结社不仅包括成立和加入社会组织的自由，还包括公民结社之后，以组织名义开展活动的自由。德国学者托姆夏特认为，"一个社团应该是预先认真考虑建立一个组织性的结构，而不仅仅是把所有的创建者并列在一起"。①

（二）公民结社自由受到法律的限制

公民结社是宪法规定的公民权利，对结社自由的限制自然必须由法律来规定。实际上，就当前世界各国的情况看，对于公民的结社自由都有法律上的限制，例如，法律规定不得成立秘密组织，军人不得组织团体等等。② 这里的法律是广义的法律，而不仅仅局限于我国全国人民代表大会所制定的法律。也就是说，对结社自由的限制来自于法律，其中包括法规或条例在内。在英国关于结社自由的一个判例中，法院甚至坚持认为，"法律不仅包括成文法还包括不成文法，尤其是像判例法那样发展的规则和原则。同样，还包括比法令低一级的条例"③。

公民结社有重要意义。第一，公民结社符合人类活动的特点。所谓"物以类聚，人以群分"的老话就说明了人们分群开展活动的必要性和传统性。

第二，公民结社有助于培养公民民主议事的意识和习惯。在一个公民自

---

① 〔英〕阿米·古特曼等《结社：理论与实践》，吴玉章译，三联书店，2006，第29页。
② 例如，瑞士、荷兰、德国、意大利和西班牙等国的宪法都对于结社自由有所限制，载吴玉章主编《结社：理论与实践》，三联书店，2006，第51页。
③ 〔英〕阿米·古特曼等《结社：理论与实践》，吴玉章译，三联书店，2006，第39页。

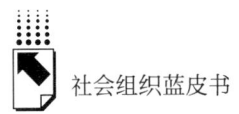

愿组成的组织里，这种组织可以有很多具体形式，公民需要学会如何与他人沟通，如何与他人达成"求大同、存小异"的结论，一起推动本组织目的的实现；在不同的公民结社组织中间，也有一个如何彼此"求同存异"的方法和过程。正是在这样的过程中，公民可以学习到平等民主议事的本领、程序和具体方法。正是在这个意义上，美国学者古特曼指出，一般地说，结社自由具有巨大的价值，对于为个人提供一种更好的生活和建构公正社会而言，结社自由具有根本的重要性。①

第三，公民结社有助于推动整个社会的创新。所谓的社会创新，绝不是一两个人的创新，而是千百万人的创新。公民结社恰恰就是社会创新活动内容，同时也是社会创新活动的推进器。

在我国，改革开放以来，公民结社形成了许许多多的民间组织，除社会团体、社会服务机构、基金会之外，还有社区基层组织、农村专业协会、工商登记注册的非营利组织等。② 在西方学者看来，民间组织就是独立于政府和市场之外的一块"领域"，也因此被人们称为第三部门。

三　在行政管理中实现公民权利

所谓通过行政管理实现公民结社权利是指，改革开放以来，我国公民实现自己结社权利的特殊方式。公民的结社自由只有经过行政管理才能实现。③

尽管我国宪法规定了公民享有结社的自由，但是，公民要实现自己的结社自由，除了自己有所行动之外，还必须经过国家行政管理机关的认可，也就是说，公民的结社自由只有经过行政管理才能实现。

---

① 〔英〕阿米·古特曼等《结社：理论与实践》，吴玉章译，三联书店，2006，第5页。
② 王名主编《中国民间组织30年》，社会科学文献出版社，2008，第4、5页。
③ 从改革开放将近40年的发展历程看，国家的管理是一条主线，而相关管理机关的服务和引导是在管理这一主线支配下的，况且，服务也是一种管理。如果说管理是主旋律，那么，服务和引导功能等等就是副旋律。

（一）管理机关与对象

所谓行政是指，国家行政机关或者法律授权的社会组织，为了实现国家目的和公共利益，依法对一定范围内的社会事务进行管理的活动。① 行政管理机关是指，享有行政管理权力的、针对某一领域内社会事务的行政机关。行政管理机关所享有的行政权力来自于国家的授权，用于为有效执行国家意志而依据宪法原则对于整个社会开展管理。就对社会组织的日常管理而言，民政部和各级民政局就是主要的行政管理机关。

当然，这里也有一个逐渐变化的过程。改革开放之后，最初是多个政府部门都有权管理民间组织。在1984年11月17日，中共中央、国务院下发《关于严格控制全国性组织的通知》，"明确社会团体由各归口部门分别审查，由国家体改委负责审定，并进行了改革开放后对民间组织的第一轮清查整顿"②。后来，情况又有变化。从1988年开始，社会团体的管理工作由民政部统一负责。在1988年，国务院颁布了《基金会管理办法》，其中规定，成立基金会，需要由归口管理的部门提出，经过中国人民银行同意、民政部门登记注册这样三个步骤。2004年国务院的《基金会管理条例》规定，成立基金会需要有主管单位同意，再到登记管理机关登记注册，而登记管理机关就是各级（县级以上）民政部门。至于民办非企业单位被纳入民政部统一管理，则是1998年的事情了。③

面对公民结社问题，行政管理机关基本不谈论公民结社自由问题。在行

---

① 两位学者对于行政法意义上的行政解释如下：应松年认为，行政是指为了实现国家目的，运用制定政策法规、规章、组织实施管理、命令、监督制裁等方式执行国家法律和权力（立法）机关意志的活动。见应松年《行政法学新论》，中国方正出版社，2004，第4页。马怀德认为，行政是指，国家行政机关或者法律规范授权的社会组织，为了实现公共利益，依法对一定范围内的社会事务进行管理的活动。见马怀德《行政法学》，中国政法大学出版社，2007，第1页。本人认为，国家目的与公共利益是两个概念，彼此不能相互等同。
② 王名主编《中国民间组织30年》，社会科学文献出版社，2008，第220页。
③ 王名认为，1998年前后，原来归口不同政府主管机关的民办事业单位统一作为民办非企业单位归口到各级民间组织管理部门。见王名《民间组织通论》，时事出版社，2004，第6页。

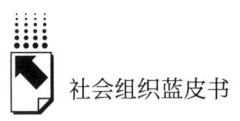

政管理机关的文件或决定、意见和通知之中,人们很难发现公民享有结社自由权利的字样,更多的则是如何发展和管理民间组织或者社会组织的问题。也就是说,对于行政管理机关来说,他们管理的基本单元就是民间组织或者社会组织。

(二)管理的内容

1. 改革开放初期的公民结社与管理

从法学的角度看,民间组织也好,社会组织也好,都还只是一个表面现象,它的背后则是公民行使的结社权利。也就是说,民间组织,或者社会组织都是公民行使结社权利的表现形式。

宪法赋予公民的结社权利,以及《社会团体登记管理条例》(2016年)所规定的公民结社自由非常重要,但是,这种权利和自由需要公民结社权利的实践。

随着改革开放的不断深入,公民实现自己结社权利的实践从少数人的实践逐渐转变为越来越多人的实践。从民间组织的发展初期看,最早参与或组织民间组织的人们主要包括如下三类:知识分子、农民和党政机关的干部。改革开放以来,从1982年开始,党和国家开展了数次机构改革,每一次机构改革的结果之一就是相当数量的党政干部"涌入民间组织"。[1] 由于在一定时期内,绝大多数党政机关都有权批准民间组织的成立,因此,党政干部加入或组织民间组织的热情更加高涨。[2]

然而,马克思讲过,权利永远不能超出社会的经济结构以及由经济结构所制约的社会的文化发展。公民权利的实践不能脱离一定的社会条件和现实,不能脱离特定的政治结构和框架,以及社会的经济文化发展水平和程度。说得具体些,公民结社权利的实践不仅不能脱离国家行政管理机关的管理,甚至可以说,公民权利的实践就是在国家行政管理机关的管理之下逐渐

---

[1] 王名主编《中国民间组织30年》,社会科学文献出版社,2008,第44页。
[2] 当然,党政干部加入的不少民间组织也被学者们称为"二政府",即它们承担了不少过去专门属于政府的职能。

发展的。

从1978年以来，随着改革开放发展，国家对社会领域的控制逐渐有所放松。一开始，各个政府部门都有权审批民间组织的成立。后来，对于民间组织的管理权力才逐渐归属于民政部门。即使这样，由于"双重管理"体制的确立，政府部门和它授权的组织才能够成为民间组织的"业务主管单位"。也就是说，不仅行政管理机关和部门有权审批民间组织的成立与否，而且，行政管理机关和部门还可以认定哪些组织或机构可以担任民间组织的"业务主管单位"。

2. 行政管理机关的管理

（1）行政管理机关的管理依据

从宏观上看，行政管理部门，即民政部门在管理民间组织时，大致上有两个依据，那就是法律与政策。

第一，按照民间组织管理部门的看法，目前，在这一领域内，大致上有四个基本条例在发挥规范作用，它们分别是《社会团体登记管理条例》（1998年）、《民办非企业单位登记管理条例》（1998年）、《基金会条例》（2004年）和《外国商会管理暂行规定》（1989年）。[①] 其中，1989年国务院《社会团体登记管条例》（该条例在1998年修改，后来，在2016年再次发出修改建议稿）意义重大。改革开放以来，这是针对社会团体成立和活动的第一个法律。这个条例的出现结束了该领域内无法可依的局面。就规范适用而言，这是在其他规范手段或措施已经存在的领域内为法律划定一块地盘。

第二，除了法律的规范作用，我们还会发现，在社会组织领域内，还有其他因素的介入，存在着其他的引导、规范手段，例如政策。在社会组织领域之中，政策出现得相当频繁，它先于立法（条例）而存在，又与法律、条例如影随形，直接体现了政府在社会组织问题上针对具体问题的基

---

① 李勇：《民间组织的专项改革与制度创新》，载王名主编《中国民间组织30年》，社会科学文献出版社，2008，第122页。

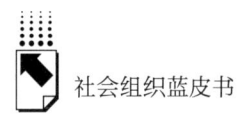

本立场。① 从前面的介绍可以看出，改革开放以来，政府对社会组织问题高度重视，不同部门或单独或联合其他部门多次发文规范社会组织的行为。

第三，上述两种因素，即法律与政策在社会组织领域中的共同作用，即混合式作用就是我国社会组织领域内规范作用的真实情况。由于法律（包括条例）本身的性质，例如，它比较稳定等，因此在面对一些突发问题时，法律（包括条例）的反应可能不够及时。这时，政策就及时出现了，政策可以及时回答如何处理当前亟待解决的问题。这里的政策不仅指中央部门的方针对策，也指地方（省、直辖市、自治区）的方针对策，而政策的表现形式就是一些通知、意见、文件等等。

由于这个领域内存在着不同规范的"混合式"作用，那么，法律所发挥的引导和规范作用就具有了自己的特点。

首先，在没有法律（条例）的情况下，相关政策就完全起着独立的支配作用。这些政策都有一定的针对性，也提醒决策者及时注意。同时，这些政策对于特定阶段社会组织的发展也产生了重要的影响。不过，从这些政策的长远效果看，它们影响有限。这里面的原因主要在于：一是随着改革开放的不断展开和深入，特别是随着政府机构的改革，政府的若干职能已经转移。二是中国绝大多数社会组织都拥护中国共产党的领导，愿意走中国特色的社会主义道路。三是随着改革开放涌现出来的大量社会组织，大多符合改革开放的精神实质，那就是解放"人的积极性和创造性"，使之服务于人们自己和整个社会。②

其次，一旦特定领域内出现了法律，那么，法律就与政策结合在一起，共同发挥着引导和规范的作用。法律，包括条例，一般而言，是由立法机关通过已经确定的立法程序而制定的，而政策则主要通过政府部门的领导，根

---

① 李勇认为，20年来，从中央到地方，不论是经济发达地区，还是经济欠发达地区，各相关部门紧密结合实际，有针对性地出台了一系列配套改革政策，通过这些专项政策较好地处理了一些亟待解决的问题。李勇：《民间组织专项改革与制度创新》，载王名主编《中国民间组织30年》，社会科学文献出版社，2008，第122页。

② 林尚立：《民间组织与政治改革：中国的逻辑》，载王名主编《中国民间组织30年》，社会科学文献出版社，2008，第264页。

据上级指示对于突出的现实问题而采取的对策。

一般情形下，政策和法律各有自己的管辖范围或"地盘"。法律（条例）主要规范社会组织的登记和日常管理，而政策则解决某些突出问题。

在个别时期、个别情况下，政策可以为法律（条例）划定界限范围，甚至可以指导法律（条例）的适用。例如，1999年11月，中共中央办公厅、国务院办公厅下发进一步加强民间组织管理工作的通知，进一步明确了民间组织领域内的双重管理和分级管理体制。该通知要求，"业务主管单位在民间组织的申请登记、思想政治工作、党的建设、财务和人事管理、研讨活动、对外交往、接受境外捐赠资助、按章程开展活动等方面切实负起责任"[①]。从表面上看，就是法律规范与其他规范手段或措施相互结合；从实质上看，法律规范适用范围不仅受到其他政策手段或措施的制约，而且，在特定时期或特定地区，政策手段或措施还占据了主动地位，引导法律规范发挥自己的作用。

不过，不管怎么说，就民间组织领域内的政策与法律关系而言，有一点是必须肯定的，那就是，从法律（条例）制定并颁布以来，从来没有公开违反政策或否定条例具体规定的情况发生。这说明，政策发出部门也充分认识到法律（条例）内容的必须坚持和不容否认。同时，这也说明，政策发出部门的法律意识确实在不断提高。

就民间组织领域而言，法律与政策的具体作用不尽相同。法律主要是提供了一种常态化的管理，在日常的活动中，人们都按照法律（条例）的规定办事。而政策则提供了一种应急的处理，是对特定时期突出问题或情况的及时反应。当然，法律（条例）应该是集体意志的体现，是不特定数目的人们若干次集体讨论的结果，而政策则不然，它可能来自于部门行政首长对于形势和任务的判断，也可能来自于某人对于决策者的进言、建议

---

① 《中央办公厅、国务院办公厅关于进一步加强民间组织管理的通知》（中办发〔1999〕34号）。

等等。①

然而，法律与政策尽管具有不同的逻辑，但是，它们在民间组织领域内还是可以统一起来，这个统一之处就是管理。这里所说的管理是行政管理，所谓行政管理权力也就是运用国家权力处理公共事务的能力。任何一个政府，都一定要有管理，无政府状态是不能被允许的。既然如此，可以断言，这种法律与政策同在的局面还会维持相当时间，因为，管理中既需要常态化的依据、标准，也需要对于亟须回答或亟须处理问题的果断决策。

（2）行政管理机关的具体管理

①批准②。一个民间组织能否合法成立，行政管理机关有很大的权力。按照社会团体登记管理条例的规定，公民要实现自己的结社权利，成立民间组织，那就需要到行政管理机关（县级以上民政部门）登记。谈到民间组织的登记注册，双重管理制度就有必要简单介绍一下。按照我国的规定，公民如果要组织一个民间组织，例如一个学术性社会团体，那他必须首先找到一个自己的业务主管单位。经过该业务主管单位的同意，这个民间组织才能到登记管理机关登记注册。换句话说，公民行使自己的结社权利，究竟是不是合法的，需要由行政管理机关加以批准，给予认可。

②行政管理机关的日常管理。公民行使权利组成社会组织必须接受行政管理机关的检查。③ 向行政管理机关报告自己的年度工作，行政管理机关每个年度会根据社会组织报告的工作，给每个社会组织划定具体等级；参加行政管理机关组织的评比获奖活动。此外，还有一些影响方式存在，而这些影响方式的存在也不是同样力度的，在有些社会组织身上可能更加明显一些，

---

① 在20世纪80年代初，胡乔木同志就当时的形势曾经向邓小平同志建言，并被邓所采纳。见张成洁：《胡乔木与1980年政治体制改革》，《炎黄春秋》2014年第10期。

② 这种批准大致属于行政许可范畴。所谓行政许可是指，行政机关根据公民、法人或者其他组织的申请，经依法审查，准予其从事特定活动的行为。见《中华人民共和国行政许可法》第2条的规定。

③ 这种检查属于行政检查。按照应松年的定义，所谓行政检查是指，行政主体基于行政职权依法对公民、法人或者其他组织是否遵守法律、法规及规章等的情况进行了解的行为。见应松年《行政法学新论》，中国方正出版社，2004，第209页。

在另外一些社会组织身上可能不那么明显。例如，经过合法登记的社会组织计划举办某个重要活动、会议、论坛等等，一定要事先向业务主管单位请示，获得批准后才可以举办。除此之外，业务主管单位在资金和人事上对于社会组织还可实施一定的控制。①

3. 公民结社权利与人民法院判决

在实际生活中，一旦公民行使结社权利与行政管理机关的决定发生冲突，公民有权将纠纷诉至人民法院。我们目前搜集到八个具体案例②，它们的时间跨度从2014年到2016年，当然这些案例是随机搜集的。我们发现：第一，人民法院会受理民间组织诉业务主管单位和登记管理机关的案件。第二，不过，即使人民法院受理这些案件，原告都是民间组织，而不是公民个人。第三，从人民法院的判决理由看，它们可以分为两类。一类是法律、条例和法规，例如（按照引用的先后顺序）《社会团体登记管理条例》《中华人民共和国行政诉讼法》，以及最高人民法院《关于执行〈中华人民共和国行政诉讼法〉若干问题的解释》，最高人民法院《关于适用〈中华人民共和国行政诉讼法〉若干问题的解释》等等。另一类则是政策。例如《国务院机构改革和职能转变的方案》（2013年3月14日），以及地方党委和地方政府发出的文件，例如中国广东省委、省人民政府发出的《关于发挥行业协会、商会作用的决定》，以及省民政厅发出的关于贯彻省委、省人民政府《决定》的意见等等。第四，从判决结果看，除了一例例外（二审法院要求发回重审），其余都是民间组织败诉。民间组织提出的理由大都是业务主管单位或登记管理机关不负责任，不回复民间组织的多次反映情况。而败诉的理由，在人民法院看来，或是超过了诉讼时效，或是不符合国务院的新政

---

① 在我国的NGO之中，政府拨款、补贴和会费大约占NGO收入的70%。金锦萍"附录"，《中国非营利组织法专家建议稿》，社会科学文献出版社，2013，第322页。
② 中国国际经济法学会诉民政部（2014年）；北京油画学会诉北京市民政局（2014年）；湛江市烹饪协会诉湛江市民政局（2014年）；湖南省长沙市食品经销协会诉长沙市民政局（2015年）；湖南省用电设施商会诉湖南省工商业联合会（2015年）；山东省日照市足球运动协会诉日照市民政局（2016年）；陕西宝鸡市渭滨区益门堡基督教堂诉宝鸡市民政局（2016年）；中国国际经济法学会诉司法部（2016年）。

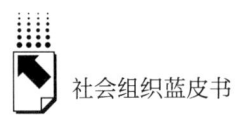

策,例如,在日照的案例中,法院就引用2013年《国务院机构改革和职能转变方案》中关于"改革社会组织管理机制,探索一业多会,引入竞争机制"的要求,驳回了日照某民间组织关于落实一业一会的要求。

而《基金会条例》是另外一类情况的典型。《基金会条例》除适用于基金会的登记注册之外,几乎没有作用。有的学者认为,《基金会条例》,"在包含了几十万个案件的案例数据库里面,没有一个把它作为审判依据"[①]。《基金会条例》这种令人尴尬的现状给我们的启示就是,由于基金会成立和具体活动中,不可能没有任何纠纷,而没有一个案例依据《基金会条例》审判,说明这些纠纷通过其他方式或其他渠道解决了。

四 行政管理下的公民结社权利

就现阶段中国的实际情况而言,通过管理实现公民结社权利毕竟是现实。今天,在法律保护之下,有几十万家社会组织完成登记注册,有几百万上千万公民在各种社会组织中为公益或互益目标而积极奔走努力。我们能够看到,对于公民结社权利的实现而言,行政管理机关相当重要。一方面,在公民实现自己结社权利的过程中,行政管理机关的角色很重要,甚至可以说,无管理则无自由;另一方面,行政管理机关必须不断迅速提升自己依法行政的意识,不断提升落实宪法规定的依法办事的意识,有效抑制行政管理机关首长的个人意志,尽快地、尽可能地将自己手中的权力关进制度的笼子里。

当然,在管理中实现公民结社权利还有不少不尽如人意的地方[②],还有不少可以改变和提升的空间。但是,随着十八大以来党中央提出的包括全面依法治国在内的"四个全面"的战略布局的逐渐落实,随着"依法行政"

---

① 刘培峰、税兵等:《社会组织基本法的立法思路》,《中国非营利评论》(第12卷)2013年第2期,第37页。
② 例如,如何面对那些(由于各种原因)不能完成合法登记注册的、数量巨大的各种社会组织就是一个大问题。

的日益确定,公民结社权利的现实将不断优化,公民行使自己的结社权利将会更加便利。

当然,笔者想强调一下,在管理中实现公民结社权利只是我们在社会组织领域内发现的"秘密",在其他领域内,情况也许并不如此。因此,我们必须说,在社会组织领域内发现的"秘密"并不适合于其他领域,不能普遍化。例如,在民法、刑法、行政法和诉讼法等领域中,公民权利更多地依赖于法律的规定,以及人民法院在面对具体纠纷时的依法审判而实现。也就是说,在上述几个领域中,公民实现自己的权利并不需要事先向行政管理机关登记注册。

公民结社权利通过行政管理而实现告诉我们,这是当前我们全面依法治国的起点。任何社会工程,都一定要有一个起点,人们也必须知道这个起点的具体位置,否则,人们根本就不知道从何处开始我们的依法治国。我们大家都清楚改革开放的起点,那是一个思想僵化、贫穷落后的状态。党的第二代领导人并没有灰心丧气,相反,他们信心满满提出了改革开放的基本国策,经过几十年的奋斗,中国终于成为世界上第二大经济体,人民的生活有了根本的变化。

我国公民权利的实现也有自己的特点和起点,除此之外,还要关注公民权利实现的不平衡性。[①] 也就是说,在我国当前具体环境中,公民种种权利的实现并非"一刀切"那样简单,也并非只具有一种形式那样纯粹。相反,由于行政管理机关对于不同种类的公民权利有不同认识,因此,公民权利的实现也就呈现出一种不平衡性,有些公民权利的实现更多地依赖于法律,而有些公民权利则更多地依赖于行政管理。

---

① 在中国社会的发展中,不平衡性始终是一个基本特点。由于国家疆土辽阔、人口众多,各个地方的文化和经济发展绝对不可能同步,因此,也就出现了发展的不平衡性。公民权利实现的不平衡性,实际上只是上述意义的不平衡性的一个例子。

B.13
"民间社会组织"概念辨析

徐彤武*

摘　要： 随着当代中国非营利事业的发展，中文里"民间社会组织"这一概念所指代的组织群体已经超越我国民政系统管理的三大类社会组织范围，正逐步与以联合国为中心的多边国际体系内通用多年的"民间社会"或"公民社会"（英语表达均为"civil society"）概念接轨。这一现象与国内现行社会组织治理的关键理念和行政管理框架相矛盾，也凸显了进一步实事求是、解放思想、大胆改革创新社会治理的必要性。既然丰富多彩的中国社会组织实践和中外民间交流早就突破了旧有法规与管理制度，而且这种突破符合国际社会的普遍理解、共识和中国的根本利益，那么在《中华人民共和国民法总则》实施后，坚决破除制度性的自我束缚，给予"民间社会组织"概念以更加普世和与时俱进的法定解读，已成为中国社会治理中一项时不我待的任务。

关键词： 社会组织　民间社会　民间社会组织

在我国社会组织及各项公益事业不断发展、中外各种形式的民间交流日益频繁、中国对全球事务治理的参与度和影响力迅速提升的局面下，应当怎样认识和恰当定义"民间社会组织"？这绝不是一个仅限于中国学术界讨论

---

* 徐彤武，北京大学国际战略研究院特约研究员。

的议题，而是中国立法机关、政府主管部门、涉外机构、社会组织管理层、公共媒体以及一切参与中国非营利事业的人都应当关心和思考的一个重大现实问题。

一 问题的提出：中外概念"渐行渐近"？

自 2013 年 11 月 12 日中国共产党十八届三中全会通过《中共中央关于全面深化改革若干重大问题的决定》以来，我国的社会组织（民间社会组织）获得了新机遇，发展势头强劲。据民政部发布的统计数字，截至 2018 年 1 月 31 日，依法在我国各级民政部门注册而且正常开展活动的社会组织数量为 803225 个，其中社会团体 374990 个，民办非企业单位（也称社会服务机构）421858 家，基金会 6312 家。[①]

随着社会组织及相关事业的蓬勃发展，有一个问题日益凸显，这就是用来"标注"这个组织群体的中文概念模糊，运用混乱，中文概念在国内外不同场合使用时与国际社会的通行概念或普遍理解之间存在着差异。不尽快解决这个"基础性"问题，不仅会妨碍我国整个民间社会组织群体（或曰中国民间社会、中国非营利部门）的可持续发展，也不利于扩大中外民间社会组织之间的交流、互动，更遑论中国的民间社会组织能够像它们的外国同行那样有效沟通民心，全面参与全球治理，维护世界和平与安全，促进发展合作，有效捍卫中国人民的利益和人类命运共同体的利益。

在我国现行社会治理体制下，人们似乎对于"社会组织"这个概念的内涵和外延都比较清楚，可实际情况并非如此。2016 年 8 月 30 日，民政部将其民间组织管理局正式更名为社会组织管理局，对外可称国家社会组织管理局。长期以来，由该局负责管理的社团、民办非企业单位和基金会三大类

---

① 这个统计数据除涵盖社会团体、民办非企业单位和基金会之外，还包括国际性社团（如世界旅游联盟）、外国商会（如中国欧洲商会）和涉外基金会（如太平洋国际交流基金会）。中国社会组织网，http：//www.chinanpo.gov.cn/search/orgindex.html，最后访问日期：2018 年 1 月 31 日。

社会组织，都有相对应的行政法规予以规范，业内和学界通常将这三个现行有效并仍在修订完善过程中的法规——《社团登记管理条例》（1998年10月25日国务院令第250号公布，并根据2016年2月6日国务院令第666号《国务院关于修改部分行政法规的决定》修订）、《基金会管理条例》（2004年3月8日国务院令第400号公布）和《民办非企业单位登记管理暂行条例》（1998年10月25日国务院令第251号公布）并称为"三大条例"。熟悉社会组织管理局业务的人都知道，由该局主管、创建于2003年的"中国社会组织网"，其官方网址是http：//www.chinanpo.gov.cn/，这里的"npo"其实就是英文"non - profit organization"（非营利组织）的缩写。我们完全有理由相信，这个网址会使许多外国人想当然地以为：中国的社会组织就是指中国的非营利组织，尽管在国内大家都明白，现实中后者的范围要比前者广阔得多，因为非营利性不仅是三大类社会组织的根本属性，也是中国约120万个事业单位（即公共财政供养的教科文卫体等领域的公益性非营利机构）的根本属性。

近年来，在中国政府发表（或与外国联合发表）的重要立场文件、主办的重大主场外交或外事活动中，无论是从官方使用的词语上看，还是从参与活动的组织（机构）情况来看，"民间社会组织"的范围早已经远远超出了目前国内法定"三大类"社会组织。一个显而易见的常态是在用词上趋向于使用当今国际社会的通行提法，即：几乎无保留地（或者没有任何附加限制性解释）认可英文"civil society"（民间社会）或者"civil society organization，CSO"（民间社会组织）的概念。以向来用词严谨、翻译权威的中国外交部为例，该部对于2014年7月达成的《第六轮中美战略与经济对话框架下具体成果清单》中第32项里"民间组织"的翻译为"civilsociety"；① 在该部2016年10月发布的《中国落实2030年可持续发展

---

① 中国政府网：《第六轮中美战略与经济对话框架下具体成果清单》2014年7月12日，http：//www.gov.cn/xinwen/2014 - 07/12/content_ 2716360. htm；英文版见中国外交部官方网站："China-U. S. Strategic and Economic Dialogue Outcomes of Strategic Track，" 2014/07/11，http：//www. fmprc. gov. cn/mfa_ eng/zxxx_ 662805/t1173628. shtml，最后访问日期：2018年1月31日。

议程国别方案》的中英文本中，中文版涉及国际合作部分提到的"民间社会"在英文版中的表达为"civil society"。① 实际上，若查阅外交部官方网站公布的文献，中文"民间社会组织"、"民间组织"或"民间社会"这些表述在绝大多数时候都被英译为"civilsociety"，还有少数时候被译为"non-governmental group"（非政府团体）或者"non-governmental organization"（非政府组织）。

2016年7月5~6日，与二十国集团（G20）领导人杭州峰会相配套的二十国集团民间社会会议（C20会议）在中国青岛举行。本届会议主题为"消除贫困、绿色发展、创新驱动与民间贡献"，邀请了二十国集团成员、嘉宾国和部分发展中国家的非政府组织代表，以及联合国、非盟、东盟等国际和地区组织的代表共约200人与会。这次会议的英文名称为"Civil Society 20 China 2016"。国家主席习近平给会议发来的贺信说："民间社会组织是各国民众参与公共事务、推动经济社会发展的重要力量。中国政府支持本国社会组织参与国内经济社会建设，也欢迎境外非政府组织来华开展友好交流合作，并努力创造良好法治环境，为其在华活动提供便利，保障其合法权益。"② 新华社发布的英文电讯稿把习主席贺信中的"民间社会组织"译为"civil society organizations"。③ 在随后举行的二十国集团杭州峰会上，各国领导人一致同意，要"根据可持续发展议程，支持构建政府、私营部门、民间社会、学术界和国际组织参与的全球发展伙伴关系。"④ 这份《二十国集团落实2030年可持续发展议程行动计划》的英文版，把中文"民间社会"

---

① 中华人民共和国外交部：《中方发布〈中国落实2030年可持续发展议程国别方案〉》，2016年10月12日，http://www.fmprc.gov.cn/web/zyxw/t1405173.shtml，最后访问日期：2018年1月31日。
② 《习近平致2016年二十国集团民间社会会议的贺信》，《人民日报》2016年7月6日，第1版。
③ 新华通讯社英文网（Xinhuanet），*Civil Society 20 China 2016 Opens in Qingdao*，http://news.xinhuanet.com/english/2016-07/05/c_135490911_2.htm，最后访问日期：2018年1月31日。
④ 《二十国集团落实2030年可持续发展议程行动计划》，《人民日报》2016年9月6日，第7版。

翻译为"civil society"。①

2017年5月14日,"一带一路"国际合作高峰论坛在北京开幕。习近平主席在开幕式的演讲中指出:要将"一带一路"建成文明之路,就要建立多层次人文合作机制,搭建更多合作平台,开辟更多合作渠道。"要加强各国议会、政党、民间组织往来,密切妇女、青年、残疾人等群体交流,促进包容发展。"② 同日,作为此次高峰论坛的六个平行主题会议之一,"增进民心相通"平行主题会议在北京举行。这个主题会议由中共中央对外联络部主办,教育部、科技部、文化部、国家卫生计生委、国家旅游局、国务院侨办、全国总工会、共青团中央、全国妇联、全国友协、中国残联、中国红十字会总会等部门和组织协办,共吸引了来自60多个国家的政府、政党、企业和民间社会组织的400余名代表。参加"一带一路"国际合作高峰论坛的各国领导人在会议结束后发表的联合公报中宣布:"我们鼓励政府、国际和地区组织、私营部门、民间社会和广大民众共同参与,建立巩固友好关系,增进相互理解与信任。"③ 这里的"民间社会"在公报标准英语文本中表达为"civilsociety"。④

2017年6月10~12日,由中共中央对外联络部主办的金砖国家政党、智库和民间社会组织论坛在福州举行,中外嘉宾400余人与会。论坛英文名称为"BRICS Political Parties, Think Tanks and Civil Society Organizations Forum"。时任中共中央政治局常委、中央书记处书记刘云山出席开幕式,发表了题为《共谋合作发展,共创美好未来》的主旨讲话。刘云山说,政

---

① *G20 Action Plan on the 2030 Agenda for Sustainable Development*,http://www.china.org.cn/chinese/2016-09/07/content_ 39251147. htm,最后访问日期:2018年1月31日。
② 中华人民共和国主席习近平:《携手推进"一带一路"建设——在"一带一路"国际合作高峰论坛开幕式上的演讲》(2017年5月14日,北京),《人民日报》2017年5月15日,第3版。
③ 《"一带一路"国际合作高峰论坛圆桌峰会联合公报》,《人民日报》2017年5月16日,第5版。
④ *Joint Communique of the Leaders Roundtable of the Belt and Road Forum for International Cooperation*,http://www.beltandroadforum.org/english/n100/2017/0516/c22 - 423. html,最后访问日期:2018年1月31日。

党、智库和民间社会组织在深化国家间合作方面发挥着独特作用，应当引领合作方向，围绕打造开放型合作平台，积极建言献策，共同推动建设开放、包容、普惠、平衡、共赢的经济全球化；创新合作思路，以新理念、新思路、新举措拓展合作空间、筑牢联结纽带；厚植合作根基，了解民生需求，传递民众诉求，推动更多具有经济和社会效益的合作项目顺利落地，夯实合作的民意和社会基础。①

据笔者观察，把中文的"民间组织"或"民间社会组织"与英文的"civil society"或"civil society organization"对应的做法，实际上已经持续了相当长的一段时间。中国最具权威性的几大对外传播媒体平台，如1958年诞生的《北京周报》（Beijing Review）、1981年创刊的新中国首份全国性英文报纸《中国日报》（China Daily）和全球最大的广播机构之一中国国际广播电台（China Radio International，CRI）便是如此，相关例子不胜枚举。比如，2013年全国"两会"期间，《中国日报》官方网站在"关注两会双语直通车"栏目中就直白地解释说，"civilsociety"指"民间组织、社会组织，也可以用 non – governmental organization 表示。"② 顺便说一句，2017年11月21日，首届丝绸之路沿线民间组织合作网络论坛在北京举行，习近平主席向论坛致信祝贺。③ 该论坛名称中"民间组织"的官方英文翻译为"NGO"，即非政府组织英文"non – governmental organization"的通用缩写。④

---

① 《金砖国家政党、智库和民间社会组织论坛在福州开幕》，《人民日报》2017年6月12日，第1版。
② 《"社会组织"管理改革：关注 2013 两会双语直通车》，http：//language.chinadaily.com.cn/news/2013 – 03/15/content_ 16310028.htm，最后访问日期：2018年1月31日。
③ 《习近平主席致首届丝绸之路沿线民间组织合作网络论坛贺信》，《人民日报》2017年11月22日，第1版。
④ 中华人民共和国国务院新闻办公室官网，1st Silk Road NGO Cooperation Network Forum kicks off in Beijing，http：//www.scio.gov.cn/m/31773/35507/35520/Document/1606452/1606452.htm，最后访问日期：2018年1月31日。

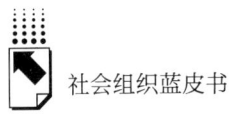

二 联合国认定的民间社会组织

英文"civil society",对应的中文其实就是"公民社会",对于这一点,隶属于人民日报报系的理论期刊《人民论坛》曾经发文详细论证。① 然而,后来一些人对这个译名做出具有某种意识形态倾向的阐释,或过度政治化的解读,在国内学界和社会组织群体中引发轩然大波,相关争论至今余波未了。2013年7月19日,《人民日报》(海外版)头版刊登清华大学国情研究院院长胡鞍钢的文章《人民社会为何优于公民社会》,② 此后"公民社会"这个中文译名似乎在学界和社会组织的实践者中逐渐淡出,鲜有人再对其进行讨论了。

然而,不讨论并不等于解决了问题。为什么实践中"civil society"这个英文词组与中文的"民间社会""民间社会组织""社会组织"一再匹配,并被作为事实上的标准翻译被广泛采用呢?根本原因就在于:这早已成为国际社会的一个共识,是中国积极参加的以联合国为中心的多边国际体系里的标准表达,或曰通用概念。如果不做特定解读,对它的使用就是政治中性的。在这个问题上,大概已经没有必要再去计较、担心或者刻意回避"civil society"词组本身的演化历程,它的西方"出身"甚至英语表达的相对强势地位。国际社会公认:所谓民间社会组织,或者干脆就是"民间社会""公民社会",其基本意涵是泛指当代由各国公民自愿组成、关注公益性事务,从事着非营利性事业的民间(非政府)组织或它们的集合体。这种共识与1/4世纪以来全球治理的需要和国际社会对民间社会作用认识的深化有密切

---

① 有学者撰文指出:"公民社会"系通过英文"civil society"翻译而来,它是从政治学层面来剖析"civil society"的实质。在公民社会的发展史上,"公民社会"和"市民社会"两个概念经常被交叉使用,前者强调的是"civil society"的政治层面意义,而后者更着重于"civil society"的社会层面意义。见朱新蒙、高疆生:《中国公民社会发展探究》,《人民论坛》2013年第13期。

② 胡鞍钢:《人民社会为何优于公民社会》,《人民日报》(海外版)2013年7月19日,第1版。

联系。①

联合国是第二次世界大战之后建立的国际体系中最重要的多边机构，英语和中文都是它的官方语言。在联合国中文版官方网站上，中文"民间社会"所对应的英语就是"civilsociety"，反之亦然。联合国认为：民间社会是社会中除政府和企业之外的"第三部门"，由民间社会组织（civil society organizations）和非政府组织（non-governmental organizations，NGO）构成。联合国认可作为联合国系统伙伴的民间社会合作的重要性，因为民间社会促进联合国宗旨的实现，支持联合国的工作。② 这里需要特别指出：在联合国系统中，"民间社会""公民社会""非政府组织"、"非营利组织"等概念频繁交叉使用，而最具包容性的概念依然是"民间社会"（或民间社会组织）。依照联合国收录了 2.4 万家组织名录的"民间组织综合系统"，即"iCSO"（Integrated Civil Society Organizations System），联合国认定的民间社会组织实有 15 个类别。

联合国对民间社会组织的区分，基本原则是依据每个组织的具体情况，尤其是所从事的事业和机构的真实性质来判定其类别，并不是凭其名称就"望文生义"。为了更加清楚地说明这个问题，顺便澄清目前学界和社会上对民间组织名称广泛存在的若干误解，笔者以联合国"民间组织综合系统"收录的组织为例，把 15 个类别依次罗列如下（每类至少选取 3 家组织，同时列出英、日、西班牙文等外语的正式名称）。

1. 社团（Association）

亚洲公共管理协会（Asian Association for Public Administration）、中国社会组织促进会（China Association for Non-Profit Organization）、哥伦比亚生态协会（Asociación Ecológica Colombiana）、美国运动医学协会（American

---

① 联合国大会文件 A/58/817（中文版）：《我们人民：民间社会、联合国和全球施政——联合国与民间社会关系知名人士小组的报告》，2004 年 6 月 11 日首次以英文发表和散发。
② 联合国官方网站："民间社会"部分导言，中文版：http://www.un.org/zh/sections/resources-different-audiences/civil-society/；英文版：http://www.un.org/en/sections/resources-different-audiences/civil-society/index.html，最后访问日期：2018 年 1 月 31 日。

College of Sports Medicine)、帮助妇女儿童协会（Association Aide aux femmes et enfants，刚果）、保护恐怖主义受害者协会（Association for Defending Victims of Terrorism，伊朗）等。

2. 基金会（Foundation）

加纳儿童关怀基金会（Child Care Foundation Ghana）、財團法人婦女權益促進發展基金會（日本）、爱的力量（Power of Love，韩国）、福特基金会（The Ford Foundation，美国）、非政府组织福利信托（NGO Welfare Trust，印度）、自然权利（Nature Rights，法国）、萨义德慈善会（Saied For Charity，苏丹）、芬兰计划（Plan Suomi Säätio）、林肯土地政策研究所（Lincoln Institute of Land Policy，美国）等。

3. 机构（Institution）

阿拉伯国际仲裁联盟（Arab Union for International Arbitration）、布鲁金斯学会（BrookingsInstitution，美国）、红十字国际委员会（International Committee of the Red Cross）、挪威国际事务研究所（Norwegian Institute of International Affairs）等。

4. 政府间组织（Inter-governmental organizations）①

非洲海事安全与保安局（African Maritime Safety and Security Agency）、法语国家组织（Organisation internationale de la Francophonie）、非洲外交委员会（Diplomatic Commission Africa）等。

5. 地方政府（Local government）②

亚的斯亚贝巴市政府发展局（City Government Addis Ababa Development Bureau，埃塞俄比亚）、达尔富尔地方政府（Darfur Regional Authority，苏丹）、东京都政府（Tokyo Metropolitan Government）等。

6. 非政府组织（Non-governmentalorganizations）

俄罗斯青年联盟（All-Russian public organization 'Russian Union of

---

① 作者说明：这个类别标注的是次政府机构之间的一种松散联系形式，与主权国家组成的正式国际组织，如世界贸易组织（WTO）等有本质性区别。

② 作者说明：这里的地方政府是具有高度自主权的自治型实体。

Youth')、玛丽斯特普国际组织（Marie Stopes International，英国）扎玛尼基金会（Zamani Foundation，尼日利亚）、Zoï 环境网络组织（Zoï Environment Network，瑞士）、英国基督教女青年会（YWCA of Great Britain）、世界亚裔小姐选美大赛组织（Miss Asia International Pageant，美国）、美国艺术与科学院（American Academy of Arts and Sciences）、联合国认证协会（United Nations Authentication Association）等。

7. 媒体（Media）

非洲广播频道（Radio Channel Africa）、澳大利亚广播公司（Australian Broadcasting Corporation）、联合国新闻组织（United Nations News Organization）等。

8. 私营机构（Private sector）

盖洛普（Gallup，美国）、北京领世咨询有限责任公司（ATKEPP Ltd）、世界煤炭联合会（World Coal Association，伦敦）、三菱研究所（Mitsubishi Research Instituted, Inc，日本）、国际造纸研究所（Instituto International Paper，巴西）、弗里恩金融服务有限公司（Freann Financial Services Limited，加纳）、挪威船东协会（Norwegian Shipowners´ Association）等。

9. 工会（Trade union）

孟加拉工会中心（Bangladesh Trade Union Center）、挪威律师协会（The Norwegian Lawyers Association）、欧洲记者联合会（European Federation of Journalists，布鲁塞尔）等。

10. 其他组织（Others）

亚太经合组织气候中心（APEC Climate Center）、基金会中心（Foundation Center，纽约）、非洲青年论坛（African Youth Forum，尼日利亚）、世界瑜伽联合会（World Yoga Community，纽约）等。

11. 学术机构（Academics）

牛津大学与香港中文大学灾害和人道主义医疗响应协作中心（Collaborating Center for Oxford University and Chinese University Hong Kong for Disaster and Medical Humanitarian Response）、北京师范大学、中欧大学（Central European

University，布达佩斯)、金砖国家政策研究所(BRICS Policy Center，巴西)、国际人权中心(Center for International Human Rights，芝加哥)等。

12. 土著人民组织(Ingenious Peoples Organizations)

科罗拉多美洲印第安人运动(American Indian Movement of Colorado，美国)、美国联合基督教会(United Church of Christ, USA)、新西兰毛利事务委员会(The New Zealand Maori Council)等。

13. 残疾人、发展与权利组织(Disability, Development and Rights Organizations):

为了尊严的巴西(Brasil pela Dignidade)、加拿大残疾人委员会(Council of Canadians with Disabilities)、全球自闭症项目(Global Autism Project，美国)。

14. 老龄化议题工作组(Open-ended Working Group on Aging)

老年学研究中心(Centre for Gerontological Studies，印度)、斯洛文尼亚慈善组织(Slovenska Filantropija)、香港社会服务联会(The Hong Kong Council of Social Service)等。

15. 合作社(Cooperative)

欧洲合作制银行协会(European Association of Co-operative Banks)、日本消费者合作社联盟(JCCU Japanese Consumers´ Co-operative Union)、联合国特色小镇(United Nations Characteristic Town)等。①

以上15类组织的实例说明：联合国认可的民间社会组织(civil society)是多么丰富多彩！

三 实践已经冲破旧的藩篱

既然以联合国为代表的国际社会早已在定义上和实践中确定了民间社会组

---

① United Nations Integrated Civil Society Organizations System, http://esango.un.org/civilsociety/login.do, 最后访问日期：2018年1月31日。应当注意：联合国的民间社会组织名录没有做到每个月随时更新，故这里的材料仅供参考。当然，所有重要民间社会组织的信息都是比较准确的。

织群体的范围，而且在我国的官方话语体系和主流传媒中，"民间社会组织"与"civil society"的对接已经实现并向国际社会广为传播，为什么人们还经常对于民间社会组织的定义或者表达用语感到困惑、发生混乱呢？这其中的原因相当复杂，涉及我国的立法进程、行政体制、社会治理系统、意识形态工作、传统文化、历史情况、学术研究水平乃至社会组织发展现状、民众自组织状态等诸多因素。但是，有一点是可以也应该明确的，那就是改革开放40年来的伟大实践，特别是中国共产党第十八次全国代表大会之后砥砺奋进5年的实践，早已冲破了旧有概念的藩篱，中国"民间社会组织"与联合国关系的发展就是明证。

为促进各国民间社会组织在经济与社会发展中发挥作用，从1946年起联合国经社理事会依据《联合国宪章》的规定，陆续授予一批通过该机构认定程序的民间社会组织以经社理事会咨商地位（Consultative Status with ECOSOC），这是各国民间社会组织参与联合国事务最主要的形式，也是国际上公认的最能体现民间社会组织价值和发挥其作用的途径。[①] 截至2018年1月31日，具备联合国经社理事会咨商地位的组织共计4990个，其中获得特别（special）咨商地位的组织3880个，其余为具有全面（general）咨商地位和名册（roster）咨商地位组织，分别有136个和974个。[②] 在这些组

---

① 除了联合国经社理事会的咨商地位之外，各国民间社会组织还可以通过规定的申请和批准程序取得若干在经济与社会发展领域的常设或非常设机构的咨商地位。这些机构包括：可持续发展委员会（Commission on Sustainable Development，CSD）、世界可持续发展高峰会议（World Summit on Sustainable Development，WSSD）、发展融资委员会（Financing for Development，FFD）和小岛屿发展中国家委员会（Small Island Developing State，SIDS）。截至2018年1月31日，具备（或者曾经具备）以上几家机构咨商地位的各国民间社会组织数量分别为527个、710个（已经过期）、23个（已经过期）和211个。见 http://esango.un.org/civilsociety/login.do，最后访问日期：2018年1月31日。

② 根据联合国经社理事会1996/31号决议第三部分（Part III）的规定，全面（general）咨商地位意味着相关组织的代表性比较广泛，事业范围涉及多个领域，而且能够对于联合国经社理事会的工作提供相对全面的咨询意见；特别（special）咨商地位表示相关组织能够就经社理事会工作的某一专门领域或特别议题提供咨询意见；名册（roster）咨商地位表示相关组织仅有时能够就某些议题向经社理事会或联合国其他机构（如世界卫生组织）提供咨询意见。详见：United Nations Economic and Social Council, Resolution 1996/31: Consultative relationship between the United Nations and non-governmental organizations, 49the Plenary Meeting 25 July 1996 https://www.un.org/documents/ecosoc/res/1996/eres1996-31.htm，最后访问日期：2018年1月31日。

织的名单中，我们可以看到几十个来自中国的组织。它们大多数是在民政部系统注册的三大类社会组织，如：具有特别咨商地位的中国长城学会、中非民间商会、爱德基金会（Amity Foundation）、中国扶贫基金会、北京青少年法律援助与研究中心（该中心也是我国第一家获得咨商地位的民办非企业单位），等等。

应该指出的是，有一些获得了联合国经社理事会咨商地位，代表面广阔、系统发达、事业遍布全中国的组织，处于目前以民政部系统为主导的社会组织规管框架之外。例如：1995年获得特别咨商地位的中华全国妇女联合会，是中国共产党领导下的群团组织，它被联合国认定为非政府组织；2001年获全面咨商地位的中国人民对外友好协会，根据联合国的分类也属非政府组织，① 这个习惯上被称为"对外友协"的组织，其员工比照国家公务员管理，政治上和业务上接受中国外交部指导；1998年获特别咨商地位的中国残疾人联合会、2004年获特别咨商地位的中国科学技术协会、2005年获特别咨商地位的中国计划生育协会以及2013年获特别咨商地位的中国宋庆龄基金会，情况也同对外友协类似。

事实上，除了获得联合国经社理事咨商地位的一批组织外，中国还有成千上万不在三大类社会组织范围内、但在实践中又被国内外各方普遍视为"民间社会"组成部分并参与了相关活动的组织。远的不说，2016年二十国集团民间社会青岛会议的中方主办机构——中国民间组织国际交流促进会（简称中促会，英文名称：China NGO Networks for International Exchanges）的情况就很能说明问题。中国民间组织国际交流促进会成立于2005年10月，中国社会组织网的公开信息显示：该会2006年1月在民政部登记，业务主管单位是中共中央对外联络部。2008年中国民间组织国际交流促进会获得联合国经社理事会全面咨商地位。在该会官网列出的团体会员名单里，

---

① 《中国人民对外友好协会章程》第九条规定："作为在联合国经社理事会具有全面咨商地位的非政府组织，广泛参与联合国的事务，积极参加其他国际非政府组织的交流活动，有效传递中国的信息。"详见：中国人民对外友好协会官方网站：http://www.cpaffc.org.cn/introduction/rule.html，最后访问日期：2018年1月31日。

不仅有众多法定三大类社会组织，还包括一批完全不归民政部系统管辖的其他组织或事业单位，如中国文学艺术界联合会、中国新闻工作者协会、中华全国归国华侨联合会、中华职业教育社、欧美同学会、新华网、人民网股份有限公司、中国国际广播电台、北京大学、中国人民大学、清华大学NGO所、中国现代国际关系研究院、北京外国语大学丝绸之路研究院、北京古道兰亭文化艺术馆、中国经济联络中心、中国藏学研究中心、上海市国际贸易促进委员会、福建省海峡社会组织研究院、山东国际孙子兵法研究中心、甘肃省水利科学研究院、宁夏林业研究院、中国南海研究院以及中国科学院新疆生态与地理研究所，等等。[1] 这些并不在民政部门注册的组织，没有一家的法人类别和事业性质超出联合国所认定的15类民间社会组织的范围。据此可以判断：至少在我国一部分公共事务管理者和一部分最优秀、最具代表性和前瞻性的社会组织那里，对于到底何为"民间社会组织"的看法已经接轨国际通行的话语体系。如果不顾事实，一味地坚持让我国已经得到国际公认的民间社会组织去适应过时的行政规制，那就无异于在国家治理的现代化进程中作茧自缚，妨碍我国对外民间交往乃至国家战略大局，不利于人类命运共同体的建设。

四 结语

当代中国正处于实现中华民族伟大复兴的关键历史阶段，生动而富有想象力的社会实践呼唤各界都要进一步实事求是，解放思想，大胆创新。就"民间社会组织"（或民间社会）的定义或者法定概念而言，创新的根本目的就是不囿成说，义无反顾地摆脱国内现行体制中那些落后于社会治理实践和中外民间交流的自我约束，尽早消除相关法律法规中的障碍，释放广阔的社会空间，让中国人民以及各类民间社会组织中间蕴藏的巨大能量喷薄而

---

[1] 中国民间组织国际交流促进会官方网站：http://www.cnie.org.cn/www/index.asp，最后访问日期：2018年1月31日。

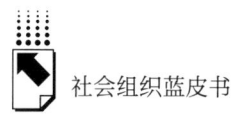

出。这不仅将极大地有利于中国国家治理体系的现代化,也必将极大地有利于促进中外民众之间的相互了解和友谊,使中国人民能够同各国人民一道,"共同开辟人类更加繁荣、更加安宁的美好未来"。①

《中华人民共和国民法总则》已于2017年10月1日起实施,它的一大亮点是首次结合国情和国际实践经验,为我国现存的所有组织机构设计了崭新的法人分类体系,将事业单位、社会团体、基金会、社会服务机构等都列为"非营利法人",这是从国家法律制度层面使"民间社会组织"的中外概念内涵一致起来的一个革命性步骤,具有深远意义。既然这部调整民事关系的国家大法已经生效,那么一切与我国非营利组织相关的法律法规都应当服从这部上位法,在对"民间社会组织"的定义和管理方面都应向国际社会的普遍理解与通行惯例靠拢。据了解,我国有关政府部门有意朝这个方向努力。若如此,则不仅能够极大地扩展和增强中国民间社会组织的阵营,有效推动中国民间社会组织和非营利事业的可持续发展,有力地促进和繁荣各种形式的中外民间交流,而且必将极大地提升中国民间社会组织群体在全球治理中的话语权和影响力(在这个方面我们做的远远不如另一个发展中大国印度),维护中国人民的根本利益。

---

① 《国家主席习近平发表二〇一八年新年贺词》,《人民日报》2018年1月1日,第1版。

Abstract

The statuses and roles of social organizations in the national governance system in China have experienced continuousconsolidation and enhancement as evidence that the Report at 19th CPC National Congress has included social organizations in the general layout of the "Five-Pronged Overall Plan" for Chinese socialism. Social organizationtherefore has become an important and comprehensive power in the national construction of the new era.

In *the Civil Law of the People's Republic of China*, implemented in 2017, three types of social organizations with public institutions together have been classified into the category of non–profit corporations, which was a significant milestone for Chinese social organizations because they, the social organizations, are thus incorporated into the governance system from a legal perspective. In other words, both their legal identities and governance statuses are guaranteed by law. The Party and state institutional reforms ever approved by the 3rd Plenary Session of the 19th CPC Central Committee took social organization as a part of the overall planning. The first inclusion of social organizations into the national highest organizational reforms proves that they have become major force for CPC in commanding the overall situation and coordinating the efforts of all quarters in China. Besides, the legal system for social organizations in China is being greatly improved as well as the political status, legal protection, and policy system of social organizations have been too increasingly perfected and completed.

This book is the eighth report on social organization researches by experts mainly from the Chinese Academy of Social Sciences, famous universities, government departments and social organizations. The researching report totaled more than 300,000 words. In addition to the general report, special and the matic researches focused on charitable organizations' fundraising qualifications, social organization incubators, hub-type social organizations construction on grassroots-level, training for social organization skills, decoupling of industry association or chambers from administrations, and development of civil think tanks. The report thus provides a deep and frontier analysis of the hot spots and new phenomena of the social organizations. The book also studied a foreign article: the construction of "multiple collaborations" in Japan with the purposes of exploring the certain reference value for the current "tripartite linkages" (community, social organization and social worker) and social governance innovation in China. In the chapter of case studies, the report quoted the pilot exploration on "tripartite linkages" by collaborators in Beijing, the social innovation of YouChange (Youcheng) China Social Entrepreneur Foundation and the successful "going out" experience of China's Poverty Alleviation Foundation as typical examples for summaries and in-depth practicalanalysis. The two articles include in theoretical studies chapter respectively discussed the related concepts of civil society organizations and the positive effect on civil right of association by government administration to the social organizations.

Keywords: Social Organization; Governance System; Policy System

Contents

I General Report

B. 1 Social Organizations Entering the New Era: New
Developments, New Orientations, New Opportunities
and New Efforts

Social Organization and Pubic Governance Studies
Group Chinese Academy of Social Sciences
Huang Xiaoyong, Cai Liqiang / 001

Abstract: Despite the fact that the growth rate of social organizations in China has accelerated over the past two years, development of social organizations was still not sufficient in either view of the total amount or the share of the public in a ten-thousand-people unit. The statistics of big data reveals the obvious imbalances of social organizations development among regions and between urban and rural areas in China. In the new era, social organizations in China have a clearer orientation: being incorporated into the national governance system with legal protection and being integrated into the overall plan for the party and state institutional reforms, social organization in now one of the most crucial constructive forces. Coupled with the establishment of the legal system, information supervision system and credit reward and punishment system, social organizations usher in new opportunities for development, and play an irreplaceable role in participation, service, and grass-root governance. In the future, the government is expected to improve policy support from the aspects of strengthening

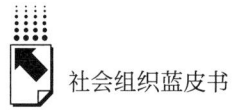

top-level design, building policy systems, increasing policy coordination, and enriching policies and measures. And the social organizations should further clarify their development orientation, demonstrate and implement their new approaches.

Keywords: Social Organization; Information Supervision; Credibility System; Governance System

Ⅱ Chapter for Thematic Researches

B.2 Elements and Prospects of Charitable Organizations in Public Fundraising Qualifications *Li Yanjie* / 053

Abstract: A series of heated discussions during the formulation of the *Charity Law* in China cover various topics such as the establishments, standards and operations of fundraising qualifications of charitable organizations, and the mechanisms of in-incident supervision as well as post-action responsibility investigation. Charity organizations should surely enjoy the right to raise funds, and should be undoubtedly supervised and monitored when they are running charitable fundraising activities. Setting up appropriate, reasonable and scientific charitable public access barriers to form a powerful and orderly operation and supervision mechanism will give a full play to the government for public authority and law enforcement, and will too make the most of private relief functions donors. The participation of public supervision from media will be also supportive to form a co-governance pattern for a legal and benign operation of charitablefundraising activities.

Keywords: Charity Organization; Public Fundraising; Qualification Supervision

B. 3 Retrospect and Prospect of the Separation Reform of China's Trade Association and Chamber of Commerce

Yuan Jinhui, Tang Ruiman / 079

Abstract: The separation of "decoupling" reform of China's trade association and chamber of commerce is a key link to the reform of the administrative system. Based on the background of the separation reform of China's trade association and chamber of commerce, this paper reviews the main measures of the reform and the achievement in the past work. There are many issues existed in the associations which seriously affected their development. For example, in the process of the separation reform, the internal problems of the associations are remarkable, inadequate capacity of organizations and coordination of associations has hindered the reform, etc. Standing on the China's context and tricky issues, it is expected to strengthen the internal governance of trade associations, try to solve the organization problems, improve the comprehensive supervision systems, and provide a capacity for sustainable development of China's trade association and chamber of commerce.

Keywords: Industrial Association and Chamber; Decoupling reform; Administrative Reform

B. 4 Research on the Development Status and Operation Management of Social Organization Incubators in China

Wang Shiqiang / 097

Abstract: The development of social organizations plays an important role in promoting the transfer of government functions and social governance innovation. And social organization incubators can effectively promote the development of social organizations. Through the study, it is found that there are challenges in the operation of China's social organization incubators, such as unstable sources of

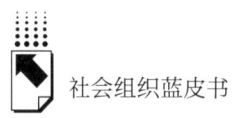

operating funds, inadequacies in their own capabilities, lack of eligible incubators, mistakes in motivation and consciousness, and difficulties of organizing and the lack of effectiveness in hatching processes. In response to these challenges, it is essential to clarify the positioning of social organization incubators to continuously improve the incubators' capabilities. It is also a must to form a healthy cooperative relationship for the incubators with the government and persist in demand-based incubation with improve the incubation process and service content, optimizing the capacity of building training system and branding excellent social organizations.

Keywords: Social Organization; Incubator; Operation Management

B. 5 Civil Think Tank Development and the Think Tank System Building in China　　*Tang Lei* / 126

Abstract: This article first analyses the differences between the concepts of "civil think tank" and "social think tank" in the context of new type think tank system building in contemporary China. Then, by introducing the concept of hierarchy pattern into discussion, the thesis points out the real status of Chinese civil think tanks in the think tank system. Last, the article discusses the capacity and direction of the development of civil think tanks in China, according to its status in the think tank system.

Keywords: Civil Think Tank; Social Think Tank; New Think Tank; Think Tank System

B. 6 the Basic Situation and the Future Development of the Grass-Roots Hub Social Organization—by the case of X district in Beijing　　*Lu Lei* / 141

Abstract: Grass-roots hub social organization sare the central force of the social governance and community governance in the new era. They are also important to ecological construction of social organizations as main channels between the government and social organizations. Grass-roots hub social organization will play an increasingly prominent role in the future to the social organization ecology system.

In this paper, on the basis of combing new time background and the research literature, the author conducted an in-depth investigation on the representative grass-roots social organizations in X district of Beijing. The present situation of grass-roots hub social organizations is examined and presented. And, based on the present situation review and problem diagnosis, the author provides suggestions mainly from perspectives of policy-making, and organization paths and construction.

Overall, the development of grass-roots hub social organization both needs the support from a moderate policy environment and softer external factors. Grass-roots hub social organizationsrequires even more attention to their connotation construction in order to serve a greater role in the system of social management.

Keywords: Grass-roots Hub Social Organization; Grass-roots Social Governance; Ecological Construction of Social Organization

B.7 An Effectiveness Analysis of Social Organizations Participating in Education and Training Activities – by Questionnaire Survey to Social Organizations in Beijing

He Hui, Gao Yanchun / 161

Abstract: Training and educational activities for social organizations are not only important methods to cultivate team with high-quality talents, but also basic works to make social organizations improve healthily, to meet the needs of the society requirements as well. What is the current situation of the training of the social organizations in China? How does it work? How can we make it better, more specific more efficient? According to the surveys to some social organizations in Beijing, the authors found that, respondents were satisfied with the existing training activities, and the training activities were attractive with diversified development trend. However, there are some improvement space, such as the curriculum design, training form, training time arrangement etc.

Based on the questionnaire analysis, the article points out that the training work should focus on setting up multi-levels, diversified system, optimizing training schedule and trainer-teams, applying targeted training by using the advantages of the government, social organizations and universities.

Keywords: Social Organization; Education and Training; Ability Enhancement

Ⅲ Chapter for Case Studies

B.8 "Tripartite Linkages": Social Organizations, Communities, and Social Work in Interaction MechanismConstruction

Li Tao / 191

Abstract: Traditional communities have fallen apart since no single service entity can now respond to increasingly diversified community needs. Therefore, community, social work, and social organization are nowadays the three main bodies of community governance. And then whether they can complement each other matters a lot to a service synergy and to the community governance system.

Beijing Dongfeng District has introduced professional organizations of social organizations to carry out trials of "tripartite linkage". Over the past three years, module in Dongfeng District has explored the combination of governmental administrative strength with the professional strength of social organizations, and has provided external professional support and intrinsic resources to the community. The integration promoted the working model and the interaction mechanism among the social organizations, communities and social workers. Through the hard work, the district formed a community-based resource allocation platform, used social organizations as the carrier of the organization, had social workers as its professional support, and optimized the allocation of "tripartite" resources. It nurtures the social work, and promoted greatly the participation in the "tripartite linkages" pattern.

This paper clarifies the goals, strategies, methods, and implementation paths of the "tripartite linkages" mechanism through the combing analysis of the "Dongfeng Pilot" work. The paper also defines the roles of the governments, social organizations, communities, social work and community residents and other parties respectively in the "tripartite linkages" initiative. It reveals that the great purpose of the "tripartite linkages" is to expand the channels and platforms for community residents to participate in community governance, and the "tripartite linkages" must focus on the goal of effectively serving people's livelihood and promoting community participation and eventually achieving autonomous linkage.

Keywords: "Tripartite Linkages"; Social Organization; Social Work; Community

B.9 The Social Innovation of YouChange (Youcheng) China Social Entrepreneur Foundation *He Hui* / 241

Abstract: In recent years, the rapid growth of domestic non-public fundraising foundations has made important contributions to the development of social welfare undertakings in China. The advocacy and practice of the YouChange (Youcheng) China Social Entrepreneur Foundation in social innovation are typical cases of social organizations in China promoting social innovation. From the perspective of social innovation, this paper describes and analyzes the concept and practice of the social innovation of the YouChange (Youcheng) China Social Entrepreneur Foundation, and discusses the characteristics of the project, namely, the volunteers' station and its implementation. The characteristics of YouChange (Youcheng) social innovation were summarized, and related discussions were conducted on the development of social organizations in China.

Keywords: Foundation; Social Innovation; Voluntary Service

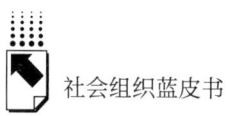

B.10 Chinese Social Organizations Going Global: Mission, Exploration and Challenge *Xu Tongwu, Cai Liqiang* / 270

Abstract: In recent years, more social organizations in China have turned their sights and resources overseas and launched various public welfare projects. In the Chinese social organizations going global, organizations should ensure that their overseas activities are in line with the goals set by the 2030 Agenda for Sustainable Development, meeting the mission and vision of the organization, and having corresponding supporting resources to establish partnerships with local parties. More importantly, it is necessary to initiate sufficient feasibility studies, formulate reasonable work plans in advance, and look at realistic facts in series difficulties and challenges such as to overcome the differences between Chinese and foreign sentiments, institutional and policy environment limitations, barriers to cross-cultural communication, and lack of human resources. The work of the China Foundation for Poverty Alleviation in Myanmar is quite representative since it shows the great initiation of Chinese social organizations internationalization. The social organizations that intend to go abroad are particularly paying very attention to their own strategies, talents, methods and resources.

Keywords: Social Organization Internationalization; China Foundation for Poverty Alleviation; Myanmar

Ⅳ Chapter for Foreign Studies

B.11 Japan's Multi-Collaboration Construction and Deployment

Hu Peng / 288

Abstract: Since the 1990s, Japanese society has faced many challenges: people's daily life has become increasingly unsettled and annoying. Demands in the society have also become increasingly diversified. It is difficult to satisfy the needs of the people by relying solely on government departments in providing public services and implementing public utilities. Therefore, the "multi-collaboration" pattern as a new public service method was constructed in the exploring and practical process. The "multi-collaboration" among government, non-profit organizations, and enterprises were divided on the basis of equality, and divisions of labor, interaction, cooperation, interdependence, and mutual complementarity. In order to solve common difficulties and to enhance public services, in unitsin Japan, especially in local communities, local governments and non-profit organizations, they have established a complementary and cooperative partnership, and have jointly carried out a series of activities to solve social problems and have achieved good results and outcomes. With the promotion of government and non-profit organizations, the space for "multi-collaboration" is enjoy exuberant growth.

Keywords: Multivariate Cooperation; Non-profit Organization; Social Issue; Autonomous Unit

V Chapter for Theoretical Thinkings

B. 12 FortyYears of Citizen Association　　　　*Wu Yuzhang / 307*

Abstract: Since the reform and opening up in China, the right of citizens association has gradually developed. In the process of development, citizens associations gradually exhibit some basic characteristics and achieving citizens' association rights through administrative management is one of them. This article describes this process and makes a theoretical summary.

Keywords: Social Organization; Civil Association; Civil Right; Administration and Management

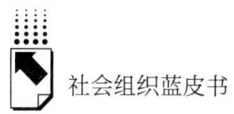

B.13 An Analysis of the Concept of "Civil Society Organization"

Xu Tongwu / 322

Abstract: With the development of non-profit undertakings in contemporary China, "civil society organization" in Chinese language has the concept surpassing the scope of three major social organization sunder the management of China's civil administration system. The definition of "civil society organization" is gradually merging with the United Nations as the center of multilateral international cooperation. The concept of "civil society" or "civilian society" (the actual English expression are all "civil society") has been used for many years in the system. This phenomenon is in contradiction with the key concepts and administrative framework of current social organizational governance in China. It also highlights the need for further fact-finding with emancipating the mind and bravely reforming and innovating social governance.

The rich and colorful Chinese social organization practices and Chinese-foreign civil exchanges have long broken through the old and blocking laws, regulations and management systems, and this breakthrough meets the general understanding and consensus of the international community, and the fundamental interests of China. After the implementation of *General Principles of the Civil Law of the People's Republic of China*, resolutely institutional breaking down toself-restrictiongives a boarder concept of "civil society organization" with a mundane, statutory and up-to-date interpretation. It now has become an impending task for social governance in China.

Keywords: Social Organization; Civil Society; Civil Social Organization

社会科学文献出版社　　　　　　　　**皮书系列**

✤ 皮书起源 ✤

"皮书"起源于十七、十八世纪的英国，主要指官方或社会组织正式发表的重要文件或报告，多以"白皮书"命名。在中国，"皮书"这一概念被社会广泛接受，并被成功运作、发展成为一种全新的出版形态，则源于中国社会科学院社会科学文献出版社。

✤ 皮书定义 ✤

皮书是对中国与世界发展状况和热点问题进行年度监测，以专业的角度、专家的视野和实证研究方法，针对某一领域或区域现状与发展态势展开分析和预测，具备原创性、实证性、专业性、连续性、前沿性、时效性等特点的公开出版物，由一系列权威研究报告组成。

✤ 皮书作者 ✤

皮书系列的作者以中国社会科学院、著名高校、地方社会科学院的研究人员为主，多为国内一流研究机构的权威专家学者，他们的看法和观点代表了学界对中国与世界的现实和未来最高水平的解读与分析。

✤ 皮书荣誉 ✤

皮书系列已成为社会科学文献出版社的著名图书品牌和中国社会科学院的知名学术品牌。2016年，皮书系列正式列入"十三五"国家重点出版规划项目；2013~2018年，重点皮书列入中国社会科学院承担的国家哲学社会科学创新工程项目；2018年，59种院外皮书使用"中国社会科学院创新工程学术出版项目"标识。

中国皮书网

（网址：www.pishu.cn）

发布皮书研创资讯，传播皮书精彩内容
引领皮书出版潮流，打造皮书服务平台

栏目设置

关于皮书：何谓皮书、皮书分类、皮书大事记、皮书荣誉、
皮书出版第一人、皮书编辑部

最新资讯：通知公告、新闻动态、媒体聚焦、网站专题、视频直播、下载专区

皮书研创：皮书规范、皮书选题、皮书出版、皮书研究、研创团队

皮书评奖评价：指标体系、皮书评价、皮书评奖

互动专区：皮书说、社科数托邦、皮书微博、留言板

所获荣誉

2008年、2011年，中国皮书网均在全国新闻出版业网站荣誉评选中获得"最具商业价值网站"称号；

2012年，获得"出版业网站百强"称号。

网库合一

2014年，中国皮书网与皮书数据库端口合一，实现资源共享。

权威报告·一手数据·特色资源

皮书数据库
ANNUAL REPORT(YEARBOOK) DATABASE

当代中国经济与社会发展高端智库平台

所获荣誉

- 2016年,入选"'十三五'国家重点电子出版物出版规划骨干工程"
- 2015年,荣获"搜索中国正能量 点赞2015""创新中国科技创新奖"
- 2013年,荣获"中国出版政府奖·网络出版物奖"提名奖
- 连续多年荣获中国数字出版博览会"数字出版·优秀品牌"奖

成为会员

通过网址www.pishu.com.cn访问皮书数据库网站或下载皮书数据库APP,进行手机号码验证或邮箱验证即可成为皮书数据库会员。

会员福利

- 使用手机号码首次注册的会员,账号自动充值100元体验金,可直接购买和查看数据库内容(仅限PC端)。
- 已注册用户购书后可免费获赠100元皮书数据库充值卡。刮开充值卡涂层获取充值密码,登录并进入"会员中心"—"在线充值"—"充值卡充值",充值成功后即可购买和查看数据库内容(仅限PC端)。
- 会员福利最终解释权归社会科学文献出版社所有。

数据库服务热线:400-008-6695
数据库服务QQ:2475522410
数据库服务邮箱:database@ssap.cn
图书销售热线:010-59367070/7028
图书服务QQ:1265056568
图书服务邮箱:duzhe@ssap.cn

卡号:833551573446
密码:

基本子库
SUB DATABASE

中国社会发展数据库（下设 12 个子库）

全面整合国内外中国社会发展研究成果，汇聚独家统计数据、深度分析报告，涉及社会、人口、政治、教育、法律等 12 个领域，为了解中国社会发展动态、跟踪社会核心热点、分析社会发展趋势提供一站式资源搜索和数据分析与挖掘服务。

中国经济发展数据库（下设 12 个子库）

基于"皮书系列"中涉及中国经济发展的研究资料构建，内容涵盖宏观经济、农业经济、工业经济、产业经济等 12 个重点经济领域，为实时掌控经济运行态势、把握经济发展规律、洞察经济形势、进行经济决策提供参考和依据。

中国行业发展数据库（下设 17 个子库）

以中国国民经济行业分类为依据，覆盖金融业、旅游、医疗卫生、交通运输、能源矿产等 100 多个行业，跟踪分析国民经济相关行业市场运行状况和政策导向，汇集行业发展前沿资讯，为投资、从业及各种经济决策提供理论基础和实践指导。

中国区域发展数据库（下设 6 个子库）

对中国特定区域内的经济、社会、文化等领域现状与发展情况进行深度分析和预测，研究层级至县及县以下行政区，涉及地区、区域经济体、城市、农村等不同维度。为地方经济社会宏观态势研究、发展经验研究、案例分析提供数据服务。

中国文化传媒数据库（下设 18 个子库）

汇聚文化传媒领域专家观点、热点资讯，梳理国内外中国文化发展相关学术研究成果、一手统计数据，涵盖文化产业、新闻传播、电影娱乐、文学艺术、群众文化等 18 个重点研究领域。为文化传媒研究提供相关数据、研究报告和综合分析服务。

世界经济与国际关系数据库（下设 6 个子库）

立足"皮书系列"世界经济、国际关系相关学术资源，整合世界经济、国际政治、世界文化与科技、全球性问题、国际组织与国际法、区域研究 6 大领域研究成果，为世界经济与国际关系研究提供全方位数据分析，为决策和形势研判提供参考。

法律声明

"皮书系列"(含蓝皮书、绿皮书、黄皮书)之品牌由社会科学文献出版社最早使用并持续至今,现已被中国图书市场所熟知。"皮书系列"的相关商标已在中华人民共和国国家工商行政管理总局商标局注册,如LOGO( )、皮书、Pishu、经济蓝皮书、社会蓝皮书等。"皮书系列"图书的注册商标专用权及封面设计、版式设计的著作权均为社会科学文献出版社所有。未经社会科学文献出版社书面授权许可,任何使用与"皮书系列"图书注册商标、封面设计、版式设计相同或者近似的文字、图形或其组合的行为均系侵权行为。

经作者授权,本书的专有出版权及信息网络传播权等为社会科学文献出版社享有。未经社会科学文献出版社书面授权许可,任何就本书内容的复制、发行或以数字形式进行网络传播的行为均系侵权行为。

社会科学文献出版社将通过法律途径追究上述侵权行为的法律责任,维护自身合法权益。

欢迎社会各界人士对侵犯社会科学文献出版社上述权利的侵权行为进行举报。电话:010-59367121,电子邮箱:fawubu@ssap.cn。

社会科学文献出版社